The State of the Art of Phonology
The Special 20th Anniversary Issue of the Phonological Society of Japan

現代音韻論の動向
日本音韻論学会20周年記念論文集

日本音韻論学会 [編]
The Phonological Society of Japan

開拓社

本学会の創立と発展に寄与した

原口庄輔 初代会長

三間英樹 元理事

に本書を捧げる。

This book is dedicated to
the memory of the late Professors

Shosuke Haraguchi (the first president)
Hideki Zamma (a former board member)

whose service of years laid the foundation for,
and promoted the development of, our society.

Copyright © 2016 by the Phonological Society of Japan

は　し　が　き

　日本音韻論学会は、本年、平成28年（2016年）に20周年の節目を迎えます。数え年でいえば、です。あまりに早くて耳を疑いたくなりますが、平成9年（1997年）に学会が設立されて以来、故原口庄輔会長（1997-2000年）、水光雅則会長（2001-2004年）、窪薗晴夫会長（2005-2008年）、上田功会長（2009-2012年）、田端敏幸会長（2013-2016年）と、4年任期の会長を5人も迎えてきたわけですから、20年の時の経過は間違いないことです。本年の成果をまとめた機関誌『音韻研究』も、来年には第20号を数えることとなります。人間でいえば二十歳であり、成人式を迎える年となったわけです。

　人間でも十歳では特別な式はやりませんので、本学会でも10周年記念として何か特別なことをすることはありませんでした。代わりに、本学会の前身である「音韻論研究会」は、さらにその前身である「英語音韻論研究会」から数えた10周年記念として、『音韻研究：理論と実践』（1996年、開拓社）を刊行し、その翌年には日本音韻論学会へと発展解消を遂げました（このあたりの経緯はややこしいので、第1部：日本音韻論学会のこれまで「日本音韻論学会の昔と今」をご覧下さい）。しかし、「研究会」から「学会」へ衣替えしてからの10周年記念は特になかったので、現執行部（会長と副会長）の間で、やはり二十歳の成人式のお祝いとして何か特別企画をやろうと話がまとまり、理事会で承認されたのでした。この背景には、ここだけの（しかも蛇足の）話ですが、会長や理事会や事務局が舵取りや各種事業で通年忙殺されるのに対し、なぜか副会長は中間職にも関わらず激務から免除されているという事情があり、かくして副会長が20周年記念特別企画のとりまとめを拝命したのでした。

　そこで、20周年の節目として、本年は学会として以下の5つの柱からなる記念事業を行いました。

　　1）歴代会長シンポジウム「音韻研究の昔と今」の開催
　　2）20周年記念パーティーの開催
　　3）英語版ホームページの製作
　　4）学会ロゴの選定・公開
　　5）『現代音韻論の動向：日本音韻論学会20周年記念論文集』の刊行

これら20周年記念特別企画についての詳細は、第1部：日本音韻論学会のこれまで「日本音韻論学会の昔と今」に譲りますが、本書はこの5つの柱のうちの1つというわけです。

　本書の刊行企画の趣旨として、歴代会長シンポジウムと同様に、「音韻研究の昔と今」を考えるというテーマがその根底に流れています。「今」を理解するためには「昔」を振り返る必要がありますが、その「今」を理解するのは、とりもなおさず「未来」の指針とするためです。より良い「未来」につなげるために、20周年の節目に「今と昔」を考えるということであります。

　それゆえ、本書の構成もその趣旨に沿ったものとしました。第1部：日本音韻論学会のこれまで「日本音韻論学会の昔と今」では、本学会の沿革と現状を、学会の行う事業を軸としてまとめたものです。「沿革」や「事業」などというと、あまり読者の興味が喚起されないかもしれませんが、これまでどのような国内外の研究者を招聘してきたのか、姉妹学会である韓国音韻論・形態論研究会(The Phonology-Morphology Circle of Korea)とどのような交流（互いの研究者派遣）をしてきたのかなど、学会のホームページには記載されていないような興味深いデータを集めてみましたので、ぜひご一読下さい。いずれにせよ、「音韻研究の昔と今」を考えることが第一義ですが、これを成り立たせてきたシ

ステムとしての「日本音韻論学会の昔と今」に焦点を当てたということです。

これに対し、「音韻研究の昔と今」に焦点を当てたのが、第3部と第2部です。第3部：『音韻研究』総索引は「音韻研究の昔」に相当するもので、本学会機関誌である『音韻研究』の第1号から第19号までの論文の著者名、年、タイトル、収録号、ページを整理統合したものです。第2部：現代音韻論の動向は本書の根幹を成すもので、会員投稿による56編の論文を収録しています。文字通り、「音韻研究の今」を象徴するものです。そして、内容を考慮して、第1章「セグメントの問題：音節内部の母音・子音の諸相」、第2章「プロソディの問題：アクセント・リズムから音調・イントネーションまで」、第3章「周辺諸分野との接点：音声／音韻の形態的・心理的・認知的・生物的基盤」、第4章「混沌を秩序に換える視点：音声／音韻研究の方法論・モデル・形式理論」の4章から構成・編集しました。その際、不便は承知の上で、敢えて目次には個々の論文のページ番号を明記せず、各テーマ別の章のみにページ番号を入れました。これはテーマごとにパラパラとページをめくって、このすばらしく多様性に満ちた数々の論文の概要を一通り眺めていただくためと、ご理解下さい。

なお、5つの20周年記念特別企画を行なうにあたり、多くの方々のお世話になりました。まず、歴代会長シンポジウム「音韻研究の昔と今」の開催では、窪薗晴夫元会長、上田功前会長、田端敏幸現会長の一方ならぬご尽力をいただきました。これは平成28年6月24日の春期研究会の一環で行なわれたものですが、この日に20周年記念パーティーも開催されました。酒樽の鏡開きや鯛の塩釜などが振る舞われるなど、盛大な会を企画された本間猛事務局長にもお礼申し上げます。次に、英語版ホームページの製作については、会員のクレメンス・ポッペ氏に多大なるご協力をいただきました。また、学会ロゴについては11作の応募がありましたが、応募して下さったみなさん、採用作となった会員の柴田知薫子氏、投票して下さったみなさんに、心から感謝申し上げます。そして、その選定・公開までの過程では、事務局の竹安大氏と本間猛氏に多大なるご協力を賜りました。もちろん、本書にご寄稿いただいた会員のみなさん、本書の編集にご尽力下さった開拓社の川田賢氏なくして、刊行はなりませんでした。また、第1部を書くにあたって、「音韻論フォーラム」に関して窪薗晴夫元会長からも情報提供いただきました。ここに記して感謝の意を表明致します。

本書刊行の過程で特筆すべきは、本学会の理事や事務局会計や監査役を歴任し、本書にもご寄稿予定にあった三間英樹氏が、志半ばで平成28年3月22日に46歳で突如永眠されたことです。3月末が原稿締切でしたので、ある程度の形が整った草稿があれば編集してでも遺作として残したかったのですが、それは叶いませんでした。しかし、『音韻研究』や他学会誌や著作に残された氏の業績は、永遠に受け継がれ今後も引用され続けることでしょう。本年6月24日の総会でも一分間の黙祷を学会として行ないましたが、ここに謹んでご冥福をお祈り申し上げます。

最後に、『音韻研究』第1号の巻頭言で、故原口庄輔元会長は創刊に際して、次のように述べておられます。曰く、「すでに新しい器はできました。その中身となる料理は、会員の皆様方の努力と工夫と精進に依存致します。中身が悪ければ、器がどれほどよいものであっても、料理の評価は高くなりません。学会も機関誌も皆様方のいわば手作りの成果で、大きく変わることになります。一人一人の力が、われわれの学会の発展を促進するのです。」と。本書はいずれ過去のものとなりますが、『音韻研究』には無限の空白ページが残されています。その未来の空白ページを一緒に埋めていきましょう！

平成28年6月

日本音韻論学会20周年特別企画
記念論文集編集委員会　田中伸一、山田英二、時崎久夫、西村康平

目 次

はしがき iii

第1部：日本音韻論学会のこれまで

日本音韻論学会の昔と今 3

第2部：現代音韻論の動向

第1章　セグメントの問題：音節内部の母音・子音の諸相 15

植田尚樹	モンゴル語の2種類の阻害音の弁別的特徴について
小野浩司	ソノリティーと音韻現象
窪薗晴夫	日本語の二重母音
権　延姝	1911年以降の映画タイトルから見た外来語表記の変化―英語/v/, /tu/, /ti/の借用―
清水克正	閉鎖子音のVOTをめぐる最近の研究動向
白石英才	北東アジアにおける母音調和の歴史的発展過程
西村康平	日本語の外来語における有声性変異
橋本文子	東北方言の無声化が語るもの
福島彰利	分綴と音節量について
ポッペ，クレメンス	英語における母音の音質と音量の関係について
山本武史	英語における子音の重さについて
渡部直也	スラヴ諸語における母音削除現象について

第2章　プロソディの問題：アクセント・リズムから音調・イントネーションまで 61

安藤智子	東京式方言アクセントの記述―多治見方言の場合―
伊関敏之	イントネーションの重要性と普遍性について―比較音声学の立場から―
大塚惠子	東京方言名詞アクセントと言語接触
桑本裕二	鳥取県倉吉方言における平板型アクセントの忌避
佐藤久美子	長崎市方言における不定語を含む文の2種類の音調について
柴田知薫子	英語の強勢とは何か
田中真一	イタリア語における日本語由来の借用語と韻律構造
田端敏幸	複合動詞のアクセント特性について
服部範子	歌からの探る英語の好韻律性について
黄　竹佑	漢語のメリとハリ―アクセントと声調
増田正彦	漢語北部呉方言におけるトーンサンディー
松浦年男	二型アクセント方言のイントネーション
吉田優子	大阪方言らしさとは？3モーラ和語における中高型

第3章　周辺諸分野との接点：音声／音韻の形態的・心理的・認知的・生物的基盤　----- 107

氏平　明	吃音の音韻論的分析
太田　聡	ダジャレ混成について
太田真理	脳科学実験と多変量解析による音韻理論の実証
岡崎正男	詩の韻律と統語構造のインターフェイス
川﨑貴子	L2音韻習得：注意と音韻カテゴリ形成
北原真冬	英語のストレスに立ち向かう日本語話者
竹安　大	母音長・子音長の知覚とF0変動の影響──これまでと今後の展望──
田中伸一	言語にも化石はある：音韻論で生物・進化言語学に貢献する方法
時崎久夫	音韻論と全体的類型論
橋本大樹	短縮語形成における無標性の表出
原田龍二	複合語ができる言語とできない言語
六川雅彦	名前と性別

第4章　混沌を秩序に換える視点：音声／音韻研究の方法論・モデル・形式理論　------- 149

石川　潔	並列処理の単位としての音素と音節
上田　功	音韻獲得と入力型
大竹孝司	音韻研究におけるモーラの定義の変遷
大沼仁美	非時系列音韻論における英語母音の音韻表示
小川晋史	研究内容の現地還元と共同研究の可能性について
小松雅彦	音源フィルタモデルと韻律
熊谷学而	外来語適応の論理的問題
佐々智将	OT理論における母音調和の「方向性」について
佐野真一郎	コーパスを用いた音韻研究
高山知明	音韻の史的研究における二つの立場
寺尾　康	言語産出時における音節の「働き場所」について ──モデル構築にみる研究方法の組み合わせ──
中村光宏	調音動作の重複と縮約：事例研究
那須川訓也	音韻的回帰併合と非時系列音韻論
西原哲雄	音律音韻論と音律範疇の枠組みと発展
ピンテール，ガボール	不完全指定のメリットとデメリットについて
深澤はるか	最適性理論における日本語語彙層研究
松井理直	C/Dモデルの特徴と課題
山田英二	位置関数理論における計算と表示について
山根典子	アルトラサウンドを使ったL2発音教育実験

第3部：『音韻研究』総索引

総索引 --- 223

第1部

日本音韻論学会のこれまで

日本音韻論学会の昔と今

　第3部：『音韻研究』総索引と第2部：現代音韻論の動向では、学会の根幹を成す「音韻研究の昔と今」が眺望できる内容となっている。それに対し、ここでは20周年の節目として、「音韻研究の昔と今」を成り立たせてきた「日本音韻論学会の昔と今」をまとめておきたい。つまり、学会の沿革と現状を俯瞰する内容である。

　人間も同様で、ある個人の人となりを理解するには、その人の今を知るだけでなく過去を知ることも重要であるのと、同じ理屈である。Spice Girls のヒット曲"Wannabe"の冒頭の歌詞で、"If you want my future, forget my past!"という台詞があるが、あれは愛する人に対しての話である。愛する人には盲目で、かつ主観的であってよい。それがこじれずに仲良くいるための秘訣であることは間違いない。しかし、犯罪捜査で動機を突き止めたり量刑の情状酌量を決めたりする時など、人を客観的に理解するためには、その生い立ちや過去の行状に遡ることは欠かせない。犯罪捜査や量刑などというと仰々しいが、要は、「これまで」を理解することは、「これから」の指針として生かすのに役立つからである。

　学会も同じことで、以下では、学会の屋台骨を支えてきたいくつかのシステムや事業ごとに、なるべく学会ホームページや『音韻研究』にも記載されていない事項を中心に、「これまで」をデータ的に振り返ってみる。中堅以上の会員のみなさんには懐かしく振り返っていただき、若い会員や一般読者のみなさんには今後の学会の発展を考える一助としていただければ幸いである。

1. 学会の履歴

　日本音韻論学会は、平成28年（2016年）4月1日の時点で、国内外を含めて185の個人および団体の会員を擁している。その数でわかるように、小世帯のこじんまりした学会ではある。しかし、そのサイズゆえに、はしがきにも書いた通り、「手作りの成果で、… 一人一人の力が、… 学会の発展を促進」することが実行可能となっている。

　実際に、学会の手作り感は高く、役員や会員の存在感が大きい。のちに述べるように、学会の運営では、理事には各種事業が割り当てられ、大きな責任感と意欲が必要となる仕事を任される。また会員の存在感も大きく、講演や研究発表の場でも、大御所や中堅や若手に関係なく、質疑に際して発言の自由度がかなり高く活発な印象がある。若手発表者にも好意的である。これは大きな某学会にて、老獪な（悪くいえば老害な）先生が、大物ぶったり皮肉たっぷりの姿勢で若手発表者を個人攻撃してその存在感を誇示する（そして若手が萎縮する）風景を目にするのとは、えらい違いである。会員どうしの距離が近い本学会にあっては、そんなことをしたら、距離を置かれたり煙たがられたりして、かえって存在感や居場所をなくしてしまうことであろう。ここが本学会の良さと強みであり、健全なアカデミズムを可能としている。そして、それは以下に見るような「研究会」時代の設立精神が、今も脈々と受け継がれていることを意味している。

　実際に、本学会は(1)のような系譜を経て設立に至った。

(1) 日本音韻論学会の設立まで

年月	事項
昭和60年（1985年）12月	英語音韻論学会　設立
平成6年（1994年）4月	音韻論研究会　設立
平成7年（1995年）12月	研究会設立10周年
平成8年（1996年）12月	『音韻研究－理論と実践』刊行
平成9年（1997年）5月	日本音韻論学会　設立

英語音韻論研究会と音韻論研究会を通して、会長は今井邦彦先生（その期間において東京都立大学教授から学習院大学教授へ転任）が務めておられたが、この改称の背景には、当時は音韻論も統語論流に原理とパラメータ理論の影響を受けて、その検証のため研究対象が英語以外の多様な言語へと広がりを見せていた事実がある。また、研究会から学会への改組の背景については、学会創立当時のニューズレター第1号で、本間猛事務局長（当時）が詳しく述べている。曰く、「会員数が増大したことと事業内容が拡大したことに加えて、1）「研究会」では発表会参加に際して出張旅費がおりない大学があることと、2）「学会」になるとニューズレター等の郵送費が安くなる可能性があることを鑑み、1996年秋の役員会（現役員・事務局と事務局経験者）で学会化が発議されました。その後、1997年5月23日に開催された春の大会（於、東北学院大学）の総会において、会則案を慎重に審議した上で、正式に「日本音韻論学会」の発足が決定しました。」とある。また、この事業拡大を受けて、研究会時代には会長・副会長の役員と事務局で会の運営を行なってきたのに対し、学会となってからは役員に理事を何名か加えることで、事業の分担を行なうこととなった。このようにして、舵取りを故原口庄輔会長（1997-2000年）、水光雅則会長（2001-2004年）、窪薗晴夫会長（2005-2008年）、上田功会長（2009-2012年）、田端敏幸会長（2013-2016年）に託し、学会が展開される幕開けとなったのである。

現在、学会の事業としては、ニューズレター発行や学会運営・会計などの事務局業務を別とすれば、1）春期研究発表会、2）音韻論フォーラム、3）国内外招聘者講演・学位取得者講演、4）韓国との学術交流、5）『音韻研究』編集・刊行、6）ホームページ製作・メーリングリスト管理など、学会設立当初にはなかったものも含めて、概ね6つのものがある。研究発表や『音韻研究』の査読、発表会やフォーラムの司会は、理事全員で行なっている。上の6つの事業のうち、1）から4）は「イベントとしての動的事業」、5）と6）は「記録媒体としての静的事業」のように位置づけてよいだろう。5）と6）はその媒体を見ていただくこととして、以下では1）から4）までのイベント事業の系譜を振り返りつつ、本年に行なわれた20周年記念特別企画のあらましを紹介する。

2. 春期研究発表会・音韻論フォーラム

上で述べた通り、日本音韻論学会は、平成9年（1997）年5月23日の春期研究発表会の開催により、その華々しい幕開けを遂げた。プログラムを見ると、発表者として菊池清一郎氏（東北大学大学院）、深沢はるか氏（メリーランド大学大学院）、北原真冬氏（インディアナ大学大学院）、Robert R. Ratcliffe 氏（東京外国語大学）、柴田知薫子氏（国際医療福祉大学）が名を連ねている（肩書きは当時のもの）。設立当初、研究会は春と秋の年2回開催されており、春期と秋期の研究会はそれぞれ、5月と11月の土日に開催されていた日本英文学会と日本英語学会の「サテライト研究会」として運営されていた。年2回の金曜開催というこのスタイルは、音韻論研究会時代の慣習を踏襲したものであり、現在の春期研究発表会が金曜開催なのは、その名残りである（ただし、日本英文学会の英語学会員の減少により、現在は6月の日本言語学会に合わせて開催している）。また、秋期研究発表会の際には、日本英語

学会のワークショップの枠を借りて、音韻論ワークショップも同時に開催されていた。

　年3回あるイベントのうち、基本的に、春期研究発表会は研究発表のみ、音韻論フォーラムは研究発表と講演の二本立て、秋期研究発表会も研究発表と講演の二本立て、というように色分けされていたが、日本英語学会の役員会や委員会が金曜に開催されていたことに加え、音韻論フォーラムと秋期研究発表会の役割が曖昧で、9月と11月で開催時期が近いこともあって、やがて平成10年（1998年）11月を最後に秋期研究発表会は打ち切りとなった。言い換えれば、音韻論研究会時代は年2回の発表会しかなかったが、日本音韻論学会になってからはそれまで独自開催であった音韻論フォーラムを併合したため、秋期研究発表会はその役割を終えたのである。こうした経緯を経て、春期研究発表会と音韻論フォーラムの開催という現在のスタイルが確立されたのであった。

　今はこの2つのイベントともに研究発表と講演の二本立てであるが、そこには明確な特徴の違いがある。前者は半日開催の小さなイベントであるのに対し、後者は3日間にわたる主に英語使用の大きな国際イベントだということである。この特徴の違いは、音韻論フォーラムの設立の経緯から自ずと出てくるものであった。

　音韻論フォーラムは、もともと窪薗晴夫元会長が赴任校で独自開催した「大阪音韻論ワークショップ(Osaka Phonology Workshop)」や「神戸音韻論フォーラム(Kobe Phonology Forum)」に、その端緒を遡ることができる。初回は平成5年（1993年）9月、旧大阪外国語大学にて大阪音韻論ワークショップとして開催され、招待講演者はJunko Ito氏とArmin Mester氏であった。その際、最新の研究成果として"Licensing and Underspecification"というタイトルで講演され、また"Recent Trends in Theoretical Phonology"というテーマで連続講義が行なわれた。その後、窪薗元会長は平成6年（1994年）夏から平成7年（1995年）の夏までサバティカルで海外赴任となったが、神戸大学への転任とともに平成8年（1996年）9月に神戸音韻論フォーラムを開催することとなり、そこで再度、Junko Ito氏とArmin Mester氏が"Constraint Conjunction and the OCP"というタイトルで招聘講演を行った。そして、翌年には日本音韻論学会のイベントとして取り込まれることになり、3節で述べるように、そこでも何度か招聘を受けることとなった。

　言うまでもなく、お二人は最新のテーマを引っさげて時代のトレンドを語るだけでなく、日本において最適性理論に基づく音韻論の啓蒙に尽くした立役者である。そして、その精神がその後の音韻論フォーラムにも受け継がれている。その精神については、窪薗元会長が端的に次のように述べている。曰く、「もともとフォーラムを開催しようと思ったのは、当時の音韻論研究会のイベントが半日または1日のみで、議論や親交を深めるには短時間だったということがあります。2、3日開催して議論、親交を深めたいという思いと、伊藤さん・メスターさんたちのような海外の研究者を招待して日本の音韻論研究の国際化を図りたいというのが当初の狙いでした。その後に始まった音韻論フェスタ（熱海、琵琶湖等）は関東と関西の音韻論研究会の合同研究会という趣旨で始まりましたが、合宿形式で議論、親交を深めようというのは音韻論フォーラムと共通した狙いだったと思います。両方とも、当初の狙い通りに続いていますが、設立に関係したものとしては大変嬉しいところです。」

3. 国内外招聘者講演・学位取得者講演

　識者を招いての招聘講演は、会員の研究発表とともに学会の研究活動を支える重要なイベントであり、現在は春期研究発表会・音韻論フォーラムの期間内に講演を行なうというスタイルが確立されている。しかし、学会設立当初は、上で述べたような春期研究発表会・音韻論フォーラム・秋期研究発表会に分かれたイベントのうち、春期研究発表会は専ら研究発表に絞って開催し、代わりに講演を音

韻論フォーラム・秋期研究発表会において行なっていた。やがて秋期研究発表会自体が平成10年（1998年）を最後に行なわれなくなった代わりに、平成19年（2007年）からは春期研究発表会でも講演を行なうようになった。この年は学会設立10周年に当たり、Elizabeth Hume 氏や Osamu Fujimura 氏を招きつつ学位取得者講演も行うなど、大きな記念大会を打ち上げた。それを契機に、春期研究発表会でもこの慣習が定着したのであろう。

以下では春期研究発表会(S)・音韻論フォーラム(F)・秋期研究発表会(A)の開催時に行なわれた講演について、その歴史をまとめてみる。ここには学位取得者講演(D)も含まれる。ただ、2節で述べた音韻論ワークショップを含めると膨大な量になって捌ききれないので、これは割愛する。また、韓国からの招聘者講演については4節を参照されたい。

(2) 研究発表会と音韻論フォーラムにおける国内外招聘者講演・学位取得者講演

年月	場所	講演者
平成 9 年（1997 年） 5 月	東北学院大学	S: なし
平成 9 年（1997 年） 9 月	神戸大学	F: Junko Ito, Armin Mester, 原口庄輔
平成 9 年（1997 年） 9 月	東京都立大学	A: Philip Spaelti, 清水克正, 吉田昌平
平成 10 年（1998 年） 6 月	青山学院大学	S: なし
平成 10 年（1998 年） 8 月	神戸大学	F: Junko Ito, Armin Mester, Alan Prince, Jeroen van de Weijer
平成 10 年（1998 年）11 月	東北大学	A: 鈴木慶一郎(D), 松井理直(D)
平成 11 年（1999 年） 6 月	東京都立大学	S: なし
平成 11 年（1999 年） 9 月	東京都立大学	F: Diana Archangeli, 深澤はるか(D), 片山素子(D), 岡崎正男(D)
平成 12 年（2000 年） 6 月	千葉大学	S: なし
平成 12 年（2000 年） 8 月	ホテル喜良久（山口市）	F: John Harris, 原口庄輔, 広瀬友紀(D), 白勢彩子(D), 田嶋圭一(D), 氏平明(D),
平成 13 年（2001 年） 6 月	青山学院大学	S: なし
平成 13 年（2001 年） 8 月	千葉大学	F: John Goldsmith, 青山圭(D), 太田光彦(D), 田中伸一(D)
平成 14 年（2002 年） 6 月	東京外国語大学	S; 北原真冬(D)
平成 14 年（2002 年）11 月	日本大学	A: 栗栖和孝(D)（この年は音韻論フォーラムが開催されず、代わりに秋期研究発表会）
平成 15 年（2003 年） 6 月	青山学院大学	S: なし
平成 15 年（2003 年） 9 月	神戸女学院大学	F: Junko Ito, Armin Mester, Jaye Padget, 熊代文子(D), 前田奉子(D), 中村光宏(D), 米山聖子(D)
平成 16 年（2004 年） 6 月	青山学院大学	S: なし
平成 16 年（2004 年） 9 月	広島女学院大学	F: Réne Kager, Dylan Herrick, 山本武史(D)
平成 17 年（2005 年） 6 月	青山学院大学	S; 那須昭夫(D)
平成 17 年（2005 年） 8 月	福岡大学	F: Junko Ito, Armin Mester, Timothy J. Vance, 安藤智子(D), 石原俊一(D), 吉田夏也(D)
平成 18 年（2006 年） 6 月	大東文化大学	S: なし

平成18年（2006年）	8月	早稲田大学	F: John McCarthy, Ellen Woolford, 廣谷昌子, 五十嵐陽介(D), 高橋豊美(D), 宇都木昭(D)
平成19年（2007年）	6月	東京大学	S: Elizabeth Hume, Osamu Fujimura, 青柳真紀子(D), 都田青子(D)
平成19年（2007年）	8月	札幌学院大学	F: Michael Kenstowicz, 小松雅彦(D), 白石英才(D), 田中真一(D), 時崎久夫(D),
平成20年（2008年）	6月	法政大学	S: 樽井武(D), 李文淑(D)
平成20年（2008年）	8月	金沢大学	F: Jeroen van de Weijer, Michael Kenstowicz, 伊藤智ゆき, 新田哲夫, 北原真冬, 田嶋圭一, 杉山由希子(D), 孫在賢(D)
平成21年（2009年）	6月	大東文化大学	S: Stuart Davis, 松浦年男(D)
平成21年（2009年）	8月	神戸大学	F: Caroline Féry, 天野成昭, 郡史郎, 平山真奈美, 菊池清一郎(D), 坂本洋子(D)
平成22年（2010年）	6月	首都大学東京	S: 長尾恭子(D)
平成22年（2010年）	8月	静岡県立大学	F: Catherine Ringen, Peter Howell, 儀利古幹雄(D), 神山剛樹(D), 竹安大(D), 山田英二(D)
平成23年（2011年）	6月	首都大学東京	S: 新谷敬人(D)
平成23年（2011年）	8月	同志社大学	F: Mary Beckman, Jennifer Cole, Timothy J. Vance, 川原繁人, 米山聖子(D), 小川晋史(D)
平成24年（2012年）	6月	首都大学東京	S: 竹村亜紀子(D)
平成24年（2012年）	8月	東北学院大学	F: John Harris , Kaori Idemaru, Brent Vine, Olga T. Yokoyama
平成25年（2013年）	6月	首都大学東京	S: Jacques Durand, 佐野真一郎(D), 高田三枝子(D)
平成25年（2013年）	8月	札幌学院大学	F: Bert Botma, Michael Hammond, Gregory Iverson, 高良宣孝(D), 鮮于媚(D)
平成26年（2014年）	6月	首都大学東京	S: 高山知明(D)
平成26年（2014年）	8月	東京大学	F: Marc van Oostendorp, Bridget Samuels, 川原繁人ほか7名, 邊姫京(D), 平田佐智子(D), Jeremy Perkins(D), 佐藤久美子(D), 山根典子(D)
平成27年（2015年）	6月	首都大学東京	S: 山口京子(D). 三間英樹(D)
平成27年（2015年）	8月	大阪大学	F: Fred Eckman, Elizabeth Hume, 田窪行則, 黃賢暻(D), 西村康平(D), Clemens Poppe(D)
平成28年（2016年）	6月	首都大学東京	S: 窪薗晴夫, 田端敏幸, 上田功, 村田真実(D)
平成28年（2016年）	8月	金沢大学	F: Timothy J. Vance, 五十嵐陽介, 立石浩一, 三樹陽介(D), 高橋康徳(D), 吉田健二(D)

| 平成29年（2017年）以降 | ？？？ | ？？？ |

こうして見ると、海外招聘者の錚々たる顔ぶれはもちろん、国内研究者の大きな貢献、若手研究者の目覚ましい活躍の足跡が目につくであろう。なお、これらの講演の成果がすべて翌年の『音韻研究』の論文として投稿・掲載されたわけではないので、第3部：『音韻研究』総索引の目録と必ずしも一致しない。しかし、ほとんどの講演は『音韻研究』の論文または要旨として掲載されている。

その他、A, F, Dの枠に含まれず独自に開催した講演会（学会主催、時に共催）にて招聘した研究者として、Donca Steriade氏（平成9(1997)年8月、神戸大学）、Bjarke Frellesvig氏（平成9(1997)年12月、神戸大学）、Jean-Francois Prunet氏（平成9(1997)年12月、神戸大学・明治学院大学）、Gregory E. Iverson氏（平成9(1997)年12月、明治学院大学）、Stuart Davis氏（平成12(2000)年3月、筑波大学）、Bruce Hayes氏（平成12(2000)年7月、慶応義塾大学）、Ehud Yairi氏（平成17(2005)年10月、神戸大学）、Susan Fischer氏（平成17(2005)年12月、神戸大学）、Elisabeth O. Selkirk氏（平成18(2006)年3月、東京大学）らがあった。特別な講演会もあり、平成13(2001)年8月に明海大学で開催された明海最適性理論ワークショップ(Meikai OT Workshop)では、Paul Smolensky氏、Géraldine Legendre氏、Junko Ito氏、Armin Mester氏、深澤はるか氏、北原真冬氏、太田光彦氏、山根典子氏、田中伸一氏、日比谷潤子氏が招聘されている。また、平成21(2009)年8月に神戸大学で開催された国際音声学・音韻論フォーラム(International Phonetics and Phonology Forum)では、Jeroen van de Weijer氏、Andries W. Coetzee氏、Jongho Jun氏、René Kager氏、米山聖子氏、Benjamin Munson氏、Mirjam Broersma氏、青柳真紀子氏、Andrea Weber氏、大竹孝司氏、Ian Maddieson氏、Harry van der Hulst氏、Joseph Emonds氏、時崎久夫氏が招聘講演を行った。これらも一部は『音韻研究』の論文として掲載されている。

4. 韓国との学術交流

学会事業の国際化の一環としては、韓国音韻論・形態論研究会(The Phonology-Morphology Circle of Korea)との学術交流を見逃すことはできまい。当初は韓国での講演のため、副会長職にあった窪薗晴夫氏と理事職にあった大竹孝司氏とが招聘されたが、その後も互いに2名ずつ派遣し合うことで定期的に交流をはかるという話がまとまり、翌年となる平成16年（2004年）には水光雅則元会長のもと正式に提携し、条件を整えて相互派遣が開始された。

現在のところ、1）空港までの送迎、2）歓迎国での国内旅費（交通費・滞在費）負担と滞在ホテル予約、3）講演内容の機関誌掲載・送付、4）可能な限り滞在中の飲食費負担、5）可能なら観光などの接待、6）歓迎国までの往復航空運賃負担（のちに追加）、などを歓迎国側で責任を持って行なう旨、申し合わせがなされている。韓国側の派遣者は基本的に夏の音韻論フォーラムにてお迎えしているが、こちら側の派遣者は韓国にて6月に独自開催されるいくつかの国際学会に招聘を受けている。派遣メンバーは、執行部（会長・副会長）による指名のほか、現在は理事会での投票により選出されている。

以下は、これまでの相互派遣による招聘講演者をまとめたものである（作成に当たって、事務局の竹安大氏に協力を得た）。

(3) 相互派遣講演（肩書は当時のもの）

年月	講演者
平成15年（2003年）	大竹孝司、窪薗晴夫
平成16年（2004年）	Sang-Cheol Ahn (Kyung Hee University), Jongho Jun (Yeungnam

	University)
	原口庄輔、北原真冬、深澤はるか
平成17年（2005年）	Kyung-Ae Choi (Mokwon University), Mira Oh (Chonnam National University)
	玉岡賀津雄、上田功（病欠で代読）
平成18年（2006年）	Sang-Cheol Ahn (Kyung Hee University), Hyunsoon Kim (Hongik University)
	田中伸一、米山聖子
平成19年（2007年）	Gyung-Ran Kim (Yeungnam University), Hyang-Sook Sohn (Kyungpook National University)
	川越いつえ、三間英樹
平成20年（2008年）	Hyo-Young Kim (Kookmin University), Jin-hyung Kim (Korea University of Technology and Education)
	時崎久夫、小松雅彦
平成21年（2009年）	Hyunsoon Kim (Hongik University), Sung-A Kim (Kyung Hee University)
	栗栖和孝、白石英才
平成22年（2010年）	Yongsoon Kang (Sungkyunkwan University), Chang-Kook Suh (Baekseok University)
	那須川訓也、田中真一
平成23年（2011年）	No-Ju Kim (Kyungpook National University), Jae-Ick Park (Kosin University)
	なし（東日本大震災の影響で）
平成24年（2012年）	Chin-Wan Chung (Chonbuk National University), Sunghoon Hong (Hankuk University of Foreign Studies)
	佐々木冠、菅原真理子
平成25年（2013年）	Hyoung-Youb Kim (Korea University), Joo-Kyeong Lee (University of Seoul), Mira Oh (Chonnam National University)
	服部範子、山田英二
平成26年（2014年）	No-Ju Kim (Kyung-Buk University), Jae-Ick Park (Kosin University)
	寺尾康、田中伸一、上田功
平成27年（2015年）	Woohyeok Chang (Dankook University), Tae-Jin Yoon (Sungshin Women's University)
	北原真冬、平山真奈美
平成28年（2016年）	Ponghyung Lee (Daejeon University), Chang-Kook Suh (Baekseok University)
	未定
平成29年（2017年）以降	？？？

平成25年(2013)年に派遣された当時理事の山田英二氏は、派遣先での模様を次のように理事会で報告している。曰く、「今回は、韓国の英語関係の4つの学会が合同で開催した国際会議でしたので、総

発表者数が 100 名程度、参加者数は数百名という規模の大きな学会（4日間、2箇所で開催）となりました。アメリカや欧米、日本からの招待講演者や発表者もたくさん見ることができました。音韻論では、スタンフォード大学の Arto Anilla 教授が Plenary の招待講演者としていらっしゃっていました。更には、学会当日には、540 頁を超える立派な Proceedings が作成されていて、受け取ることができました。韓国音韻論形態論学会の対応はとても素晴らしく、全てに行き届いたものでした。公式なレセプションが 4 日の夜と 5 日の夜の 2 日間開催され、それはそれは盛大なものでした。また、帰りには韓国音韻論学会より、服部先生と私に、それぞれお土産（立派な大きな海苔）も頂戴いたしました。このような学会に派遣していただき、心より感謝申し上げます。学会期間中は、韓国音韻論形態論学会会長の Oh 教授を始めとして、先方のたくさんの会員の方々と交流を行って参りました。それから、会長の Oh 教授によりますと、来年、今回とほぼ同じ時期に韓国音韻論形態論学会として国際会議を開催する予定なので、日本音韻論学会の会員の先生方もぜひご参加下さり、研究発表をして下さいとのことでした。日本と韓国の音韻論関係の学会の交流が益々盛んになること祈っております。」と。向こうでの雰囲気がありありと伝わる報告である。

なお、韓国側からの初回のゲストは、平成 16 年（2004 年）9 月に広島女学院大学で開催された音韻論フォーラムで迎えられたが、その顔ぶれはイリノイ大学と UCLA でそれぞれ学位を取り、国際的にも名を轟かせている Sang-Cheol Ahn 氏と Jongho Jun 氏であった。当時の窪薗副会長が歓迎スピーチで言及していたように、漢字で書けば、安さんと全さんである。彼らはまさに、交流における両国の旅と関係の「安全」を象徴的に示す存在であった。

5. 20 周年記念特別企画

このような定期的な事業を経て、20 周年の節目として特別に企画されたのが、「はしがき」で述べたような 1 ）歴代会長シンポジウム「音韻研究の昔と今」の開催、2 ）20 周年記念パーティーの開催、3 ）英語版ホームページの製作、4 ）学会ロゴの選定・公開、5 ）本書の刊行を含む、5 つの事業であった。このうち、「記録媒体としての静的事業」に当たる 3 ）と 5 ）は見ての通りであり、「イベントとしての動的事業」としての 2 ）も「はしがき」で述べたので、ここでは割愛する。以下では 1 ）と 4 ）に焦点を当てて、その趣旨を紹介しよう。

まずは、1 ）の歴代会長シンポジウム「音韻研究の昔と今」についてである。これは本年 6 月 24 日の春期研究発表会とともに、文字通り「20 周年記念特別企画」の枠で開催されたものである。なぜ「昔と今」を考えるのかというと、もちろんそれは「未来」につなげたいからである。そして、なぜ「歴代会長」なのかというと、それは過去の研究に遡るという誰にでもできることを実行可能なだけでなく、その世代の人間は 70 年代からの言語研究の雰囲気、もっといえば時代精神(Zeitgeist)をも身を以て知り尽くしているからである。そこで、「ご自身の過去の論考や歴史の闇に葬られた古典的業績を掘り起こしてその現代的意味を考察することで、未来を担う次の世代にメッセージを伝えるような温故知新的な内容にする」というお題目が伝えられたのであった。これがこの企画の趣旨である。

これを受けてシンポジウムでは、窪薗晴夫元会長は「日本語の音韻研究―わかったこと、やり残したこと」、上田功前会長は「音韻理論と音韻事象」、田端敏幸現会長は「日本語複合動詞のアクセント特性について」というテーマで、これまでの自身の論考をその説明理論とともに振り返り、その現代的意味と未来への展望を語ってもらった。お三方は図らずも旧大阪外国語大学の後輩・先輩の間柄であり、和やかな雰囲気の中での対話が強く印象に残ったシンポジウムであった。

このシンポジウムと同じく「20 周年記念特別企画」の 1 つとして 6 月 24 日に行なったのが、4 ）の

学会ロゴマークの公開・表彰である。これについては、学会の特色や個性を象徴的に示し、社会にアピールできるようなロゴマークがこれまでに決められていなかったので、本年 2 月に会員から広く募集したのであった。条件としては、「学会略称である"PhSJ"（大文字小文字は問わず）を基調としたもの」「学会出版物やウェブページなどに幅広く利用できるシンプルなもの」「白黒印刷でも使用できるもの」などを掲げていた。全部で 11 作品の応募があり、いずれも甲乙付けがたい力作が揃ったのだが、ここから理事会投票によって 5 点に絞ったのちに、会員投票によって採用されたのが柴田知薫子氏（東京農工大学）の作品であった。本書の表紙を飾っているものである。その創作に込められた意図や内容について、柴田氏は「枠の形は声帯を表象しています。呼気が声門を通ると h と s が揺れて音を出すイメージの背景に理論重視派と事実重視派が結合するイメージを重ねました。」と述べている。

　もちろん、このロゴマークは著作権の問題もクリアしており、その調査を依頼した文京特許事務所からは、「貴会採択商標『日本音韻論学会ロゴマーク』につきましては、同一又は類似すると判断される可能性のある商標（法的に問題のある商標）は発見されませんでした。また、商標登録に関するＤＢを確認する限り、法的に問題のある模倣流用といった問題点はありませんでした。」というお墨付きを得ている。本来はこんな調査など必要ないのだが、昨年の東京オリンピック・エンブレム騒ぎを鑑みてのことであり、学会としては致し方のない手続きであった。

　なお、柴田氏は謙虚にも、「実を言うと説明はすべて後付けで、ただ綺麗に仕上げたかっただけなので、「本当にこれでいいのだろうか？」と今でも心配です。30 周年を迎える頃に更新して頂ければ幸いです。」とも述べている。もしそうなるなら、これもまた期せずして、未来につながるテーマではある（が、これでいいと断言できるのでご安心を）。

6. そして、未来へ

　以上、学会設立の経緯やこれまで行なってきた事業などを、学会ホームページや『音韻研究』にも書かれていない情報を中心に振り返ってきた。こうした学会の生い立ちや過去の行状から、読者のみなさんには、設立や各種事業の「動機解明」や「量刑判断」をしていただけたら幸いである。なお、こうした経緯を経て確立された現体制について、会長・副会長・理事・事務局からなる組織の詳細と、学会運営のための会則は、学会ホームページや『音韻研究』各号に記載されている。ご興味の向きは、そちらを参照されたい。

　最後に、お気づきの向きもあると思うが、国内外招聘者講演・学位取得者講演の一覧(2)と学術交流における相互派遣講演の一覧(3)では、あえてわざわざ、今後のリストに「？？？」なる項目を加えている。その意図はもうおわかりであろう。その未来の項目を埋めるべく、読者のみなさんのご協力をお願いしつつ、筆を置くことにする。

第 2 部

現代音韻論の動向

第1章

セグメントの問題

音節内部の母音・子音の諸相

モンゴル語の 2 種類の阻害音の弁別的特徴について

植田尚樹

京都大学

1. モンゴル語の阻害音の対立

　モンゴルハルハ方言（以下モンゴル語）の閉鎖音、破擦音には 2 系列の対立がある(摩擦音には対立はない。以下では閉鎖音、破擦音を「阻害音」とする)。しかし、この対立が有声性によるもの(無声／有声の対立)であるか、帯気性によるもの(有気／無気の対立)であるかははっきりしない。

　伝統的なモンゴル語学では、阻害音には"strong / week"の対立があると言われ、音声学的に前者は「無声音」、後者は「有声音」であると解釈される。例えば、モンゴル語の音声学の解説書である Tsoloo (1976) や、モンゴル語の発音辞典である Sambuudorj (2012) などでは、strong の阻害音として[p],[t],[k],[ts],[tʃ]が、week の阻害音として[b],[d],[g],[dz],[dʒ]が挙げられている Sanjaa and Battsogt (2012) においても、strong の阻害音に帯気性があることは述べられているが、week の阻害音が有声音であるという記述に変わりはない。

　一方、Svantesson et al. (2005) および Svantesson and karlsson (2012) は、詳細な音声実験を行い、モンゴル語の阻害音の対立の弁別的特徴は、帯気性の有無であると結論付けている。彼らによれば、阻害音は軟口蓋、口蓋垂閉鎖音を除いて全て無声音で、strong の阻害音は語中と語末では前気音(preaspiration)を、語頭では後ろに気音(postaspiration)を伴うのに対し、week の阻害音は帯気性を持たない。Janhunen (2012) も同様の解釈をとっている。

　両者の解釈の違いを例示すれば、以下のようになる。

(1)　　キリル文字表記　　Sambuudorj (2012)　　Svantesson et al. (2005)　　　意味
　　　тал　　　　　　　　[taɮ]　　　　　　　　[ʰtaɮ]　　　　　　　　　　　平野
　　　дал　　　　　　　　[daɮ]　　　　　　　　[taɮ]　　　　　　　　　　　肩
　　　атар　　　　　　　 [atar]　　　　　　　　[aʰtăr]　　　　　　　　　　未開拓地
　　　адар　　　　　　　 [adar]　　　　　　　　[atăr]　　　　　　　　　　 天井
　　　ат　　　　　　　　 [at]　　　　　　　　　[aʰt]　　　　　　　　　　　雄ラクダ
　　　ад　　　　　　　　 [ad]　　　　　　　　　[at]　　　　　　　　　　　 悪霊

2. 解釈の妥当性と残された問題

　Svantesson et al. (2005) および Svantesson and karlsson (2012) は、詳細な音声実験を行い、音声波形およびスペクトログラムを提示している。この点において、Sambuudorj (2012) らに比べて音声的な実態をより正確に記述していると言える。

　しかし、「阻害音は帯気性による対立である」という解釈に問題がないわけではない。特に問題となるのは、知覚の面である。モンゴル語の阻害音の対立は、中国語の有気／無気の対立とは異なるように感じられるが、モンゴル語の阻害音において、知覚的にも本当に帯気性が弁別的機能を担っているのか、精査する必要がある。

　ここでは、今後検討が必要な例を 2 つ挙げる。1 点目は、阻害音の有声化である。図 1 に示すように、有声音間(図 1 では母音間)の week の阻害音はしばしば有声で発音されるが、このような状況でも声の

有無は阻害音の知覚に余剰的な特徴であるのか、疑問が残る。なお、有声音間での有声化に関してSvantesson et al. (2005) は何も述べていない。

2点目は、母音の無声化と阻害音の弁別との関係である。Svantesson et al. (2005) によると、母音に前気音を持つ阻害音が後続する場合、前気音は先行母音の(少なくとも部分的な)無声化で実現される。ここで、$C_{[obstruent]}V^hC$ の連続を考えると、^hC の前気音の実現として V は無声化する。V が完全に無声化した場合、語頭の $C_{[obstruent]}$ の直後の気息の有無を判定するのは難しい。図2は、実際に V が完全に無声化した例を示している。このような例においては、帯気性あるいは母音の無声化の程度によって語頭阻害音の種類を弁別することができるのか、持続時間や intensity など別の要素を用いて弁別しているのか、あるいは完全に中和していて弁別は不可能なのか、という点が現段階では明らかでなく、今後検討すべき問題である。

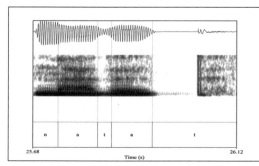 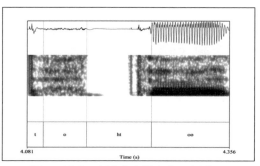

図1：有声化　　　　　　　　　　　　　図2：母音の無声化と阻害音の弁別
母音間のtが有声化している　　　　　　oの部分が無声化し、先行するtの帯気の有無が
　　　　　　　　　　　　　　　　　　判断できない(この場合は帯気が無い)。

参照文献

Janhunen, Juha A. 2012. *Mongolian*. Amsterdam: John Benjamins.

Sambuudorj, O. 2012. *Mongol xelnii ügiin duudlagiin tolj* [Pronouncing dictionary of Mongolian]. Ulaanbaatar: Monsudar.

Sanjaa, J. and D. Battsogt. 2012. Awia züi [Phonetics]. *Orchin tsagiin Mongol xel* [Modern Mongolian], ed. by T. Onorbayar, A. Tsog-Ochir and U. Ariunbold, 48–97. Ulaanbaatar: Mongolian National University of Education.

Svantesson, Jan-Olof and Anastasia karlsson. 2012. Preaspiration in modern and old Mongolian. *Per Urales ad Orientem: Iter polyphonicum multilingue. Festskrift tillägnad Juha Janhunen på hans sextioårsdag den 12 februari 2012*, ed. by Tiina Hyytiäinen, Lotta Jalava, Janne Saarikivi and Erika Sandman, 453–464. Helsinki: Suomalais-ugrilainen Seura.

Svantesson, Jan-Olof, Anna Tsendina, Anastasia Karlsson and Vivan Franzén. 2005. *The phonology of Mongolian*. Oxford: Oxford University Press.

Tsoloo, J. 1976. *Orchin tsagiin mongol xelnii awia züi* [Phonetics in Modern Mongolian]. Ulaanbaatar: Mongolian Academy of Sciences.

ソノリティーと音韻現象

小野浩司
佐賀大学

1. はじめに

　母音・子音などの個々の言語音は固有のソノリティー(聞こえ)をもつと考えられている。ソノリティーとは、声の大きさ・高さ・長さなどの条件を同じにした場合、個々の音がどれぐらい遠くまで聞こえるかという度合いのことであり、より遠くまで聞こえる音をソノリティーの大きな音と呼び、そうでない音をソノリティーの小さな音と呼ぶ。一般に母音は子音よりもソノリティーは大きく、また、同じ子音であっても共鳴音(渡り音・流音・鼻音)は最もソノリティーが大きく、次に摩擦音、閉鎖音と続く。わかりやすく不等号で表せば、母音>共鳴音>摩擦音>閉鎖音(不等号の開いているほうがソノリティーは大きい)という順になる。このように、ソノリティーとは個々の音が固有にもつ音声的特徴であるが、実はこの特徴がさまざまな音韻現象と深くかかわっているのである。以下では、そのような現象のうち、挿入、削除、交替といった音韻論の議論に欠かせないプロセスをいくつか紹介し、ソノリティーが音韻現象に果たす役割の大きさを実証したい。

2. 母音挿入

　ソノリティーが日本語の音韻現象と密接にかかわっていることを示す例に母音挿入がある。この現象は日本人が外来語を発音する際にしばしば観察される。(1) の N は撥音「ん」をさす。

　(1) des<u>u</u>ku < desk　　beNchi < bench　　besuto < best　　tek<u>i</u>suto, tek<u>u</u>suto < text

日本語の音はモーラを基本単位とし、そのモーラは通常「子音+母音」という形をしている。したがって、外来語の中に子音の連続を見つけると、日本人は本能的にそれらの子音の間に母音を挿入してしまう。また、語末が子音である場合にもやはりその子音の後ろに母音を挿入して「子音+母音」という形を作り出す。さて、ここで問題なのはどの母音を挿入するか、ということである。(1) からもわかるように挿入される母音で一番多いのは/u/であり、次に/i/, /o/という順である。/u/, /i/ はともに高母音であり、その高母音はソノリティーが母音の中で最も小さいという特徴をもつ(母音のソノリティー階層は a>e, o>i, u である)。また、/o/は/t/(または/d/)の後ろにしか現れないが、これは日本語に/to/「ト」という音はあっても/tu/「　」(あるいは/du/「ドゥ」)という音がないためである。その結果、ここでは/u/の次にソノリティーの小さい/o/が選択されたと言える。

　外来語と言えば忘れてはならないのが中国語からの借用語、すなわち漢語である。「学」や「客」は本来/gak/, /kyak/であったものが、日本語に借用された際にソノリティーの小さい母音を語末に挿入して /gaku/, /kyaku/ になった(窪薗 1999)。

　母音挿入はもちろん日本語だけに現れる現象ではなく言語に普遍的な現象である。したがって、英語もその例外ではない。たとえば、特定の接尾辞を付加することによって英語では許されない子音連続が生じた場合、ソノリティーの小さい/i/が挿入されることがよくある(Raffelsiefen 1999)。

　(2) insect<u>i</u>cide (< insect)　　long<u>i</u>tude (< long)　　human<u>i</u>fy (< human)

　以上、挿入される母音はいずれもソノリティーの小さい母音であることがわかった。これにはもちろん理由があって、ソノリティーが小さい母音というのは卓立の観点から言えば「目立たない」であ

—18—

り、目立たないがゆえに挿入しても語全体の音の様相を変える可能性は少ないと言える。この点は desk にソノリティーの大きな/a/を挿入して(/desaka/にして)みれば明らかである。/desuku/と/desaka/ではどちらが基底の desk を復元しやすいかは一目瞭然であろう。言うまでもなく、基底の語が復元できなければ聞き手と話し手の間のコミュニケーションは滞ってしまう。

3. 母音削除

上で見た母音挿入と正反対の現象に母音削除というものがある。これは文字通り特定の母音を削除することであるが、その際にもソノリティーが大きくかかわっている。(3)は日本語の例である(Vance 1987)。

(3) htorigoto (< h<u>i</u>torigoto)　　deskara (< des<u>u</u>kara)

日本人は「独り言」、「ですから」を普通のスピードで発話した場合、下線部の/i/や/u/を落とす傾向にある。もちろんこれらの母音が常に削除されるわけではなく、「母音の無声化」という別の条件が伴わなければならない。日本語において母音の無声化は無声子音(/hitoroigot/では/h/と/t/、/desukara/では/s/と/k/)に挟まれた場合にしばしば起こる現象であり、実際(3)の下線部の母音(/i/と/u/)はこの条件のもと無声化している。このように無声化された母音は削除される可能性があるのだが、問題はこれらの母音がソノリティーの小さい「高母音である」という点である。

無声化とは関係のない位置でもソノリティーの小さい母音は削除されうる。

(4) a. mago (< <u>u</u>mago (馬子))　　doko (< <u>i</u>zuko (何処))
　　b. burumaN (< bur<u>u</u>umaN) (ブルマン)　　saNtora (< sa<u>u</u>Ntora)　　　　　　(窪薗 2002)

(4a)は歴史的な音変化であり、(4b)は外来語の借用の際に起こる音変化である。ここで重要なことは、いずれの場合も母音の無声化とは関係がない位置でソノリティーの小さい/u/または/i/が削除されているという点である。なぜソノリティーの小さい母音が削除されるかという疑問に対しては、そのような母音の削除であれば語全体の音の様相をそれほど変えなくてすむ、ということに尽きるであろう。別の言い方をすれば、/u/または/i/の削除であれば基底となる語の復元は容易であり、復元が容易であれば聞き手と話し手の間のコミュニケーションはスムーズに運ぶことになる。

4. 子音挿入

ソノリティーの大小は母音挿入だけではなく子音挿入にも影響を与える。ここではまず、母音連続を避けるための子音挿入を見てみよう(Kusters 2004)。

(5) daiya (< daia (ダイア))　　oniyon (< onion (オニオン))　　guwai (< guai (具合))

最初の二つの語は外来語からの借用の例であり、原語にはない/y/が挿入されている。三番目の語は、漢語の例であるがここでは本来存在しない/w/が挿入されている。/y/と/w/はともに音節核にならないという点で子音的性格をもつが、肺からの空気をそれほど阻害しないまま口の外に出すという点で母音的性格ももつ。/y/と/w/がしばしば半母音と呼ばれる理由がここにある。このように/y/と/w/は性格的に母音に近いことから子音の中では最もソノリティーの大きな子音であり、それゆえ、連続する母音の間に挟んでもソノリティーの流れ(大きさ)を著しく損なうことはない。このことが意味することは、半母音を挿入しても基底となる語の復元可能性は保たれるということであり、その結果コミュニケーションが円滑に進むということである。

母音と母音の間に挿入されるのが半母音だとすると、母音と半母音(/y/, /w/)の間に挿入される音は何であろうか。できるだけ母音の連続は避けたいという日本語の特質を考慮に入れると、その音はでき

るだけ半母音に近いソノリティーをもつ子音ということになる。子音のソノリティー階層を見ると、半母音＞流音＞鼻音＞摩擦音＞閉鎖音 であることから、本来なら流音 (/r/) が挿入されるところであるが、しかし、流音がこの位置に現れることはない。なぜなら、いま問題にしている位置は母音と頭子音である半母音(半母音はあくまで子音)に挟まれた位置であり、いわば音節末の尾子音の位置である。日本語で音節末に現れうる子音は促音と撥音の2種類しかなく、流音はこれに含まれない。また、促音は無声子音の前にしか出現しないことから、この位置に現れうる唯一の子音は撥音(/N/)ということになる。実際、この推測が正しいことはオノマトペを観察することによってわかる。

(6) boNya-ri (< boya-ri)　　huNwa-ri (< huwa-ri)

(6)は基底となるオノマトペを強調したものであるが、注目すべきは母音+子音 (/y/, /w/) の間に撥音/N/が挿入されていることである。言うまでもなく、ここでの/N/の挿入は、その前後のソノリティーの流れを極力損なわないための一つの方策であると考えられる。似たような例は実は英語にもあって、その代表が naphthalene 「ナフタレン」という単語である。この単語は naptha 「ナフサ (粗製ガソリン)」に化学薬品であることを示す接尾辞-ene が付いて出来た単語であるが、このとき生じる母音連続 (この場合は-ae-) を避けるためにその間にソノリティーの比較的大きいな流音 /l/ が挿入されたものである(Raffelsiefen 2004)。

5. 子音削除

　母音削除にソノリティーがかかわっているなら、子音削除にもソノリティーがかわっているに違いないと考えるのが自然であろう。日本語にイ音便という現象があるが、これがまさにこれから議論する子音削除に該当する。

(7) kaita (< kak+i+ta (書いた))　　huita (< huk+i+ta (吹いた))

日本語では、5段活用動詞に助動詞/ta/が接続すると連用形屈折語尾/i/の前にある/k/が削除される。もちろん、このような操作によって新たに母音連続(/ai/, /ui/)が生じることは確かに問題であるが、それよりも削除される子音がソノリティーの小さな/k/であるという事実のほうがむしろ注目に値する。なぜなら、ソノリティーの小さい音であれば、たとえそれが削除されても基底となる語の復元は容易となり、削除によって引き起こされる意味の変化も最小限に止めることが可能となるからである。ちなみに、なぜこの場合母音連続が許されるのかの理由については、i) 日本語によく見られる重音節形成(LL(kaki) → H(kai))がイ音便において優先的に適用された(窪薗 1995)、ii)子音/k/の削除により接尾辞/ta/との一体感を生じさせることが可能となった (小松 2001)、などの説明が有効であるかもしれない。

　子音削除は英語においても起こりうる。通常会話の中では下線を引いた無声閉鎖音(/t, p, k/)は削除される (竹林 1996)。

(8) mos_t_ly　　dum_p_ truck　　as_k_ed them

英語話者は子音が三つ連続することを好まないが、問題はこの三つの子音のうちどれを削除するかである。この問題に対する答えは、やはりここでも、削除することによってもたらされる音の変化を最小限にする抑えるソノリティーの小さい子音(すなわち無声閉鎖音)ということになる。

6. 母音交替

　語と語が連結するとき日本語ではしばしば以下に示すような母音交替が起こる(Kusters 2004)。

(9) o→a　sira-hama (白浜)(<siro)　　　e→a　saka-ya (酒屋)(<sake)
　　u→a　yasa-sii (優しい)(<yasu)　　u→o　maro-yaka (円やか)(<maru)

　　　　　i→o　ho-ya(火屋)(<hi)　　　　　i→a　hasa-mu (挟む)(<hasi)

既に述べたように、母音のソノリティーは a>e, o>i, u のような階層をしており、低母音(/a, e, o/)になるほどソノリティーは大きくなる。このような階層を基に(9)を観察すると、そこで起こる母音の変化は「ソノリティーの上昇化」とまとめることができる。なぜ日本語の母音交替においてソノリティーが上昇するのかについての明確な理由はわからないが、しかし、ソノリティーが母音交替という現象に深くかかわっていることだけは確かである。恐らくここで議論しているソノリティーの上昇はそれによって「複合語としての一体感を生み出す」効果があると思われる。すなわち、二つの語の境界線上にある母音のソノリティーを上げることによって、それが膠(にかわ)の役割を果たし、語としての「一体感」を醸し出すと推察される。このような推測があながち間違でないことは、たとえば/sake/や/ame/の/e/を語と語の境界にではなく語末にもってきたとき(9)で見たような母音交替が起こらないことからわかる(amazake(甘酒) vs. *amazaka、nagaame(長雨) vs. *nagaama)。

　母音交替の特殊な例に母音融合というものがある。その名の通り二つの母音が融合して一つの母音に変化することを言う。

　(10) ame: (< amai (甘い))　　o:ta (< auta (会うた))　　suge: (<sugoi (凄い))　　hyoo (< heu (豹))

これらの例には方言や歴史的表現が含まれるが、いずれも基底となる母音連続(/ai/, /au/, /oi/, /eu/)のソノリティーが下降している点では共通している。これはつまり、母音連続において左側にある母音のソノリティーが右側にある母音のソノリティーよりも大きい場合に融合が起こりやすい、ということを意味する。逆から言えば、右側の母音のソノリティーのほうが左側の母音のソノリティーよりも大きければ融合が生じる可能性は少なくなる、ということである。実際、/ia/, /ua/, /io/, /ue/などの母音連続は窪薗(1999)で提案された母音融合規則([α high, δ low, ε back][ζ high, β low, γ back]→[αhigh, β low, γ back])の対象になっていない(小野 2015)。

7. まとめ

　本論ではさまざま音韻現象にソノリティーがかかわっていることを見た。もちろんここで挙げた例はその一部にすぎないがソノリティーが音韻論に果たす役割の大きさについては理解が深まったのではないかと思う。これまでソノリティーとは無関係とされた現象も実はソノリティーがかかわっているかもしれない。このような観点から音韻現象をもう一度洗い直すことは今後必要であると考える。

参照文献

小松英雄 2001 『日本語の歴史―青信号はなぜアオなのか―』東京：笠間書院.
窪薗晴夫 1999 『日本語の音声』東京：岩波書店.
窪薗晴夫 2002 『新語はこうして作られる』東京：岩波書店.
Kusters, Harold. 2004. Vowel alternation in modern Japanese and sonority. *Phonological Studies* 7.25-32.
小野浩司 2015 「同化としての母音融合」『佐賀大学文化教育学部研究論文集』第 19 集第 2 号. 187-196.
Raffelsiefen, Renate. 1999. Phonological constraints on English word formation. *Yearbook of Morphology 1998*. 225-288.
竹林滋 1996『英語音声学』東京：研究社.
田中真一 1998 「フット内における「きこえ」の相対的関係とアクセントのゆれ―形態素境界に着目して―」『音韻論研究』1.115-122.
Vance, Timothy J. 1987. *An introduction to Japanese phonology.* Albany: State University of New York Press.

日本語の二重母音

窪薗晴夫
国立国語研究所

1. 二重母音の定義

英語が/ai/ (*bike*), /au/ (*out*), /oi/ (*oil*), /ei/ (*eight*), /ou/ (*coat*)という二重母音(diphthong)を有していることはよく知られているが、日本語の二重母音についてはあまり論じられることがなかった。音声学的には、(1a)のように母音の聞こえ度（口の開き具合）が下がる母音連続、つまり口が開いた状態から閉じる方向に動く母音連続が二重母音を形成しやすく、一方(1b)のように聞こえ度がほぼ同じ母音連続や、(1c)のように聞こえ度が上昇する母音連続は二重母音を形成しにくいと言われている。しかし、これは言語一般に見られる傾向を述べたものであり、一つ一つの言語においてどの母音連続が二重母音となるかということとは別の問題である。

(1) a. /ai/, /au/, /ae/, /ao/, /oi/, /ou/, /ei/, /eu/
    b. /iu/, /ui/, /oe/, /eo/
    c. /ia/, /ua/, /ea/, /oa/, /ie/, /io/, /ue/, /uo/

また形態論的な観点からは、一つの形態素内に生じることが二重母音の条件とされ、たとえば「俳句(haiku)」の/ai/に対して「歯医者(haisha)」の/ai/はこの条件を満たしていないとされている。しかし、これは二重母音の必要条件を述べただけであり十分条件ではない。個別言語において何を二重母音として認定するかという問題は別の議論となる。

日本語の先行研究を見ても、どの母音連続が二重母音となるかという問題に対していくつか異なる解釈が提示されている。たとえば川上 (1977)は6つの母音連続(ai, oi, ui, ae, ao, oe)を二重母音として認めているが、これらはいずれも和語の形態素（たとえば「貝、甥、悔い、妙、顔、声」など）に生じる母音連続である。これに対し斎藤 (1997)は、/au/を二重母音に加える一方で、/ao/と/oe/を二重母音から外している。さらに、木部 (2000)とKubozono (2004)は方言アクセントの分析をもとに、/ai/, /oi/, /ui/の3つだけを二重母音と認定している。以上の3つの分析に共通している二重母音は/ai/, /oi/, /ui/の3つということになる。

このような複数の解釈が出てくる根底には「二重母音＝単一の音節に生じる母音連続」という二重母音の定義そのものが大きく関わっている。英語のように音節を基調として単語の長さなどを測る言語と違い、モーラを基調している日本語では、もともと「音節」という概念自体が明確ではない。音節をどのように捉えるか、あるいは定義するかという基本的な問題が明確でないために、「どの母音連続が一つの音節に収まるか」という二重母音の認定もまた明確ではなかったと考えられる。

しかし日本語では二重母音の認定が不可能かというと、そういうわけではない。日本語でも音韻規則の中には、モーラではなく音節を数えるもの、もしくは音節境界に言及するものがいくつも存在する (Kubozono 1999, 窪薗 2006)。そのような規則では、/an/や/aa/といった構造を1音節として扱うことから、この規則を/ai/や/au/などの母音連続に適用することによって、どの母音連続が1音節としてふるまうか、つまり二重母音を形成するかを判定することができるのである。もちろん、この問題は体系ごとに検討されるべきものであり、日本語のように方言ごとにアクセント規則が異なるという場合には方言ごとの分析が必要となる。

本稿では紙幅の関係から、東京方言（標準語）、鹿児島方言、甑島方言（鹿児島県）の 3 つの方言について検討を行うが、いずれの方言の音韻規則でも/ai/, /oi/, /ui/の 3 つだけが/an/や/aa/と同じ振る舞いを見せる。ただし、これらの母音連続の撥音「ん」が後続して、3 モーラ音節を形成しそうな場合には、/a+in/, /o+in/, /u+in/という 2 音節に分かれることがわかる。以下、具体的なデータと分析を提示する（詳細については Kubozono 2015 を参照）。

2. 東京方言

東京方言は基本的に語末からモーラ数を数えてアクセント型を決定する方言であるが、その一方では、特殊モーラ（撥音の「ん」、促音の「っ」、長母音や二重母音の第 2 要素）はアクセント（核）を担えない。規則によって特殊モーラにアクセントが付与された場合には、直前の自立モーラ（音節核）に移動する。つまり、特殊モーラは音節の中核とはなりえないため、同じ音節の核となるモーラにアクセントを移動させるのである。たとえば後部要素が 1～2 モーラの複合名詞の多くは、(2a)のように前部要素の最終モーラにアクセントが付与されるが、このモーラが特殊モーラの場合には、(2b)のように直前に移動する（/'/はアクセント（核）の位置、すなわちピッチが急激に下降する位置を表す）。

(2) a. すみだ'-がわ（隅田川）
　　　 ナイル'-がわ（ナイル川）
　　b. アマゾン'-がわ → アマゾ'ン-がわ（アマゾン川）
　　　 マッケンジー'-がわ → マッケンジ'ー-がわ（マッケンジー川）

複合語アクセント規則が持つこの特性を利用すると、どの母音連続が 1 音節を形成するかがわかる。(3)の例からもわかるように、/ai/, /oi/, /ui/の 3 つはアクセント移動を許容するが、これ以外の母音連続は移動を許容しない。つまり、/ai/, /oi/, /ui/の 3 つだけが(2b)の/on/や/ii/と同じく 1 音節としてのまとまりを見せるのである。ここではとりわけ/ai/と/au/の非対称的な振る舞いが興味深い (Kubozono 2008)。

(3) a. /ai/ しょうない'-がわ → しょうな'い-がわ（庄内川）
　　　　　 まさい'-ぞく → まさ'い-ぞく（マサイ族）
　　b. /oi/ おしろい'-ばな → おしろ'い-ばな（おしろい花）
　　　　　 トルストイ'-でん → トルスト'イ-でん（トルストイ伝）
　　c. /ui/ かいすい'-よく → かいす'い-よく（海水浴）
　　　　　 こつずい'-えき → こつず'い-えき（骨髄液）
(4) a. /au/ ドナウ'-がわ →*ドナ'ウ-がわ（ドナウ川）
　　b. /ao/ あさがお'-いち →*あさが'お-いち（朝顔市）
　　c. /ae/ おおまえ'-がわ →*おおま'え-がわ（大前川）
　　d. /eo/ ビデオ'-しつ →*ビデ'オ-しつ（ビデオ室）
　　e. /oe/ アロエ'-いち →*アロ'エ-いち（アロエ市）

面白いことに、/ai/, /oi/, /ui/の後に撥音の「ん」が付いて/ain/, /oin/, /uin/となると異なる結果が得られる。(5)に示すように、アクセントの移動は/i/のところで止まってしまい、最初の母音まで移動しない。つまり規則によって/n/に付与されたアクセントは、その直前のモーラにまでしか移動しない。このことは、そのモーラが音節核を担っていること、言い換えるならば、/ain/, /oin/, /uin/が一つの音節にまとまらず、1 モーラ＋2 モーラ (/a+in/, /o+in/, /u+in/) という 2 音節の構造を有していることを示している。3 モーラがすべてまとまってしまうと 3 モーラ音節（超重音節）が作られてしまうため、通言語的に有標とされるこの構造を避けようとしたと考えられる（窪薗 1995, Kubozono 1999）。

(5) a. /ain/　ライン'-がわ → ライン'ン-がわ、*ライン-がわ（ライン川）
　　　　　　バレンタイン'-デー → バレンタイン'ン-デー、*?バレンタ'イン-デー
　　b. /oin/　コイン'-しょう → コイ'ン-しょう、*コ'イン-しょう（コイン商）
　　c. /uin/　クイン'-ビー → クイ'ン-ビー、*ク'イン-ビー（クインビー）

3. 鹿児島方言

　鹿児島方言は日本語の他の方言とは異なり、音節を数える方言である。この方言には語末が高くなるアクセント型（B型）とその一つ前が高くなる型（A型）の二つのアクセント型があるが、いずれも語末からモーラではなく音節を数える（平山 1951, 木部 2000, 窪薗 2006）。つまりA型は語末から二つ目の音節が高くなり、B型は語末音節が高くなるのである。高く発音される部分を[　]で囲むと(6)のようになる。

(6) a. A型　なつや[す]み（夏休み）、あか[しん]ごう（赤信号）
　　b. B型　はるやす[み]（春休み）、あおしん[ごう]（青信号）

　このアクセント規則を利用して母音連続の振る舞いを見てみると、東京方言の場合と同じように、/ai/, /oi/, /ui/の3つだけが1音節としてのまとまりを示し、他の母音連続は2音節に分かれてしまうことがわかる。前者の例を(7)に、後者の例を(8)にあげる（議論を簡潔にするためにA型アクセントの語だけを示すが、B型アクセントについても同じ結果が得られる）。

(7) a. /ai/:　[マ]サイ、プ[ライ]ド、あ[か]がい（赤貝）
　　b. /oi/:　[オイ]ル、[コイ]ル、ロールス[ロイ]ス
　　c. /ui/:　[クイ]ズ、[スイ]ス、ス[クイ]ズ、[るい]けい（類型）

(8) a. /au/:　ア[ウ]ト、ド[ナ]ウ、プラ[ウ]ド
　　b. /ae/:　さ[な]え（早苗）、き[が]え（着替え）
　　c. /ao/:　タ[オ]ル、したり[が]お（したり顔）
　　d. /oe/:　ア[ロ]エ、こ[ご]え（小声）
　　e. /eo/:　ビ[デ]オ、れ[お]な（玲於奈）

　面白いことに、この方言でも/ai/, /oi/, /ui/に撥音（ん）が付いて3モーラの連続になると、1モーラ音節＋2モーラ音節（/a+in/, /o+in/, /u+in/）という2音節に分かれてしまう。3モーラ音節の発生を阻止しようとする力がこの方言でも働いているのである。

(9) a. /ain/:　サ[イン]かい（サイン会）、デ[ザ]イン
　　　　　　バレン[タ]イン、バレンタ[イン]デー
　　b. /oin/:　[コ]イン、コ[イン]しょう（コイン商）
　　　　　　サー[ロ]イン、テンダー[ロ]イン
　　c. /uin/:　[ツ]イン、ウ[イン]ナー、ク[イン]ビー

4. 甑島方言

　鹿児島県西部の離島で話されている甑島（こしきじま）方言は、鹿児島方言と同じくA型とB型の二つのアクセント型を有しているが、音節ではなくモーラで数えるところが鹿児島方言とは根本的に異なる。たとえばA型の語彙は、(10)のように語末から数えて二つ目のモーラにアクセント（高音調）が付与される。しかし、東京方言と同じように特殊モーラは単独ではアクセント（高音調）を担うことができず、アクセントの移動か拡張によって、この有標な構造を避けようとする。たとえば甑島手

— 24 —

打方言では、特殊モーラに付与されたアクセントは(11a)のように直前のモーラに移動する（窪薗 2012a/b）。一方、同じ甑島の平良方言では、(11b)のように高音調が音節全体に拡張する。

(10)　バ[ナ]ナ、バ[レ]ー、ル[パ]ン

(11)　a.　パ[ン]ツ → [パ]ンツ
　　　　　プ[ー]ル → [プ]ール
　　　　　ポ[ッ]ト → [ポ]ット
　　　b.　パ[ン]ツ → [パン]ツ
　　　　　プ[ー]ル → [プー]ル
　　　　　ポ[ッ]ト → [ポッ]ト

これらの規則を用いて二重母音のテストを行ってみると、(12)-(13)のように/ai/, /oi/, /ui/の3つだけが移動・拡張現象を示し、/au/を含む他の母音連続は移動・拡張を起こさない。このことから、甑島の両方言においても/ai/, /oi/, /ui/だけが二重母音を形成していることがわかる。

(12)　a. /ai/　ラ[イ]ト → [ラ]イト
　　　b. /oi/　ド[イ]ツ → [ド]イツ
　　　c. /ui/　ス[イ]ス → [ス]イス
　　　d. /au/　パ[ウ]ロ → *[パ]ウロ

(13)　a. /ai/　ラ[イ]ト → [ライ]ト
　　　b. /oi/　ド[イ]ツ → [ドイ]ツ
　　　c. /ui/　ス[イ]ス → [スイ]ス
　　　d. /au/　パ[ウ]ロ → *[パウ]ロ

参照文献

川上蓁 1977 『日本語音声概説』 東京: 桜楓社.

木部暢子 2000 『西南部九州二型アクセントの研究』東京: 勉誠出版.

窪薗晴夫 1995 『語形成と音韻構造』東京: くろしお出版

Kubozono, Haruo. 1999 Mora and syllable. *The handbook of Japanese linguistics*, ed. by Natsuko Tsujimura, 31–61. Malden, MA & Oxford: Blackwell.

Kubozono, Haruo. 2004 What does Kagoshima Japanese tell us about Japanese syllables? 影山太郎・岸本秀樹（編）『日本語の分析と言語の類型』75–92. 東京: くろしお出版.

窪薗晴夫 2006 『アクセントの法則』（岩波科学ライブラリー118）東京: 岩波書店.

Kubozono, Haruo. 2008 [ai]-[au] asymmetry: A phonetic account. *Asymmetries in phonology: An East-Asian perspective*, ed. by Haruo Kubozono, 147–163. Tokyo: Kurosio.

Kubozono, Haruo. 2012a Word-level vs. sentence-level prosody in Koshikijima Japanese. *The Linguistic Review* 29. 109–130.

窪薗晴夫 2012b 「鹿児島県甑島方言のアクセント」『音声研究』16(1). 93–104.

Kubozono, Haruo. 2015 Diphthongs and vowel coalescence. *The handbook of Japanese phonetics and phonology*, ed. by Haruo Kubozono, 215–249. Berlin: De Gruyter Mouton.

斎藤純男 1997 『日本語音声学入門』東京: 三省堂.

平山輝男 1951 『九州方言音調の研究』東京: 学界之指針社.

1911年以降の映画タイトルから見た外来語表記の変化
—英語/v/, /tu/, /ti/の借用—

権延姝

神戸大学

1. はじめに

　日本語の中で外来語の数は今も増加しつつある。1956年と1994年の雑誌の語種割合の変化を比較した国立国語研究所「外来語」委員会(2006)の結果によると、1956年には全体の9.8%を占めていた外来語は、1994年には全体の34.8%に増えていた。第二次世界大戦中と、1970年半ばおよび1990年代初頭の言語政策による3度の下がり目以外は日本語における外来語は常に右肩上がりである(橋本2010)。

　日本語の音体系は外国語の体系と異なるため、外来語として外国語を取り入れる際には、音が変化する。その例としては、「メリケン(American)」、「ポーチ(pouch)」、「ストライキ(strike)」、「マクドナルド(McDonald)」などを挙げるとができる。そして、このような借用の手法の違いによって、同じ言語から複数の借用語が発生することもある。英単語の<American>は「メリケン」と「アメリカン」の二つの形で日本語に存在する。前者は古い外来語に、後者は近来の外来語に見られる。このような時代による借用の違いは日本語だけに現れるものではない。語頭に有声阻害音を持たない韓国語では英語の有声阻害音を、20世紀前半では濃音で、現在は平音として取り入れている。例えば、英語の普通名詞の<boy>は韓国語の辞書の中で 1936年の辞書では뽀이/ppoi/、1999年の辞書には보이/poi/と記載されている。

　また、外国語との接触によって新しい表記が現れることもある。これは、古くは中国語との接触により、日本語に拗音が、近代には西洋の言語との接触で、<ツァ><ヴァ><ティ><トゥ>などが日本語に現れた。音声知識は綴り字に影響を受けると考えられるので、このような新しい表記の発達は、日本語の音の変化の現れであると同時に、その逆もしかり、新しい綴りの定着が日本語の音韻体系や音節構造の変化を引き起こす可能性もある。

　本稿では日本語における英語の借用が現代の方法に至るまでに3段階を経ているという仮説を立て、英語の/v/、/tu/、/ti/の借用方法を通時的に観察する。以下では、英語圏の映画のタイトルが日本語ではどのように取り入れられたかを通じて、日本語の体系にない綴りでも外国語の音を忠実に表記しようとする初期、日本語の既存の体系に収めようとする拡張期、新しい表記が定着する定着期の変化を確認したい。

2. 英語の/v/, /tu/, /ti/の借用

　日本語のハ行は/f/に近い/ɸ/であることもあり、/f/の有声子音である英語の/v/は日本語では多くの語彙でハ行の有声子音(バ・ビ・ブ・ベ・ボ)で借用される(television→テレビ)。しかし、そうすることで/b/との区別ができなくなる(beach→ビーチ)。それを避けるためか、以前から<ヴ>と表記されることが

あった(viloin→バイオリン/ヴァイオリン)。本稿では/v/をバ行と借用する場合を OLD-type、<ヴ>と借用する場合を NEW-type と分類して、借用の推移を通時的に確認する。

日本語のタ行に属する五つの音は母音によって、子音の音色が異なる。そのため、ヘボン式ローマ字表記でタ・テ・トは/ta//te//to/と閉鎖音の/t/で表記されるが、<ツ>は/tsu/、<チ>は/chi/と表記されるように、破擦音と摩擦音である。したがって、英語の /a//e//o/に先行する/t/に関しては日本語のタ行で借用することに問題はない。/tu/と/ti/に関しては、日本語の体系に合う借用の仕方は、/tu/の場合<ツ>に、/ti/の場合<チ>にすることである。閉鎖音としての音価を守るために、/tu/, /ti/に関しては<トゥ>と<ティ>の表記もある。本稿では/tu//du/の借用の取り入れ方として、<ツ><ヅ><ズ>を日本語古来の音韻体系の中で処理する OLD-type、<トゥ><ドゥ>を新しい表記を使った取り入れ方として NEW-type と分類する。同様に、/ti//di/に関しても<チ><ヂ><ジ>を OLD-type、<ティ><ディ>を NEW-type と分類する。

(1) 外来語表記の OLD-type と NEW-type

	綴り字	
	OLD-type	NEW-type
/v/	バ・ビ・ブ・ベ・ボ (例:テレビ)	ヴァ・ヴィ・ヴ・ヴェ・ヴォ (例:ヴァイオリン)
/ti/・/di/	チ・ヂ・ジ (例:チーム)	ティ・ディ (例:キャンディー)
/tu/・/du/	ツ・ヅ・ズ (例:ズロース)	トゥ・ドゥ (例:ドゥリーム)

3. 言語資料

本研究では時代による表記の変化を調べるために、英語圏で作られた映画のタイトルの日本語版を集めた。映画のタイトルを使用した理由は、製作年度の情報が明確であることにある。Web から検索で、1911 年から 2015 年までの映画のタイトルを集めた(5909 件)。集めたデータは映画の公開年度、日本語のタイトル、英語のタイトルで整理した。映画のタイトルの取り入れ方は古いものほど翻訳・意訳が多く、現代に近くなると音訳、他の認知が高い外来語への置き換えが増えていた。

(2) 年度別映画のタイトル数とカタカナ文字数 (権 2015)

年度別	1911-1945	1946-1980	1981-2015
映画のタイトル数	1637	2347	1925
カタカナ文字数	2616	5980	9313

上の(2)は 1911 年から 2015 年までのデータを 1911-1945、1946-1980、1981-2015 の三つのグループに分けてまとめたものである。映画のタイトル数で各グループに属する映画の本数を、カタカナ文字数で、各グループのタイトルに使われたカタカナの文字数を集計している。1911-1945 のグループと 1981-2015 のグループに属する映画のタイトルの数は 1637、1925 とそれほど差がない。しかし、そのカタカナ文字数は 2616 と 9313 と 4 倍に近いことから、現在と時期が近いほどカタカナがタイトルにより多く使われたことが分かる。

4. 分析

4.1 /v/の借用

　英語のタイトルに/v/が含まれ、それが日本語でバ行・ヴァ行で借用されたものを集めた (339 件)。バ行が 224 件、ヴァ行が 135 件あった。年によってばらつきがあるので、7 年単位でグルーピングして、その変化の推移を表したのが、以下の(3)である。

　1925 年までは OLD-type も NEW-type もその数は 0 に近いが、それ以降は NEW-type が増加する。1960 年を境に OLD-type が NEW-type を勝るものの、2010 年頃には再び NEW-type が逆転している。両者の増加傾向から、1925-1960 年を初期、1960-2009 年の拡張期、2009 年以降を定着期と捉えてみる。初期には/v/を日本語の音韻体系で取り入れる方法がとられていたが、拡張期には乱れた表記に歯止めをかけようとしたと考えられる。両者の格差は 1995 年と 2002 年の間に一番大きいが、これは<ファ><フェ><ティ><ヴ><フォ>などを新たな表記が認知された 1991 年の外来語正書法の影響とも読み取れる。しかし同時に、語彙数の増加に伴い本来の /v/の模索も行われ、新しい表記が受容・定着された結果として、2010 年頃に再び NEW-type の表記が OLD-type を上回った時期以降が定着期として位置づけできると言えよう。

(3) /v/の借用

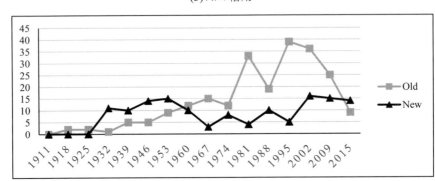

以下では/v/の借用に見られる 3 段階の受容が/tu/や/ti/でも観察できるか同様に確認する。

4.2 /tu/・/du/の借用

　以下では/tu//du/の借用が<ツ><ヅ><ズ>である OLD-type と、<トゥ><ドゥ>の NEW-type に分けて年度別に整理した。ただし、/du/を<ズ>で借用した例は今回のデータには存在しなかったため、/tu/の OLD-type の借用は<ツ><ヅ>だけとなる。

(4) /tu/・/du/の借用

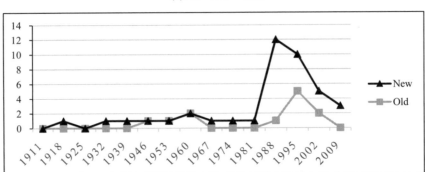

1981 年まではその数がとても少ない。しかしここでも 1960 年頃に二つが重なり、最も格差があるのは 1988 年と 1995 年の間に見える。1991 年の外来語正書法の影響による、NEW-type の<トゥ><ドゥ>の増加が期待されるところだが、/v/の例からみた逆転は起こっていなかった。/tu//du/に関しては常に NEW-type が優位で、2009 年には OLD-type は 0 になっている。

4.3 /ti//di/の借用

以下では/ti//di/の借用が<チ><ジ><ヂ>の OLD-type グループと<ティ><ディ>の NEW-type グループに分けて借用の推移を調べた。全体的に 1995 年までは両グループの差が広がっていたが、1995 年を境に両者の差が小さくなっている。その変化は NEW-type の方の変化によるもので、OLD-type グループの借用はずっと少ないままである。

(5)/ti//di/の借用

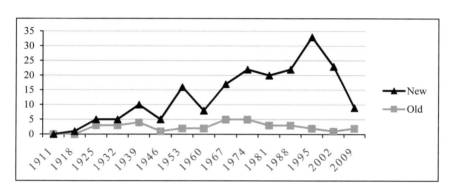

5. 考察・結論

本稿では外来語の借用の受容には 3 段階を経ているという仮説を立て、初期・拡張期・定着期で、その通時的な変化を映画のタイトルを基に確認した。日本語の /v/の借用では仮説と一致するような変化を見ることができたが、/tu//du/、/ti//di/に関しては確実な 3 段階を観察することができなかった。データの収集と特定の音の借用形態から、これからの研究では外来語受容の段階を確認できればと思う。

参照文献

韓国国立国語院 1999 『標準韓国語大辞典』http://stdweb2.korean.go.kr/main.jsp.
権延姝 2015 「1911 年から 2014 年まで映画のタイトルから見た日本語の外来語」韓国日語日文学会
　　　2015 年冬季国際学術大会発表論文集．韓国日語日文学会．
国立国語研究所「外来語」委員会 2006『第 4 回「外来語」言い換え提案』国立国語研究所．
　　　http://pj.ninjal.ac.jp/gairaigo/Teian1_4/.
陣内正敬 2007 『外来語の社会言語学―日本語のグローカルな考え方』京都：世界思想社．
橋本和佳 2010 『現代日本語における外来語の量的推移に関する研究』東京：ひつじ書房．
李鍾極 1936 『The new dictionary of foreign words in modern Korean』京城：漢城図書．

閉鎖子音の VOT をめぐる最近の研究動向

清水克正

名古屋学院大学

1. はじめに

　VOT (Voice Onset Time)は、閉鎖子音の発声タイプを弁別する主要な音声的特徴であり、日本語、英語をはじめとして多くの言語について調べられている。VOT は、調音器官の破裂と声帯振動の開始までの時間的な尺度であり、有声性、無声性および出気性を特徴づけるものとして広く使用されている。最近、VOT を中心にした研究が盛んに行われており、調査する言語の拡大、地域差とか年代差の要因、外国語学習における影響および話者年齢の違いなどを考慮した幅広い調査が行われており、新たな展開がなされていると言える。本稿では、こうした VOT を中心とした最近の研究動向について考察する。

2. VOT に関する言語間比較について

　VOT を中心にした言語間比較の研究は、今までに幾人かの研究者により行われており、それらには Lisker and Abramson (1964), Shimizu (1996) および Cho and Ladefoged (1999)などがあり、諸言語の発声タイプの特徴が明らかにされている。これらの調査の中で、Lisker and Abramson (1964)では、欧州およびアジアの 11 言語を調べ、諸言語の閉鎖子音が 3 つの時間範疇、-125 ～ -75, 0 ～ +25 および 60 ～ 100 ms の間に入ることを指摘している[1]。　これら 3 つの領域は、声帯振動が破裂より先行するもの、ほぼ同時か少し遅れるものおよびかなり遅れるものに分けられ、それぞれ音声的な範疇で言えば有声音、無声無気音および無声出気音に対応する。また Shimizu (1996)では、アジアの 6 言語に関して、VOT、F0 および F1 の開始周波数などの観点から発声タイプを調べ、諸言語の特徴を明らかにしている。さらに、Cho and Ladefoged (1999)では、消滅の危機にある言語を含む 18 言語について VOT を調査し、幾つかの共通に見られる特徴を明らかにしている。これらに関連し、アジア諸言語の中では、個々の言語についての調査が行われており、韓国語では、Cho et al. (2002)、邊（2015）などがあり、前者では地域上の差の特徴を示し、後者では年代差を考慮し、若い世代では平音の VOT 値は長くなり、他方、激音と平音の弁別では VOT と F0 が相互に補完する関係にあることを明らかにしている。またタイ語では、Onsuwan (2005) などの調査があり、VOT を含む音響的な特徴が調査されており、閉鎖子音の 3 範疇が VOT および他の要因により分割されることを指摘している。

3. VOT に関わる普遍的特徴

　言語間比較の調査を通して、幾つかの共通する音声的な特徴が見いだされ、それらは発声タイプの弁別に関与する特徴と言える。まず、VOT と調音点との関係について、多くの言語において無声閉鎖音では軟口蓋音での VOT 値が最も大きく、調音点と VOT 値の間に相関性があることが推測される。VOT 値が大きくなることについて、閉鎖の位置が唇から軟口蓋に移るに従い、閉鎖の後にできる口むろの容積が変化することさらに調音器官の動きの速度などが関わっていることが一般に理解されている。次に VOT の変異幅に関し、3 つの主要な音声範疇である有声音、無声無気音および無声出気音のなかで無声出気音の幅が相対的に小さいことが明らかにされている[2]。　これは、出気音では声門の広がりと調音器官の破裂のタイミングが極めて重要で、変異の幅が小さくなることが考えられる。また、

後続する母音のVOT値への影響について、日本語および英語で調査されており、髙舌母音が後続する場合のVOT値は低舌母音の場合に比べてより大きくなることが指摘されている[3]。　さらに、閉鎖子音の音声範疇は、一般に2つ、3つおよび4つに分けられるが、範疇の数によりVOTの変異幅がかなり制限されていると言える。日本語、英語などの2範疇言語では、それぞれの変異幅が大きいのに対し、タイ語、ビルマ語の3範疇言語ではかなり制限されている。VOTの分布と主要範疇数の間には相関があり、範疇数が増えればVOT値は相対的に変異幅が狭い範囲になることが考えられる。

4. 外国語学習におけるVOTの変化

　VOTに関する研究の中で、最近の傾向として外国語学習における閉鎖子音の発声タイプを調べることが盛んに行われ、音声学習における理論形成が試みられている。外国語の音声学習において、発声タイプの習得は主要な問題であり、学習する言語の閉鎖子音について、英語、日本語、フランス語およびスペイン語などについて検討されている。Flege and Eefting (1987)ではスペイン人の英語学習における閉鎖音のVOT値を調べ、学習者は母語と英語の中間的な値を示すことが報告されている[4]。また、韓国語と英語では閉鎖子音の範疇数が異なるが、Chang (2010)では英語話者が韓国語を学ぶ場合を調査している。この調査では発声タイプを如何に調整するかという観点から調べ、学習者の発音にかなりの幅が見られるが、学習言語である韓国語の閉鎖子音の3範疇への調整をほぼ行っていることを述べている[5]。　さらに、清水(2015)ではアジアの諸言語の話者が英語を学習する場合に母語と学習言語の間でVOT値がどのように変化するかということも調べられている。こうした第2外国語(L2)の調査のほか、第3番目の外国語(L3)を学ぶ場合の影響も調べられている。L3として英語とか日本語を学習する場合に母語か第2外国語の影響のいずれが強く出るのかに関しても興味深い調査が行われている。L3のVOT値については、Wrembel (2011)などの調査があり、ポーランド語を母語とする話者が英語(L2)を学んだ後、フランス語（L3）を学習する場合の無声閉鎖子音のVOTを調査している。それによればフランス語の学習では母語(L1)と英語(L2)の中間的な値を示し、L2からの影響があることが指摘されている。こうした研究が明らかにしていることは、L2とかL3の音声学習では母語の影響のみならず、学習する言語からの影響もあり、複雑な状況を呈していることである。

5. 有声閉鎖子音についての+VOT値化

　VOTは、閉鎖子音の音声範疇を弁別する主要な音声的特徴であり、Lisker and Abramson (1964)では、多くの言語において有声閉鎖音は調音器官の破裂の前に声帯振動が生ずることが示されている。しかし、VOTの測定にはかなりの変異幅があり、その幅は言語の各音声範疇により異なる。有声音の場合は破裂前の振動が多いが、言語によっては破裂後に声帯振動がくることが測定上見出されることが多い。測定において平均値または中央値をとれば破裂前のマイナス値になるが、日本語などの測定においてはプラス値になることもよく見出される。同上のLisker and Abramson (1964)においても、英語に関して破裂前と破裂後の二つのVOT領域が示されているが、Kopczyński (1977)では破裂後の値のみが示されている。さらに、日本語について、髙田(2011)は世代間、地理的に大きくVOT値は変化することを指摘しており、世代間では地域により若い世代に破裂後の＋VOT値になることが多く、また地域的には東北地域でもそうした傾向が見られることを示している[6]。　語頭にくる有声閉鎖音では、測定において同一話者でも破裂前および破裂後の二つの尺度を示す場合が見られ、複雑な様相を呈している。こうした傾向より、発声タイプの範疇の弁別については、VOT以外にFo値とか振幅の強さなどの音声的特徴が複合的に関与していると考えることができる。

6. VOT に影響を与える要因

　VOT に影響する要因は、幾つか指摘されており、空気力学上の変化、調音器官の動き、口腔容積および口腔内の閉鎖と声帯振動の時間的関係などがある。このうち、声門上部にくる閉鎖の後ろの容積は VOT に影響を与え、軟口蓋音の後では小さく、このため声門上下の圧力差が大きくなり、気流の流れを作り出すのに時間がかかり、VOT 値が大きくなることが知られている。また、調音器官の動きの速度についても差があり、舌の先端部、唇および舌の後部の間では速度に差があることが知られている。顎を軸にして下唇の動きは速く、調音時には速い速度で気流が抜けてしまい、声帯の振動をより早く作り出すことも知られている。さらに、調音器官の狭めを作るときの接触面積も VOT に関与し、各調音点により調音上部と舌体の上部との接触面積に違いがあることが知られている。声帯の振動は、口腔内圧力の減少と肺からの気流の動きによって生じ、接触面積の大きい軟口蓋では振動の開始に時間が掛かることが推測される。

7. まとめと今後の課題

　閉鎖子音の VOT を中心にその研究動向を述べてきたが、さまざまな点においてさらに解明を進めることが求められている。言語間比較および普遍的特徴では、3 つの主要な調査データが示されており、幾つかの共通する特徴が見られ、発声タイプの弁別には調音器官における閉鎖の位置、声門の広がり、気流の強さなどの要因が関わっていることが明らかになっている。特に、調音点との関連において、無声音では奥よりに移るに従って VOT 値が大きくなる傾向が見られるが、両唇と歯茎の間ではこうした傾向が当てはまらないことがあり、声門上部の口むろの大きさが VOT 値に如何に関わっているかをさらに検討する必要がある。次に、外国語学習では、母語と外国語学習との関わりが明らかになっているが、データそのものが限定的であり、それらの充実を行うとともに学習理論との関わりについて考察することが求められる。母語よりも大きい VOT 値を有する外国語を習得する場合、またその逆の場合などについて、VOT 値の変化を中心に学習理論との関わりを検討する必要がある。また、第 3 番目の外国語(L3) の学習については、新しい分野であり、母語または第 2 外国語(L2)が如何に影響を与えているかについて、調査の充実が求められている。ここまで、VOT 値に影響を与える要因について考察してきたが、これらを含め今後の課題として、諸言語における地域的な変異、音声環境の影響、声調との関わり、外国語学習における母語との関わりなど、今後の進展が待たれる。さらに、発話のみならず、聞き手からの情報との関わりを調査することも課題であり、幾つかの角度からの考察がさらに必要である。

注

[1] Lisker and Abramson (1964), p.403 参照。

[2] Shimizu (1996), p.184 参照。

[3] Shimizu (1996), p.27, Yavaş (2007), p.496 参照。

[4] Flege and Eefting (1987), p.78 参照。

[5] Chang (2010), p.93 参照。

[6] 高田(2011), pp.198-199 参照。

参照文献

Chang, B. Charles. 2010. Learning to produce a multidimentional laryngeal contrast. *New Sounds 2010*, ed. by

Katarzyna D-Kolaczyk, Magdalena Wrembel and Malgorazata Kul, 89-94. Poznan, Poland: Adam Mickiewicz University.

Cho, Taehong and Ladefoged, Peter. 1999. Variation and universals in VOT: Evidence from 18 languages. *J.Phonetics* 27, 207-229.

Cho, Taehong, Jun Sun-Ah and Ladefoged, Peter. 2002. Acoustic and aerodynamic correlates of Korean stops and fricatives. *J.Phonetics* 30, 193-228.

Flege, E. James and Eefting, Wieke. 1987. Production and perception of English stops by native Spanish speakers. *J.Phonetics* 15, 67-83.

Lisker, Leigh and Abramson, S. Arthur. 1964. A cross-language study of voicing in initial stops: Acoustical measurements. *Word* 20, 384-422.

Lisker, Leigh and Abramson, S. Arthur. 1967. Some effects of context on voice onset time in English stops. *Language and Speech* 10, 1-28.

Kopczyński, Andrzei. 1977. *Polish and American English consonant phonemes: A contrastive study*. Warszawa: Państwowe Wydawnictwo Naukowe.

Onsuwan, Chutamanee. 2005. *Temporal relations between consonants and vowels in Thai syllables*. Ann Arbor, MI: The University of Michigan dissertation.

邊姫京　2015　「韓国語閉鎖音の VOT 値変化と VOT/f0 による生成のカテゴリー域」　日本音声学会第 331 回研究例会口頭発表．早稲田大学, 2015 年 6 月 27 日．

Shimizu, Katsumasa. 1996. *A cross-language study of voicing contrasts of stop consonants in Asian languages*. Tokyo: Seibido.

清水克正　2015　「アジア諸言語話者による英語閉鎖子音の発音」　『現代社会と英語』69-79．東京：金星堂．

高田三枝子　2011　『日本語の語頭閉鎖子音の研究』　東京：くろしお出版．

Wrembel, Magdalena. 2011. Cross-linguistic influence in third language acquisition of voice onset time. *Proceedings of ICPhS XVII*, ed. by Wai-Sum Lee and Eric Zee, 2157-2160. Hong Kong: City University of Hong Kong.

Yavaş, Mehmet. 2007. Factors influencing the VOT of English long lag stops and interlanguage phonology. *New Sounds 2007*, ed. by Andreia S. Rauber, Michael A. Watkins and Barbara O. Baptista, 492-498. Florianópolis, Brazil: Federal University of Santa Catarina.

北東アジアにおける母音調和の歴史的発展過程

白石英才

札幌学院大学

　北東アジアには舌根調和 (tongue root harmony) を有する言語が多数存在することは広く知られている。これらの言語が歴史的に系統関係にあるとは一般には考えられていないことから、舌根調和は北東アジアに分布する諸言語においては言語接触の結果広まった地域特性であるとの見方がある (Comrie 1997、Ko, Joseph and Whitman 2014 など)。一方、やはりこの地域で話されるニヴフ語 (孤立言語、ロシア極東) の母音調和を舌根調和と見なすことができるかは議論が分かれている。少なくとも共時的にはこれを舌根調和ではなく「高さ調和」と見なす研究が多いが (Hattori 1962、Shiraishi and Botma 2013 など)これは祖語段階における舌根調和を否定するものではない。現に隣接するツングース・満州諸語には舌根調和から高さ調和への移行を見せる言語がある。本稿ではそうした言語として現代満州語三家子方言 (Sanjiazi Manchu) をとりあげ、ニヴフ語においても同様の移行が想定可能か検討する。

　三家子方言の高さ調和では、語幹末母音と接尾辞母音間で[high] (i ɨ u ü) : [non-high] (a æ ɔ) と 2 系列ある母音が交替する (○で囲んだ母音は高さ調和に加え円唇性調和が関与しているがここでは説明を省く) Li 1996: 182、表記一部改定)。

(1)　　　　　語幹末母音　　接尾辞母音　　例 (-cV = 過去接尾辞)

	語幹末母音	接尾辞母音	例 (-cV = 過去接尾辞)	
high	i ɨ	ɨ	a. aGi-xɨ 'to rain'	b. dazi-xɨ 'to repair'
	u ü	ⓤ	c. bu-xu 'to give'	d. sü-xu 'to mix'
non-high	a æ	a	e. qa-χa 'to obstruct'	f. Gæ-χa 'to obtain'
	ɔ	ⓞ	g. tɔ-χɔ 'to scold'	

これに対して満州文語の母音調和はより典型的な舌根調和のパタンを保持している。母音は高さにより単純に 2 系列に分かれるのではなく、それぞれの母音について ə:a、u:ʊ と交替するカウンターパートが 1 対 1 で決まっている。ただし後述するように u:ʊ は「back consonant (k x ɣ:q χ ʁ) の後ろ」という環境以外では中和している。また i:ɪ も合流した結果、中立母音化している (出力は i)。

(2)　語幹母音と接尾辞母音の舌根調和 (Li 1996:156、161、表記一部改定)
　　　ATR　　a. jə-kə 'to eat'　　b. huthu-hə 'to tie up'　　c. eri-ku 'broom'
　　　RTR　　d. ala-ha 'to tell'　　e. fiyaqʊ-ha 'to heat'　　f. ana-qʊ 'key'

満州文語の母音調和を支えているのは ə:a と u:ʊ という対立である。両者はそれぞれのペアの構成母音間で対立 (交替) し、決して混じることがない。このため先行研究は満州文語の母音を舌根素性のみならず、高さ素性 ([high][non-high]) も用いて分類している。

(3)　満州文語の母音体系 (Dresher and Zhang 2005)

high	i	u	ATR
		ʊ	RTR
non-high		ə	ATR
		ɔ	
	a		RTR

三家子方言の高さ調和は満州文語から歴史的に発展した形式と考えられている。満州文語にもかつては中立母音が存在せず、どの母音にも舌根位置に基づく対立ペア (iː ʊː u:ʊ əːa oːɔ) が存在していたと考えられている (例えばエヴェンキー語のように)。

舌根調和の「崩壊」は高母音における iːɪ、u:ʊ といった TR ペアの合流 (中和) から始まる。ただし満州文語の場合は「back consonant の後ろ」という位置でかろうじて u:ʊ の対立が保たれている。しかしここでも u:ʊ が合流すれば舌根調和は唯一 əːa の対立のみに支えられることになる。その後 non-high だった ə が音声的に近い i と再解釈されて high の系列に合流すれば、高母音の系列に i ɪ u が水平に並ぶ三家子方言のようなパタンになり、舌根調和から高さ調和への移行が完了する (Li 1996、Zhang 1996)。

ではニヴフ語の高さ調和も歴史的には舌根調和から発展したものと考えることができるだろうか。ニヴフ語の高さ調和は人称接辞の交替や語根内部の共起制限から i ɪ u : e o a の対立があるとされる (Kreinovich 1937、Hattori 1962)。満州文語と違いニヴフ語には u のカウンターパート ʊ はないが、最近の調査でサハリン島北端に位置するシュミット方言において、ニヴフ語他方言には存在しない ʁu を含んだ語形が複数あることが判明した。

(4)　　シュミット方言　　　西サハリン方言
　　a.　laʁu-　　　　　laʁo-　　　　　「驚く」
　　b.　taʁuri　　　　　taʁori　　　　　「わからない」

仮にこの ʁu が満州文語同様 ʁʊ だった場合、一部の周辺方言で舌根調和の痕跡が残存している可能性があり興味深い。今後、言語地理学的な分布調査も含めた分析を進める必要がある。

参照文献

Comrie, Bernard. 1997. Typology of Siberian languages. *The dative and related phenomena,* ed. by Kazuto Matsumura and Tooru Hayashi, 255–284. Tokyo: Hituzi Shobo.

Dresher, Elan B. and Xi Zhang. 2005. Contrast and phonological activity in Manchu vowel systems. *Canadian Journal of Linguistics* 50.45-82.

Hattori, Takeshi. 1962. Versuch einer Phonologie des Südostgiljakischen (II) – Alternation. *Journal of Hokkaido Gakugei University* 13(2).29–96.

Ko, Seongyeon, Andrew Joseph and John Whitman. 2014. Comparative consequences of the tongue root harmony analysis for proto-Tungusic, proto-Mongolic, and proto-Korean. *Paradigm change: In the Transeurasian languages and beyond,* ed. by Robbeets, Martine and Walter Bisang, 141–176. Amsterdam: John Benjamins.

Kreinovich, Eruhim. 1937. Fonetika nivkhskogo (giliackogo) iazyka [Phonetics of Nivkh (Gilyak)]. *Trudy po lingvistike* 5.7–102.

Li, Bing. 1996. *Tungusic vowel harmony: Description and analysis*. Amsterdam: University of Amsterdam dissertation.

Shiraishi, Hidetoshi and Bert Botma. 2013. *Asymmetries and attractors in Nivkh vowel sequences*. Ms. Sapporo Gakuin University and Leiden University.

Zhang, Xi. 1996. *Vowel systems of the Manchu-Tungus languages of China*. Toronto: University of Toronto dissertation.

日本語の外来語における有声性変異*

西村康平

いわき明星大学

1. はじめに

　これまでの日本語の外来語に関する音韻研究では、有声阻害音の無声化現象、特に二重阻害音の無声化現象（Ito and Mester 1995, Nishimura 2001, 2006, Kawahara 2006 など）や英語の名詞複数形接辞の無声化（立石 2001, Mutsukawa 2008 など）は注目を集める一方で、それ以外の変異についてはあまり注目されてこなかった。本研究では、日本語の外来語における有声性の変異を観察し、この現象がこれまで考えられてきたよりも幅広い環境で起きていることを指摘する。特に重要な事実は、この変異が一部の環境において、有声化と無声化の双方向で起きていることである。この事実は、こうした変異が有標構造の回避のために生じるという説明では十分ではなく、弁別的有声性の指定について混乱が生じており、その結果として変異が生じていることを示している。

2. 有声性変異の要因

　外来語における阻害音有声性変異に関係していると考えられる音韻的要因は、誘発、阻害の両面で多くあり、一語の中でそれらの複数が存在している場合も多い。本稿では変異を誘発している要因の中から特に重要と考えられるものを選び、変異の例を紹介する。こうした変異は必ず起こるわけではないが、日本語話者が変異によって生じた二つの形を、同一の語とみなしていることが重要である。

2.1 有声阻害音の共起制限

　外来語の有声性変異に最も幅広く関係していると考えられる要因は、有声阻害音の共起制限である。阻害音は分節音として無声であるのが無標な構造であり、有声阻害音は有標性を有している。それが一つの形態素[1]の中に複数現れることができないというのが、この共起制限である（Ito and Mester 1986, 1998）。和語はこの共起制限の強い影響下にあり、原則的に一つの形態素に複数の有声阻害音が現れることは無く、「ライマンの法則」として知られるように、この制限に違反するような連濁はほとんど起こらない。外来語では和語とは違い、基本的に有声阻害音の数は自由であるが、この共起制限が時として有声性の変異を引き起こす。この制限が単独で有声性変異を引き起こしていると考えられる例もあれば、後の節で見るように、この共起制限が他の要因と組み合わさって、変異を引き起こしていると考えられる例も多く見ることができる。

　この有声阻害音の共起制限によって無声化が引き起こされる語は多いが、代表例としては以下の様なものを挙げることができる：

(1) カバディ　[kabadi~kabati]　　　バドミントン　[badominton~batominton]
　　バグダッド　[bagudaddo~bakudaddo]　サイボーグ　[saiboogu~saibooku]

これらの語では無声化が起きていない形の方がより原語に近い発音であるといえるが、前述の通り本研究で注目したいのは、二つの異なる形が同一語として扱われているという事実である。言い換えれば、日本語話者はこれらのペアについて、一部の阻害音における有声性の違いを無視しているのである。このタイプの無声化では、語の最初の阻害音の有声性は保存され、二番目かそれ以降の阻害音に

おいて変異が観察されることが多いが、最初の有声阻害音において無声化が生じる語もある：

(2) モルドバ　[mo**ru**do**ba**~mo**ru**to**ba**]　　　ヘルツェゴビナ　[he**ru**tse**g**obina~he**ru**tse**k**obina]

これらの語では、二番目の有声阻害音が両唇破裂音[b]であり、仮にこの阻害音が無声化した場合、日本語音韻論で独特の有標的特徴を示す無声両唇破裂音[p]を作り出してしまう。それを避け、かつ共起制限にも違反しないようにするため、例外的に最初の有声阻害音の無声化が起きていると考えることができる。

有声阻害音の共起制限について興味深いことは、この制限が有声化の要因にもなっている様に見えることである。すなわち、ある語が有声阻害音を含んでおり、共起制限に違反している環境、あるいは有声化により違反が起こる環境において、有声化が観察されるのである。以下にその例の一部を示す：

(3) アボカド　[abo**k**ado~abo**g**ado]　　　ギプス　[gi**p**usu~gi**b**usu]
　　バリケード　[bari**k**eedo~bari**g**eedo]　　　ハンブルク　[hambu**ruk**u~hambu**rug**u]

こうした有声化は共起制限に違反する形で有標な構造を作り出しており、(1)や(2)の無声化とは異なり、有標な構造の回避として説明することはできない。

一方、共起制限の違反が関係ない場合、即ち有声阻害音が一つしかない場合の無声化および有声阻害音が無い場合の有声化は、そのどちらも不可能である：

(4) 無声化：カテゴリー　[kata**g**orii, *kate**k**orii]　　　カドミウム　[ka**d**omiumu, *ka**t**omiumu]
　　有声化：ウォーター　[woo**t**aa, *woo**d**aa]　　　キプロス　[ki**p**urosu, *ki**b**urosu]

この事実は、有声性の変異が単純に分節音レベルのみの現象として起こっているのではなく、無声化と有声化の両方で語レベルの共起制限が関係し、重要な役割を果たしていることを示している。

2.2 二重有声阻害音

有声阻害音の二重子音は単独でも有標な構造であり、和語や漢語ではそれ自体が許されることが無い。外来語においては、有声阻害音の共起制限が二重有声阻害音の有標性と結びついた際には、かなりの頻度で無声化が起こり、無声阻害音の二重子音として発音されることが少なくない（Nishimura 2001, 2006）：

(5) バッグ　[ba**gg**u~ba**kk**u]　　　ドラッグ　[dora**gg**u~dora**kk**u]
　　ベッド　[be**dd**o~be**tt**o]　　　ゲッベルス　[ge**bb**erusu~ge**pp**erusu]

前節の共起制限による変異と同様に、二重阻害音においても双方向の変異が認められる。すなわち、有声阻害音を別に含んでいる場合、無声であるはずの二重阻害音の有声化が観察されるのである：

(6) ダック　[da**kk**u~da**gg**u]　　　ドック　[do**kk**u~do**gg**u]
　　バット　[ba**tt**o~ba**dd**o]　　　ブレット　[bure**tt**o~bure**dd**o]

有声化が起きた形は強い有標性を持つため、本来は避けられるはずであるが、実際には二重子音の有声性には変異が見られる。これは(5)で示された二重子音の無声化に関連して起こる過剰修正と考えることもできるが、異なる二つの形を同一の語として扱っているという点は共通である。

(4)の場合と同様に、共起制限の違反が関係しない場合は、以下の通り無声化も有声化も観察されないか、観察されたとしてもわずかであり、共起制限が関係する場合との差は大きい：

(7) 無声化：ヘッド　[he**dd**o, *he**tt**o]　　　フラッグ　[fura**gg**u, *fura**kk**u]
　　有声化：キック　[ki**kk**u, *ki**gg**u]　　　ヘルメット　[herume**tt**o, *herume**dd**o]

2.3 鼻音後の阻害音

　鼻音の直後に現れ、その鼻音と子音群を形成する阻害音は、音韻構造としては鼻音の影響を受けて有声であるのが無標である。そのため、これまでに見てきた環境とは異なり、無声阻害音の有声化が有標性に従って起こる変異となる。そうした変異がみられる語は、それほど多くないが以下の通り存在する：

(8)　ジャンパー　　[jam**p**aa~jam**b**aa]　　　　ジステンパー　[jisutem**p**aa~jisutem**b**aa]
　　　ダンパー　　　[dam**p**aa~dam**b**aa]　　　　ドルトムント　[dorutomun**t**o~dorutomun**d**o]

これまでに見てきた有声化の例と同様に、有声化の結果によって有声阻害音の共起制限に違反する形となっている。[2] また、全体数が多くないために理由は不明確だが、無声両唇破裂音[p]の有声化がほとんどである。逆方向の変異である有声阻害音の無声化はあまり数は多くないが、以下の例の通り全く観察されないというわけではない：

(9)　モザンビーク　[mozam**b**iiku~mozam**p**iiku]

　鼻音後阻害音の有声性変異もこれまでと同様、有声阻害音の共起制限と無関係の環境では、有声化、無声化の双方が不可能である：

(10)　無声化：コンビニ　　[kom**b**ini, *kom**p**ini]　　　　ナンバー　　[nam**b**aa, *nam**p**aa]
　　　有声化：シャンプー　[sham**p**uu, *sham**b**uu]　　　　チャンピオン　[cham**p**ion, *cham**b**ion]

2.4 二重子音でない[p]

　これまでは有声阻害音の共起制限と関連して起こる有声性変異を見てきたが、それ以外にも有声性変異の要因となるものは存在する。その内の一つは Fukazawa et al. (2014)でも指摘されている、二重子音（部分二重子音[mp]を含む）ではない単独の無声両唇破裂音[p]である。この分節音については日本語の音韻論において例外的な子音として知られ、和語や漢語では二重子音としてしか許されない。外来語においてはそうした制限は無く単独でも現れるが、有声性変異に対しては音声的に無声であるにも関わらず有声阻害音であるかのように振る舞う。有声阻害音の共起制限に類似して、一語の中で「有声阻害音と共起した場合には、その無声化を誘発する。Fukazawa et al.では二重有声阻害音の無声化を分析の対象としていたが、二重子音でない場合も無声化の対象となる：

(11)　カピバラ　　　[kapi**b**ara~kapi**p**ara]　　　　ペダル　　[pe**d**aru~pe**t**aru]
　　　キューピッド　[kyuupi**dd**o~kyuupi**tt**o]　　　　パッド　　[pa**dd**o~pa**tt**o]

2.5 [s~z]の変異

　歯茎摩擦音[s~z]の変異はこれまでも注目されてきたものであるが（立石 2001, Mutsukawa 2008 など）、他の阻害音の変異と異なり、有声阻害音の共起制限に関係なく変異が見られる。このパターンについては、英語の名詞複数形やそれに関連した語に多く観察されるが、それ以外の例も見られる：

(12)　インディアンズ　[indian**z**u~indian**s**u]　　　　ドーキンス　[dookin**z**u~dookin**s**u]
　　　ヤンキース　　　[yankii**z**u~yankii**s**u]　　　　ホーキンス　[hookin**z**u~hookin**s**u]
　　　カンザス　　　　[kan**z**asu~kan**s**asu]　　　　　スムーズ　　[sumuu**z**u~sumuu**s**u]

有声阻害音の共起制限の回避として考えることができるものは多いが、それに当てはまらないものも少なくない。また、有声音が無標とされる鼻音後であっても無声化が多く観察される点も、他の阻害音の有声性変異とは異なる。

3. まとめと今後の展望

以上の様に日本語の外来語における有声性変異については、従来考えられてきたよりも多くの要因が関係し、様々な環境で観察される。また、有標構造の回避という理解だけでは説明できない、有声と無声の双方向の変異も見られる。今後これらの現象をより詳細に分析することにより、多くの成果が得られることが期待される。データの収集については実験やコーパス等を用いた方法も検討したい。

注

[*] 本稿は第11回音韻論フェスタ（立命館大学朱雀キャンパス、2016年3月10, 11日）にて著者が行った口頭発表（Nishimura 2016）の内容をもとにしたものである。この場を借りて、会場にて貴重なご意見を下さった皆様に感謝したい。

[1] 外来語ではほとんどの形態素はそのまま単純語を形成することができるので、以下の外来語の分析では共起制限の範囲を「語」と表現する。

[2] ただし、前述のとおり鼻音直後の阻害音は有声であるのが無標であるので、この場合が有声阻害音の有標性に基づく共起制限の違反となるかどうかは、定義によって異なる。

参照文献

Fukazawa, Haruka, Shigeto Kawahara, Mafuyu Kitahara and Shinichiro Sano. 2014. *[p]-driven geminate devoicing in Japanese*. A poster presentation at FAJL 7, ICU, June 2014.

Ito, Junko and Armin Mester. 1986. The phonology of voicing in Japanese: Theoretical consequences for morphological accessibility. *Linguistic Inquiry* 17.49-73.

Ito, Junko and Armin Mester. 1995. Japanese phonology. *The handbook of phonological theory*, ed. by John Goldsmith, 817-838. Oxford: Blackwell.

Ito, Junko and Armin Mester. 1998. *Markedness and word structure: OCP effects in Japanese*. Santa Cruz, CA: University of California, Santa Cruz, MS.

Kawahara, Shigeto. 2006. A faithfulness ranking projected from a perceptibility scale: The case of [+voice] in Japanese. *Language* 82(3).536-574.

Mutsukawa, Masahiko. 2008. The realization of the English plural morpheme in Japanese and the accessibility to the morphological information. *KLS* 28.66-76.

Nishimura, Kohei. 2001. *Lyman's law in Japanese loanwords*. A talk at the PAIK meeting, Kobe University, October 2001.

Nishimura, Kohei. 2006. Lyman's law in loanwords. *Phonological Studies* 9.83-90.

Nishimura, Kohei. 2016. *Voicing optionality in Japanese loanwords*. A talk at 11th Phonology Festa, Ritsumeikan University, March 2016.

立石浩一 2001「音韻辞書クラス制約の分布について」 第26回関西言語学会発表. 龍谷大学, 2001年10月27日.

東北方言の無声化が語るもの

橋本文子
東京家政学院大学

1. はじめに

　日本の各地にはその地に固有の方言がある。方言はその地に住む人々にとって日常を営む欠かせないものであり、また日々の生活を豊かにしてくれるものでもある。かつて方言は正すべきものとしてその矯正が奨励された時代もあったが、最近は方言に対する意識も変わりつつある。東北大震災の際にも方言を聞いて気持ちが大いに癒されたなど方言の持つ力が再認識されるようになり、方言を守り残そうという機運も高まっている。

　言葉は時とともに常に変化し、方言もまたその変化を免れることはない。そのような中で、現在の方言を記述しその様態を明らかにすることは、方言を共時的に捉えるだけでなく、通時的に捉える上でも大きく役立つであろう。そこで、現在の東北方言に見られる現象を検証しながら、東北方言でどのような音の変化が進行しつつあるのかを考えていきたい。

　本小論では、東北方言に見られる母音や子音の無声化の現象に焦点をあて、それが他の子音や母音の現象とどのように関わっているのか、そこからどのようなことがわかるのかについて考察する。以降では、東北地方をその方言の特徴から便宜的に大きく二つの地域、北東北方言(青森・岩手・秋田県を中心とする)と南東北方言(宮城・山形・福島県を中心とする)に分けて論ずる。また、東北方言では地域や年代により様々な発音が聞かれるため、必要である場合を除き簡略化した発音表記を用い、/ /で囲まれた音韻表示は東京方言に対応するものとする[1]。尚、南東北方言は無アクセント地域であるためアクセントによる比較は行わず、主に語内部の現象について扱う。

2. 子音の特徴

2.1 カ行・タ行子音の有声化

　まず、東北方言を特徴づける子音の大きな特徴として、カ行・タ行子音の母音間の有声化がある[2]。この現象は東北地方全体に広く見られる。

(1) 秋　/aki/　[agi]　　枕　/makura/　[magura]　　雪　/yuki/　[jɯgi]
　　 蛍　/hotaru/　[hodarɯ]　　建てる　/tateru/　[taderɯ]　　薪　/takigi/　[tagiɲi]

(1)に示されたように、カ行・タ行子音は語中では有声化されるが、語頭では有声化されない。このことから、カ行・タ行子音の有声化は有声である母音に挟まれることによる有声性に関する双方向性の同化現象であることがわかる。

2.2 ガ・ザ・ダ・バ行子音の(前)鼻音化

　さらに、東北方言ではガ・ザ・ダ・バ行子音が(前)鼻音化される現象が見られる。この現象は主に北東北地方の高年層を中心に観察される。

(2) 窓　/mado/　[maⁿdo]　　届ける　/todokeru/　[toⁿdogerɯ]　　油　/abura/　[aᵐbura]
　　 鍵　/kagi/　[kaŋi]　　小豆　/azuki/　[aⁿzugi]　　蕎麦　/soba/　[soᵐba]

(2)で示されたように、北東北方言ではザ・ダ・バ行子音は語中で前鼻音化され、入りわたり鼻音を伴

う[ⁿz]、[ⁿd]、[ᵐb]として発音される。一方、ガ行子音は通鼻音化されて北・南東北方言ともに軟口蓋鼻音の[ŋ]として発音される。

3. 母音の無声化

次に、東北方言における母音の無声化について考えてみよう。東北方言では、東京方言と同様に狭母音の/i//ɯ/は前後を無声子音に挟まれた場合に無声化する。しかし、東北方言の狭母音の無声化には狭母音に後接する音節の母音により違いが見られる(宮島1961、井上1968、大橋2002、他)。以下では、カ行・タ行子音の有声化との関わりを探るため、狭母音に後接する子音をカ行・タ行子音に限定して考えていく。

(3) 明日　/asita/　[asɯ̥ta]　　四角　/sikakɯ/　[sɯ̥kagɯ]　　北　/kita/　[kɪ̥ta]
　　 力　　/tikara/　[tsɯ̥kara]　使う　/tɯkaɯ/　[tsɯkaɯ]　　助ける /tasɯkerɯ/ [tasɯ̥kerɯ]

(4) 月　　/tɯki/　[tsɯgi]　　　好き　/sɯki/　[sɯgi]　　　少ない /sɯkɯnai/ [sɯgɯnai]
　　 蕗　　/hɯki/　[ɸɯgi]　　　菊　　/kikɯ/　[kigɯ]　　　つくし /tɯkɯsi/ [tsɯgɯsɯ]

東北方言では、(3)に示されたように、無声子音に挟まれた狭母音は後接する音節の母音が広母音である場合には無声化し、後接するカ行・タ行子音は有声化されない。一方、(4)に示されたように、無声子音に挟まれた狭母音は後接する音節の母音が狭母音である場合には無声化されず、後接するカ行・タ行子音は有声化される。これらのことから、東北方言の狭母音の無声化は前後を無声子音に挟まれ後接する音節の母音が広母音である場合に起こる双方向性の同化現象であることがわかる。従って、母音が無声化する音環境は東京方言よりも限られていると言える。

では、カ行・タ行子音の有声化と母音の無声化とではどちらが先に起こっているのか、あるいは優勢であると考えられるであろうか。(3)の「四角」/sikakɯ/を例に取って考えてみよう。

(5) a. /sikakɯ/ → (カ行・タ行子音の有声化) → [sɯgagɯ] → (母音の無声化) → N.A. → *[sɯgagɯ]
　　 b. /sikakɯ/ → (母音の無声化) → [sɯ̥kakɯ] → (カ行・タ行子音の有声化) → [sɯ̥kagɯ]

(5a)に示されたように、もし有声化が先に起こるとするなら、無声化の条件は失われ*[sɯgagɯ]と発音されることになるであろう。しかし、実際は(5b)に示されたように[sɯ̥kagɯ]と発音されることから、母音の無声化がカ行・タ行子音の有声化より先に起こっていることがわかる。また、通時的にも母音の無声化の方がカ行・タ行子音の有声化より先に起こったと考えられている(宮島1961、井上1980)。

また、ではなぜ(4)では狭母音の無声化が起こらないのであろうか。(4)の全ての語では無声子音と狭母音から成る音節が連続している。もし(4)の語で無声子音に挟まれた狭母音が無声化すると、(3)と同様にカ行・タ行子音は有声化されないことになり、さらに聞き取りにくい音節が連続することになるであろう。そこで、聞き取りにくい音節の連続を避けようとするOCPの原理が働き、狭母音の無声化が阻止され、その結果、カ行・タ行子音の有声化が起こると考えられる(橋本2014)。

これまでのことから、聞き取りにくい音節の連続を避けようとするOCPの原理、母音の無声化、カ行・タ行子音の有声化との間には次のような優先関係があると考えられる(A>BはAの方がBよりも優先度が高いことを表す)。

(6)　　OCP > 母音の無声化 > カ行・タ行子音の有声化

4. 有声阻害音の無声化

さらに、東北方言では母音の無声化に加えて有声阻害音の/b//z/が一定の環境下で無声化される現象があり、南東北方言では次のような発音が観察される(宮島1961、井上1968/1980、飯豊1998、大橋2002、

佐々木 2004)。

(7) わずか　/wazuka/　[wazuga] / [watsu̥ka]　　かぶさる　/kabusaru/　[kabɯsarɯ] / [kapu̥sarɯ]
　　 静か　　/sizuka/　[sɯzɯga] / [sɯtsu̥ka]　　小遣い　/kozukai/　[kozugai] / [kotsu̥kai]

例えば「わずか」/wazuka/は、[wazuga]の他に中高年層を中心に[watsu̥ka]という発音も聞かれる。南東北方言では、カ行・タ行子音の有声化により/wazuka/は[wazuga]と発音される。もう一つの[watsu̥ka]の発音について宮島(1961)や佐々木(2004)では、無声子音の/k/に逆行同化して先行する狭母音が無声化し、さらにそれに逆行同化して有声阻害音の/z/が無声化したものと説明されている。この現象は有声阻害音の/b//z/を頭子音とする音節の母音が狭母音でそれに無声子音が続く場合に見られるが、前節の(3)の場合と同様に、狭母音に後接する音節の母音が広母音であることが注目される。

またさらに、有声阻害音の/b//z/が広母音を伴い、それに無声子音と狭母音から成る音節が前接している場合にも、有声阻害音が無声化される現象が見られる(齋藤1991、飯豊1998)。

(8) 三つ葉　/mituba/　[mizuba] / [mitsu̥pa]　　　嘴　/kutibasi/　[kɯzɯbasɯ] / [kɯtsu̥pasɯ]

これは宮島(1961)や佐々木(2004)の説明を援用するなら、無声子音/t/からの進行同化により狭母音とそれに続く有声阻害音が無声化されたものと説明されるであろう。従ってこれらのことから、有声阻害音の無声化は狭母音の無声化が前提となっていること、また東北方言には双方向性に加えて逆行性と進行性による母音の無声化が存在することがわかる。

一方、北東北方言では次のような発音が高年層の間に聞かれることがある。

(9) わずか　/wazuka/　[waⁿzuga] / [waⁿtsu̥ka]　　かぶさる　/kabusaru/　[kaᵐbusaru] / [kaᵐpu̥sarɯ]
　　 静か　/sizuka/　[sɯⁿzuga] / [sɯⁿtsu̥ka]　　小遣い　/kozukai/　[koⁿzukai] / [koⁿtsu̥kai]

北東北方言では/wazuka/は[waⁿzuga]と発音されるが、他に[waⁿtsu̥ka]という発音も聞かれる。では、この無声子音が前鼻音化したように見える[waⁿtsu̥ka]の発音は一体どのようにして生じていると考えられるであろうか。

まず、北東北方言においてカ行・タ行子音の有声化とガ・ザ・ダ・バ行子音の(前)鼻音化のどちらが優勢であるのかについては、例えば/wazuka/にどちらが先に起こったとしても[waⁿzuga]となるためこの発音からだけではわからない。しかし、もう一つの[waⁿtsu̥ka]の発音を検証することで、どちらが優勢であるのかが明らかになる。(10)では(6)で見たように母音の無声化がカ行・タ行子音の有声化より優先されるものとする。

(10) a. /wazuka/ → (ガ・ザ・ダ・バ行子音の(前)鼻音化) → [waⁿzuka] → (母音の無声化) → [waⁿzu̥ka]
　　　　→ (有声阻害音の無声化) → [waⁿtsu̥ka] → (カ行・タ行子音の有声化)→N.A. → [waⁿtsu̥ka]
　　 b. /wazuka/ → (母音の無声化) → [wazu̥ka] → (有声阻害音の無声化) → [watsu̥ka] → (カ行・
　　　　タ行子音の有声化) → N.A. → (ガ・ザ・ダ・バ行子音の(前)鼻音化) → N.A. → *[watsu̥ka]

まず、(10a)のようにガ・ザ・ダ・バ行子音の(前)鼻音化が先に起こるとすると、有声阻害音の/z/が前鼻音化され[waⁿzuka]となる。次に無声子音/k/からの逆行同化により前接する狭母音と前鼻音化した有声阻害音[ⁿz]の無声化が起こるが、[ⁿz]はその前鼻音性という弁別素性を残したまま無声化され[ⁿts]となり、カ行・タ行子音の有声化は条件が満たされないため適用されず[waⁿtsu̥ka]と発音されると考えられる。他方、(10b)のようにカ行・タ行子音の有声化が先に起こるとすると、まず母音と有声阻害音の無声化が起こり、カ行・タ行子音の有声化とガ・ザ・ダ・バ行子音の(前)鼻音化は条件が満たされないため適用されず[watsu̥ka]となるが、これは北東北方言の特徴とする発音とは違うものとなるであろう。

このように、北東北方言の[waⁿtsu̥ka]の発音を検証することで、ガ・ザ・ダ・バ行子音の(前)鼻音化がカ行・タ行子音の有声化より優勢であること、及びそれらと母音や子音の無声化の優先関係が明ら

かとなり、それは次のようになるであろう。

(11) ガ・ザ・ダ・バ行子音の(前)鼻音化 ＞ 母音の無声化、(＞) 有声阻害音の無声化 ＞ カ行・タ行子音の有声化

そしてこの優先関係は、宮島(1961)や井上(1980)が主張するこれらの現象が通時的に起こったとされる順序とも一致する。

5. まとめ

東北方言に見られる無声化を検証することで、東北方言には双方向性、逆行性、進行性の三つの方向性の違う同化現象が存在することが明らかとなる。齋藤(1992)によると、東北方言には狭母音の無声化に同化して、地域により様々な(鼻音を除く)共鳴音の無声化が見られると報告されている。そこで、東北方言では母音の無声化に同化して様々な子音の無声化がかつては見られていたのではないかと推測される。しかし、次第に子音の無声化の多様性が失われ、現在では有声阻害音の無声化が高年層に残るのみとなっていると考えられる。この有声阻害音の無声化の衰退は、その前提となる狭母音の無声化の衰退、すなわち狭母音がその前後どちらか一方にある無声子音からの同化により無声化することの衰退を意味している。このことから東北方言の母音の無声化は、東京方言と同様に無声子音に挟まれた場合に起こる双方向性の同化現象へと次第に変化しつつあると推測できるのではないだろうか。

本小論では、東北方言に見られる様々な現象を共時的な観点から検証することで、通時的な変化を推測することが可能であることを考察した。現在高年層に見られる発音は過去の現象を映し出す鏡であるとも言え、現在の方言を記述しその記録を残していくことは、方言を含む言語を解明する上で喫緊の課題となっている。

注

[1] 本文中の発音表記については東北出身の筆者の内省を基に平山他(編) (2001/2003)で確認を行った。
[2] このため、南東北方言では「糸」と「井戸」がともに[ido]となるなど語の融合が起こることがある。

参照文献

橋本文子 2014「東北方言に見られる無声化の方向性とその多様性について」『津田塾大学言語文化研究所報』29.37-47.
平山輝男 他 (編) 2001/2003『岩手県のことば』『青森県のことば』東京：明治書院.
飯豊毅一 1998『日本方言研究の課題』東京：国書刊行会.
井上史雄 1968「東北方言の子音体系」『言語研究』52.70-86. 東京：明治書院.
井上史雄 1980「言語の構造の変遷—東北方言音韻史を例として—」『言語の構造』(講座言語第1巻) 257-290. 東京：大修館書店.
宮島達夫 1961「母音の無声化はいつからあったか」『国語学』45.38-48.
大橋純一 2002『東北方言音声の研究』東京：おうふう.
齋藤孝滋 1991「岩手方言における語中子音鼻音化現象—音環境・語彙的事情・世代の観点から—」『語文論叢』19.79-91.
齋藤孝滋 1992「母音無声化の「広さ」と「強さ」—岩手方言を中心にして—」『国語学研究』31.53-64.
佐々木冠 2004「水海道方言の無声化と標準語の無声化：最適性理論による分析」『対照言語学の新展開』391-413. 東京：ひつじ書房.

分綴と音節量について

福島彰利
甲南大学

1. はじめに

　英語の発話における各音節の長さ（以下、音節量とする）は一定ではないことは周知のことだが、この音節量を計測するためには音節境界の位置を決定する必要がある。本稿は、Wells (1990)で扱われた pre-fortis clipping 現象と Abercrombie (1964)で提唱された2音節語の音節リズム論を実験的に検証した Fukushima (2008, 2009)で得られた結果をもとに、音声学的視点に基づいた分綴のあり方を探る。

　ここで前もって pre-fortis clipping について説明しておく。音節末尾にある子音の声だて(voicing)は先行する母音の長さに影響することはよく知られている。例えば tap と tab を比較すると、無声子音を末尾に持つ前者の母音は有声子音を末尾に持つ後者の母音より持続時間が短くなることが観察され、これをロンドン学派の研究者たちは pre-fortis clipping（硬音前縮約）と呼んでいる。

2. VCV型2音節語の場合
2.1 Wells の理論 1

　母音間に子音を一つだけ持った2音節語の場合、Wells の理論によれば、子音はできる限り強勢音節に所属させることになっている。例えば、

　(1) magic → mædʒ + ɪk　　　happy → hæp + i

となる。

　このことを検証するため、machic / mætʃɪk /対 magic / mædʒɪk /、happy / hæpi /対 habby / hæbi /のような、無意味語を含めた最小対立語をターゲットとし、音節量に関してどのようなことが観察されるかを実験した。このようなペアを実験対象にしたのは、強勢音節末尾の声音が母音の持続時間を左右するため、ひいてはそれが音節量にどのような影響をもたらすかを調べるためである。(実験の対象となる単語を読んだのはイギリス人男性で、RP 話者である。)

　Fukushima (2008)で得られたデータでは、(1)の分綴に基づく第1音節の末尾無声子音は明らかに母音の持続時間を縮約していた。しかし、このように分綴した場合の第1音節と第2音節の長さについては、興味深い結果が得られた。以下にデータの一部を示してみる。

単語	第1音節母音の持続時間	第1—2音節の持続時間
1a. mach-ic	115	338 – 257
b. mag-ic	147	365 – 266
2a. happ-y	72	329 –153
b. habb-y	101	284 –150
3a. prof-it	61	315 – 235
b. prov-it	90	223 – 277

表1: 第1音節の母音の持続時間、第1，2音節の持続時間(msec)

第 1 音節と第 2 音節の持続時間を比較して分かることは、pre-fortis clipping はあくまでも母音に対して作用しているだけで、第 1 音節全体に影響してはいないことである。

2.2 Abercrombie の理論 1

Abercrombie によれば、2 音節語で母音間に子音が 1 つの場合、音節の持続時間は「短—長」の関係になるという。2.1 で見たとおり、Wells の分綴では全ての単語において「長—短」となっていることから、少なくとも Abercrombie の分綴は Wells のものとは違っているはずである。だとすれば、その分綴は、音素配列的には許されない形式だが、母音間の子音を第 2 音節に取り込んだものにならざるを得ない。この場合、第 1 音節と第 2 音節の持続時間は表 2 に示す通りとなっている。

単語	第1—2音節の持続時間
1a. ma-chic	225 – 370
b. ma-gic	293 – 338
2a. ha-ppy	189 – 293
b. ha-bby	201 – 233
3a. pro-fit	186 – 364
b. pro-vit	212 – 288

表 2：第 1、2 音節の持続時間(msec)

このデータを見る限り、いずれのペアにおいても第 1 音節は母音間の子音が無声の場合、有声の場合に比べて持続時間は短くなっている。さらに、Abercrombie の言うように全ての語において、音節間で「短—長」の関係が成り立っている。

一方、第 2 音節の持続時間に目を向けてみると、第 1 音節とは違う傾向が見て取れる。それは、いずれのペアにおいても、母音間の子音が無声の場合、有声の場合に比べて持続時間が短くなっているのである。このことは、第 1 音節で観察された音節間の関係とは全く逆になっている。こうした第 1 音節と第 2 音節の持続時間の関係を図 1 に表してみる。

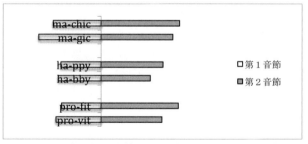

図 1：第 1 音節と第 2 音節の持続時間の関係(V-CV 型)

それぞれのペアを比較して分かることは、母音間の子音の声立てによって第 1 音節と第 2 音節の間には代償関係が存在していることだ。すなわち、子音が無声の場合第 1 音節が短くなる一方で第 2 音節は長くなる。そして子音が有声の場合第 1 音節が長くなる代わりに第 2 音節は短くなっているのである。

3 VCCV 型 2 音節語の場合

本章においては、第 2 章で観察されたことが母音間に子音を 2 個持つ場合にも当てはまるかどうかを Fukushima (2009) に基づいて見ていく。実験の対象となった語は、limpid vs. limbid、centre vs. sender、dolphin vs. dolvin 等の最小対立語とした。資料提供者として録音に協力してくれた話者は、前章と同じである。

3.1 Wells の理論 2

Wells によれば、2 音節語で母音間に生じる 2 個の子音は強勢音節の方に属することになるから、上記の語はそれぞれ limp-id vs. limb-id、cent-re vs. send-er、dolph-in vs. dolv-in と分綴される。表 3 (左) は第 1 音節の母音とそれに後続する 1 子音を合わせた持続時間を示している。(硬音前縮約は音節末尾にある無声子音が直前の母音と共鳴音の持続時間を短くさせると言われているが、ここではあえて dolphin vs. dolvin のように音節末子音に阻害音の /f/ と /v/ を持つ語を含めた。)

単語	母音+直後子音の持続時間	単語	第 1—2 音節の持続時間
1a. li**mp**id	241.2	1a. limp-id	390.7 - 299.7
b. li**mb**id	322.9	b. limb-id	467.3 - 210.5
2a. ce**ntr**e	276.2	2a. cent-re	495.0 - 131.7
b. se**nd**er	315.6	b. send-er	524.8 - 154.1
3a. do**lph**in	215.3	3a. dolph-in	382.4 - 221.1
b. do**lv**in	289.6	b. dolv-in	319.1 - 283.7

表 3: (左) 第 1 音節母音と直後の 1 子音の持続時間と、(右) 第 1, 2 音節の持続時間 (msec)

VCCV 型 2 音節語も VCV 型と同じように、'a' 項目の語は 'b' 項目の語より持続時間が短くなっており、硬音前縮約が生じていることは明白である。しかし、VCV 型の場合と違い、縮約現象は第 1 音節全体に及んでいる可能性があると思われるのである。

表 3 (右) に示されている通り、第 1 音節の長さだけを比較すると、1 と 2 のペアでは母音間にある 2 つ目の子音が無声の場合、有声の時よりも短くなっている反面、3 のペアでは完全に逆のパタンとなっている。3 のペアが異なるパタンを持っているのは末尾子音が阻害音であるため縮約を引き起こさないと考えることもできるのかもしれないが、1 と 2 のペアについては縮約が第 1 音節全体の及んでいるように見えるのは、VCV 型と明らかに異なる持続時間に関わる振る舞いと言える。

3.2 Abercrombie の理論 2

Abercrombie は、2 音節語において母音間に 2 つ子音がある場合、両音節間に見られる持続時間の関係は「等—等」になるという。VCCV 型の分綴として Wells は VCC-V というパタンを採用しているが、このセクションにおいては VC-CV という分綴パタンを採用した場合どのようなことが観察できるかを吟味する。このパタンに基づいた場合の第 1、および第 2 音節の持続時間は表 4 に示す通りである。

まず明らかなことは、どの語についても「等—等」の関係は一切見られないことである。しかし、1 と 2 のペアにおいては、'a' 項目の語が、それぞれ 'b' 項目の語より第 1 音節の持続時間は短くなっている。3 のペアについてもこうした関係性はありそうだが、ペア 1 と 2 ほどの強いものではない。

さらに第 2 音節の持続時間に目を向けてみると、'a' 項目の語は 'b' 項目の語より長くなっており、第

1音節にみられる'a'項目と'b'項目の関係とは逆となっている。すなわち、VCCV型における両音節間の持続時間の関係には、VCV型と同じように代償関係が存在している。（図2を参照）

単語	第1—2音節の持続時間
1a. lim-pid	321.6 - 368.8
b. lim-bid	422.6 - 255.2
2a. cen-tre	393.6 - 233.1
b. sen-der	473.6 - 205.7
3a. dol-phin	232.8 - 370.7
b. dol-vin	254.7 - 348.1

表4: 第1、2音節の持続時間

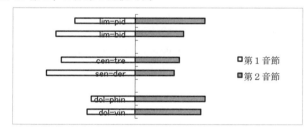

図2: 第1音節と第2音節の持続時間の関係(VC-CV型)

4 まとめと今後の展望

　本稿は、2音節語の音節境界の設定についてWellsとAbercrombieの理論を実験的に検証し、ターゲット語を統一的に説明するには第1音節と第2音節の持続時間の間に見られる代償関係に着目すべき可能性を指摘した。少なくとも、両音節間に見られる代償関係は、VCV型にもVCCV型にも見いだされた。ただ、VCV型の分綴で採用したV-CVというパタンは音素配列的には許されないパタンである。にもかかわらずこのパタンの方がターゲット語の音節量の傾向をより良くとらえることができた。その意味において、今後の課題として、VCCV型についてもV-CCVと分綴したらどのような知見が得られるかを調査する必要がある。さらに、母音間の子音が3つとなるVCCCV型の語についても代償関係が見いだされるかどうかは興味深いところである。

参考文献

Abercrombie, David. 1964. Syllable quantity and enclitics in English. *In honour of Daniel Jones: Papers contributed on the occasion of his eightieth birthday, 12 September, 1961*, ed. by D. Abercrombie, D.B. Fry, P.A.D. MacCarthy, N.C. Scott and J.L.M. Trim, 216–222. London: Longmans, Green and Co Ltd.

Fukushima, Akitoshi. 2008. Pre-fortis clipping and syllable quantity of VCV-type disyllabic words. *The Journal of Konan University, Faculty of Letters* 155 –English Studies–. 61–69. Kobe: Konan University.

Fukushima, Akitoshi. 2009. Syllable rhythm in VCCV-type disyllabic words. *The Journal of Konan University, Faculty of Letters* 160 –English Studies–. 131–135. Kobe: Konan University.

Wells, John. 1990. Syllabification and allophony. *Studies in the pronunciation of English: A commemorative volume in honour of A.C. Gimson*, ed. by Susan Ramsaran, 76–86. London and New York: Routledge.

英語における母音の音質と音量の関係について*

クレメンス・ポッペ
国立国語研究所・日本学術振興会

1. はじめに

英語においては、長母音・二重母音、短母音、弱化母音という3種類の母音が区別される。本稿では、この3種類の母音の音韻表示について論じる。具体的には、音韻要素(phonological elements)の依存関係(dependency relations)に基づいた分析の可能性について考察する。

2. 英語における母音の音質と音量の関係

Backley (2011:43, 50)によると、イギリス英語(RP)の母音体系は(1)に示された短母音(short vowels)、長母音(long vowels)、二重母音(diphthongs)、弱化母音(reduced vowels)から成っている。

(1) a. 短母音：　[ɪ ʊ ʌ e æ ɒ]
　　b. 長母音：　[i: u: ɑ: ɔ: ɜ:]
　　c. 二重母音：[aɪ eɪ ɔɪ aʊ əʊ ei iə eə (uə)]
　　d. 弱母音：　[ə ʊ ɪ ɨ]

短母音と長母音は伝統的な言い方であるが、音声的には、長母音は短母音に比べて調音器官の緊張を伴って発音されているという母音の音質(vowel quality)または調音方法(manner of articulation)が長さよりも重要である(窪薗・本間 2002)。そのため、前者は「張り母音」(tense vowels)、そして後者は「緩み母音」(lax vowels)とも呼ばれている。とはいえ、短母音と長母音の音量(weight)が音韻的に違う証拠はいくつかある。例えば、一音節の単語は最低2モーラを持っていなければならないという最小性制約(minimality constraint)があるが、この制約を満たすために、緩み母音が含まれている音節の場合、末尾子音(coda)が必要である。つまり、[bɪ]や[bɛ]と発音されるような単語は英語において許されない(2a)。これに対して、張り母音の場合は、(2b)のように末尾子音がなくても問題ない(窪薗・本間 1992:60-61)。

(2) a. bid [bɪd], *bi [bɪ]
　　b. bee [bi:], buy [baɪ], bead [bi:d], bide [baɪd]

最小性制約のほかに、最大性制約(maximality constraint)もある。緩み母音を含む音節で二つの末尾子音を持つ音節がたくさんある(help [hɛlp], fix [fɪks])のに対して、張り母音か二重母音を含む音節では二つの末尾子音が例外的である(pint [paɪnt]) (窪薗・本間 1992:64-68)。最小性・最大性制約のような制約、そして強勢・アクセントに関わる現象の証拠を基に、音量に基づいた分析が主流になってきたようである(Lass 1976, Hammond 1997, Durand 2005, Backley 2011)。このような分析では、規定形(underlying form)または入力(input)において、長母音はX-slot或いはモーラ(mora)という音量の単位を二つ持っており、規則か表層形(surface form)にかかる制約によって、[tense]という素性が付与される。これに対して、一つのX-slotかモーラしか持っていない短母音には[tense]という素性が付与されない。

ところが、実は方言によって2モーラの緩み母音と1モーラの張り母音も観察される。例えば、スコットランド英語において、母音の長さは後続する子音で予測できる(McMahon 1991)。このことから、tense と lax の対立或いはそれに相当する素性(±tense)の指定の違いに基づいた分析の方が適切であると思われる(Jakobson et al. 1952, Giegerich 1992)。但し、[tense]に基づいた分析にも問題がある。Lass (1976)

が述べる通り、[tense]という素性は音声的に定義しにくい。その上、[tense]あるいはその変わりに利用されてきた[ATR] (Advanced Tongue Root: 舌根前進)という素性が含まれている母音はなぜその素性が含まれていない母音に比べて音量(X-slot/mora 数)が多いのかという問題がある。以下では、これらの二つの問題を解決するために音韻要素に基づいた分析を提案するが、その前に弱化母音というもう一種類の母音を見たい。

英語における弱化母音は、強勢(stress)と密接な関係がある。基本的には、強勢のない音節の母音は弱化する傾向がある。Backley (2011: 50)では、(3)で示された4種類の弱化母音の例が挙げられるが、強勢のある音節の前に「ˈ」を加えた。

(3) a. [ə]　a̲ˈbout, ˈbetter　　b. [ɪ]　deˈci̲de, beˈcause　　c. [ʊ]　ˈinfl̲uence, tu̲ˈtorial
　　d. [ɨ]　ˈwash̲es, ˈmend̲ed

Hammond (1997)が指摘するように、複数の弱化母音があるので、弁別素性に基づいた分析が難しい。以下では、この問題を、tense/lax の問題と同時に考えていきたい。[1]

3. 音韻要素に基づいた分析

Backley (2011)が示すように、音韻要素（エレメント）と呼ばれる音韻的原子に基づいたモデル(Anderson and Ewen 1987, Backley 2011)では、母音弱化を主要部の有無で説明できる。要素理論 (Element Theory) では、母音が(4)の三つの要素(A, I, U)から成っている。Backley (2011)は、これらの要素で、RP の短母音を(4)のように表示している。下線が引いてある要素は、「主要素」(head element)を表し、下線が引いていない要素は、依存要素(dependent element)を表す。

(4) a.　[ɪ]　　|I̲|　　　　b.　[e]　　|A I̲|
　　　　[ʊ]　　|U̲|　　　　　　[æ]　　|A̲ I|
　　　　[ʌ]　　|A̲|　　　　　　[ɒ]　　|U A̲|

(4)からわかるように、(4a)のような一つの要素しか持たない母音もあれば、(4b)のような複数の要素の組み合わせによって生まれる複合母音(compound vowels)もある。後者の場合は、主要素がどれかによって、母音の音質が変わる。例えば、(4b)の[e]と[æ]は両方とも|A|と|I|という要素を持っているが、[e]の場合は|I|が主要素であるに対して、[æ]の場合は|A|が主要素である。

次は、弱化母音の要素構造を見てみよう。Backley (2011: 50)によると、弱化母音は依存要素しか持たないもの(5a/b/c)と、全く要素を持たないもの(5d)がある。

(5) a. |A| → [ə]　　b. |I| → [ɪ]　　c. |U| → [ʊ]　　d. | | → [ɨ]

Backley (2011)が主張するように、要素理論においては弱化母音の表示がその母音の音韻的な弱さを直接反映しているという意味で有力である。母音弱化という音韻過程は、強勢が置かれていない韻律的に弱い音節に、主要素が許されないという制約を導入するだけで説明できる。

次に、要素理論では張り母音と緩み母音の違いをどう説明できるかについてみたい。Backley (2011)では、近年の多くの研究と同様に、この二種類の母音の違いを音量の違いとして扱う。要するに、張り母音と緩み母音は同じ要素構造を持っているが、前者の方は X-slot を二つ、後者の方は X-slot を一つ持っている。例えば、|A|しか持っていない[ə ʌ ɑː]という三つの母音の違いは(6)の通りである。

(6) a.　X　　　　b.　X　　　　c.　X X
　　　　|　[ə]　　　　|　[ʌ]　　　　\/　[ɑː]
　　　　A　　　　　　A̲　　　　　　A̲

しかし、2 節で述べたように、音量に基づいた分析では説明できないデータがあるので、(6)の分析を採用することはできない。張り母音が緩み母音より音量を持っているという意味では、音韻的な「強

さ」に基づいた分析が望ましい。ところが、主要性の有無の区別は既に完全母音と弱化母音を区別するために利用されているので、[ʌ]と[ɑ:]の違いを|A|と|A̱|を区別することで捉えることができない。[2] この問題を解決するために、要素の主要性(headedness)と分節音の内部構造の関係について考えたい。

従来の音韻要素に基づいたアプローチの多くでは、主要性が要素同士の問題として扱われているようである。例えば、|A̱ I|と|A I̱|の違いは分節音の内部構造の違いというよりも、要素間の依存関係の問題である。ところが、van der Hulst (1989)が論じるように、要素の主要性が分節音内の位置によって決定されるという考え方もできる。このアプローチでは、|A̱ I|と|A I̱|が(7a/b)のような構造を持つ。(7)の「•」は以上の表示で省略されていた調音接点(place node)を表す。

調音接点が主要部と依存要素を支配する分節音内部構造の利点は、同じ分節音に複数の主要素が含まれても不自然ではないことと、(7c)のように同一の要素が同じ分節音の中で主要素としても依存要素としても存在しても不自然ではないことである。

松井(2016)では、張り母音では、同一の要素が主要素と依存要素の両方に含まれている表示で捉えられると指摘されている。この考え方では、[ʌ]と[ɑ:]や[ɪ]と[i:]の音声的な違いは、同一の要素が主要素と依存要素のいずれにも存在することによって、音量が強化される。このことによって、音質が[tense]になり、音量が音声的に長くなる。要するに、このアプローチでは、張り母音が(7c)の要素構造を持っていると思われる。[3]

しかし、張り母音と緩み母音の違いは|A̱ A|と|A̱|だけで十分説明することはできない。|A̱ A|が|A̱|より音声的に長いといっても、音韻的な音量の違いを2つのX-slotかモーラで表示する必要が残る。その理由はいくつかある。2節で述べたように、{CV:tense}と{CVlaxC}という音節が同じ音量(XX/2 モーラ)を持つという証拠がある。さらに、[i:]のような長い張り母音と[ɪ]のような長い緩み母音を区別する必要がある場合がある。張り母音の表示として(7)のような調音接点の内部構造を想定するとしたら、それと同時に、同一の要素を2つ持つ母音がX-slotかモーラを二つ投射する制約を想定する必要がある。この説を採用すれば、[ə ʌ ɑ:]が代表する英語の三種類の母音を(8)のように区別できる。

別のアプローチとして、(8c)の代わりに、(9c)で示された複数の調音接点を採用することもできる。この考え方では、同じ音韻要素が複数の調音接点に結合しており、音韻的な長さ(接点数)と音韻的な重さ(X-slot/モーラ数)をより直接的に表示できる。このアプローチの利点は、張り母音(9c)と二重母音(9d)が同じ音量を持つことに自然な説明がつくことにある。すなわち、それぞれの音調接点が音量単位を投射する。便宜上、主要素と依存要素の違いを下線だけで表す。

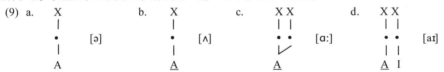

張り母音の表示として(8c)と(9c)とどれが適切かは今後の課題として残す。

4. むすび

本稿では、英語における母音の音質と音量の関係について論じた。音量だけに基づいた分析と[tense]という素性に基づいた分析の問題点を指摘した上で、音韻要素の依存関係に基づいた分析について考察した。

注

*本研究は日本学術振興会外国人特別研究員奨励費(課題番号：15F15005)の助成を受けている。

[1] Hammond (1997)では、弱化母音はモーラを投射しない母音として分析されている。その結果、モーラを含まない音節を認めなければならない。そのような音節を認めてよいかは興味深い問題であるが、本稿では議論しない。

[2] Harris (1994)の tense/lax の分析では、全ての母音の基盤(baseline)となる|@|というもう一つの中性要素(neutral element)が採用されている。

[3] 松井 (2016)が想定する C/D モデルにおいては音節が最小の音韻的単位であり、(9c)のような分節音内部構造に基づいた表示は利用されていない。なお、van der Hulst (1989)では、同一の要素が主要素依存要素のいずれにも含まれている構造で[ɯ]と[u]や[ɨ]と[i]を区別するために利用できると論じる。そうすることによって、中性要素|ə| (又は|@|)が不要になることを述べるが、tense/lax の違いには触れていない。[ATR]という素性に相当する要素の代わりに、依存要素の|I|を想定するが、[ATR]と[tense]を同一の素性として見ているかも明らかではない。

参照文献

Anderson, John M. and Colin J. Ewen. 1987. *Principles of dependency phonology*. Cambridge: Cambridge University Press.

Backley, Phillip. 2011. *Element theory*. Edinburgh: Edinburgh University Press.

Durand, Jacques. 2005. Tense/Lax, the vowel system of English and phonological theory. *Headhood, elements, specification and contrastivity: Phonological papers in honour of John Anderson*, ed. by Phillip Carr, Jacques Durand and Colin J. Ewen, 77–97. Amsterdam/Philadelphia: John Benjamins Publishing Company.

Giegerich, Heinz J. 1992. *English phonology: An introduction*. Cambridge: Cambridge University Press.

Hammond, Michael. 1997. Vowel quantity and syllabification in English. *Language* 73(1).1–17.

Harris, John. 1994. *English sound structure*. Oxford: Blackwell Publishers.

Hulst, van der, Harry. 1989. Atoms of segmental structure: Components, gestures, and dependency. *Phonology* 6.253–284

Jakobson, Roman, Gunnar Fant and Morris Halle. 1952. *Preliminaries to speech analysis*. Cambridge, MA: MIT Press.

Lass, Roger. 1976. *English phonology and phonological theory: Synchronic and diachronic studies*. Cambridge: Cambridge University Press.

McMahon, April. 1991. Lexical phonology and sound change: The case of the Scottish vowel length rule. *Journal of Linguistics* 27.29–53.

窪薗春夫・本間猛 2002 『音節とモーラ』東京：研究社.

松井理直 2016 「C/D モデルにおける閉鎖要素と摩擦要素について」『神戸松蔭女子学院大学研究紀要言語科学研究所篇』19.57–100.

英語における子音の重さについて[*]

山本武史
近畿大学

1. 初めに

音韻的な重さについては Hyman (2003), Gordon (2006) などの研究があるが、英語を対象としたものとしては Hammond (1999) を挙げることができる。英語では語末に舌頂阻害音である [t, d, θ, s, z] が時に連続して現れる (texts [-ksts], sixths [-ksθs])。これらの子音はしばしば付属子音 (appendix) と称され、音節外子音と分析されることもある。また、二重母音 [aʊ, ɔɪ] に後続する子音は舌頂音 [t, d, tʃ, dʒ, θ, s, ð, z, n, l, ɹ] に限られることが知られている。Hammond (1999) は子音や母音にはそれぞれ次のような固有の重さがあると想定してこれらの音配列を説明している[1]。

(1)　　Hammond (1999: 137)

Lax vowels　μ　　Tense vowels　μμ　　[aɪ, juː]　μμ　　[aʊ, ɔɪ]　μμμ
Coronals　(μ)　　Noncoronals　μ　　[ʒ, ŋ]　μμ　　[ð, ɹ]　∅

例外的な扱いを受けている [ʒ, ŋ, ð, ɹ] についてはここでは立ち入らないが、重要な点は音配列に舌頂性 (coronality) [± cor] が関わっていることである[2]。

2. 子音の重さと強勢

Ross (1972: 250-4) は "nondental obstruent" である [p, k, b, g, tʃ, f, ʃ, v, ʒ] で終わる名詞は語末音節に強勢を持つことを指摘しているが、これは音節末の重い子音は子音連続と同様、その音節に強勢を引きつけると説明することができる。Ross の挙げる例から語頭音節に主強勢を持つ 3 音節語の例をいくつか選んで次に示す。(2a) では語末に強勢を持つものしか見当たらないが、(2b) では強勢を持つものと持たないものがある。強勢付与には舌頂性に加えて共鳴性 (sonorancy) [± son] も関わっていることが分かる。

(2)　a.　[p, k, b, g, tʃ, f, ʃ, v, ʒ]

　　　　[p]　hándicàp / —　　[k]　tómahàwk / —　　[b]　shíshkabòb / —　　[g]　póllywòg / —
　　　　[tʃ]　tsárevìtch / —
　　　　[f]　fìsticùff / —　　[ʃ]　súccotàsh / —　　[v]　cýtoflàv / —　　[ʒ]　cámouflàge / —
　　b.　上記以外
　　　　[t]　báccaràt / ídiot　　[d]　kátydìd / Íliad
　　　　[θ]　ópsimàth / ázimuth　　[s]　sássafràss / sýllabus　　[z]　álvelòz / —
　　　　[m]　díadèm / módicum　　[n]　cáravàn / álien
　　　　[l]　álcohòl / cápitol　　[ɹ]　sámovàr / ínteger

3. 子音の重さの階層

(1), (2) から、子音の重さには [± cor], [± son] が関わっており、概略次のような関係があることが窺える。

(3)　a.　調音位置　　　[+ cor] < [− cor]

—52—

b.　調音方法　　　　[+ son] < [− son]

　この 2 つの素性によって英語の子音は次の 4 つのグループに分けられる。なお、調音位置を持たないと考えられる /h/ と、それぞれ /tj, dj, sj, zj, Ng/ (/N/ は調音位置を持たない鼻音) であると考えられる [tʃ, dʒ, ʃ, ʒ, ŋ] は除外してある。

　(4)　a.　[+ cor, + son]　(舌頂共鳴音)　　/n, l, r, i [j]/
　　　b.　[+ cor, − son]　(舌頂阻害音)　　/t, d, θ, s, ð, z/
　　　c.　[− cor, + son]　(非舌頂共鳴音)　/m, u [w]/
　　　d.　[− cor, − son]　(非舌頂阻害音)　/p, k, b, g, f, v/

　(3) の 2 つの関係式からは (4b) と (4c) の重さの序列が定まらず、次の 2 つの階層のどちらが適切であるか判断できない。

　(5)　a.　舌頂共鳴音 ＜ 舌頂阻害音 ＜ 非舌頂共鳴音 ＜ 非舌頂阻害音
　　　b.　舌頂共鳴音 ＜ 非舌頂共鳴音 ＜ 舌頂阻害音 ＜ 非舌頂阻害音

これはソノリティーにおいて「破裂音 ＜ 摩擦音」、「無声音 ＜ 有声音」という 2 つの関係からは無声摩擦音と有声破裂音の序列が定まらないのと同じである。ソノリティーについては、音素配列に関するいくつかの事実から英語では「無声摩擦音 ＜ 有声破裂音」であることが山本 (2012) において示されているが、子音の重さに関しても (5) のどちらの序列が英語の言語事実をより適切に説明できるかを明らかにしなければならない。

　ここでもう一度 [p, k, b, g, tʃ, f, ʃ, v, ʒ] で終わる語末音節は強勢を持つという Ross (1972) の観察に立ち戻ってみよう。(4) の 4 つのグループの子音の重さに関して、(1) の音配列の事実、(2) の強勢の事実はそれぞれ次の (6a), (6b) の階層を示唆する。

　(6)　a.　｛舌頂共鳴音、舌頂阻害音｝ ＜ ｛非舌頂共鳴音、非舌頂阻害音｝
　　　b.　｛舌頂共鳴音、舌頂阻害音、非舌頂共鳴音｝ ＜ 非舌頂阻害音

(6a, b) を同時に満たす階層は (5a) であるが、これが英語における子音の重さの階層であると結論づける前に考えなければならない問題がある。

4. 子音連続の適格性

　通常、子音連続の適格性は音節構造を基に議論されるが、少なくとも英語には音節構造とは独立した子音連続の適格性が存在するようである。例えば [sp] は space のように適格な音節初頭子音連続でありしばしば [s] は音節外子音と見なされるが、同じ連続は whisper, crisp のように語中、語末にも現れる。同様に、[pt] は chapter, apt のように語中、語末に現れるが、基底においては pterodactyl のように語頭にも現れると考えられる。pterodactyl の場合は音節構造に関する制約から [t] のみが実現し、chapter では通常 [p] が第 1 音節の末尾子音、[t] が第 2 音節の初頭子音とされ、さらに apt の場合は [p] が音節末尾子音、[t] が付属子音とされるが、この 3 語はどれも /pt/ という子音連続を含んでいる。注目すべきは語頭、語中、語末のどの位置においても /tp/ という連続は不適格になることで、同様のことは同じ調音方法の子音が連続する他の組み合わせについても言える (7a)。また、音節初頭子音として適格な阻害音＋流音は語中、語末にも現れる (7b)。母音で始まる接尾辞を付加すると流音の成節性が失われることから、基底では /-pəl, -pər/ のように母音が入った構造を持つとは考えられないことに注意。

　(7)　　　　　　　　語頭　　　　語中　　　　語末
　　　a.　/pt/　　　pterodactyl　　chapter　　　apt
　　　　　/kt/　　　ctenoid　　　　factor　　　　act

		語頭	語中	語末
	/fθ/	phthalic	naphtha	fifth
	/mn/	mnemonic	chimney	autumn (Cf. autumnal)
b.	/pl/	plain	chaplain	simple (Cf. simplify)
	/pr/	pray	apron	proper (Cf. propriety)
	/tr/	train	petrol	center (Cf. central)
	/kl/	clean	Berkeley	cycle (Cf. cyclic)
	/kr/	cream	okra	mediocre (Cf. mediocrity)

これらの子音連続を見ると第 2 要素が [+ cor] でなければならないという調音位置に関する制約があるようにも見えるが、次の適格な子音連続は第 2 要素が [− cor] である。

(8)

	語頭	語中	語末
/tm/	tmesis	litmus	—
/tw/	twin	fetwa	potato?
/kw/	quite	equal	antique (Cf. antiquity)
/dw/	dwell	Edward	meadow?
/gw/	guava	linguist	langue? (Cf. language)
/θw/	thwart	—	—

(7), (8) の適格性は、(5b) の序列を用いると第 2 要素は第 1 要素より軽くなくてはならないと説明することができるが、これは音配列から得られる序列と矛盾する。

ここまでの議論をまとめると次のようになる。

(9) a. 音配列 (付属子音、[aʊ, ɔɪ] に後続する子音) → 序列 (5a)
    b. 強勢   → 序列 (5a) または (5b)
    c. 子音連続の適格性   → 序列 (5b)

5. 子音の重さとソノリティー

ここで (9a) を再検討してみよう。[aʊ, ɔɪ] に後続する子音が [+ cor] であるのは主として歴史的な理由によるものと思われ、現在の英語の語彙には次に示すように [− cor] の子音が後続するものも見受けられる。

(10) a. Fowke, langlauf, Greenbaum
     b. VoIP, hoick, Laphroaig, coif

また、舌頂阻害音とされる付属子音については、共鳴音の付属子音が存在する可能性がある。Wells (2008) によると gentle, idle の比較級 gentler, idler はどちらも 2 音節であるので、原級の音韻表示は /ˈdʒentəl, ˈaɪdəl/ ではなく /ˈdʒentl, ˈaɪdl/ のように語末に子音連続を持つと考えられる[3]。同様に rhythm, prism も rhythmic, prismatic のような派生形を考えると /ˈrɪðm, ˈprɪzm/ という構造をしていると考えられる。上の (7), (8) に挙げた子音連続とは異なりこれらの /tl, dl, ðm, zm/ は音節初頭には見られず、それぞれの第 2 要素は付属子音と分析される。この場合、(4d) に属する非舌頂阻害音以外はすべて付属子音として認められることになり、(5a) のみならず (5b) とも矛盾しなくなる。

以上のことから、英語の子音の重さの階層は (5b) であり、2 子音連続は /sp, sk/ など /s/ で始まるものを除くと重さが減少するものが適格であると結論づけることができる。ただし、非舌頂共鳴音と舌頂阻害音の重さの差は小さく、そのために /kʷ/ であると考えられる /kw/ 以外の (8) の子音連続は語中や語末では稀であると考えられる。また、[stw] や [stʃ] (= /stj/) が子音結合として不適格である事実にも重

さが関わっている可能性がある。

(5b) が (5a) よりも適切であるとすると、重さとソノリティーの序列が一本化できる可能性が浮上する。なぜならば、(5b) は (3a) の調音位置より (3b) の調音方法を優先した序列であるので、主として調音方法に基づく序列であるソノリティーに調音位置を組み入れることが考えられるからである。

(11) 軽い ←   → 重い
　　　ソノリティーが高い ←   → ソノリティーが低い
　　　舌頂共鳴音　非舌頂共鳴音　舌頂阻害音　非舌頂阻害音

6. 終わりに

本論では議論の単純化のために [± cor], [± son] の 2 つの素性のみを用いたが、(2a) の子音群を見ると子音の重さには有声性など他の素性が関わっていることも考えられる。有声性の関与は重さとソノリティーが同一軸上にあるとすると当然であろう。

本論では母音の重さについてはほとんど触れることができなかったが、/i/ が [+ cor]、/u/ が [− cor] であるため (3a) から /i/ は /u/ より軽いと考えられる。強弱弱の強勢配置を持つ語 (dactyl) の最終音節において、弱母音 [i(ː)] は無強勢で現れることが可能であるのに対し (vánity)、[oʊ, ju(ː)] は副強勢を伴うが (mánitò, ávenùe)、この事実は (2) の子音に関するデータと比較すると興味深い。

ソノリティーに調音位置を組み入れることができるとすると、意見の一致を見ていない /i/ と /u/ のような高さが同じで調音位置が異なる母音のソノリティーについて示唆が得られる。/i/ が /u/ よりも軽いということはソノリティーが高いということであるが、これは下降二重母音が適格である英語において /iu/ (→ [juː]) は存在するが /ui/ は存在しないことや、[w] は子音連続を形成するが [j] は子音連続を形成しないといった事実、さらには英語以外のゲルマン語では [w] が [v] などのよりソノリティーが低い子音に変化した事実等に合致する。さらなる研究の進展が期待される。

注

* 本研究は JSPS KAKENHI Grant Number JP25370567 の助成を受けたものである。
1 本論中の音声記号は出典にかかわらず IPA を用いて統一してある。
2 素性の表記は便宜的なものであり、これらの素性が 2 項的であることを主張するものではない。
3 これに対して subtler は 3 音節としているので、subtle は /ˈsʌtəl/ であると考えられる。

参照文献

Gordon, Kelly Matthew. 2006. *Syllable weight: Phonetics, phonology, typology.* New York: Routledge.
Hammond, Michael. 1999. *The phonology of English: A prosodic optimality-theoretic approach.* Oxford: Oxford University Press.
Hyman, Larry M., with a foreword by William R. Leben. 2003. *A theory of phonological weight.* CSLI.
Ross, John Robert. 1972. A reanalysis of English word stress (Part I). *Contributions to generative phonology*, ed. by Michael K. Brame, 229–323. Austin, TX: The University of Texas Press.
Wells, J. C. 2008. *Longman Pronunciation Dictionary,* 3rd edn. Harlow: Pearson Education.
山本武史 2012 「ソノリティーによる言語現象の一般化」米倉綽 (編著)『ことばが語るもの―文学と言語学の試み』179–211. 東京：英宝社.

スラヴ諸語における母音削除現象について*

渡部直也

東京大学大学院／日本学術振興会

1. はじめに

　スラヴ諸語における母音削除（ないし母音とゼロとの交替）は、スラヴ祖語時代に存在していたイェル (yer) と呼ばれる超短母音に由来し、下記の通り現代語の間で広く観察される (cf. Townsend and Janda 1996)。

(1)　スラヴ諸語における母音削除
　　a.　ロシア語　　　　　　s*o*n 'sleep'　　　　sna (gen. sg.)
　　　　　　　　　　　　　　d*e*n' 'day'　　　　 dni (nom. pl.)
　　b.　ポーランド語　　　　swet*e*r 'sweater'　 swetrem (inst. sg.)
　　c.　セルビア語　　　　　ot*a*c 'father'　　　otca (gen. sg.)

共時的に見ればこの現象は、形態素末の母音が、接尾辞などの付加によってさらに母音が後続する場合に削除される現象である。ここで問題となるのは、同種の音韻的環境下にあっても、下記のように当該の母音削除が起こらない場合が見られることである。

(2)　母音削除の回避
　　a.　ロシア語　　　　　　gaz*o*n 'lawn'　　　　gazona (gen. sg.)
　　b.　ポーランド語　　　　part*e*r 'grand floor'　parterem (inst. sg.)
　　c.　セルビア語　　　　　d*a*n 'day'　　　　　　dana (gen. sg.)

こうした例外は多くの場合、当該の母音が歴史的にイェルに由来しないことに起因するものの、歴史的起源と一致しない場合も見られる (cf. Gouskova 2012) うえ、ポーランド語やセルビア語などでは外来語においても母音削除が観察されることから、歴史変化とは独立した共時的分析が求められる。本稿では、当該現象に対する先行研究を概観した上で、音韻文法が非音韻論的要因をどのように扱うべきかについて議論する。

2. 論点

　本節ではスラヴ諸語の母音削除の特性について考える。まず2.1節で音韻的性質について概観した上で、2.2節では先行研究が音韻論的例外性をどのように説明してきたかについて考察する。

2.1 音韻論的特性

　第一に、当該の母音削除現象は形態素末の母音にのみ起こり、その他の位置においては、歴史的にイェルに由来していても母音削除は起こらない (Gouskova 2012 など)。すなわちこの法則性は、通時変化とは独立した共時的な音韻論的特性であると言える。ではなぜこのような位置的制限があるのか。Gouskova (2012) は、重子音を禁止する制約が要因であると指摘する。例えば2音節の形態素において、先頭音節の母音が削除されると重子音が形成される一方で、最終音節の母音は削除されても、母音で始まる他の形態素が後続する場合、重子音を形成しない。母音削除が起こりうる形態素であっても、削除によって許容されない子音連続が発生する場合には削除が回避されることから、重子音に対する

制約が関係していると考えるのは妥当である。一方で Rubach (2013) が反論するように、3 音節（以上）の形態素において、先頭でも末尾でもない音節の母音は、削除されたとしても必ずしも重子音を形成することはない。従って、音節構造に対する制約のみによって、母音削除の位置的制限を説明することはできない。本稿 3 節では、位置的忠実性 (Positional Faithfulness: Beckman 1997) が働いている可能性を指摘する。

次に削除されうる母音の質について考える。(1)に見るように、当該の交替現象が起こる母音の種類は言語ごとに定まっており、通言語的な普遍性は見られない。Gouskova (2012) は、ロシア語では中母音（とその非アクセント下での異音）のみが削除されうることについて、通言語的な中母音の有標性の高さ（ここでは、諸言語間における分布の狭さ）を根拠に挙げているが、セルビア語のように広母音が削除される言語がある以上、通言語的傾向に即して論じることは難しい。むしろ母音の有標性が言語共通のものだとすれば、スラヴ諸語間における母音交替の変異は、最適性理論の枠組みにおいて忠実性制約の序列の差異によるものだと考えるべきである（3 節にて詳述）。

2.2 音韻論的例外性の分析

スラヴ諸語の母音削除のように、実際に観察される音交替のパタンだけで法則を導き出せない現象を分析するため、大きく分けて 2 種類の方策が提案されてきた。1 つは、そのままの形で表出することはない抽象的な基底形を仮定することである。例えば Rubach (1984) はポーランド語に関して、削除を受ける母音に対して円唇性を持たない弛緩狭母音 (/ɪ, ɨ/) を仮定した。しかしながらこうしたアプローチは次のような理由で批判されてきた。まず、表層（すなわち実際の音声実現）において観察されない以上、基底形の妥当性が保証されないという原理的問題がある (cf. Kiparsky 1968)。さらには、音韻論的に一般化可能な事実の説明を難しくするという、分析上の問題が生じる。例えば削除されうる母音に特殊な基底形を仮定した場合、それが形態素内のどの位置にあっても削除を受けることが予測されるが、実際には前節で述べられた通り、削除現象は形態素末の母音に限定される。特に最適性理論の枠組みでは、基底形そのものに対する制限を仮定しない（基底の豊饒性、Richness of the Base）ため、削除母音に対応する基底形が形態素末にのみ存在すると考えることはできない (cf. Gouskova 2012)。仮に基底形に対する制限を認めたとしても、観察される音交替のパタンを基に基底形を決めるだけでは論理が循環しており、なぜ当該の交替現象が起こるのかを説明したことにはならない。

もう 1 つの解決策は、音韻論的一般化に帰着させず、非音韻論的要因をそのまま考慮する音韻文法を仮定するものである。スラヴ諸語の母音削除のように語彙によって音韻的ふるまいが異なる場合については、語彙を分類し、それぞれの語彙群に適用される文法を仮定することが代表的な方策である。最適性理論の枠組みでは主に、制約の序列の変異を仮定する co-phonology (Anttila 2002) と、ある語彙群にのみ作用する制約を仮定する lexical indexation (Ito and Mester 2001; Pater 2010) とが提案されてきた。どちらがより妥当であるかについて本稿では詳しく議論しないが、簡略化すれば両者とも、各語彙群を支配する制約の序列をそれぞれ仮定するものである。ロシア語の母音削除について Gouskova (2012) は、削除を受ける語彙にインデックスを割り振り、これらの語彙にのみ作用する制約を仮定することで分析を行った。なおここでは語彙特性を考慮した有標性制約及び忠実性制約の双方が仮定されているが、これには問題がある。Ito and Mester (2001) は外来語音韻論を分析する上で、有標性制約に対する lexical indexation（あるいは語彙群間での順序の変異）は、実在しないパタンを予測可能にすると指摘した。同様の問題はロシア語においても生じる。ロシア語の外来語では、母音削除は起こらない一方で、母音弱化は起こりうる。しかしながら有標性制約の序列が変わる場合、母音削除のみが

生じ母音弱化が回避される外来語の存在を予測してしまう (Watabe 2015)。したがって、特定の語彙層にのみ作用する制約は忠実性制約のみに限定すべきである。

3. 提案

本節では前節での議論を踏まえ、スラヴ諸語の母音削除について最適性理論の枠組みにおける一般化を試みる。

まず 2.2 節で述べた通り、語彙によって音韻現象の起こり方が異なる場合、特定の語彙にのみ作用する忠実性制約を仮定することで分析が可能である。本稿で扱う母音削除の場合、母音の削除を禁止する忠実性制約（以下、MAX-V とする）と母音の表出を禁止する有標性制約（以下、*V とする）とが仮定され、両者間の優先度の違いによって母音削除が起こるかどうかが決まる。ここで、母音削除が起こらない語彙にのみ母音の削除を禁止する制約（以下、MAX_L-V とする）を仮定し、以下のようなランキングを仮定すれば、当該の母音削除現象を予測することができる。

(3) 母音削除を予測する制約階層（ランキング）

  MAX_L-V >> *V >> MAX-V

次に考えなければならないのは、(1)にも見られるように、削除を受ける母音の種類が限られている点である。換言すれば、一部の母音は語彙的特性にかかわらず（すなわち音韻的に）削除を避けるということになる。これを制約文法で説明するためには、MAX-a, MAX-i…というように、母音の削除を禁止する制約を母音の種類ごとに仮定する必要がある。そうした制約が語彙を問わず*V よりも序列が高い場合、その母音は絶対に削除を受けないことが予測される。例えば MAX-a >> *V というランキングのもとでは、MAX_L-a の優先度に関係なく、すなわち（実際にはないことだが）仮に /a/ に削除を受けるという語彙的特性が指定されていたとしても、母音削除は回避される。そして言語によって削除されうる母音の種類が異なることは、これらの制約のランキングの相違によって説明できる。以下にスラヴ諸語の分析例を示す。

(4) スラヴ諸語間における母音削除と制約階層との関係

言語	削除を受ける母音	制約階層
ロシア語、ベラルーシ語、ウクライナ語	/o/, /e/	MAX-a, MAX-i, MAX-u, MAX_L-e, MAX_L-o >> *V >> MAX-e, MAX-o
ポーランド語、チェコ語	/e/	MAX-a, MAX-i, MAX-u, MAX_L-e, MAX-o >> *V >> MAX-e
セルビア語、クロアチア語	/a/	MAX_L-a, MAX-i, MAX-u, MAX-e, MAX-o >> *V >> MAX-a

こうした分析の利点は、前述のように有標性制約の順序を固定することで実在しない音韻的パタンの予測を防ぐことのほかに、2つある。1つは、ロシア語のようにアクセントのない母音が弱化し他の母音に変化する言語において、アクセントに関係なく分析が可能である点である。忠実性制約は基底形（すなわち弱化が起こる前の音形）と表層形との対応を見るため、弱化の有無に関わらず特定の基底形を有する母音に作用しうる。もう1つは、母音の通言語的な有標性制約の序列と独立した分析が可能である点である。2.1 節で述べたように、削除されうる母音はその通言語的な有標性とは関係がない。本分析では母音の有標性制約を*V と簡略化したが、これが通言語的に序列の定まった各母音に対する制約の集まりであっても（例えば、*V を *o, *e >> *a, *i, *u に置き換えても）、今回の分析結果に影

響はなく、事実と合致するのである。

　最後に、スラヴ諸語において母音削除が形態素末のみに起こることについて考える。Beckman (1997) は、語内（あるいは形態素内）のある位置においてのみ作用する忠実性制約 (positional faithfulness) を提唱した[1]。この考え方は今回の現象にも適用できる。すなわち、形態素末以外に作用する母音に対する忠実性制約が常に*Vよりも優先されると仮定すればよい。なおこれは、形態素内での位置という音韻的特性に基づいたものであり、語彙的特性にかかわらず適用される。

4. まとめ

　本稿の結論は次の通りである。(i) 音韻文法は非音韻論的要因を考慮する必要性がある、(ii) 音韻論的一般性を正しく捉えるためには、有標性制約の順序を固定すべきである、そして (iii) スラヴ諸語間の母音削除の変異は忠実性制約の優先度の相違によって説明できる。今回は語彙的特性を例に挙げたが、音交替にはこのように非音韻論的要因が関わることがあり、音韻論と他の言語学分野との連携が現在も模索されている。肝要なのは、諸要因が絡んだ一見複雑に見える現象を切り分け、各要素についてまず的確な分析を行い、その結果をうまく統合する方法論を見つけ出すことである。

注

* 本研究は JSPS 科研費 15J03345 の助成を受けている。

[1] Beckman (1997) は語根の先頭における忠実性の高さを通言語的な性質としている。今回はいわば逆に形態素末の忠実性の低さを仮定していることになるので、矛盾はないと言える。

参照文献

Anttila, Arto. 2002. Morphologically conditioned phonological alternations. *Natural Language and Linguistic Theory* 20. 1–42.

Beckman, Jill N. 1997. Positional faithfulness, positional neutralization and Shona vowel harmony. *Phonology* 14. 1–46.

Gouskova, Maria. 2012. Unexceptional segments. *Natural Language and Linguistic Theory* 30. 79–133.

Ito, Junko and Armin Mester. 2001. Covert generalizations in Optimality Theory: The role of stratal faithfulness constraint. *Studies in Phonetics, Phonology, and Morphology* 7. 273-299.

Kiparsky, Paul. 1968. *How abstract is phonology?* Bloomington, IN: Indiana University Linguistics Club.

Pater, Joe. 2010. Morpheme-specific phonology: Constraint indexation and inconsistency resolution. *Phonological argumentation: Essays on evidence and motivation*, ed. by Steve Parker, 123–154. London: Equinox.

Rubach, Jerzy. 1984. *Cyclic and lexical phonology: The structure of Polish.* Dordrecht: Foris Publications.

Rubach, Jerzy. 2013. Exceptional segments in Polish. *Natural Language and Linguistic Theory* 31. 1139–1162.

Townsend, Charles E. and Laura A. Janda. 1996. *Common and comparative Slavic: Phonology and inflection.* Columbus: Slavica Publishers.

Watabe, Naoya. 2015. Russian vowel alternations: Lexical faithfulness and phonological markedness. Oral presentation in Approaches to Phonology and Phonetics 2015, Lublin Catholic University.

第 2 章

プロソディの問題

アクセント・リズムから音調・イントネーションまで

東京式方言アクセントの記述－多治見方言の場合－*

安藤智子
富山大学

1. 問題の所在

　東京方言アクセントの音韻的記述が下げ核の有無とその位置だけで十分に可能であることは、研究者の間では上野(2003)等によって広く知られている。しかし、他の方言の記述において、アクセント体系が東京方言に似ていれば似ているほど、その枠組みで捉えてしまいがちであることには注意が必要である。本稿では、東京式アクセントに属する他方言アクセントの記述において、ピッチの顕著な下降の位置(アクセント核)1つのみを記述することの問題点について、多治見方言の例をもとに論じる。

　岐阜県美濃地方東部(東濃地方)の西部に位置する多治見市の方言では、動詞＋付属語の文節を中心に、一つの文節の中で、ピッチの山が２つある重起伏音調や、ピッチの２段階の顕著な下降が観察される。アクセントかイントネーションかという議論をとりあえず脇に置いて、文節単独発音におけるピッチの顕著な変動を [(＝上昇)、](＝下降)で示すとすれば、例えば「見はしない」の意のミヤヘン[1]は、ミ]ヤヘンと並んでミ]ヤ[ヘ]ンがある。「着はしない」の意のキヤヘンは、キ[ヤ]ヘンとも言うが、キ[ヤ][ヘ]ンとも言う。これらのバリエーションは、いずれも概念的意味の区別を担うものではなく、単純な強調の有無でもない。一方、「書くのか」に対応するカクヤカは、カ]クヤ]カと２段階下降するが、２つ目の下降の前で上昇することはない(*カ]ク[ヤ]カ)。補助動詞「みる」が付く「書いてみる」は、カ]ーテミルとなる場合もあるが、カ]ーテ[ミ]ルも出現する。テ形で２つの本動詞が並列する「書いて、見る」もカ]ーテ[ミ]ルとなるので、これと同じ音調となることもあるわけである。

　さらに、１文節中の２つのピッチ下降のうち、必ずしも１つ目のほうが幅が大きいとも限らない。よって、カ]クヤ]カのような例を、仮に文節で最も大きい唯一の下降をアクセント核とみなして記述しようとすると、２つの下降のうちどちらがより大きいかというわずかな違いにより、1拍目か3拍目でゆれがあることになってしまうという不都合がある。かといって、全体として自然下降のイントネーションのなかで、下降する箇所すべてにアクセント核を認めるというわけにもいかない。ゆえに、どのような場合に核とみなすのかについては、音声面と体系を合わせて考えなければならない。

　松森(2005)によれば、日本語の本土諸方言の記述においては、重起伏音調の報告例は決して多いとは言えないという。そしてこの状況には、弁別的特徴の記述を重視する方針のために音声レベルの重起伏型が捨象されてきた可能性もあるとしている。しかし、非弁別的な特徴であっても通時的変化を考える際には価値のある情報である場合が考えられることから、「非弁別的特徴についても、可能な限り記述の対象に含めるように努めることが必要である」(同書 p. 97)と述べており、結論としては、筆者もこれに賛成である。

　実際、東京方言自体においても、例えば「良くない」という語形を否定表明で発する際のイントネーションにおいて、ヨ]クナイという顕著な下がり目が１つの発音のほかに、ヨ]クナ]イというように１つの文節の中に２つの下降箇所を持つ発音も頻繁に観察される(湧田 2003 等)が、その違いは弁別的ではない。さらに、強調などによりヨ]ク[ナ]イのようになることもあるが、やはり概念的意味の違いはない。そのため、あるいは高低２段の表記法を採っているため、音韻論的なアクセント記述としては、ヨ]クナ]イの２つ目の下降が無視されたり、イントネーションの問題とされたりすることがある。例え

－62－

ば、OJAD (Online Japanese Accent Dictionary)では、ピッチカーブを表示すると、単純に下降するヨ̄ケレバと違い、ヨ̄クナイは2～3拍目辺りで下降が停滞しているが、文字上のアクセント表示では、どちらも1拍目だけが高い高低2段の表記となっている(ここでは活字の都合で上線末尾の核の印は省略している)。また、NHK放送文化研究所編(1998)巻末の記載では、動詞・形容詞の活用形やこれに助詞・助動詞が接続する形の中で、2つの下がり目が現れる可能性を示しているのは、起伏式の動詞・形容詞に自立語由来の「そう(だ)、よう(だ)、みたい」が付く場合のみであり、「助動詞の前で切れて、助動詞のアクセントがでる傾向がある」とされる(巻末付録 p. 202, 207)。核1つのみを原則とするこのような表記は、他方言話者からすれば教育には不十分と思われるが、豊富な研究の蓄積がある東京方言の記述としては、その記述の目的によって十分な場合もあろう。

　一方、記述が未だ不完全で体系全体が見えていない方言の記述においては、松森(2005)が指摘したように、弁別的でない音声特徴であってもまずは記述しておく価値がある。多治見方言に関して言えば、研究の蓄積が浅く、通時的変化の方向について言及できる段階には調査が至っていないが、近隣方言との比較や方言の聴覚印象の記述において意義があると考える。多治見方言を含む東濃地方の方言と共通点の多い尾張地方の方言は記述が豊富だが、尾張方言の動詞＋付属語のアクセント記述は、アクセント核1つでなされているものに偏っている。例えば、名古屋方言について山田(1987: 66)は「形式のアクセントと接続語のアクセントの結合の仕方は共通語に準じ、例えば、カ]ク＋ダ]カ→カ]クダカのように後の／/／が著しく弱まり、ほとんど消えてしまう。」としている。名古屋方言は実際にそうであるとしても、多治見方言におけるカ]クヤ]カは、動詞のアクセント核も付属語のアクセント核もそのまま実現する。このヤ]カは、カ]ク→カ]クヤ]カ、イク゚→イ[クヤ]カとなることから、岐阜県大垣市赤坂方言を対象とした杉崎(2005)の用語で言う独立式のアクセントを持つ付属語であると言える。佐藤(1989)や田中(2005)の東京方言の記述においては、このように動詞と付属語でそれぞれ下がり目を持つタイプは設定されていない。このように、東京式アクセントの方言であっても東京方言と同じ枠組みでは記述しきれない場合がある。拙論(安藤 2015, 2016)では、中輪式／内輪式との比較のために多治見方言を核1つで記述したが、付属語のアクセント核の扱いを改めて検討する必要を感じている。

2. 多治見方言アクセントの概要

　多治見方言のアクセントは、下げ核の有無と位置のみで弁別されるという音韻論的な体系の面では東京方言と同じであり、核の位置も共通するものが多い。ただし、東濃地方は岐阜県内の大方の地域と同様に内輪式であり、地域によって中輪式の性格が強いところがあるとされる(山口 1992)。東濃西部の多治見市では、1934～1955年生まれの34名の生え抜きの話者を対象とした調査によると、中輪式と内輪式を分ける1拍2類名詞(「葉」「日」等)に関しては、大まかに言えば市の中央を流れる土岐川を境として南東側が中輪式(有核型)、北西側が内輪式(無核型)となっている(安藤 2015)。形容詞については市全域が内輪式の特徴を示し、類に関わらず起伏式である。

　そのほかにも、東京方言(主にNHK放送文化研究所編 1998による)との部分的な相違が市全体で見られ、名詞・動詞・形容詞のいずれにも当てはまる特徴として、起伏式の語形の多さが挙げられる。例えば、2拍名詞の一部(「鈴」「蝉」等)、3拍名詞の一部(「廊下」「油」「間」等)が東京方言と違って起伏式である。1類動詞では、3・4拍一段活用動詞やイ音便を持つ五段活用動詞の過去形(「入れた」「聞いた」等)などが起伏式である。逆に東京で起伏式、多治見で平板式となるのは、市内や近隣のいくつかの地名(「小泉」「瑞浪」等)と疑問詞(「誰」「何」等)、2拍2類一段動詞の過去形とテ形(「見た」「見て」等)くらいであり、この点では多治見方言は名古屋などの近隣の内輪式方言と一致する。内輪

式の特徴の一つとされる3・4拍1類の一段動詞終止形(「入れる」「並べる」等)の起伏式はほとんどみられないが、代わりに3・4拍1類のイ音便五段動詞終止形(「つなぐ」「働く」等)に起伏式が現れる。さらに、東京では核のないホド、ダケのような助詞にも、多治見方言では核があるものがあり、例えば「明るいだけ」はアッ[カル]ー[ダ]ケとなる。ナガラ、タイなどは平板式の動詞に付くときも下がり目がある付属語支配式有核(杉浦 2005 の分類による)で、「着ながら」はキ[ナ]ガラとなる。このように起伏式の語が多いため、文の中でピッチ下降の位置が総じて多くなる。

さらに、非弁別的な面を見れば、句頭が軽音節である場合、頭高型以外ではピッチの上昇が東京方言に比べると遅い傾向がある。これは水谷(1960a, b)等が名古屋方言について指摘していることであるが、多治見方言にも当てはまる。東京方言でも感情的な発話で遅上がりになることがあるとされる(川上 1956)が、名古屋や多治見では平静な発話においても見られるのである。上昇が遅く、下降が頻繁にあるため、高い箇所が連続せず1拍だけということも多い。そのため、その1拍にエネルギーが集中し、ストレスアクセントのような卓立の印象を与えることがあり、また、よその土地の人から「責められているようだ」と言われることがあるという多治見方言話者もいる。

3. 考察

先に述べたように、多治見方言では起伏式の語が多いことに加えて、カ]クヤ]カの例のように、1つの文節の中で2段階下降する場合がある。このように頻繁な下降を続ければ、文の途中で発声可能な音域の下限に至ってしまう。そのため、東京方言でいうところの句切り以外の位置でも、ピッチを上昇させておく箇所があることに、生理的な必然性があると考えられる。実際に、1文節の中で、ミヤヘンはミ]ヤ[ヘ]ンとなる場合があるし、「良くない」というのはヨー[ナ]ーと言うことが多いうえ、修飾ー被修飾関係の句の後部要素でもピッチ上昇が比較的明確である。

なお、郡(2004)は、東京方言の意味的限定関係にある句や複合名詞のアクセントの分析から、一般に句頭に現れるとされるピッチの上昇が、幅は小さくても実際にはアクセント句ごとに現れることを指摘し、上昇もイントネーションではなくアクセントの一部を成すものであると主張している。多治見方言の場合、意味的限定関係にある句だけでなく、アクセント句が分かれる複合名詞でも、さらに用言+付属語の文節においても、起伏式であれば前後それぞれの要素にピッチの下がり目が現れるが、その後部要素のうち、あるものは冒頭の上昇を伴うことがあり、あるものは上昇を伴うことがないという体系を成すことから、アクセントの要素と見なすべき根拠がより強いと言える。

	後部要素冒頭の上昇の可能性	
	あり	なし
複合名詞	ミ]ワ [ケ]ン (美和 健：姓+名)	ミ]ワ センセー (美和先生)
用言+付属語	ミ]ヤ[ヘ]ン (見はしない)	カ]クヤ]カ (書くのか)

上表の各例は、形態構造や意味関係の違いがあり、それが音調の違いの原因と考えられるが、いずれにしても、1文節の中で後部要素の上昇の可能性があったりなかったりするという例となっている。

共通語や東京方言において、アクセント句が分かれる複合名詞の記述では、高低2段表記でも複数のアクセント核が示されたり、後部要素の上昇が示されたりすることが多い。例えば、NHK 放送文化研究所編(1998)において、「一挙手一投足」はイッキョシュ・イットーソク、「一致団結」はイッチダンケツと並んでイッチ・ダンケツと記される(ここでも上線末尾の核の印は省略)。「良くない」の補助的形容詞ナイのアクセントが無視されがちなのと対照的であるが、それは上昇の程度や出現条件が違う

ためであろう。

　しかし、方言の記述において、もし同じ位置にある場合を比べてみてピッチの変動が同じ程度なのであれば、用言＋付属語で下がり目が複数ある場合も、アクセント句が分かれる複合名詞と同様の表記から検討を開始すればよいと考える。多治見方言について言えば、ミ]ヤ[ヘ]ンテ(＝見はしないよ)、ミ]ワ[ケ]ンヤテ(＝美和健だよ)のそれぞれ4拍目までのピッチ変動はほぼ同様である。

4. まとめ

　東京方言アクセントの分析の道具立てを、似た体系を持つ方言に適用する場合に生じる問題点を、多治見方言の例から論じてきた。東京式アクセントの研究は進んでいるが、だからといって、東京式の他の方言の分析が東京用の耳に過度に引きずられないようにしなければならないと自戒する。今後、方言研究において積み上げられてきた成果が、東京方言の分析を修正していくこともあるであろう。

　なお、ミ]ヤ[ヘ]ンとミ]ヤヘンのように両形可能な場合の上昇の有無には、単なる強調の有無とは別の語用論的な使い分けが見られることから、句内部における上昇の位置づけについて今後検討したい。

注

* 本研究はJSPS科研費25370427の助成を受けたものである。
1 この～ヤヘンに対応する諸形式は、各方言の記述で「強意の打消」などと呼ばれることがあるが、多治見方言においては必ずしも強意というわけではない。

参照文献

安藤智子　2015「多治見方言の名詞アクセント」『富山大学人文学部紀要』62.23-58.
安藤智子　2016「多治見方言の動詞アクセント(1)」『富山大学人文学部紀要』64.39-69.
上野善道　2003「アクセントの体系と仕組み」『朝倉日本語講座3 音声・音韻』61-84. 東京：朝倉書店.
川上蓁　1956「文頭のイントネーション」『国語学』25.21-30.
郡史郎　2004　「東京アクセントの特徴再考―語頭の上昇の扱いについて―」『国語学』55(2).16-31.
佐藤大和　1989　「複合語におけるアクセント規則と連濁規則」『講座日本語と日本語教育2 日本語の音
　　声・音韻（上）』233-265. 東京：明治書院.
杉崎好洋　2005「岐阜県大垣市赤坂方言の付属語アクセント」『名古屋・方言研究会会報』22.9-21.
田中宣廣　2005『付属語アクセントからみた日本語アクセントの構造』東京：おうふう.
松森晶子　2005「日本語アクセント記述の今後の課題―通時的考察をふまえて―」『日本女子大学紀要
　　文学部』54.87-100.
水谷修　1960a「名古屋アクセントの一特質(前半)」『音声学会会報』102.4, 102.8-10.
水谷修　1960b「名古屋アクセントの一つの特徴(後半)」『音声学会会報』103.15-17.
山口幸洋　1992「岐阜県下のアクセント(6)」『名古屋・方言研究会会報』9.43-54.
山田達也　1987「名古屋市方言の動詞活用形のアクセント(その1)」『名古屋・方言研究会会報』4.63-84.
湧田美穂　2003「『い形容詞＋ナイ』韻律的特徴―アクセント・イントネーション・持続時間の側面か
　　ら―」『早稲田大学日本語教育研究』3.125-139.
NHK 放送文化研究所編　1998『NHK 日本語発音アクセント辞典 新版』東京：日本放送出版協会
OJAD (Online Japanese Accent Dictionary): http://www.gavo.t.u-tokyo.ac.jp/ojad/

イントネーションの重要性と普遍性について
－比較音声学の立場から－

伊関敏之
北見工業大学

1. はじめに

　イントネーションの違いがあれば、たとえ話し手の発話内容が同じであっても、聞き手によっては異なった印象を受けるということは当然ありうる。さらに言えば、日本語は英語に比べてイントネーションへの依存度が低い言語であるということがよく言われる。このことは、言語（イントネーション）の普遍性を考える上で大変重要な事実である。
　本論考では、英語以外の言語を参考にしながら、イントネーションの重要性および普遍性についていろいろと考察をすることを主な目的としている。

2. 日本語と英語のイントネーションへの依存度について

　イントネーションのことなどあまりやかましくないはずの日本語（英語よりもイントネーションへの依存度が低い言語）でも、次のような例では誤解を生じてしまうことがありうる。例えば、買ったばかりのサイクリング車かなんかに乗ってきたA君と、同級生のB君の会話を2つの場面に分けて考えてみよう。

　　＜会話の⑴＞　　A：「どうだい？カッコいいだろう？」
　　　　　　　　　　B：「すげーや。ちょっといいかい？」
　　　　　　　　　　A：「乗んなよ。」
　　　　　　　　　　B：「サンキュー。」
　　＜会話の⑵＞　　A：「どうだい？カッコいいだろう？」
　　　　　　　　　　B：「すげーや。ちょっといいかい？」
　　　　　　　　　　A：「乗んなよ。」
　　　　　　　　　　B：「ちぇッ。ケチ。」

　会話⑴と会話⑵は、「乗んなよ。」までは全く同じなのに、どうしてそのあとのB君のことばが、会話⑴では「サンキュー。」で、会話⑵では「ちぇッ。ケチ。」になるのであろうか？つまり、これは文字では全く同じでも、A君の「乗んなよ。」のイントネーションが違うわけである。日本語のことなので、そのイントネーションがどう違うのかは説明するまでもないことであるが、意味としては、会話⑴の「乗んなよ。」は「乗りたまえよ。」というのであるのに対して、一方会話⑵の「乗んなよ。」は「乗るなよ。」というわけである。
　それに対して、イントネーションのやかましい英語になると、使いどころの間違ったイントネーションは致命的であると言えよう。
　例えば、混んだ電車の中で、BさんがAさんの足を踏んづけている場面の会話を例に出す。

　　A：You're stepping on my foot.
　　B：Pardon me?（↗）

A：YOU ARE STEPPING ON MY FOOT.
　B：Oh, Pardon me.（↘）

　同じ Pardon me でも［Pardon me（↗）］は「おそれ入りますが、もう一度おっしゃって下さい。」の意味だが、［Pardon me（↘）］になると、「どうもすみません」とか「お許し下さい」という意味に変る。従って、この会話で、もしBさんが2番目の Pardon me にも［Pardon me（↗）］を使ったとすると、おそらく次の瞬間に向こうずねかなんかを蹴っ飛ばされているにちがいない。
　同じような例をもう一つ挙げてみる。

　A：Bob said to me, "You're really stupid."
　B：What did you say?（↗）
　A：Bob said I was really stupid.
　B：What did yóu say?（↘）
　A：I said, "No more than you are."

これを翻訳すると、

　A：ボブがね、「お前は本当にバカだよ」って僕に言ったんだよ。
　B：何だって？　もう一度言ってよ。
　A：ボブが僕のことを本当にバカだって言ったんだよ。
　B：君は、何て言ってやったんだよ？
　A：「おまえほどじゃないよ」ってね。

と、こういう意味の会話になるが、この会話でも、文字としては全く同じ形をした What did you say? がイントネーションの違いによって、完全に別の意味に使い分けられている。
　このように、英語の意味に対して、イントネーションが果す役割は非常に大きなもので、場合によってはイントネーションだけが文の意味を決定する「きめて」になることもある。実際いって、活字に組まれた文字のようなものは、人間の言語の本当の姿である音声を写し取るための、はなはだ不完全な「しくみ」にすぎないとも言えるわけであるから、イントネーションが活字に組まれないからといって、これを無視したのでは「生きた英語」を殺してしまうのと同じことになる（安田 1976 :104-7）。
　日本語と英語の両言語を通して、日常的な場面におけるイントネーションの使用例を見てきた。研究者によって多少意見に違いがあるものの、イントネーションが重要であるということに変りはないであろう。なお、この安田（1976）は、今となっては古い文献であるが、中学校2年生を対象に書かれた本であり、その内容の斬新さおよび有益性は未だに色褪せてはいない。大学生に対する英語教育にも大変有益である。

3. イントネーションの普遍性

　日本語と英語とではイントネーションへの依存度が異なるということを見てきたが、その他イントネーションには何か普遍的とでもいえる性質はないのであろうか。簡単に見ておこう。
　例えば、John knows how to get to the station. という文を発音すると、発話の始まりから終わりにかけてのピッチの高さは徐々に下がってくるので、この性質は漸降性（declination）と呼ばれ、普遍的な傾向と考えられている（cf. 佐藤・佐藤 1997:122-3）。
　上記の説明に対して、筆者が真っ先に思い出すのは、アメリカ英語とイギリス英語のイントネーションの違いということである。アメリカ英語では、中くらいのピッチをずっと保っていき、最後の内容語（station）の sta- のところでピッチが一段と高くなり、tion で終わる時にはピッチが一番低くな

るというパターンが普通である。それに対してイギリス英語では、上記のような説明がなされるのが普通である。この説明では普遍性ということにはつながらないということになるが、最近はイギリス人でもアメリカ英語のイントネーションで話す人が増えているようなので、漸降性という性質自体普遍的な特徴であるのかどうか疑問視している研究者もいる。実際、筆者が島岡（1978, pp.120-1）を用いて調べたところでは、両者には個々の分節音だけではなく、イントネーションにおいても明らかな違いがあるように感じられるので、今後さらなる調査・検討が必要である。

4. ユニークな下降上昇調

英語においては、下降調、上昇調、下降上昇調、上昇下降調、平坦調という５種類の音調を認める立場の研究者が多い。その中でも下降上昇調の表す意味がとても多岐にわたっている。ただし、この音調は英語とそれ以外の言語では考え方が少し違うようである。例えば、次の例を見てみよう。

(1)　I go to ↘London / on ↗Sunday.　（英語）
(2)　*Ich gehe nach ↘London / am ↗Sonntag.　（ドイツ語）
(3)　?Le dimanche, je vais a ↘↗Londre.　（フランス語）

英語では(1)のような言い方は自然であり、ただし今度の日曜日には行かないという含みまで表すことができる。一方、ドイツ語では、この場合(2)のようなイントネーション・パターンで言うこと自体が許されていないようである。従って、この場合文末は下降調で言わなければならない。英語のように、「ただし今度の日曜日には行かない」ということを表現するには、(2)の文にさらに aber da gehe ich nicht nächste Sonntag. のように明示的に表現しなければならないようである。フランス語もこの場合はドイツ語に近いようで、文末でこの音調を使用することは自然ではないようであり、(3)の文にさらに mais pas cette semaine. のように明示的に表現しなければならない。

以上の説明でわかることは、３つの言語を比較してみると、平叙文の文末において下降上昇調が普通に使えるのは英語だけであるということであり、他の言語では「ただし今度の日曜日には行かない」という内容は明示的に表現しなければならないということである。ただし、ここでは英語とドイツ語・フランス語についてしか言及されていないので、その他の言語についてもできる限り調べてみないことにはどの程度下降上昇調がユニークな音調なのか、あるいはある程度一般的（普遍的）な音調なのか定かではない。いろいろな文の種類と用いられる音調の関係を、英語だけではなくその他の言語についても調査して比較してみるのも興味深い課題である。

5. 今後の課題

本論考では言及できなかったことも含めて、今後の課題についていくつか指摘しておくことにして、まとめとしたい。
①イントネーションについて考える時には、心的態度機能と談話機能の２つが特に重要であると言われている。この２つの機能のうちどちらの機能の方がより重要であるのかについては、現段階では何とも言えない状況である（Cruttenden 1997[2]:89）。さらなる研究が必要である。
②語用論を考慮に入れたイントネーションの意味的な側面を考察することが今までの研究においては最も手薄な部分であり、今後は一番研究成果が期待されるところである。
③フランス語のイントネーションについて。特に、Est-ce que を文頭に置く疑問文の特殊性に関しては、特筆すべきことがある。この Est-ce que の用法は、日本語にも英語にもドイツ語にも存在せず、まさにフランス語特有（language-specific）なものである。そのメカニズムについての研究は、言語の特殊

性および普遍性に関して考察する上で、貴重な指針を与えてくれるものである。詳しくは、伊関（2013a）を参照されたい。

④英語の付加疑問文についての考察。意味論的な立ち位置に関して、興味深い事実がある。それに対応するドイツ語としては「～nicht wahr?」、フランス語としては「～n'est pas?」などがある。ただし、この両言語の付加疑問文はとても simple なものである。それに対して、英語の付加疑問文は、その system がとても複雑で入り組んだものとなっている。付加疑問文の用法とイントネーションについて総括的に考察した論考として、伊関（2013b）があるので参照されたい。

⑤フランス語の形容詞の用法と文強勢の問題について。とてもユニークな問題である。英語の文強勢についての基本的な考え方とその応用というところから出発して、このユニークな難問について考察すること。英語においては、意味の重み（semantic weight）をキーワードとして設定し、問題の解決を図るのが一番有益な手段であった。しかしながら、フランス語について考察してみると、その考え方ではうまく処理できない例があることがわかったのである。例えば、次のようなペアについての考察が適例である。

(4) a. A la semaine prochaine. （また来週）
    (See you next week.)
   b. A la prochaine fois. （また今度）
    (See you next time.)
(5) a. homme grand （man tall）
   b. grand homme （great man）

(5a) は背の高い男という意味で、grand という形容詞は homme という名詞の後ろに来ている。一方、(5b) は偉大な男という意味で、grand という形容詞は homme という名詞の前に来ている。この現象は、意味の重みではうまく説明がつかない。

さらに、(4a) と (4b) のペアについては、意味の重みによって、名詞が prochaine という形容詞の前後に分かれてしまっていると考えることもこの場合は可能であり、一見すると理にかなっているように思える。しかし、よく考えてみると、prochaine という形容詞自体が日常的にはよく使う形容詞であるかもしれないが、とても短い形容詞であるとは言えないであろう。その長い形容詞である prochaine がフランス語の原則を破って名詞の前に置かれる場合（prochaine fois）についての原理的な説明が（従来の説明では）一切なされていない。この問題についても、伊関（2013a）に詳しい解説がある。

参照文献
Cruttenden, Alam 1997[2] *Intonation*. Cambridge: Cambridge University Press.
伊関敏之 2012「イントネーション」西原・三浦・都築（編）2012, 63-84.
＿＿＿＿ 2013a 『言語研究の楽しみ－ことばの不思議な世界－』東京：成美堂.
＿＿＿＿ 2013b「形式と意味のずれ（その１）付加疑問文の場合－イントネーションに焦点を当てて－」学術論文集『英語音声学』第18号, 323-335.
川越いつえ 1999 『英語の音声を科学する』東京：大修館書店.
西原哲雄・三浦弘・都築正喜（編）2012『現代の音声学・音韻論の視点』東京：金星堂.
佐藤寧・佐藤努 1997 『現代の英語音声学』東京：金星堂.
島岡丘 1978 『現代英語の音声』東京：研究社出版.
安田一郎 1976 『英語とはなんだろう』東京：日本放送出版協会.

東京方言名詞アクセントと言語接触

大塚惠子

東京造形大学

1. はじめに

　日本語のいくつかの方言の名詞アクセントを手掛かりに、アイヌ語を視野に入れる言語接触の仮説を、大塚 (2010, 2013, 2015) などで、試みた。それらを踏まえて、言語接触という新しい視点から光を当てる事によって、日本語方言とアイヌ語の関係、日本語方言アクセント史などの大きな問題が、従来とは違った姿で浮かび上がってくる可能性を指摘したい。

2. 東京方言のアクセント体系

　東京方言は、ピッチアクセントの言語とされ、名詞には、それぞれの語に決まったアクセント型がある。語中で急激にピッチが下がる位置をアクセント核と呼ぶ。東京方言の名詞には、アクセント核を持つものと持たないものがある。以下に、3モーラ語について例示する。[　]内は、後ろから数えて何番目のモーラにアクセント核があるかを −(後ろから) の記号と数字で表わす。[無]は、ピッチが下がるところがない無アクセント型を表す。●▶は高ピッチのモーラを、○▷は低ピッチのモーラを表す。▶と▷は、名詞の後ろに助詞が付いた時のピッチを表している。

(1)　a. ●○○▷　　b. ●●○▷　　c. ○●●▷　　d. ○●●▶
　　　いのち（が）　こころ（が）　あたま（が）　ねずみ（が）
　　　[−3]　　　　[−2]　　　　[−1]　　　　[無]

この4種類のアクセント型のうち、(1d)にはピッチの下がるところがない。無アクセント語である。東京方言の名詞にはn + 1 個のアクセント型がある。nは、その名詞のモーラ数で、3モーラ語ならば3 + 1 = 4 で、4種類の型があることになる。n + 1 の 1 は、無アクセント型を数えている。

3. 無アクセント語のミステリー

　(2)のように、ピッチの高低、その位置によって語の意味の違いを区別することを特徴とするピッチアクセント言語にあって、ピッチアクセントを持たない語が存在する。

(2)　a. ●○▷　箸（が）　　b. ○●▷　橋（が）　　c. ○●▶　端（が）

(1) の3モーラ語の4種類のアクセント型 [−3],[−2], [−1], [無]のうち[無]は、他と比べて異質である。無アクセント語の割合は多く、特に和語に多い。語種により偏りがある。窪薗 (2006) は、NHK（編）1985/98『日本語発音アクセント辞典』を基に、「標準語3モーラ名詞のアクセント型と生起頻度」を示している。所属語の割合を、上記 (1) に重ねて表すと、以下のようになる。（表記法改変）

(3)　a. ●○○▷　　b. ●●○▷　　c. ○●●▷　　d. ○●●▶
　　　いのち（が）　こころ（が）　あたま（が）　ねずみ（が）
　　　[−3]　　　　[−2]　　　　[−1]　　　　[無]
　　　[42%]　　　[4%]　　　　[2%]　　　　[52%]

無アクセント型に所属する3モーラ名詞が最も多い。[−3] が次に多く、[−2]と[−1]は少ない。無アクセント語は現在も増えており、アクセント核を持ちピッチの下がり目をもっていた語が、アクセント核を失い平板に発音される。平板化とも呼ばれるこの現象は、進行している。

(4) ギター　　　　　ドラマ　　　　　バイク　　　　　かれし(彼氏)
　　●○○→○●●　●○○→○●●　●○○→○●●　●○○→○●●

なぜ無アクセント語が増えているかについては、「馴染み度」や「専門家アクセント」、「若者」、「くだけた」、「新しい」といった、言語使用者の意識やイメージなどによる説明（秋永 1992, 田中ゆかり 2010）と、音韻・形態といった言語内的要因によって説明するものがある。(田中真一 2008, 儀利古 2011) 一方、無アクセント語がそもそもなぜ存在するのか、なぜ多いのか、についてはほとんど説明がない。

4. 無アクセント語の語頭ピッチ

　無アクセント語は平板式アクセントの語とも呼ばれるが、全くピッチが変動せずに実現される訳ではない。以下の (5) のような場合をのぞけば語頭でピッチが変動する。「無アクセント」、「平板」と言われるのは、語尾の方に向かってピッチが下がるところがない、という意味である。語頭に関しては、(1d) のように、語頭の第 1 モーラが低ピッチになっている。この現象は分析の立場の違いにより、語頭低下または語頭上昇と呼ばれる。無アクセント語だけでなく、語頭にアクセント核がある語を除いて、また (5) のような場合以外は、名詞の語頭は低ピッチになる。この現象は、語彙ごとに指定しなくても規則的に予測できるものとして、アクセント規則とは別のレベルで扱われている。

　ところが、語頭が促音をのぞく重音節であった場合、この語頭低ピッチ○●…の現象が実現せずに、●●… と高いピッチが 2 モーラ続くことがある。重音節で、音節内の変動のない高ピッチが実現する。

(5)　とーきょー　　しんぶん　　かいしゃ　　　　（秋永 2001）
　　●●●●　　　●●●●　　●●●　　　　　（●○表記：大塚）
　　(○●●●)　　(○●●●)　　(○●●)

どういう時にこの語頭●●があらわれるかについて、特にのべているものとしては、以下のようなものがあげられる。研究者により、捉え方が微妙に異なる。以下比較の便宜のため、一部原著を改変し、○●表記を用いて簡略に記す。この現象について、方言も含めてなお考察の余地がある。

(6) a. ●●… のように発音する人が少なくない。… 一音節内に昇り音調が現れるのを嫌ってこの部分が平ら音調をとったものとも説明できるから●●… の型と○●の型とは音韻的には同一のものと認められる。（服部 1960）

b. ●●…は、一部は話のスタイルによる。人によっては慎重な発音でも起こる。(Haraguchi1977)

c. ●●…は、無造作な発音の折りや個人による。（秋永 2001）

5. アイヌ語アクセントとの共通性

　東京方言に無アクセント語（ピッチを下げるというアクセント規則が適用されない語群）があること、及び、語頭のピッチパタンが音節量に左右されて（重音節か軽音節か）決まる（事がある）、という現象に関しては、少し視野を広げると、類似した規則性を持つ言語がある事に気付く。アイヌ語である。日本語とアイヌ語は、異系統に属すとして、アイヌ語研究と日本語方言研究がお互いの成果を参照する事は、借用関係を論ずる時以外には、あまりない。しかし、異系統の言語同士でも、人の集団的移動で出会えば、言語接触はある確率が非常に高い。その痕跡を想定してみる価値がある。

(7) アイヌ語アクセント規則（北海道沙流方言、千歳方言など）（服部 1964, 田村 1996）
　　前から二番目の音節が高くなる。アクセントのある音節の前は低い。ただし語頭の
　　音節が重音節（閉音節）である時は語頭が高くなる。アクセントのある音節の後ろ
　　は低いことも高いこともある。（語彙的例外あり）

(8) sapa ○● （頭）　kisar ○● （耳）　sampe ●○ （心臓）　arpa ●○ （行く）
　　（アイヌ語は音節言語であるので、ここでは●、○は音節を表すものとする）
東京方言では、語頭が促音の時には重音節でも●●とならず、低ピッチで始まるところがアイヌ語と異なるが、アイヌ語と東京方言の両者とも、語頭の音節の音節量に左右されるアクセント規則を持つ。この語頭のアクセント規則は、どちらも非弁別的である。これらの現象は、偶然の一致と片付けられない問題である可能性がある。東京方言アクセント体系は、北の言語と関わりがあるかもしれない。

6. 東京方言3モーラ名詞の語尾から見たピッチ

　東京方言は、後ろから数える弁別的ピッチアクセントを持ち、アクセント核のうしろで急激にピッチが下がる。このアクセント核の位置は弁別的である。それによって語の意味を区別する。(3) で見たように、−3が多い。アクセント核のある語の中では、−3が最も多い。無アクセント語も含めた3モーラ名詞全体になると、無アクセント語の方が多い。過去においては、−3がデフォルト、無標ではなかったかもしれない。無アクセント語が無標であった可能性も否定できない。和語に多いということは、漢語・外来語のアクセント（−3を中心とする）よりも起源が古いことを示すかもしれない。−3はどこから来たか、という問を立てて考察すると、次のようなルートを推測することができる。

(9) a. −2 から −3 への変化：　　○●○ → ●○○　（金田一 1975, 秋永 2001）
　　b. 語頭重音節の変化：　　　●●○ → ●○○　（b〜d 大塚 2015）
　　c. 過剰修正：　語頭高ピッチの型を持たない体系の話者に取っては、●○○の型は際立って聞こえる。●○○を持つ言語のように話したいと思うならば、取り入れやすい。
　　d. +1 の規則の獲得：　●○○という型を持たなかったところへ、言語接触により、その型が入り、前から1番目を高くするという規則を再解釈として獲得する。

　これらの可能性をふまえて、−3の出自を一旦保留にして、アクセント核は−1と−2であったと仮定してみる。そうするとこのシステムは、後ろから数える弁別二型アクセントということになる。鹿児島方言アクセントと同じである。ただし、アクセント規則がはたらく範囲が、東京では語であり、鹿児島方言では文節とされるところが異なる。また鹿児島方言は音節言語である。

7. 鹿児島方言のアクセント規則

　鹿児島方言は、弁別的アクセントを持ち、後ろから数えて二つ目の音節が高くなるA型と、最後の音節が高くなるB型とに、名詞は語彙的に別れる。（平山他編 1992, 窪薗 2006）。

(10) ねずみ ○○●　のみもの ○○○● （飲み物）　ともだち ○○●○ （友達）

8. 左から数える規則と右から数える規則の接触

　このように見て来ると、東京方言アクセント体系について、言語接触のモデルを次のように想定することが可能である。＋は「左から数える」、−は「右から数える」を表す。

(11) 左から数える規則と右から数える規則の接触（語頭の規則と語尾の規則の接触）

　　　[左から数える規則]　　　　　　　　　　　[右から数える規則]
　　　＋1 / ＋2　（非弁別的）　　　　　　　　 −1 / −2　（弁別的）
　　　（音節量に反応）　　　　　　　　　　　　（音節量に反応せず）
　　　（例えばアイヌ語沙流方言）　　　　　　　（例えば鹿児島方言）
　　　　　　　　　　　　↘　　↙

[日本列島中央部の規則]　（例えば東京方言）

[左から数える規則]　　　　　　　　　　　[右から数える規則]
＋1/＋2　（非弁別的）　　　＆　　　　　－1/－2　（弁別的）
（音節量に反応）　　　　　　　　　　　　（音節量に反応せず）

　無アクセント語は、左から数える規則のみ適用した語のグループということになる。大きな規模の言語接触を経てできたと想定する東京方言アクセント体系は、接触した2種のアクセント規則が共存して、元の一つ一つの体系よりも複雑である。Trudgill (2011)は、言語接触の様相により、単純化も複雑化もありとする。日本列島の外にも視界を広げると、アイヌ語沙流方言タイプタイプの非弁別的な左からの規則については、北方の Yupic languages（Hayes 1995）、鹿児島方言タイプの右からの規則については、南方の Austronesian Languages（Hayes 1995, Haspelmath et al. 2005）があげられる。

9. 今後に向けて

　日本列島の言語、諸方言の多様性を解明するにあたって、人の集団的移動、その結果としての言語接触の視点が重要である。本論では考察できなかったが、人類学、考古学、歴史学等の隣接分野の成果を参照し、新たな方向から光を当てて様々な音韻現象を見直し、検討して行く必要がある。

参考文献

秋永一枝 1992「言葉の馴染み度とアクセントとの関係」『早稲田大学日本語研究教育センター紀要』4. 1-35.

秋永一枝 2001『新明解日本語アクセント辞典』東京：三省堂.

儀利古幹生 2011「東京方言におけるアクセントの平板化—外来語複合名詞の記述」国立国語研究所論集 (NINJAL Research Papers) 1. 1–19.

Haspelmath, Martin et al. 2005. *The world atlas of language structures*. Oxford: Oxford University Press.

服部四郎他（編）1964『アイヌ語方言辞典』東京：岩波書店.

服部四郎 1960『言語学の方法』東京：岩波書店.

Haraguchi, Shosuke. 1977. *The tone pattern of of Japanese: An autosegmental theory of tonology*. Tokyo: Kaitakusha.

Hayes, Bruce. 1995. *Metrical stress theory: Principles and case studies*. Chicago: University of Chicago Press.

平山輝男他（編）1992-1994 『現代日本語方言大辞典』東京：明治書院.

金田一春彦 1975『日本の方言：アクセントの変遷とその実相』東京：教育出版.

窪薗晴夫 2006『アクセントの法則』東京：岩波書店.

大塚惠子 2010「日本語方言のアクセント体系と言語接触」『東京造形大学研究報』11. 83-94.

大塚惠子 2013「言語接触を想定した日本語方言アクセント史の試み」『東京造形大学研究報』14. 38-46.

大塚惠子 2015「東京方言の無アクセント名詞について」日本歴史言語学会2015年大会　口頭発表

田中真一 2008『リズム・アクセントの「ゆれ」と音韻・形態構造』東京：くろしお出版.

田村すず子 1996『アイヌ語沙流方言辞典』東京：草風館.

田村すず子 1997「アイヌ語」亀井孝他（編）『日本列島の言語』1-88. 東京：三省堂.

田中ゆかり 2010『首都圏における言語動態の研究』東京：笠間書院.

Trudgill, Peter. 2011. *Sociolinguistic typology*. Oxford: Oxford University Press.

鳥取県倉吉方言における平板型アクセントの忌避

桑本裕二

公立鳥取環境大学

　鳥取県倉吉方言は、他の多くの地域方言と同じく、東京方言（または標準語）の影響を受けて東京方言に同化、あるいは類似の方向に向かっている。この傾向は言語学のあらゆる分野において観察されることであるが、筆者は、これまで音韻、特にアクセントに関して当該方言の調査、分析を行ってきた。地域方言のアクセントが別のものに変化する場合、隣接方言との地理的接触によってなされる場合もあるが、Kubozono (2007) は、鹿児島方言のアクセント変化の分析から、隣接方言ではなく東京方言の影響が強く表れるということを指摘している。そして、東京方言が地域方言に流入する主要な媒介物はテレビ、ラジオなどのメディアである。これらのメディアは音声を介して伝達されるので、東京方言の音声的要素は語彙的要素や統語的要素よりも激しく地域方言に影響を与えていることが予想される。桑本 (2015) は芸能人等の名前がどのようなアクセントで発音されているのかに関して調査し、儀利古・桑本 (2013) の倉吉方言による名前（姓名の「名」）のアクセント調査の報告との比較から、芸能人等の名前は、一般人としての名前よりも、標準語アクセントを忠実に模倣する傾向が強いことを示した。

　鳥取県倉吉方言は、鳥取県内の諸方言に共通していることとして、東京方言と同じアクセント体系を有する（金田一 1977、平山・室山 1998、森下 1999 など）。東京方言とアクセント体系が同じであるということは、全く異なるアクセント体系であるよりは、東京方言の模倣は容易であると予想されるが、倉吉方言に関してはそうではない。筆者はこれまで、倉吉方言のアクセントについて、名前（儀利古・桑本 2013）、苗字（桑本・儀利古 2015）、地名（桑本・儀利古 2016）という、異なる語彙群について調査を行ってきたが、どの調査結果でも倉吉方言の、特に高年層では平板型アクセントがそれほど多く現れないことがわかった。また、倉吉方言の世代ごと、語種ごとのアクセント調査では、確かに年齢層が低くなるにつれて東京方言のアクセント型に変化していく傾向は強く表れるものの、たとえば名前では東京方言の頭高型に推移する時期より平板型に推移する時期の方が遅い（儀利古・桑本 2013）など、総括的にみて、倉吉方言は平板型アクセントを忌避する傾向がみられる。

　このことについては、倉吉方言は、下げ核アクセントの位置と有無、つまり起伏型アクセントと平板型アクセントによる体系である点は東京方言アクセントと同じでも、句アクセントが全く異なることが深く関連しているようである。東京方言の句のアクセントは、頭高型アクセントを除いて先頭から2モーラ目が上昇し高音調になり、以後はアクセント核で下降するまでは高音調が持続するというものであるのに対し、倉吉方言は、原則的に起伏型アクセントでは当該モーラのみ高音調、それ以外は低音調として実現するので、倉吉方言の平板型アクセントは原則的に常に低音調で、最終モーラのみ高音調、句が後続する場合は、以降に下げ核アクセントが生じないかぎり低音調が持続するというものである。したがって、倉吉方言の平板語「さかな（魚）」に対しては、語単独 (1a)、助詞の付加 (1b)、後続句の連結 (1c) によって、次のような音調の配列となる（○：低音調　●：高音調）。

　　(1) a. さかな：○○●　　　b. さかなガ：○○○●　　　c. さかなガオヨグ：○○○○○●○

東京方言では、同じ語句は以下の (2) のとおりになり、(1) との比較において音調の分布は激しく異なっていることがわかる。

(2) a. さかな：○●●　　　b. さかなガ：○●●●　　　c. さかなガオヨグ：○●●●○●○

このような同一のアクセント型に対する音調配列の差異は、東京アクセントで優勢である平板アクセントに対し、それを模倣するというよりはむしろ忌避するという、一見地域方言の通時変化に逆行するような特徴を誘発する原因となっているのである。

　倉吉方言において、平板型アクセントが忌避された結果として優勢となるアクセント型は、中高型と尾高型である。儀利古・桑本 (2013) は、調査対象の軽音節3モーラ（LLL）の名前のうち、高年層で81.0%が中高型で発音したことを示している（桑本・儀利古 2013: 194）。桑本・儀利古 (2015) は苗字のアクセントについて、伝統的に東京方言と異なるアクセントを有するもののみの分析であったが、分析語全66語のうち、東京方言では平板型が計61語、頭高型が計5語で、中高型、尾高型はなし、これに対し、倉吉方言では平板型がわずか3語で、頭高型が計30語、一方、東京方言では現れない中高型が計33語であった。また、桑本・儀利古 (2016) における倉吉方言の地名のアクセント分析からは、東京方言より後ろに下げ核を生じる中高型アクセント、尾高型アクセントが、東京方言でなら平板型、頭高型、中高型で現れるどの分類語群でも優勢であるという結果を得た。東京方言では、中高型アクセントはむしろ忌避され、尾高型アクセントは、特に地名においては皆無であり、一般名詞を含めても出現頻度が最も低いアクセント型である（田中・窪薗 1999: 61f.）という事実から考えても、倉吉方言における平板型アクセントの忌避と、中高型、尾高型アクセントの優勢は当該方言のアクセント分布を特徴づけている。

　今後の倉吉方言の調査、研究の展望として、平板型アクセントの忌避と、中高型、尾高型アクセントの優勢の傾向が一般名詞にも敷衍していえるかどうかを検証することが考えられる。また、高年層、中年層、若年層と3つに分けたそれぞれの年代ごとの調査をさらに深め、倉吉方言の通時変化を継続的に観察していくことが望まれる。さらには、現在記述的考察に留まっている研究を最適性理論の枠組みでとらえ直し、平板型アクセントの忌避ということに関して理論的に実証することも見据えて研究に取り組んでいきたいと考えている。

参照文献

儀利古幹雄・桑本裕二 2013「鳥取県倉吉方言における名前のアクセントの変化—中高型アクセントの消失—」日本言語学会（編）『日本言語学会第146回大会予稿集』192-197.
平山輝男・室山敏明 1998『日本のことばシリーズ31 鳥取県のことば』東京：明治書院.
金田一春彦 1977「アクセントの分布と変遷」『岩波講座日本語11 方言』129-180. 東京：岩波書店.
Kubozono, Haruo. 2007. Tonal change in language contact: Evidence from Kagoshima Japanese. *Tones and Tunes. Vol.1*, ed. by Tomas Riad and Carlos Gussenhoven, 323-351. Berlin: Mouton de Gruyter.
桑本裕二 2015「鳥取県倉吉方言における芸能人の名前等のアクセント—メディア経由の標準語アクセントの方言化—」西原哲雄・田中真一（編）『現代の形態論と音声学・音韻論の視点と論点』236-253. 東京：開拓社.
桑本裕二・儀利古幹雄 2015「鳥取県倉吉方言における苗字のアクセント—東京アクセントと異なるものの分布と変化—」『音韻研究』18.43-50.
桑本裕二・儀利古幹雄 2016「鳥取県倉吉方言における地名のアクセント—尾高型アクセントに注目して—」『東北大学言語学論集』24.53-67.
森下喜一 1999『鳥取県方言辞典』鳥取：富士書店.
田中真一・窪薗晴夫 1999『日本語の発音教室—理論と練習—』東京：くろしお出版.

長崎市方言における不定語を含む文の2種類の音調について[*]

佐藤久美子

長崎外国語大学

1. はじめに

　多くの言語において、文中に「だれ」「なに」「どこ」などの不定語を含む文に特徴的な音調が生じることが知られている。例えば、東京方言の疑問詞疑問文では、不定語（疑問詞）のピッチのピークが高まり、それより後ろではピッチのピークが圧縮される (Ishihara 2003)。また、福岡市方言や釜山方言の疑問詞疑問文では、不定語（疑問詞）から、それを束縛する補文標識までに高く平らなピッチが生じる (早田1985, 久保1989, Kubo 2005)。いずれも弁別的なアクセントを有する言語であるが、東京方言ではアクセントの対立が保持されているのに対し、福岡市方言と釜山方言ではアクセントの対立が失われている。不定語を含む文には個別言語ごとに様々な音声的なバリエーションが観察され、その派生の仕組みを議論する過程で言語の普遍性や固有性を考察することができる。

　本稿では、二つの音調型が対立する長崎市方言を取り上げて、疑問詞疑問文に加え、「誰がりんごを食べてもいい」のような、不定語と形態素「-モ」が共起する文（以下、これを「-モ構文」と呼ぶ）の音調を観察する。不定語を含むこれらの文に2種類の音調パターンが生じることを報告し、その音調を、不定語が持つ[+wh]素性と、文中の意味的焦点となる要素に付与された[+foc]素性に言及した音韻規則を仮定することで記述を試みる。最後に、今後の展望として、他言語との対照研究を視野に入れた研究を行う上での課題を述べる。

2. 長崎市方言の語音調とその実現

　長崎市方言の語音調は声の下がり目の有無によって対立しており、声の下がり目のある音調型がA型、声の下がり目のない音調型がB型と呼ばれる (平山1951, 坂口2001)。A型は2拍の語では1拍目から2拍目にかけて下がり、3拍以上の語では2拍目から3拍目にかけて下がる。B型の音声実現は多様であるが、概ね1拍目から2拍目にかけて上昇し、その後高平らが続く[1]。以下、例文中ではピッチの高い拍を太字のゴシック体で表記する。

　　(1)　　A型: **ア**メ（飴）、リ**ン**ゴ、カ**ゴ**シマ
　　　　　　B型: ア**メ**（雨）、ミ**カン**、オ**キナワ**

派生の過程で、A型の語にはトーンメロディーLHLが、B型の語にはLHが付与されていると仮定する (松浦 2014)。

　トーンメロディーは「語彙語（＋機能語）」を範囲にして指定され、この音韻論的な単位をマイナー句と呼ぶ。(2)では、機能語（「ガ」「バ（を）」「カラ」）は先行する語彙語「リンゴ/ミカン」と共にマイナー句を形成し、それにLHL/LHが付与される。

　　(2)　　A型: (リ**ン**ゴガ)、(リ**ン**ゴバ)、(リ**ン**ゴカラ)
　　　　　　B型: (ミ**カンガ**)、(ミ**カンバ**)、(ミ**カンカラ**)

ただし、(3)に示すように、終助詞はマイナー句に含まれない。(2)と(3)のB型の音調を比較することで、機能語の振る舞いの違いが明らかになる。

(3) A 型: (リンゴ)ネ、(リンゴ)カ、(リンゴ)ヨ
B 型: (ミカン)ネ、(ミカン)カ、(ミカン)ヨ

二つ以上の語連続から成る文では、それぞれのマイナー句のトーンメロディーが実現する。A 型の連続と B 型の連続を(4)に、それぞれの F0 を図 1, 2 に挙げる。

(4) A 型の連続: (ナ**オ**コガ)(リンゴバ)(コオタ)　　なおこがりんごを買った
B 型の連続: (ナ**オ**ミガ)(ミカンバ)(ク**ウ**タ)　　なおみがみかんを買った

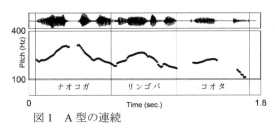
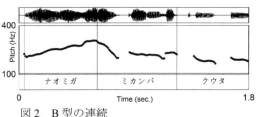

図 1　A 型の連続　　　　　　　　　　　図 2　B 型の連続

3. 不定語を含む文の音調
3.1 ピッチのピークの圧縮と高平ら音調

本節では、長崎市方言における不定語を含む文の音調を観察する。(4)と同様の語連続から成る文であっても、不定語を含む場合は音調パターンが異なる。はじめに疑問詞を含む直接疑問文と間接疑問文を、次に「-モ構文」の音調を見ていく。

まず、不定語の音調型を(5)に示す。長崎市方言において、不定語の単独形は疑問詞として解釈され、全て A 型である[2]。

(5) A 型: (**ダ**イ) 誰、(**ナ**ン) 何、(**ド**イ) どれ、(**ド**コ) どこ、(**イ**ツ) いつ、(**ド**ゲン) どんな

(6)は疑問詞を含む直接疑問文である。疑問詞に A 型の語が連続する例と、B 型の語が連続する例を挙げる。疑問詞疑問文では、疑問詞より後ろでピッチのピークが圧縮される。圧縮が起こる部分を下線で表示する。文末の上昇イントネーションを↑で表示する。

(6) A 型の連続: (**ダ**イガ)(<u>リンゴバ</u>)(<u>コオタ</u>)ト↑　　誰がりんごを買ったの？
B 型の連続: (**ダ**イガ)(<u>ミカンバ</u>)(<u>クウタ</u>)ト↑　　誰がみかんを食べたの？

ピッチのピークの圧縮が生じることで、A 型と B 型の音声的な区別が不明瞭になる場合があるが、音韻論的な対立は保持している。(6)の F0 を図 3, 4 に挙げる。

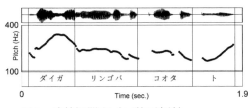
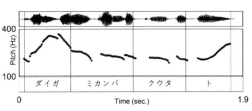

図 3　直接疑問文（A 型の連続）　　　　図 4　直接疑問文（B 型の連続）

(7)は(6)の文を埋め込んだ間接疑問文である。ピッチのピークの圧縮は補文標識「カ」までに起こり、それより後ろには起こらない。

(7) (**ダ**イガ)(<u>リンゴバ</u>)(<u>コオタ</u>)<u>カ</u> (シラン)　　誰がりんごを買ったか知らない
(**ダ**イガ)(<u>ミカンバ</u>)(<u>クウタ</u>)<u>カ</u> (シラン)　　誰がみかんを食べたか知らない

次に、「-モ構文」を見る。特別な文脈がない限り、この構文では不定語から形態素「-モ」までに高く平らなピッチが実現する。マイナー句については、次節で言及する。

(8)　　ダイガ　リンゴバ　コオテモ　ヨカ　　　　誰がりんごを買っても良い
　　　　ダイガ　ミカンバ　クウテモ　ヨカ　　　　誰がみかんを食べても良い

不定語より後ろでは、A 型と B 型の対立が失われている。また、不定語自身の音調型は A 型とは異なっている。

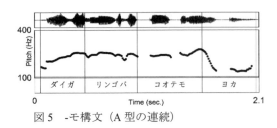 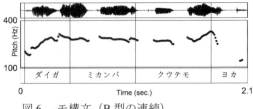

図 5　-モ構文（A 型の連続）　　　　　　　　図 6　-モ構文（B 型の連続）

3.2 2 種類の音調の分析

3.1 節で観察した 2 種類の音調の派生を、不定語が持つ統語素性を仮定することによって記述する。不定語は語彙的に[+wh]素性を持ち、また、文の意味的な焦点として解釈される要素は[+foc]素性を付与されていると考える。この考えに基づけば、(6), (7), (8)にある不定語はいずれも[+wh]素性を持ち、(6), (7)にある意味的焦点として解釈される不定語（疑問詞）は[+foc]素性を持つと分析できる。

まず、ピッチのピークの圧縮は[+foc]素性を持つ要素より後ろに生じると記述できる。[+foc]素性は不定語に限らず、対比の表現等、文脈に基づき文の意味的な焦点になる要素に付与される。(9)はそれぞれ「ナオコ/ナオミ」が[+foc]素性を持ち、疑問詞疑問文 (6), (7)と同様の音調パターンが実現している。

(9)　　なおみじゃなかよ　（ナ**オ**コガ）(リンゴバ)(コオタ)
　　　　なおこじゃなかよ　（ナ**オ**ミガ）(ミカンバ)(クウタ)

更に、「-モ構文」であっても、不定語が意味的焦点になるような特別な文脈においては同様の音調パターンが生じる。例えば(10)のような文脈である。

(10)　　A: なおこがりんごばこおてもよか？なおみは？なおやは？なおきは？
　　　　B: (ダイガ)(リンゴバ)(コオテモ)(ヨカ)ヨ

(6), (7), (9), (10)の文に生じるピッチのピークの圧縮は[+foc]素性が音声的に解釈されることによって生じていると考えることで、統一的に分析できる。

一方、不定語が[+foc]素性を持たない「-モ構文」では、(8)で示した通り、高く平らな音調パターンが生じる。本稿では、この音調を、不定語から形態素「-モ」までが一つのマイナー句を成し、それにトーンメロディーLH が付与されることによって派生されると分析する。「-モ構文」におけるマイナー句は 2 つ以上の語彙語を含んで形成される。

(11)　　(ダイガ　リンゴバ　コオテモ)(ヨカ)
　　　　(ダイガ　ミカンバ　クウテモ)(ヨカ)

(10)で見た通り、「-モ構文」において不定語が[+foc]素性を持っている場合には、これとは異なり、マイナー句は最大 1 つの語彙語から形成される。(10)と(11)におけるマイナー句形成の違いがどのような音韻過程によって導かれるかについては、今後の課題としたい。

4. 今後の展望

1節の冒頭で述べたように、不定語を含む文に特徴的な音調が生じるという現象は言語一般に見られるものである。言語間の比較・対照を行うことによって、個別言語に固有の性質に加え、言語の普遍的な性質が明らかになり、音調を生み出す仕組みの解明に大きく貢献することが期待できる。

今後は、特に不定語を含む文においてマイナー句がどのように形成されるのか、という課題に取り組みたい。長崎市方言を体系的に記述し、高度な一般化を行うと共に、他言語との対照研究を進める。例えば、東京方言においても、疑問詞疑問文とは異なり、「-モ構文」ではアクセントの対立が失われるという指摘がある (Kuroda 2013)[3]。一方、福岡市方言においては、疑問詞疑問文と「-モ構文」の音調パターンはどちらも高平ら音調であり、アクセントの対立が失われると記述されている (久保 1989)。多様な言語との対照研究を通して、長崎市方言に固有の性質を明らかにし、また、言語の普遍性を追究したい。

注

[*] 本稿の内容は Sato (2016)に基づいている。久保智之氏と木部暢子氏より貴重なコメントをいただいた。調査に際しては、高木ふさ子氏、田中節子氏、河野泰子氏にご協力いただいた。心より感謝申し上げたい。また、本研究は JSPS 科研 26244022 の助成を受けている。なお、本稿の誤りは全て筆者の責任である。

[1] B 型の音声実現に関しては、松浦(2014)で詳述されている。

[2] 長崎市方言では、不定語は解釈によって音調型が決まっている。存在量化詞として解釈される場合（ダレカ）は B 型、NPI の場合（ダレモ）は A 型、全称量化詞の場合（ダレモガ）は B 型である。

[3] Ishihara (2003)でも同様の指摘があるが、このような現象はほとんど観察されず、「-モ構文」の多くの発話は疑問詞疑問文と同じ音調パターンであると述べられている。また、早田輝洋氏から、東京方言話者にも、「-モ構文」を高平ら音調で発話する話者とそうでない話者がいるとのコメントをいただいた。

参照文献

早田輝洋 1985『博多方言のアクセント形態論』福岡：九州大学出版会.

平山輝男 1951『九州方言音調の研究』東京：学界之指針社.

Ishihara, Shinichiro. 2003. *Intonation and interface conditions*. Cambridge, MA: MIT dissertation.

久保智之 1989「福岡市方言のダレ・ナニ等の疑問詞を含む文のピッチパターン」『国語学』156.82–71.

Kubo, Tomoyuki. 2005. Phonology-syntax interfaces in Busan Korean and Fukuoka Japanese. *Cross-linguistic studies of tonal phenomena: Historical development, tone-syntax interface, and descriptive studies*, ed. by Shigeki Kaji, 195–210. Tokyo: Research Institute for languages and cultures of Asia and Africa, Tokyo University of Foreign Studies.

Kuroda, S.-Y. 2013. Prosody and the syntax of indeterminates. *Lingua* 124.64–95.

松浦年男 2014『長崎方言から見た語音調の構造』東京：ひつじ書房.

坂口至 2001「長崎方言のアクセント」『音声研究』5(3).33–41.

Sato, Kumiko. 2016. Prosody of Sentences with Indeterminate Words in Nagasaki Japanese. *Phonological Studies* 19.73–80.

英語の強勢とは何か

柴田知薫子
群馬大学

1. はじめに

アクセントは高さ(pitch)・強さ(intensity)・長さ(duration)の三要素から成ると言われるが、アクセントを実現するのにどの要素を使うかは言語によって異なる。日本語は母音の長さが意味の区別に関わるため、長さは使うことができない。英語は長さに加えて強さの要素も使うことから、英語のアクセントは一般に「強勢アクセント」と呼ばれる。しかしながら、声の高さが基本周波数として物理的に測定できるのに対して、強さは物理的な声の大きさ(loudness)とは異なり、音響的に表出しない。それでは、英語の強勢は日本語のモーラのように心理的に実在するものなのだろうか。実在するとすれば、それを証明する方法はあるのだろうか。

2. アクセントと強勢

議論の前に、アクセント(accent)と強勢(stress)を区別する必要がある。アクセントは音韻構造の中で音調(tone)が挿入される場所を示す印であり、日本語では「箸」と「橋」のようにアクセントが語彙的に決まっている。英語のアクセントは強勢音節が担うのだが、挿入される音調の種類は意味的・語用論的な要因によって決まる(Gussenhoven 2011:2785-6)。例えば、問い返しの *Excuse me?* では *excuse* の強勢音節が低音調と結び付き、文末の *me* が高音調と結び付く。日本語話者の多くは *however* のアクセントが第2音節にあると信じているが、何らかの語用論的な要因から強勢のある第2音節が低音調と結び付くこともある。このように、英語の強勢と声の高さは互いに独立した関係にある。

一方、強勢音節の音声的特徴である持続時間の長さは、英語では音韻化されて強勢音節に関する制約となっており、強勢を担う資格として複母音(complex vowel)や尾子音(coda consonant)を持つ重音節であることが要求される(Gussenhoven 2011:2785)。これは英語の通時的変化の結果である。古英語は母音の長短に対立のある言語であったが、中英語期の開音節長化(Open Syllable Lengthening)を経て母音の長さが強勢に依存するようになった。この時期に強勢開音節で長化した母音は、近代英語期に入ると古英語由来の長母音と区別されずに大母音推移(Great Vowel Shift, 以下 GVS)の入力となり、GVS の出力である現代英語の複母音は、強勢に依存した母音の長さを音韻的に保存している。

アクセントの一要素である長さが強勢に依存するとすれば、もう一つの要素である高さを排除したとき、英語の強勢の存在が何によって証明されるか、ということが次節の論点となる。

3. 強勢の存在証明

アクセントのない、つまり音調の変化を伴わない音節でも強勢の存在を証明できそうな現象には以下のものがある。
 (1) 強勢音節の母音は明瞭に発音され、無強勢音節の母音は縮小する。
    a. family [ˈfæm(ə)li]   b. familiar [fəˈmɪliɚ]
 (2) 頭子音の無声歯茎破裂音は強勢音節で帯気音になり、語中の無強勢音節では有声化する。
    a. atomic [əˈtʰɑmɪk]   b. atom [ˈæɾəm]

(3) 強勢のある開音節で二重母音化または重子音化が生じる。
　　　　a. measure [ˈmeɪʒɚ]　　　　　　　　b. metronome [ˈmɛtɹəˌnoʊm]
(4) 強勢衝突を回避するために強勢移動が生じる。
　　　　a. fifteen members [ˌfɪfˈtinˈmɛmˌbɚz]　　b. fifteen engineers [ˌfɪfˌtinˌɛndʒɪˈnɪɚz]

(1a)の *family* は第1音節の強勢母音/æ/が長く、第2音節の無強勢母音が縮小して事実上2音節語になっている。しかし、第2音節の母音は(1b)の *familiar* で主強勢を受けると完全母音/ɪ/として復活する。無強勢音節における母音の縮小は、スペイン語のような音節拍言語(syllable-timed language)には観察されないことから(Nespor et al. 2011:1150)、強勢拍言語(stress-timed language)において強勢間の間隔(interstress interval)を一定にするために、無強勢音節を圧縮する必要から生じる現象と考えられる。

　無声破裂音は、(2a)の *atomic* のように強勢音節の頭子音であれば帯気音化することが知られている。気音(aspiration)は肺から呼気が大量に放出されていることを示すから、この音節の呼気流量または呼気圧を測定すれば強勢の存在を物理的に証明できる可能性はある[1]。一般米語では、同じ子音が無強勢音節の頭子音になると(2b)のように弾音化(flapping)して有声音となる。子音の有声化は弱化の過程であるから、(1)の無強勢母音の縮小と同様に、無強勢音節の圧縮に寄与しているものと考えられる。

　これに対して、(3)の例は開音節が強勢を担う資格として複母音や重子音を獲得しようとする過程であり、摩擦音の前では二重母音化(diphthongization)、閉鎖音の前では重子音化(gemination)が生じている。標準的なイギリス英語では *teacher* の/i/や *school* の/u/が二重母音化し、*Derby* [ˈdɑːˌbəɪ]や *taxi* [ˈtakˌsəɪ]の第2音節のように副強勢音節でも母音の割れが生じている[2]。緊張母音/i/, /u/は、長母音/eː/, /oː/がGVSの過程で最も早く1500年頃までに上昇して二重母音化を免れたのだが、強勢音節の重さを一定にするために、現代英語で二重母音化しているものと考えられる。

　(4a)の強勢移動は強弱の交替リズム(alternating rhythm)を実現する過程で、リズム・ルールと呼ばれた時代もある(Halle and Vergnaud 1987:266-271)。実際には強勢音節が隣接する環境で義務的に適用される規則ではなく、名詞句の中で多音節の修飾語に生じることが多い。強勢移動もまた強勢音節間の等時性(isochrony)に寄与していることから、(1)の例に見られる無強勢音節の圧縮と同じ制約が関与している可能性が高い。交替リズムも等時性リズムもアクセントと直接の関係はなく、強勢が英語のリズムを構成する基本的な単位となっていることを証明している。

4. 強勢とイントネーション

　一方で、英語の強勢音節はアクセントを担うことがあるのも事実である。Wellsは強勢とアクセントとイントネーションの関係を次のように要約している。

> That is to say, we add pitch prominence (= a change in pitch, or the beginning of a pitch movement) to the rhythmic prominence that a stressed syllable bears. The accents that result are the 'hooks' on which the intonation pattern is hung. (Wells 2006:7)

これを視覚化すると以下のようになる。

(5)　a. I ˈreally donˈt ˈcare!　　　　　　b. You ˈwant to talk to ˈwho?

(Wells 2006:18-21)

•が無強勢音節を、◉がリズムの卓立を持った強勢音節を表す。後者にピッチの卓立が重なるとアクセントを担う強勢音節●が生じ、この音節がイントネーションの核となる。

英語の基本的なイントネーションは高(H)・低(L)・中(M)の音調の組み合わせから成り、HL が下降調、LH が上昇調、HLM が下降上昇調のイントネーションを実現する。強勢音節は音調変化の起点となる。

(6) a.　　H L　　　　b.　　L H　　　　　　c.　　　　　L　　H
　　　　IP[ready]　　　　　IP[Ready?]　　　　　　　IP[Are you ready yet?]

辞書に記載されている単語のアクセントは、その語が単独で音調句(Intonation Phrase, 以下 IP)を形成している時、(6a)のように下降調のイントネーションで発話された場合に H が挿入される場所を示している。同じ語が(6b)のように上昇調のイントネーションで発話されると、強勢音節が L と結び付き、H は IP 末の音節と結び付く。ここで重要なのは、上昇調の H と結び付く音節は無強勢でも構わないのに対して、L は必ず強勢音節と結び付くということである。つまり、上昇調イントネーションの L は ready の第 1 音節に強勢が存在することを証明している。

試みに、L が挿入される場所に注意して次の各文を発話してみよう[3]。

(7) a. IP[Do you want me to stick a notice on the window?]
　　 b. IP[You want to be a lawyer in the future?]　　　　　　　　　　(牧野 2005:138)

IP の中で最も卓立した強勢を核強勢(nuclear stress)と呼び、核強勢を担う音節は上昇調イントネーションの L と結び付いて核音調 (nuclear tone)の一端を担う。従って(7a)は notice の、(7b)は lawyer の第 1 音節が L と結び付いて声が最も低くなり、H と結び付く文末の無強勢音節に向かって上昇していく。対照的に日本語では、「箸」のように語彙的アクセントの H*L が存在すると上昇調イントネーションの LH は後続の音節で実現される[4]。これが英語の発音に転移すると notice や lawyer の第 1 音節に H を残したまま下降し、文末で LH を実現することになる。さらに文末の window や future の第 1 音節にも H が残ると、一つの IP 内に複数の核音調が現れることになり、英語母語話者には不自然と感じられるイントネーションになってしまうのである。

5. まとめ

英語の強勢は抽象的なリズムの単位である。英語のリズムは強弱の繰り返しから成り、強勢音節を卓立させるために母音長化・二重母音化・重子音化が生じて強勢音節の重さが一定に保たれる。こうして卓立した強勢と強勢との間隔を一定にするために無強勢音節が圧縮される一方、強勢移動によって強勢音節の隣接が回避されるのである。

Wells の要約が示す通り、強勢音節が担うリズム上の卓立に「高・低」の卓立が重なるとアクセントが生じる。しかしながら、アクセントが常に HL の組み合わせによって実現される日本語と異なり、英語のアクセントは H から L へ、または L から H へと音調が変化する場所を示す印である。音調句内で最も卓立した強勢音節が下降調または上昇調のイントネーションの起点となり、とくに上昇調イントネーションの低音調はその音節に核強勢が存在することを証明する。複数の強勢を持つ音調句内にはアクセントを伴わない強勢音節も存在し、それらはリズムの単位として交替リズムと等時性リズムを実現するのである。

「英語の強勢とは何か」と問われて明快に答えられる母語話者は少ない。それは、私たちが「モーラとは何か」と問われても一言では答えられないのと同じである。しかし日本語の母語話者であれば、リズムの単位である「モーラ」という用語は知らなくても、音声的には完全に無音の促音を一拍と捉え、俳句や川柳の字余りをリズムの逸脱として察知することができる。他方、強勢音節はアクセントを担うという点でもモーラと符合している[5]。アクセントはイントネーションを引っかける「フック」だという Wells の比喩は的確で、アクセントのある強勢音節にイントネーションの左端である H また

はLが結び付く。アクセントのない強勢音節やモーラは、音調とは関係なく淡々とそれぞれの言語のリズムを刻むのである。

注

[1] エアロホンを使って呼気流量を測定したり、口腔内にチューブを挿入して呼気圧を測定したりすることによって強勢の存在を物理的に証明する方法はあるが、高さや長さなどの諸条件を制御する必要があり、現時点では測定値は安定性に欠ける(鹿島・橋本 2015)。

[2] *Gimson's pronunciation of English* 第8版では、イギリス英語の標準発音の呼称をReceived PronunciationからGeneral Britishに改め、非円唇前舌低母音の表記を/æ/から/a/に変更している。

[3] 例文(7a), (7b)の音声は牧野(2005)に付属するCDに収録されている。本文中には(7b)のピッチ曲線が掲載されているので参照されたい。

[4] 東京方言のアクセントはHからLへ急激に下降するところで知覚される。他方、イントネーションは「さ」「よ」「ね」に代表される終助詞が担うことがある。

[5] de Chene (2014:73)によると、10世紀初頭までの日本語にはCV音節しか存在しなかったため、モーラという単位は必要なかった。筆者は、日本語は2000年を境にしてモーラ拍言語から音節拍言語に戻りつつあると考えている(柴田 2014)。

参照文献

Cruttenden, Alan. 2014. *Gimson's pronunciation of English*, 8th ed. London: Routledge.

de Chene, Brent E. 2014. *The historical phonology of vowel length*. London/New York: Routledge.

Gussenhoven, Carlos. 2011. Sentential prominence in English. *The Blackwell companion to phonology*, ed. by Marc van Oostendorp, Colin J. Ewen, Elizabeth V. Hume and Keren Rice, 2778-2806. Malden, MA: Wiley-Blackwell.

Halle, Morris and Jean-Roger Vergnaud. 1987. *An essay on stress*. Cambridge, MA: MIT Press.

鹿島央・橋本慎吾 2015「キャリア文中における語の持続時間と呼気流量について―日本語母語話者と米語話者の日本語との比較を通して―」日本音声学会第332回研究例会.

牧野武彦 2005『日本人のための英語音声学レッスン』東京：大修館.

Nespor, Marina, Mohinish Shukla and Jacques Mehler. 2011. Stress-timed *vs.* syllable-timed languages. *The Blackwell companion to phonology*, ed. by Marc van Oostendorp, Colin J. Ewen, Elizabeth V. Hume and Keren Rice, 1147-1159. Malden, MA: Wiley-Blackwell.

柴田知薫子 2014「平成生まれの日本語アクセント規則―音節優位のリズム感―」群馬大学教育学部紀要 人文・社会科学編 63.79-86.

Wells, J. C. 2006. *English intonation: An introduction*. Cambridge: Cambridge University Press.

イタリア語における日本語由来の借用語と韻律構造[*]

田中真一
神戸大学

1. はじめに
1.1 借用語音韻論における日本語

本稿では、日本語からイタリア語に借用された語におけるアクセントと音節の受け入れの分析を通して、韻律構造保持/非保持をめぐる借用元言語(L2: donor language)と受け入れ言語(L1: host language)の関係を提示する。

借用語音韻論(loanword phonology)のデータとして日本語が関わるとき、受け入れ言語としての分析が多く、かつ、その際の借用元言語は英語であることが大半である。日本語を借用元言語(L2)として分析したものに Tu and Davis (2009) があり、日本語のピッチアクセントがどのように台湾語の声調へ受け入れられるかが分析されている。台湾語は日本語のアクセント情報を参照することなく、その音節配列によってのみ、声調の型を選択していると報告されている。[1]

本稿では、上記に対し、L1 が L2 のアクセント情報を音節配列とともに参照する事例を、日本語からイタリア語に借用された語のアクセント・強勢位置の保持の分析から報告する。

1.2 イタリア語と日本語の音韻構造

イタリア語は日本語と音声・音韻的な共通点が比較的多いと言われている（池田他 1999）。表1のように、開音節性の高いことや子音長の対立を持つという面で（ともに英語とは異なり）共通点を持つ。

表1. 日本語・イタリア語の音韻構造

	A. リズム類型	B. 音節タイプ	C. 子音長対立	D. 母音長対立	E. アクセント
日本語	モーラ拍	開音節性	○（制限）	○	ピッチ
イタリア語	音節拍	開音節性	○	×（強勢付随）	強勢
（英語）	強勢拍	閉音節性	×	×	強勢

しかしながら、イタリア語は母音長の音韻対立がなく、また、強勢アクセントを持つという面で日本語と異なる側面を持つ。このことが本稿の分析と関係する。さらに、イタリア語において、母音長と強勢との間に対応関係があることが知られている(Marotta 1985, Canepari 1992, Borrelli 2002, Krämer 2009)。強勢を伴う開音節内にある母音は（語末を除き）大きく伸張し、(1)のように長音記号(ː)によって表示される。原則として、それ以外の条件下では長母音はほとんど生起しない（. および母音上の記号は、それぞれ音節境界と強勢を表す）。

(1) Verona [ve.róː.na] 'ヴェローナ', peperoncino [pe.pe.ron.tʃíː.no] 'ペペロンチーノ'
cantare [kan.táː.re] 'カンターレ（歌う）', amore [a.móː.re] 'アモーレ（愛）'
cappuccino [kap.put.tʃíː.no] 'カプチーノ', Ferrari [fer.ráː.ri] 'フェラーリ',
Roma [róː.ma] 'ローマ'

また、(1)に示すように、イタリア語の強勢は語末から2音節目が無標であり、語彙全体の約8割がこの位置に強勢を持つ（Krämer 2009）。

日本語がイタリア語から単語を借用する際、基本的に上記の強勢と母音長の情報が同時に受け継が

れる。(1)のカタカナ語のように、次語末に位置する強勢開音節が長音（ー）によって表され、それを含む重音節、つまり、長音の直前にアクセントが付与される（田中 2016）。[2] このことは、日本語においてイタリア語の強勢がピッチアクセントとして受け入れられること、また、日本語の外来語アクセント規則が、長母音の操作を含め、イタリア語の強勢と概ね一致することを示している（田中 2016）。

本稿では、これとある種の鏡像関係が日本語からイタリア語に借用された語に見られることを示す。

2. データと一般化

イタリア語の外来語辞典 *Le palore straniere nella lingua italiana*（De Mauro and Mancini (2003)『イタリア語における外来語』）から、イタリア語に日本語から借用された 181 語を抽出し、分析対象とした。(2)の日本語における上線と下線は、それぞれ高ピッチと低ピッチを表す。(2a)は日本語のピッチアクセントと同じ位置に強勢が置かれるもの、(2b)は日本語とは異なる位置に置かれるもの、(2c,d)は日本語においてアクセントがなく（平板アクセントで）、イタリア語において新たに強勢の置かれるものである。このうち (2d)は尾子音を伴う重音節に強勢が置かれた例である。

(2) 　　日本語　　　　　　　　　　　　　　　イタリア語
　a.　わ'.か　　　　（和歌）　　→　wá:.ka　　　　　（waka）
　　　み'.そ　　　　（味噌）　　→　mí:.so　　　　　（miso）
　　　ひ.ら.が'.な　（平仮名）　→　hi.ra.gá:.na　　（hiragana）
　　　カ.タ.カ'.ナ　（片仮名）　→　ka.ta.ká:.na　　（katakana）
　b.　す.も'ー.と.り（相撲取り）→　su.mo.tó:.ri　　（sumotori）
　　　ば'.く.ふ　　（幕府）　　→　ba.kú:.fu　　　　（bakufu）
　c.　カ.ラ.オ.ケ⁰　（カラオケ）→　ka.ra.ó:.ke　　（karaoke）
　　　けー.れ.つ⁰　（系列）　　→　kej.ré:.tsu　　　（keiretsu）
　　　も.や.も.や⁰ （もやもや）→　mo.ja.mó:.ja　　（moyamoya）
　d.　パ.チン.コ⁰　（パチンコ）→　pa.tʃín.ko　　　（pachinko）
　　　ばん.ちゃ⁰　（番茶）　　→　bán.tʃa　　　　　（bancha）
　　　にっ.き⁰　　（日記）　　→　ník.ki　　　　　（nikki）

いずれの例においても、イタリア語の次語末音節（無標位置）に強勢を置くという操作が行われている。これらの例のみを見ると、イタリア語は日本語のアクセント情報を参照しないように見える。しかしながら、(3)のように、語末が重音節で特定の構造を持つ場合、その位置に強勢が置かれる。

(3) a.　ぜん.しゅー⁰　（禅宗）　　→　dzen.shú　　*dzén.shu　（zenshu）
　　　てん.り.きょー⁰（天理教）　→　ten.ri.kjó　*ten.rí:.kjo（tenrikyo）
　　　み.りん⁰　　　（みりん）　→　mi.rín　　　*mí:.rin　　（mirin）
　　　しゃ.み.せん⁰ （三味線）　→　ʃa.mi.sén　 *ʃa.mí:.sen （shamisen）
　　　しょー.ぐん⁰　（将軍）　　→　ʃo.gún　　　*ʃó:.gun　　（shogun）
　　　ぼん.さい⁰　　（盆栽）　　→　bon.sái　　*bón.sai　　（bonsai）
　b.　きょう.げ'ん　（狂言）　　→　kjo.gén　　*kjó:.gen　（kyogen）
　　　ばん.ざ'い　　（万歳）　　→　ban.dzái　*bán.dzai　（banzai）

さらに興味深いことに、語末が(3)と同じ重音節であっても、(4)のように、その音節が低ピッチのみによって占められる場合には、(3)ではなくむしろ(2)と同様の無標位置への強勢付与が行われる。

(4) い'っ.ぽん　　　(一本)　　　→　íp.pon　　*ip.pón　　(ippon)
　　 け'ん.どー　　　(剣道)　　　→　kén.do　　*ken.dó　　(kendo)
　　 ぶ.じ'.どー　　　(武士道)　　→　buʃ.ʃí:.do　*buʃ.ʃi.dó　(bushido)

(2)から(4)の強勢付与方策は、日本語(L2)の音節配列およびアクセント構造との組み合わせによって、(5)のような一般化が可能である。これにより、データ全体の約90% (163/181) が説明される。

(5) イタリア語の日本語由来借用語に対する強勢付与法則
　　 日本語の語末が重音節で、かつ、その音節に高ピッチが含まれる場合は、借用語の語末音節に強勢を置き、それ以外の場合はすべて、次語末音節(無標位置)に強勢を置く。

3. 考察
3.1 借用語音韻論との関係

　(5)は次の事実を示している。まず、イタリア語は日本語のピッチアクセントを強勢付与の手がかりとして利用しており、とりわけ語末の高ピッチを強勢と対応させている（平板アクセントもまた、語末強勢への手がかりとしている）。次に、日本語の音節構造を局所的に参照しており、とくに語末位置に限り、音節構造とピッチ構造の情報を同時に利用している。興味深いことに、日本語における語末長母音は、重音節として認識されてはいるものの、イタリア語の出力形としては短母音として生起する。これは、イタリア語において、基本的に語末長母音が存在しないことに起因する。

　さらに、L2 語末音節の入力情報として、重音節、高ピッチいずれかの条件から外れた場合、イタリア語における無標の強勢付与方策が採用される。つまり、部分的にピッチアクセントを含むL2の入力情報を参照し、それ以外は、イタリア語の強勢、音節構造における無標の表出 (The emergence of unmarked (McCarthy and Prince 1994))がなされているということになる。

3.2 他言語（方言）との関係

　トーン言語である鹿児島方言における型の変化に、東京方言との対応の見られること知られている。鹿児島方言は、伝統的に、次語末音節のみが高ピッチで直後にピッチ下降の伴うA型と呼ばれる型と、語末音節のみ高ピッチで下降を伴わないB型と呼ばれる二つのトーン型を持つ。若年層において型の変化が見られ、そこに東京方言のピッチアクセントの影響の見られることが報告されている（窪薗2006）。東京方言において（ピッチ下降を伴わない）平板アクセントで発音される語が、鹿児島方言においてA型からB型へ変化するのに対し、東京方言において（ピッチ下降を伴う）起伏式アクセントで発音される語が、B型からA型へ変化しやすいとのことである（窪薗2006）。つまり、鹿児島方言は東京方言のピッチ下降の有無を参照しており、語末高ピッチという共通の特徴から、とくに平板アクセントをB型と対応させて受け入れていることになる。

　本稿のデータは、イタリア語が日本語のピッチを参照し強勢として出力するという面で、次のような示唆を提示している。一つは、同じ言語（東京方言）のピッチアクセントという要素が、一方（鹿児島方言、台湾語）ではトーン付与の、もう一方（イタリア語）では強勢付与の手がかりとして受容されることである。もう一つは、日本語がイタリア語を受け入れる場合との間に、部分的な鏡像関係が確認できることである。日本語はイタリア語の強勢をピッチアクセントとして長母音とともに受け入れており、イタリア語と逆の操作を行っている（第1節）。[3]

4. むすび

　本稿では、日本語からイタリア語に入った借用語の強勢付与の分析を通して、L1 と L2 との関係を提示した。日本語のピッチアクセントが、別の音声要素によるアクセント付与の手がかりとして認識されること、そこに音声学的な対応の見られること、同時に、L1 の音韻構造が反映することを確認した。知覚特性との関わり、また、他言語とのさらなる関係を分析することが今後の課題である。

注

* 本研究は、日本学術振興会科学研究費補助金基盤研究(B)(課題番号:26284058)、同基盤研究(C)(課題号:25370432)、および、日本学術振興会「頭脳循環プログラム」の助成を受けている。
1 台湾語は日本語の次語末音節を参照し、そこが重音節の場合、その音節の各モーラに高低の声調を与え、語末音節はすべて軽音節として受け入れ、中(M)のピッチを付与する。また、それ以外の場合は、次語末と語末モーラとの間に下降声調を置くというものである（Tu and Davis 2009）。
2 じっさい、次語末音節に長母音とアクセントを同時に伴う型が、イタリア語由来の借用語としてもっとも想起されやすい (e.g. ダカ'ーポ、イタリア'ーノ、ミラネ'ーゼ、アラビア'ータ、ピアチェ'ーレ)。
3 ただし、語末から 3 音節目の長母音は、短母音として受け入れられる傾向にある（Padova [páː.do.va] → パ'ドヴァ(*パードヴァ) vs. Verona [ve.róː.na] → ヴェロ'ーナ(*ヴェロ'ナ, ヴェ'ロナ)（田中 2016））。このような長母音受け入れの非対称の生じる要因が、日本語の音韻構造によるものか、あるいは知覚特性によるものか検証の必要がある。しかしながら、確認すべき重要な点として、日本語がイタリア語の強勢位置を参照していることは、上の例からも明らかである。上記の長音生起をめぐる非対称は、そもそもイタリア語の強勢位置を参照しなければ起こらないからである。

参照文献

Borrelli, Doris. 2002. *Raddoppiamento sintattico in Italian: A synchronic and diachronic cross-dialectal study*. London: Routledge.

Canepari, Luciano. 1992. *Manuale di pronuncia italiana*. Bologna: Zanichelli.

De Mauro, Tullio and Marco Mancini. 2003. *Le palore straniere nella lingua italiana*. Milano: Garzanti.

池田廉・西村暢夫・郡史郎・在里寛司・米山喜晟 (編) 1999『伊和中辞典』(第 2 版) 東京：小学館.

Krämer, Martin. 2009. *Phonology of Italian*. Oxford: Oxford University Press.

窪薗晴夫 2006『アクセントの法則』東京：岩波書店.

Marotta, Giovanna. 1985. *Modelli e misure ritmiche: La durata vocalica in italiano*. Bologna: Zanichelli.

McCarthy, John and Alan Prince. 1994. The emergence of the unmarked: Optimality in prosodic morphology. *Papers from the Annual Meeting of the North East Linguistic Society* 24. 333–379.

田中真一 2016「日本語・イタリア語の借用語における相手言語からの母音長受け入れと音韻構造」『神戸言語学論叢』10.34-50. 神戸：神戸大学言語学研究室.

Tu, Jung-yueh and Stuart Davis. 2009. Japanese loanwords into Taiwanese Southern Min. *Proceedings of the Second International Conference on East Asian Linguistics*. Simon Fraser University.

複合動詞のアクセント特性について[*]

田端敏幸

千葉大学

1. はじめに

　動詞の不定詞がそのまま名詞として機能することはよく知られているが[1]、類似の現象は日本語でも観察される。それは、動詞を名詞に転化させた「転成名詞」と呼ばれる形式である[2]。(1)でそれを確認しておこう。

(1) a. <u>To err</u> is human.
　　b. <u>Errare</u> est humanum. (To err is human)
　　c. yo'mu ~ <u>yomi'</u>-ga　　読む～読み（アクセント動詞～転成名詞）
　　d. nobor-u ~ <u>nobori</u>-ga　登る～登り（無アクセント動詞～転成名詞）

日本語の「転成名詞」(1c-d) は、形式としては「連用形」と同じであるが、両者はアクセントで明確に区別することができる。それを(2)で確認しておこう。ここで、(2a-b)は動詞の連用形であり、(2c-d)はそれに対応する転成名詞である。転成名詞は基になる動詞がアクセント動詞か無アクセント動詞かに応じて、それぞれ起伏式、平板式として実現することがわかるであろう。

(2) a. 本を<u>読み</u> /yo'mi/　絵を楽しむ　　（アクセント動詞）
　　b. 山に<u>登り</u>/nobori/　川を下る　　　（無アクセント動詞）
　　c. <u>読み</u>が/yomi'-ga/　甘い　　　　　（転成名詞、起伏式）
　　d. <u>登り</u>が/nobori-ga/ きつい　　　　（転成名詞、平板式）

動詞のアクセント情報が関連語に引き継がれる現象は、動詞の連用形に「～方（かた）」を接続させる場合にも観察される。(3a)は無アクセント動詞、(3b-c)はアクセント動詞に基づく「～方（かた）」の形式である。

(3) a. wasure-ru ~ wasure-kata　　　　　　（忘れる～忘れかた）
　　b. iki'ru ~ iki-ka'ta-ga, iki-kata'ga　　　（生きる～生き方）
　　c. yo'mu~ yomi-ka'ta, yomi-kata'ga　　（読む～読み方）

　以上、日本語には、動詞と転成名詞の間にアクセント位置に関して、規則的な対応関係が存在することを確認した。

　日本語には単純動詞に加え、複合動詞が存在する。そして、現代日本語の複合動詞は必ずアクセントをもつことが知られている[3]。しかし、アクセントの引き継ぎという観点から見れば、単純動詞と複合動詞の間には大きな違いが存在する。それは、単純動詞のアクセント情報が規則的に転成名詞に引き継がれるが、複合動詞はアクセントがあるにもかかわらず、その転成名詞はアクセント情報を引き継がず、無核（平板式）になるからである。以下、単純動詞と複合動詞がなぜこのような違いを生み出すのかということに焦点をあてて、その理由を考えてみたい。小論では、動詞のアクセント情報が転成名詞に引き継がれる現象は、語彙情報としてのアクセントに限るという考え方を提案する。このような考え方の帰結として、複合動詞の見かけ上のアクセントは語彙情報ではないので、転成名詞には引き継がれないという見通しを得る。

2. 複合動詞

動詞語幹を連ねた複合動詞は構成要素のアクセント情報（アクセント動詞か、無アクセント動詞かの区別）にかかわらず、有核（起伏式）動詞として実現することが報告されている[4]。事実、複合動詞のアクセントは (4)からわかるようにすべての組み合わせが有核（起伏式）として実現する。

(4) a. ki (-accent) + kazaru (-accent)　→　ki+kaza'ru　（着飾る）
　　b. naki (-accent) + dasu (+accent)　→　naki+da'su　（泣き出す）
　　c. tabe (+accent) + owaru (-accent)　→　tabe+owa'ru　（食べ終わる）
　　d. huri (+accent) + dasu (+accent)　→　huri+da'su　（降り出す）

単純動詞の転成名詞が動詞のアクセント情報を引き継ぐことはすでに確認したが、複合動詞の場合、転成名詞は例外なく無核（平板式）になる。(4)に対応する転成名詞のアクセント型が無核（平板式）であることを(5)で確認しておこう。(5)が示すように、複合動詞は動詞としては有核（起伏式）であるが、その転成名詞は必ず無核（平板式）になるのである。

(5) a. 着飾る　～　着飾り
　　b. 泣きだす　～　泣きだし
　　c. 食べ終わる　～　食べ終わり
　　d. 降りだす　～　降りだし

これまで確認した事実は次のようにまとめることができる。

(6) a. 単純動詞のアクセント情報は転成名詞に引き継がれる。
　　b. 複合動詞は有核（起伏式）である。
　　c. 複合動詞の転成名詞は無核（平板式）になる。

単純動詞のアクセントが規則的に転成名詞に引き継がれるのに対し、複合動詞のアクセントはなぜ転成名詞に引き継がれないのであろうか。次節ではこの問題に対して二つの分析を検討し、その優劣を考えてみたい。第一案は音韻制約 Nonfinality を利用して、複合動詞の転成名詞が無核になることを説明する方法、第二案は複合動詞には固有のアクセント情報が存在しないので、複合動詞のアクセンは転成名詞に引き継がれないと考える立場である。小論では第一案に比べて、第二案がより簡潔で一貫性のある説明を可能にするのではないかという結論に至る。

3. 二つの分析案

3.1 音韻制約 Nonfinality を利用する方法[5]

複合動詞の転成名詞が無核になる理由を「複合語のアクセントは語末音節に置かない」という Nonfinality に求める方法をまず検討してみよう。この分析は、動詞の転成名詞は語末にアクセントを置くのが原則であるが、複合動詞に関しては、その方法が不都合を招くというシナリオを描くことになる。

(7) /tabe+aruki/ 食べ歩き

	Nonfinality
a. tabe+aruki'	*!
b. tabe+a'ruki	
c. tabe+aruki	

たしかに、音韻制約 Nonfinality は候補(7a)を直ちに排除できる。しかし、残り二つの候補のうち、なぜ(7c)が最適候補になるのかを別の制約で決定しなければならない。というのは、Nonfinality を満足する形式として、なぜ(7b)ではだめなのかという問題が残るからである。現に、(8)のような複合名詞が

存在しているわけで、複合動詞の転成名詞が必ず平板式として実現する理由を Nonfinality だけに求めるわけにはいかないのである[6]。

(8) a. 山登り　　yama+no'bori
　　b. 山歩き　　yama+a'ruki
　　c. 身元調べ　mimoto+si'rabe

3.2 複合動詞には語彙的なアクセントが存在しない

単純動詞の場合、動詞のアクセント情報は語尾に応じて一定の位置に実現することが知られている。例えば、現在形（＝終止形）の場合であれば、-(r)u の直前がアクセント位置になる（例：食べる /tabe'+ru/）。言うまでもなく、無アクセント動詞に終止形の語尾を付加すれば、当然、平板式になる（例：燃える /moe+ru/）。

単純動詞はアクセント情報（アクセントの有無）が語彙的に定まっており、接辞付加によってアクセント位置が定まるという仕組みになっている。複合動詞は一見したところ、アクセント動詞のような印象を与えるが、実は、このアクセントは語彙情報ではなく、「複合語」という語構造がもたらしたものであると考えることも可能である[7]。このような立場では、複合語には固有のアクセントが存在しないので、アクセントを引き継ぐ転成名詞形成のようなプロセスでは「平板式」にならざるを得ないのだという分析をすることになる。

以上、複合動詞には引き継がれるべきアクセントが存在しないために、その転成名詞は平板式として実現せざるを得ないという見通しを得た。しかし、複合動詞は有核（起伏式）で実現するということもまた事実である。これを説明するのが、音韻制約 COMPOUND ACCENT（複合語はアクセントをとらなければならない）である。複合動詞に現れる基本音調 HL はこの制約を満たすために導入されたものであるいうことになる[8]。

(9) 複合動詞へのアクセント付与

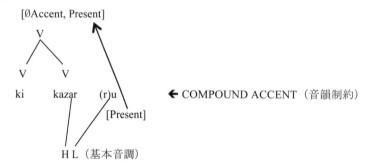

見かけ上、アクセント動詞のような音調をとっていても複合動詞には語彙情報としてのアクセントが存在しないので、その転成名詞は平板式にならざるを得ないのである。

4. おわりに

小論では転成名詞がとるアクセントに関して、単純動詞とは異なり、複合動詞の転成名詞がなぜ必ず平板式になるのかという問題を検討してきた。複合動詞は語彙情報として固有のアクセント情報をもたない、という立場に立てば、より単純な一般化が可能であるというのが結論である。この分析に必要な制約は「複合語はアクセントをもつべきである」という一般性の高い、しかも単純なものである。複合動詞には主要部が存在せず、その見かけ上のアクセントは語彙情報でないゆえに、転成名

詞はそれを引き継がないわけである。

注

* 小論は日本学術振興会科学研究補助金基盤研究 (C) (課題番号 245204194) の成果の一部である。
[1] ここではラテン語と英語の不定詞で実例を示す。
[2] 転成名詞という用語は秋永(1998)に従った。
[3] 複合動詞のアクセントに関しては、秋永(1998), Labrune (2012), McCawley (1968)などを参照。いずれも現代日本語では、複合動詞が起伏式アクセントをもつという事実を受け入れている。
[4] 小論では複合動詞の歴史的推移や方言差などの問題には立ち入らない。詳細については秋永(1998)を参照されたい。
[5] この制約に関しては Prince and Smolensky (1993)や Kubozono (1995)がその有効性を論じている。なお、単純動詞には Nonfinality は作用しない。この音韻制約は複合語を対象にしているからである。
[6] 本文(8)の形式は *yama+noboru, *yama+aruku, *mimoto+siraberu のような動詞の転成名詞ではない。本文(8)には対応する複合動詞が存在しないのである。これらの形式は「山に登る」、「山を歩く」、「身元を調べる」といった意味内容を担い、動詞が句の主要部として機能していると考えられる。これに対して、複合動詞（例：たべ＋あるく）は構成要素間に主従関係のない Dvandva Compound なのである。複合動詞が語彙的なアクセントをもたないということは複合動詞が内心構造をなさないことを音韻的に反映したものだと言える。複動動詞が内心構造をなさないことに関しては Nishimura (2013)を参照されたい。
[7] 不完全指定 (underspecification) の考え方（Arcahngeli (1988)など参照）に近いとも言えよう。
[8] Lieber (1980)が提案した *feature percolation* という方法を用いるなら、動詞の終止形アクセントは、語幹のアクセント情報と接尾辞 -(r)u [Present]が併合(merge)した結果、一定の位置に実現するということになる。また、「複合語はアクセントをもつべきである」という制約は Nishimura (2013)に従った。基本音調 HL に関しては Haraguchi (1997)の分析を採用した。

参照文献

秋永一枝 1998「共通語のアクセント」NHK 放送文化研究所(編)『NHK 日本語アクセント辞典』.
Archangeli, Diana. 1988. Aspects of underspecification theory. *Phonology* 5.183-208.
Haraguchi, Shosuke. 1977. *The tone pattern of Japanese: An autosegmental theory of tononogy*. Tokyo: Kaitakusha.
Kubozono, Haruo. 1995. Constraint interaction in Japanese phonology: Evidence from compound accent. *Phonology at Santa Cruz* 4.21-38.
Labrune, Laurence. 2012. *The phonology of Japanese*. Oxford: Oxford University Press.
Lieber, Rochelle. 1980. *On the organization of the lexicon*. Cambridge, MA: MIT dissertation.
McCawley, James D. 1968. *The phonological component of a grammar of Japanese*. The Hague: Mouton.
Nishimura, Kohei. 2013. *Morphophonology of Japanese compounding*. Tokyo: University of Tokyo dissertation.
Prince, Alan and Paul Smolensky. 1993. Optimality theory: Constraint interaction in generative grammar. New Brunswick, NJ: Rutgers University, and Boulder, CO: University of Colorado, Boulder, MS. [Published, Malden, MA: Blackwell, 2004].

歌から探る英語の好韻律性について[*]

服部範子
三重大学

1. はじめに
1.1 英語の歌に関する英語母語話者の直観
　本稿では、英語母語話者の音声に関する知識を明らかにするための一つの領域として、テクスト・セティング(text-setting)を紹介し、この観点による分析の今後の方向を記す。テクスト・セティングは音楽的リズム構造と言語の音韻構造の対応を考察するもので、英語の歌では音楽的に強いビート（拍）の位置に強勢のある音節をあてるという強い制約が観察されるが、英語圏の子供は 5 歳くらいでこの制約を直観としてもっていると言われる。

1.2 旋律と歌詞のマッピング
　韻律格子(metrical grid)を用いて英語の歌を分析することは Liberman (1975)に始まる。その後、Lerdahl & Jackendoff (1983), Dell & Halle (2009), Hayes (2009)などにより、音節拍言語の代表であるフランス語と、強勢拍言語の代表である英語では、テクスト・セティングにおいて、音楽的リズム構造と歌詞の音節のマッピングの仕方が異なることが明らかにされてきた。Hayes (2009)は、韻律格子を用いた規則に基づくアプローチのほかに、最適性理論の枠組みによるテクスト・セティングも提案しているが、本研究は、音符との対応が一目瞭然である韻律格子を用いた枠組みを採用する。

2. テクスト・セティング
2.1 韻律格子 (metrical grid)
　Liberman (1975)で提案された韻律格子を図 1 に示す。音楽との接点を示すために、図 1 の左端に、韻律格子の高さに対応する音符を添えている。

全音符	極強 (ES)			x							x						
2分音符	強 (S):			x				x			x				x		
4分音符	中 (M):	x		x		x		x		x	x		x		x		
8分音符	弱 (W):	x	x	x	x	x	x	x	x	x	x	x	x	x	x	x	x
16分音符	極弱 (EW:)	xx	xx	xx	xx	xx	xx	xx	xx	xx	xx	xx	xx	xx	xx	xx	xx

図 1　韻律格子と音符の対応（4 分の 4 拍子の例）

　x は等時的に起こるビート（拍）を表し、ビートの縦列（高さ）は各ビートの強さを表す。「極強 (Extra Strong)」「強 (Strong)」「中強 (Medium)」「弱 (Weak)」「極弱 (Extra Weak)」は、それぞれ音楽的に「全音符」「2 分音符」「4 分音符」「8 分音符」「16 分音符」に対応する。韻律格子は、西洋音楽の記譜法における「拍子」(4/4, 3/4 など) および小節線（bar line）と同じ役割を果たしている。図 1 の韻律格子では、便宜上、小節線にあたる位置に太線を引いてある。

2.2 西洋音楽における「強」の位置
　西洋音楽では、リズム的に強い位置と弱い位置がある。4 分の 4 拍子の場合、小節線の直後にくる位置がもっとも強い位置で、次いで強いのは 3 拍目の位置である (Taylor 1989)。

(1)　　4/4　　♩　♩　♩　♩
　　　　　　　強　弱　中強　弱

英語の歌では「音楽的に強いビート（拍）の位置に強勢のある音節をあてる」というかなり強い制約が観察される。本研究では、このマッピングを調べるためにHayes (2009)でまとめられた音節配置アルゴリズム(Syllabic Distribution Algorithm)を方法論として用いる。

2.3 音節配置アルゴリズム

Hayes (2009)が英語についてまとめたテクスト・セティングに関する「音節配置アルゴリズム」は、以下のような規則の組から成り立つ。

(2) a. 強勢のある音節を1つずつ、左から右へ「強」(Strong)の位置にあてる。
　　これを繰り返したあと、
　　b. 強勢のない音節を1つずつ、それらの音節を収納できる数の格子がある、一番高い格子レベルにおいて、右から左へあてる。
　　(a)と(b)が適用できるだけ適用されたら、
　　c. 残りの強勢のない音節を1つずつ、それらの音節を収納できる数の格子がある、一番高い格子レベルにおいて、左から右へあてる。

このアルゴリズムは3段階でリズム的に強い位置にテクスト（歌詞）の音節を配置していく。その特徴は一般に"stress-to-beat"あるいは"stress-to-strong"（音楽的に強い位置に言語の強勢を合わせる）と呼ばれる。

先行研究でよく引用される歌、"What Shall We Do with a Drunken Sailor?"を例として、(3)の下半分に示した歌詞と音楽のビートの強弱の対応を見てみる。(3a)はアルゴリズムの予測通りで制約に合致している。一方、2番以降の歌詞でテクスト・セティングの候補は(3b), (3c), (3d)など複数あるが、実際に英語圏で歌われているのはアルゴリズムの予測通りの(3d)である (Hayes 2009:44–48)。

(3) 強 (S):　　　　　　 x　　　x　　　x　　　x
　　中強 (M): 　x　x　　x　x　　x　x　　x　x
　　弱 (W): x x x x x x x x x x x x x x x x x x
　　　　　　 | | | |　| | |　| |
　　　a.　　 What shall we do　with a drunk- en　sail- or
　　　b.　　 *Stick　on his back　a mus- tard　plas- ter
　　　c.　　 *Stick on his back a　　mus-　tard plas-ter
　　　d.　　 Stick　on his back　a　　mus-　tard　plas- ter

3. アクセント型の異なる言語（英語と日本語）におけるテクスト・セティング比較

3.1 英語と日本語におけるアクセント

高低アクセントを特徴とする日本語の母語話者が、強勢アクセントを特徴とする英語を習得する過程(L2)で、英語の第一強勢を声の高さ（ピッチ）で置き換えることはよく起こるが、言語産出の面でコミュニケーション上、とくに問題になることはない。たとえば、次のような置き換えが観察される。

　(4)　英語 *computer* [kəm'pju:tər]　「弱**強**弱」　→　L2「低**高**低」

上述の「音節配置アルゴリズム」の特徴は"stress-to-beat"（音楽的に強い位置に言語の強勢を合わせる）である。L2で「強勢」と「声の高さ」（ピッチ）が置き換え可能であるならば、日本語の歌のテ

—93—

クスト・セティングにおいて、「声の高いところを音楽的に強い位置にあてる」ということも言えるのだろうか。Hattori (2015b)では、言語の産出だけでなくテクスト・セティングにおいても、以下の対応が成り立つのかを名詞の例で調べている。

(5) a. 日本語の**高低**パターンは、英語の**強弱** (trochee) に等しいと言えるか。
    b. 日本語の**低高** (LH) パターンは、英語の**弱強** (iamb) に等しいと言えるか。

3.2 日本語名詞のテクスト・セティング

(5a)の例として「世界（せかい；**高低低**）」、(5b)の例として「さくら（**低高高**）」を歌詞の一部として含む日本語の歌の楽譜を調べたところ、音楽的に強い位置（縦線は小節線を表す）に来る音節は、幾通りかあることがわかった(Hattori 2015b)。以下の図では、著作権の関係で楽譜の詳細は省略する。

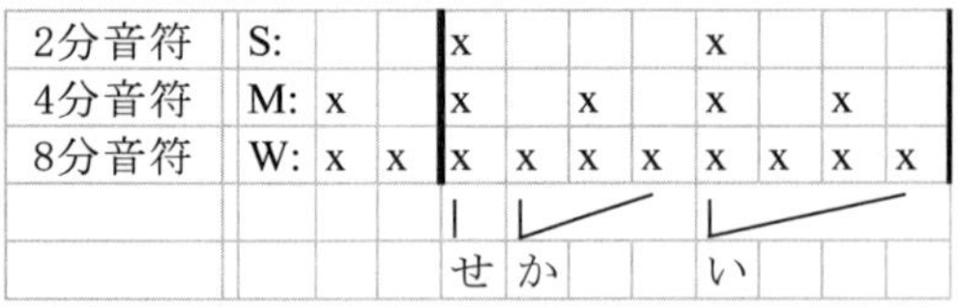

2分音符	S:		x			x			
4分音符	M:	x		x	x	x	x		
8分音符	W:	x	x	x	x	x	x	x	x
			／		／				
			せ	か	い				

図2　「世界」のマッピング例（その１）
（ブルーライト・ヨコハマ 1968年より）

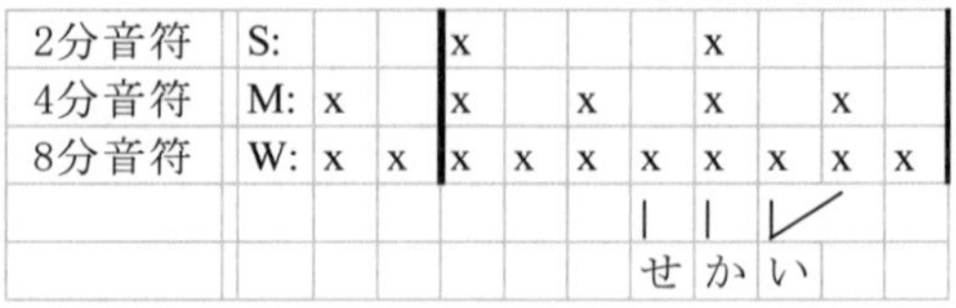

2分音符	S:		x			x			
4分音符	M:	x	x	x	x	x	x		
8分音符	W:	x x	x x	x x	x x	x x	x x	x x	x x
						／			
					せ	か	い		

図3　「世界」のマッピング例（その２）
（RIDE ON TIME 1980年より）

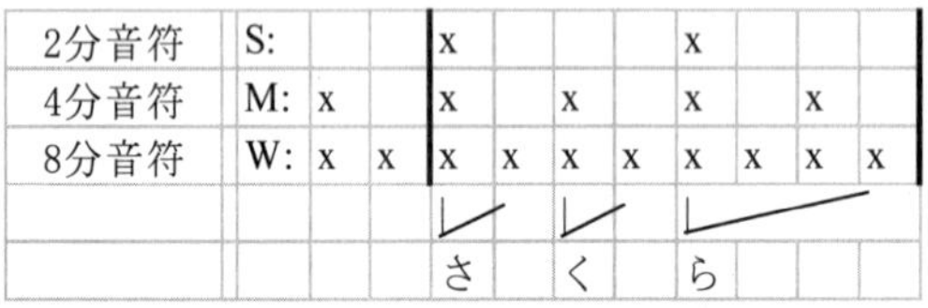

2分音符	S:		x			x			
4分音符	M:	x		x	x	x	x		
8分音符	W:	x x	x x	x x	x x	x x	x x	x x	x x
			／	／	／				
			さ	く	ら				

図4　「さくら」のマッピング例（その１）
（さくらさくら　日本の伝統歌より）

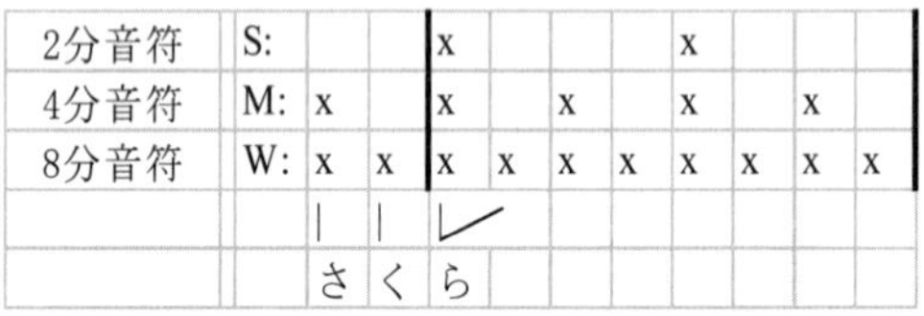

2分音符	S:		x			x			
4分音符	M:	x	x	x	x	x	x		
8分音符	W:	x x	x x	x x	x x	x x	x x	x x	x x
			／		／				
			さ	く	ら				

図5　「さくら」のマッピング例（その２）
（桜 2003年より）

3.3 英語の「強」と日本語の「高」の関係

テクスト・セティングの観点から、(5a)と(5b)は、それぞれ以下のように言い換えることができる。

(6) a. 英語の「**強弱**」と日本語の「**高低**」の対応
    b. 英語の「**弱強**」と日本語の「**低高**」の対応

(6a)については、9例中3例において対応が見られたが、残り6例においては対応は観察されなかった。また、(6b)については、10例中2例において対応が観察され、残り8例では対応は観察されなかった。このように日本語の「**高**」はテクスト・セティングにおいては、必ずしも英語の「**強**」のようには振る舞わないことが明らかになった。言語産出で観察される英語と日本語における「**強―高**」の対応は、テクスト・セティングにおいては等価でないことが判明した (Hattori 2015b)。

4. ことばと音楽の接点

ことばと音楽の接点の一つとして、テクスト・セティングを取り上げたが、英語の「音節配置アルゴリズム」は、話しことばとしての英語音声の一般的な特徴を反映するものでもある。たとえば、このアルゴリズムの第一段階である(2a)で、強勢のある音節を「左から右へ」マッピングするが、次の段階の(2b)では、強勢のない音節を「右から左へ」マッピングする。この左右の動きの違いは、強勢のある音節にできるだけ「長さ」を与えるためである。音楽では「長さ」は音符の音価で表される。韻律格子の横軸に沿ってより多くのビートを与えられた音節は、伸ばして歌われることになる。英語の特徴とし

て、強勢のある音節は強勢のない音節より一般的に長く発音されるが、歌でもその傾向が引き継がれると言えよう。この特徴は、Hayes (2009)が提案する最適性理論の枠組みでの制約の一つ、すなわち「強いは長い」(STRONG IS LONG)でも捉えられている。旋律と歌詞のマッピングを探るテクスト・セティングは、音声言語としての英語の特徴を再認識させてくれる領域でもある。

5. おわりに

　英語の第一強勢は、その単語が歌詞の一部になれば音楽的に強い位置に現れる。服部 (2012) では、音楽的に強いビートの位置とことばの強勢がどのように対応しているか、英語の歌の例で説明し、ステップによる英語のリズム習得法を提案している。本稿では、英語母語話者がリズム的に好ましいと思う音声の形（好韻律性）を探る一つの方法として、旋律と歌詞のマッピングを扱った。英語以外の言語、たとえば、強勢拍言語ではないフランス語のテクスト・セティングとの比較 (Dell and Halle 2009) やチャンツ以外の歌のテクスト・セティングの分析 (Temperly 1999) も興味深い。一見したところロック音楽において多用されるシンコペーションはアルゴリズムの予測から外れるが、韻律格子に深層構造と表層構造があると仮定し、深層構造ではアルゴリズムの予測通りのマッピングが、表層構造において 8 分あるいは 16 分音符のビートレベルで右にシフトされたとみなすと、もはや予測の例外ではなくなるという研究 (Temperly 1999; Temperly and Temperly 2011) を参考に、筆者は一定の基準で楽譜集から選択した英語の歌のテクスト・セティングについて分析を試みている (Hattori 2015a)。英語母語話者の頭の中で起こっている音声面での知的創造のプロセス解明に一歩でも近づきたいと考えている。

注

* 本研究は、JSPS 科研費 24520540 の助成を受けている。

参照文献

Dell, François and John Halle. 2009. Comparing musical textsetting in French and in English songs. *Towards a typology of poetic forms: from language to metrics and beyond,* ed. by Jean-Louis Aroui and Andy Arleo, 63–78. Amsterdam: John Benjamins.

服部範子 2012『入門英語音声学』東京：研究社.

Hattori, Noriko. 2015a. Apparent exceptions to the syllabic distribution algorithm for English. Philologia 46. 1–18.

Hattori, Noriko. 2015b. Accent and beat matching: The correspondence of English stress and Japanese pitch in terms of textsetting. *Proceedings of the 18th international congress of phonetic sciences.* Glasgow, UK. Online: http://www.icphs2015.info/pdfs/Papers/ICPHS0277.pdf.

Hayes, Bruce. 2009. Textsetting as constraint conflict. *Towards a typology of poetic forms: from language to metrics and beyond,* ed. by Jean-Louis Aroui and Andy Arleo, 43–61. Amsterdam: John Benjamins.

Lerdahl, Fred and Ray Jackendoff. 1983. *A generative theory of tonal music.* Cambridge, MA: MIT Press.

Liberman, Mark. 1975. *The Intonational system of English.* New York: Garland Publishing.

Taylor, Eric. 1989. *The AB guide to music theory. Part 1.* London: The Associated Board of the Royal Schools of Music.

Temperly, David. 1999. Syncopation in rock: a perceptual perspective. *Popular Music* 18. 19–40.

Temperly, Nicholas and David Temperly. 2011. Music-language correlations and the "Scotch Snap." *Music Perception* 29. 51–63.

漢語のメリとハリ―アクセントと声調

黄　竹佑

東京大学

1. はじめに

　漢字は古い時期に日本へもたらされ、日本語の音節構造に大きく影響したと考えられている。漢字は中国語で声調を持っているため、日本語に取り込まれる際に何らかの影響を及ぼしたと考えられる。しかしその具体的な影響に関しては、未だにわかっていないことが多い。

　その一つは漢語アクセントと漢字の声調の対応関係である。日本語は語種によってアクセントパターンが異なると観察されている。外来語ではアクセントの有無や位置によって意味を区別する最小対があまり見られないが、漢語ではこういった最小対が存在する（例:当代/to'odai/ vs. 東大/toodai/）。本研究はこのアクセントによる語の違いは元の中国語側の声調と関係するか否か、またはアクセントに影響する他の要因とどのような交互作用を持っているのかといった課題および先行研究を紹介する。

2. 中国語の声調

　中国語は曲線声調言語(contour tone language)である。曲線声調言語とは、音節内のピッチの違いによる意味的弁別がある言語をいう(Yip 2002)。中国語の声調は伝統的に平、上、去、入の4つの声調に分けられる。平、上、去はいずれも一音節内のピッチの高低変化で区別するのに対し、入声は音節の末子音が無声閉鎖音であるものを指す。これらの声調は四声と呼ばれるが、現代北京語の四声とはまた別のものである。実際シナ語派の各言語では声調がそれぞれ分化したり混同したりする変化が見られるが、この4つの声調を基にして変化し、互いに対応関係を成しているわけである。

　漢字の発音が記載される文献は中国では韻書と呼ばれており、漢字音の研究でよく使われている。中には『広韻』という韻書があり、おおよそ西暦1008年に中国で成立したと推定されている。『広韻』は当時の漢字の発音を調べるために重要な資料である。とはいえ、個々の声調が実際どのように発音されていたかを推定するのは決して簡単ではない。なぜなら中国の韻書はそもそも作詩の際に正しく韻を踏めるように書かれた参考書であり、実際の調値を知らなくても選んだ漢字が同じ分類であることだけ分かれば作詩には問題が起きないはずである。更に韻書はすべて表語文字である漢字で書かれており、時代の推移とともに発音が変化しても実際の読み方を反映しにくい特徴がある。

3. 声調からアクセントへ

　日本語の漢語は中国から伝来した時期によって大別して呉音、漢音、唐音に分けられている。日本が中国に派遣した遣隋使・遣唐使や留学僧が学び持ち帰ってきた漢音を境にして、呉音はそれ以前にすでに日本に定着した漢字音であり、唐音はそれ以降の漢字音を指す。この3つの時期の漢字音は中国の異なる時代の言語である。そのため声調は対応しているが、具体的な調値は異なると考えられる。

　漢字は日本に持ち込まれて、日本語に大きな影響を与えた。声調に関して、仏教のお経や字書などの文献を見ると、当時の人々は伝来した漢字の声調を意識していたことがわかる。当時の日本人は声点（しょうてん）を使用し、漢字の声調を表していた。声点は漢字の四隅または中央に付ける点であり、今でも多くの文献に残されている。先行研究によるとこれらの文献の声点はほぼ中国語の四声と対応している。つまり、当時の声点は忠実に漢字音の声調を反映していると言える。

仮に中国語の声調が日本語に何らかの形で残されているとすれば、当時の日本人はある程度中国語の声調を弁別する能力があったという前提が成立すると考えられる。確かに当時の文献を見ると声調が声点で記されているため、声調はある程度意識されていたに違いない。さらに金田一(1980)では日本語アクセントと原調との関係が考察され、日常生活でよく用いられている漢語は原音声調を反映し、和語のように方言間でアクセントの対応関係を成していると述べられている。

　歴史的なアクセント変化について研究が多く見られる。近世と現代の京都方言との関係を考察すると、近世京都方言の漢語アクセントと声調との関係が認められる。つまり、漢字音と近世の京都方言の漢字アクセントとは対応関係がある。また現代京都方言に至ると、どの声調においても平板型に変化する傾向があると報告されている(上野 2011 ほか)。また、声調別での分析では、入声が他の声調よりも規則的に変化したと指摘されている。入声は音節の末子音が無声閉鎖音である声調であり、他の声調と音節構造が異なるためそれも納得できる結果と言えよう。

　しかし、多くの例では音節構造による影響しか見られず、声調の組み合わせからアクセントを説明するのが難しいとされている。また、原調と対応しない例も多くあると報告されている。例えば、中近世京都方言の漢語においては、中低形などのアクセント型が回避されたり、他の型でゆれが見られたりする現象がある(加藤 2014)。このゆれの理由は漢語伝来の背景や日本語の音韻的な制約などにある可能性があると考えられる。漢語は当時、教養の象徴であり、日本語に取り込まれていく中で、社会的要因による影響も出たと考えられる。そして特定のアクセント型が回避されたのも興味深い。この現象に関して制約の観点から説明できるかもしれない。取りも直さずアクセントに影響する要因は声調だけではなく、他にも多くあるわけである。今後更なる考察が必要であろう。

4. 今後の課題

　日本語のアクセントは中国語の声調とどのように関係するかについて、まだ多くの課題が残されている。漢字音の原調だけではなく、連濁や長母音化など日本語内で起きた音韻変化や、漢語の拍・音節構造などの要因と交互作用もアクセントに影響を及ぼすと考えられる。

　他の言語を見ると、声調を持つ中国語を借用する方略は様々である。日本語と同様にピッチアクセントを持つと言われている韓国語の慶尚南道方言(South Kyengsang)では声調と音節構造によって異なるピッチパタンで具現化させる(Ito 2014)。生成文法の考え方に従えば、アクセントのゆれや変化は恣意的ではなく、何らかの通言語的な普遍性に従って変化すると考えられる。今後最適性理論などの音韻理論を取り入れ、今まで考察された漢語アクセントに関する諸現象を解釈できることを期している。

参照文献

Ito, Chiyuki. 2014. The accent of Sino-Korean words in South Kyengsang Korean. *Gengo Kenkyu* 145.61–96.
上野和昭 2011「漢語のアクセントとその変遷」『平曲譜本による近世京都アクセントの史的研究』
　　242–311. 東京：早稲田大学出版部.
加藤大鶴 2014「音韻史を担う漢語アクセント：中低形回避・低起上昇型間の揺れ・原音声調との非対
　　応例を中心に」Online: http://www.f.waseda.jp/uenok/ronshu/ronshu.html.
金田一春彦 1980「味噌よりは新しく茶よりは古い―アクセントから見た日本祖語と字音語―（上）」
　　『月刊言語』9(4). 88–98.
沼本克明 1986『日本漢字音の歴史』東京：東京堂出版.
Yip, Moira. 2002. *Tone*. Cambridge: Cambridge University Press.

漢語北部呉方言におけるトーンサンディー

増田正彦

九州大学

　漢語呉方言は、中国の江蘇省南部、上海市、浙江省などで用いられている方言グループである。このうち本稿で取り上げるのは、江蘇省南部、上海市、浙江省北部などで用いられている北部呉方言と呼ばれる方言グループである。

　北部呉方言のトーンサンディーについては(1)のような規則がよく知られている。

(1) 多音節からなる語において第2音節以降のトーンを削除せよ。

上海方言をはじめとして北部呉方言内の多くの方言が同様の規則を持っているが、ここでは蘇州方言の例を(2)に示す。数字は音の高さを示しており、5が最も高く1が最も低い。

(2) 蘇州方言の例①
　　a.　sɿ 412　＜4＞　＋　pø 52　＜冊＞　→　sɿ 41 pø 34　＜4冊(の本)＞
　　b.　sɿ 412　＜4＞　＋　bin 23　＜本＞　→　sɿ 41 bin 34　＜4本(の瓶)＞
　　c.　sE 44　＜3＞　＋　pø 52　＜冊＞　→　sE 44 pø 21　＜3冊(の本)＞
　　d.　sE 44　＜3＞　＋　bin 23　＜本＞　→　sE 44 bin 21　＜3本(の瓶)＞

例えば(2a)の場合、基底ではsɿという形態素が412というトーンパターンを、pøという形態素が52というトーンパターンを持っているのであるが、(1)によって52が削除され、412が語全体に広がる。その結果、表層ではsɿ-pøが41-34と実現している。なお、(2c, d)の表層は44-21となっているが、直後にポーズがない場合はsEの44が語全体に広がり44-44と実現する。

　(1)のタイプのトーンサンディーに加えて、先行する記述的研究(銭 1992など)を見ると北部呉方言には別のタイプのトーンサンディーもあることに気づく。次の例を見てみよう。

(3) 蘇州方言の例②
　　a.　pu 412　＜布＞　＋　ti 412　＜店＞　→　pu 44 ti 21　＜反物屋＞
　　b.　sɥ 44　＜本＞　＋　ti 412　＜店＞　→　sɥ 44 ti 21　＜本屋＞

仮に(1)にのみ従えば、(3a)のpu-tiは(2a, b)と同じように41-34となるはずであるが、実際には44-21と実現している。ここから別のタイプのトーンサンディーが存在している可能性が示唆される。Chan and Ren (1989)は、同じく北部呉方言の1つである無錫方言について、代入(Substitution)という(4)のような規則を仮定し、この規則が削除規則の前に適用されると考えた。

(4) 第1音節のトーンパターンを別のトーンパターンに置き換えよ。

この規則は典型的には(3)のような複合語で適用され、(2)のような接辞的要素の付加では適用されない。具体的にどのトーンパターンがどのトーンパターンになるのかは方言によって変わってくる。上の蘇州方言の場合、412 → 44 というような代入規則があるのだと仮定すれば、この規則により(3a)のpu-tiが44-21と実現することが説明できる。

　このようにChan and Renでは代入と削除という規則を仮定しているわけであるが、そもそも本当に代入が何らかの規則(群)によって引き起こされているのだろうか。複合語ごとに表層同様のパターンを記憶しているとは考えられないだろうか。そこで、増田 (2011, 2012)では無意味語を用いて調査を行った。具体的には、無意味な漢字の組み合わせからなる疑似的な外来語を作成し、そのトーンパターン

を調べた。結果、無意味語であっても代入が起こることが分かった。このことは代入が何らかの規則(群)によって引き起こされていることを示唆している。また、無錫方言では統語的な境界を跨いでいる場合であっても適用されることもあり、このことからも、代入されたトーンパターンを単語ごとに覚えていると考えるのは難しく、規則によって引き起こされていると考えるのが妥当であるかと思われる。

(5) 無錫方言の例

kʰo 34 ＜読む＞　＋　sɿ 51 ＜本＞　→　kʰo 55 sɿ 21 ＜本を読む＞

(5)の kʰo-sɿ は「動詞＋目的語」という構造を持っているが、34 → 51 という代入が起こっている。

では、上のような北部呉方言のトーンサンディーに関する研究は一般的な音韻論の研究とはどのような関わりがあるのだろうか。その1例として、トーンクロックの仕組みの解明を挙げることができる。トーンクロックとは、トーンのシフトが環状になっている現象のことであり、従来は閩南方言という福建省南部などで用いられている方言グループについてのみ取り上げられることが多かった(例えば Barrie 2006)。しかし、次の例にあるとおり、北部呉方言の中にも同様の現象が存在している。

(6) 無錫方言の代入規則(第1音節の初頭音が無声子音の場合)

①313 → 34、②34 → 51、③51 → 313

閩南方言だけでなく北部呉方言も視野に入れることによって、トーンクロックについて新たな知見が得られる可能性がある。

さらに、北部呉方言のトーンサンディーに関する研究が北部呉方言の歴史的研究に貢献できる可能性もある。すでに述べたようにどのトーンパターンがどのトーンパターンになるのかは方言ごとに変わってくるのであるが、中古音におけるトーンパターンのカテゴリーで考えた場合は方言間で類似していることがある(増田 2012)。中古音とは、601年に成立した『切韻』に反映されている音韻体系のことである。蘇州方言と無錫方言について、第1音節の初頭音が無声子音である場合の代入規則をすべて挙げると次のようになる。括弧内にある「陰上」「陰去」「陰平」とは中古音におけるトーンパターンのカテゴリーを示している。

(7) 蘇州方言：①51 → 512 (陰上→陰去)、②512 → 44 (陰去→陰平)

(8) 無錫方言：①313 → 34 (陰上→陰去)、②34 → 52 (陰去→陰平)、③52 → 313 (陰平→陰上)

中古音で考えると、①②の規則が蘇州方言と無錫方言とで共通していることがわかる。

本稿では、(4)の代入規則を中心に北部呉方言のトーンサンディーについて述べてきた。北部呉方言のトーンサンディーについてはすでに多くの記述的研究が存在しているが、各地の方言の表層形と中古音がどのように対応しているのかという観点からのものが多い。音韻論の観点からの研究をさらに進めることで、新しいタイプのトーンサンディーやその関連現象が掘り起こされることが期待される。

参照文献

Barrie, Michael. 2006. Tone circles and contrast preservation. *Linguistic Inquiry* 37. 131-141.

Chan, Marjorie and Hongmao Ren. 1989. Wuxi tone sandhi: from last to first syllable dominance. *Acta Linguistica Hafniensia* 21. 35-64.

増田正彦 2011 「漢語蘇州方言におけるパターン代入型トーン交替規則」『音韻研究』14. 11-18.

増田正彦 2012 「漢語蘇州方言におけるパターン代入型トーン交替規則―入声音節で始まる語を用いた検証―」『九州大学言語学論集』33. 81-105.

銭乃栄 1992 『当代呉語研究』上海：上海教育出版社.

二型アクセント方言のイントネーション*

松浦年男

北星学園大学

1. 方言アクセントの多様性と問題点

　日本語の方言に見られる大きな特徴としてアクセントの多様性を挙げることができる。例えば上野(1989)はアクセント(アクセントが実現する単位ごとの一定した音調パターン)の有無によって有アクセント方言と無アクセント方言に分類し、有アクセントをさらに語の長さ(モーラ数、音節数)によって型の数が増える(多型アクセント方言)か一定数(N型アクセント方言)かによって分類し、多型アクセントは式と呼ばれる特徴(近畿方言における高起、低起の区別)を持つかによって分類している。本稿では紙幅の関係で詳しくは図示できないが簡略化したものを(1)に示す。

(1)　　上野(1989)によるアクセントの分類(簡略版)

代表方言	東京	京都	長崎	小林	仙台
型	多型		二型	一型	無型
式	なし	あり			
弁別性	あり			なし	

　方言のアクセントがこのような多様性を持つ一方で、アクセントの規則性に関わる研究の多くは東京方言を対象に行われてきた。これはアクセスしやすいまとまったアクセント資料(辞典類)が限られていることや、方言アクセントを対象とした研究者の多くにとって、その関心が上記の歴史的な変化に向いていたというところが大きいだろう。しかし、多様なアクセント体系の間にどのような共通性が見られるかを追求していくことは、日本語のアクセント研究のみならず言語一般に対する研究への貢献という面を考えても意味するところは大きい。また、日本語の多くの方言が消滅の危機に瀕しているということを考えると、方言におけるアクセントの研究もその射程を広げていくことが求められる。

　アクセントの規則性に関わる現象が見られるものの代表例として複合語や外来語などを挙げることができるが、それらに加え、文レベルのイントネーションに関わる現象も共通性の面から重要である。東京方言を対象に行われている研究では、統語構造や情報構造との関わりに焦点が当てられてきている(Ishihara 2016等)。一方、諸方言におけるイントネーションついてはIgarashi (2014)において類型論的な考察がなされているが、統語構造との写像関係については簡単に言及されるにとどまっており、十分行われているとは言いがたい。そこで、本稿では二型アクセント方言のイントネーションに関わる現象について筆者の行った試行的な調査結果を紹介し、このトピックに関する問題点を整理する。

2. 統語構造との写像関係に見られる方言差

　統語構造の違いがイントネーションに反映されるかには方言差が見られる。ただしこの違いは離散的というよりも連続的である。以下ではIgarashi (2014)等による報告をもとにこれらの方言差を簡単にまとめる。まず、(1)にある分類のうち、「非弁別的アクセント」について述べる。小林方言と仙台方言はともにアクセントの違いは弁別的ではない。しかし、前者は文節を単位として末尾が上昇するという一定の型を持つが、仙台方言はそのような型は持たず、句音調のみを持つ。そのため、前者の方言は一型アクセント、後者の方言は無型アクセントと呼ばれる。無型アクセント方言では、統語構造の始端がなければ後続の文節と同じアクセント句を形成しうるが、始端があるとそこに必ずアクセント

句の境界が挿入される。そのため，(2)に示すように統語構造によって可能なフレージングが異なる。

(2)　　無アクセント方言におけるフレージング

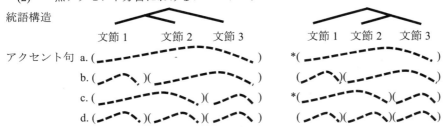

一方，一型アクセント方言ではこのような統語構造を反映したフレージングは見られず，(2)に挙がっている 4 つのアクセント句のうち d のパターンのみを許す。つまり，複数の文節をまたぐようなフレージングは許さないのである。このような特徴を持つ小林方言において，統語構造の違いはイントネーションの違いとなって現れるが話者によって差があり，また出てきてもその差は小さい。

こういったフレージングの違いは弁別的アクセントを持つ方言間でも見られる。東京方言のような多型で式のない方言では統語構造の違いは F0 の上昇幅に反映される。具体的には，(3)に示すように日本語では統語構造上の枝分かれの始端において F0 の上昇幅が大きくなる。

(3)　　左枝分かれ：[[長野のオレンジ]を選んだ]　　　右枝分かれ：[長野で[オレンジを選んだ]]

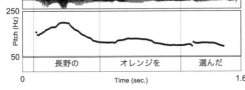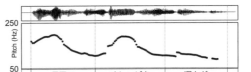

また，平板型の語のみによって構成された句では，統語構造の違いはアクセント句のフレージングの違いとなって現れ，(2)と同じ対応関係となる。

近畿方言は東京方言と同じく多型アクセント方言であるが，アクセントの下がり目(核)の有無と位置による区別に加えて，文節の初頭を高く始める(高起式)か低く始める(低起式)かという式による違いも弁別的である。近畿方言において統語構造の違いがイントネーションに反映されるかについては議論が別れており，例えば，杉藤(2001)は反映されないとしているのに対し，郡(2006)は反映されるとしている。そうした中，五十嵐(2010)は定量的な検討を行い，(i)統語構造の違いは反映される，(ii)ただしその違いは極めて小さく，個人差もある，(iii)低起無核＋高起式では明瞭な差を示さない，という結果を示した。さらに五十嵐は，統語−韻律間の写像規則に方言差がある可能性を示唆している。

3. 天草本渡方言における事例

それでは二型アクセント方言における統語構造とイントネーションの関係についてはどうであろうか。Igarashi (2014)は自らの予備的な調査結果に基づいて，鹿児島方言では統語構造とイントネーションの関係ははっきりとしないものであると紹介している。また，筆者も長崎方言を対象に調査を行い，統語構造の違いがイントネーションに現れないという結果を得ている(Matsuura 2011)。しかし，Matsuura (2011)の調査文は各文節の長さが 3〜4 モーラと短いため，それが原因で統語構造の違いが十分に反映されなかった(つまり undershoot が起こった)ということが考えられる。そこで，長崎方言とほぼ同様のアクセント体系を持つ天草本渡方言を対象に，統語構造とイントネーション関係に関する調査を行った。

天草本渡方言は天草下島の北部に位置する方言の一つである。本渡方言のアクセントについては上村(1972)や木部(2011)によって報告されており，長崎方言と同じくA型は第2モーラに下がり目があり，B型は下がり目がない。

(4) 　　天草本渡方言のアクセントの音声実現

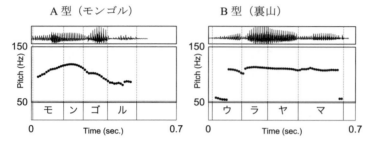

話者は1941年生まれの男性1名である。調査文は「Xの／で＋Yば[対格]＋副詞＋動詞」というフレームのXとYに2つのアクセント型の語を入れ，4パターン作成した。話者にこれらの文を2〜3回発話してもらい，文節を50等分し，各区間の平均F0を抽出した。そしてこれらについてZスコア(＝(計測点のF0−平均F0)÷標準偏差)を算出し，正規化を行った。この結果を(5)と(6)に示す。以下では単一の話者によるもので試行数も少ないため，正規化したF0の視認により議論を行う。

(5) 　　第1文節＝A型の文の結果(左枝分かれ＝LB，右枝分かれ＝RB)
　A型＋A型(左)：広島のラーメンばよけー買うた(LB)／広島でラーメンばよけー買うた(RB)
　A型＋B型(右)：宮崎の蒟蒻ばいくつも見つけた(LB)／宮崎で蒟蒻ばいくつも見つけた(RB)

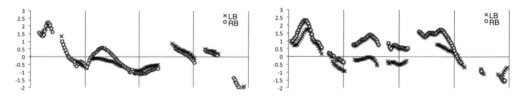

(6) 　　第1文節＝B型の文の結果(左枝分かれ＝LB，右枝分かれ＝RB)
　B型＋A型(左)：大分のサイダーばただでもろうた(LB)／大分でサイダーばただでもろうた(RB)
　B型＋B型(右)：大分の羊羹ばいくつも買うた(LB)／大分で羊羹ばいくつも買うた(RB)

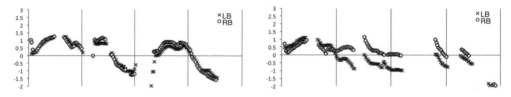

結果は天草本渡方言において統語構造の違いがイントネーションの違いに反映されることを示しているものであった。正規化したF0を見ると，B型＋A型を除いていずれも第2文節(…ば)において右枝分かれ(○)のF0は左枝分かれ(×)のF0よりも高く実現した。具体的には，A型＋A型の場合，違いは第2文節のピーク付近で見られた。また，A型＋B型，B型＋B型の場合，違いは第2文節全体にわたって見られた。

A型に後続する文節のピッチレンジが縮小するのは，東京方言などで見られるダウンステップと同じもので，A型の持つ下降調という特徴が後続の文節に影響したのであろう。そして，東京方言と同じく句の始端においてF0の上昇(boost)が起こることによって統語構造による違いが生じたと考えられ

る。注目すべきは B 型が第 1 文節にある場合である。今回の調査では B 型＋B 型ではピッチレンジの縮小が見られたのに対して，B 型＋A 型ではそれが見られなかった。木部(2011)は B 型のメロディーを H のみ（高平調）としているが，このように仮定すると B 型＋B 型は(H…)(H…)となり，ピッチレンジ縮小の要因となる下降がないことになる。この問題を解決するには B 型のメロディーを(L…H)のような上昇調であると考える必要がある。このように仮定すると，B 型＋B 型は(L…H)(L…H)となり，文節をまたいで HL という下降が生じ，この下降によって第 2 文節のピッチレンジが縮小すると説明できる。B 型が平板調ではなく，上昇調であることは，第 1 文節に B 型の語がある場合，F0 は 1SD 程度上昇を見せていることからも支持できる。さらに，A 型のメロディーは第 1 モーラから第 2 モーラにかけての上昇を反映して(LH…L)と仮定されるが，これを(H…L)と仮定すると，B 型＋A 型では(L…H)(H…L)となり，全体で下降が 1 つしかないためピッチレンジの縮小が生じないと説明できる。ただしこのような仮定では，A 型における第 1 モーラの L が何に由来するのかが問題となる。もっとも，より上位のレベル（utterance）に指定されたメロディーとすることでこの問題は回避できるが，その場合も B 型＋A 型における F0 の動態を詳細に観察することによって検証する必要がある。

　以上，本稿では二型アクセント方言におけるイントネーションについて統語構造との関わりの点からまとめた。試行数，文の種類等はまだ不足しているので今後はそれらを補う必要がある。

注

* 本稿の一部は国立国語研究所キックオフワークショップ「語のプロソディーと文のプロソディーの相互作用」（2016 年 1 月 10 日）における発表に基づいている。調査にあたり鶴田功氏にお世話になった。また，調査文の作成にあたり五十嵐陽介氏，広瀬友紀氏より助言いただいた。そして，吉田健二氏，佐藤久美子氏にはともに調査に参加いただいた。記して感謝申し上げる。なお，本研究の一部は JSPS 科研費 No. 26244022，25770155 の援助を受けている。

参照文献

五十嵐陽介 2011「近畿方言における統語構造と韻律構造の関係はどうなっているのか」日本音声学会第 321 回研究例会.

Igarashi, Yosuke. 2014. Typology of intonational phrasing in Japanese dialects. *Prosodic typology II*, ed. by Sun-Ah Jun, 464-492. New York: Oxford University Press.

Ishihara, Shinichiro. 2016. Syntax-phonology interface. *Handbook of Japanese phonetics and phonology*, ed. by Haruo Kubozono, 569-618. Berlin: Mouton.

上村孝二 1972「天草島方言のアクセント」『鹿児島大学 文学科論集』7: 1-19.

木部暢子 2000『西南部九州二型アクセントの研究』東京：勉誠出版.

木部暢子 2011「天草市本渡方言のアクセント：動詞句のアクセント」国立国語研究所論集 2. 49-76.

郡史郎 2006 「韻律特徴の地域差」広瀬啓吉(編)『韻律と音声言語情報処理 —アクセント・イントネーション・リズムの科学』50-64. 東京：丸善.

Matsuura, Toshio. 2011. Pitch Downtrend in Nagasaki Japanese. Paper presented at ICPhS 2011, HongKong.

杉藤美代子 2001「文法と日本語のアクセントおよびイントネーション−東京と大阪の場合−」文法音声研究会(編)『文法と音声 III』197-210. 東京：くろしお出版.

上野善道 1989「日本語のアクセント」杉藤美代子(編)『日本語の音声・音韻(上)』178-205, 講座日本語と日本語教育 2, 東京：明治書院.

大阪方言らしさとは？3モーラ和語における中高型

吉田　優子
同志社大学

1. はじめに

　日本語では文節音のみならず、韻律、ピッチ型が違うことによって方言間の差異が現れる。ここでは今現在の大阪方言の3モーラ和語に見られる特徴を検討し、1～2世代前にはまだいくらか見られたピッチ型の消滅と中高語彙の増加について検討する。

2. 大阪方言の今
2.1. 大阪方言における3モーラ和語のピッチ型

　まず、ピッチ型は次の4通りで、一世代前である1960年代生まれのデータにおいてはまだ観察されていた HHL (1c) に関しては使われていない。このピッチ型の変化について、後のセクションで考察を進めたいが、可能な型をまず提示しておく。各分節音の上に引かれた線はピッチの高い部分を表す。アクセント部分には*を付す。各例の後にピッチのパターンも付し、高いピッチの拍は H、ピッチの比較的低い拍は L で現す。

(1)　　a. *かたな(-が)　　HLL(-L)　　b. たぬ*き(-が)　　LHL(-L)　　c. *かがみ(-が)　　HHL(-L)
　　　d. i) きつね　　　　LLH　　　e. i) かたち　　　　HHH
　　　　 ii) きつね-が　　LLL-H　　　 ii) かたち-が　　HHH-H

共通語と比較すると、共通語には尾高型がまだ少し残っているのに対し、アクセントをピッチの下がり目の前にあるものという理解では、大阪方言ではアクセントが最後尾に来るものはない。その代わりに無アクセント型が二通りあり、一見、名詞単独では尾高型に見えるが、実は名詞句末の拍のみのピッチが高くなるもの (1di&ii) と名詞句全体のピッチが高くなるもの (1ei&ii) とに分かれる。

2.2 新出語からの予測

　新出語の傾向から予測できるのは、中高型 LHL (1b) が増加しているということである。中高語は共通語にはここ'ろ、たま'ご、などの限られた語にしか起らないアクセント型であるのに対して、関西方言ではグリ'コ、たに'し（'はピッチの下がり目を示す）、のように中高の語が多数あることは両変種の特徴を知るための鍵となると考える。中には共通語の影響と思われるが、頭高のグ'リコとなるものもあり、一見、減少傾向のように思われるが、短縮語を含む外来語などではまず、共通語型（共）ではなく、大阪型（大）が適用されている。

(2) ビスコ、グリコ（菓子）、マクド（マクドナルド（関西））、ユニバ（ユニバーサル・スタジオ）

	1920年代生	1960年代生	1990年代生	
ビスコ	ビス'コ（大）	ビ'スコ（共）	ビ'スコ（共）	（大阪型→共通型）
グリコ	グリ'コ（大）	グリ'コ（大）	グ'リコ（共）	（大阪型→共通型）
マクド	n/a	マク'ド（大）	マク'ド（大）	（大阪型で新出→維持）
ユニバ	n/a	n/a	ユニ'バ（大）	（大阪型で新出）

一方で大阪型から共通語型に変わっている語がある傍ら、新出の借用語の短縮型には中高（すなわち大阪型）で登場するものがかなり見受けられる。ポテ'チ（ポテトチップス）、ミス'ド（ミスター・ドーナッツ）、ハピ'バ（ハピー・バースデー）などの短縮語に置いても中高が多い。

3. 1990年代生まれと1960年代生まれのデータとの比較
3.1. 消滅したピッチ型の行方

　1994年と1995年生まれの大阪市住吉区出身・在住の女性2人[1]の和語のピッチ型について調査をした。これはまだ途中経過ではあるが、傾向を報告したい。大阪方言話者がときに中高型が「大阪方言らしさ」を表すものだと話すことがあるが、この型は増加しているのだろうか。最も単純な予測としては、失われたHHL (1c) の型において例えば (3) の例のようにアクセントからの高ピッチが第一拍目に波及しなくなったと考えることであろう。

　　(3)　　＿＿＊　　　　　　　＿＊
　　　　かがみ　→　かがみ

杉藤データベース (1995) において若年層[2]の1人、1962年生まれ、住吉区在住の発話者と前述の1990年代生まれの発話者2人のデータと比較した。和語の定義を平安時代から記録のある語、として杉藤 (1995) データベースから検索した1962年生まれのデータでは全424語の3モーラ和語の名詞において28語のHHL型が記録されているところ、この28の語において90年代生まれの二人共がLHL、すなわち中高型として発音したのは12語、どちらかが (1b) 型にしたものが6語あった。二人共が頭高にしたものが2語、二人共がHHHとして発音したものが5語あった。アクセントがなくなるもの、共通語型になるものなどのバラエティがあるものの、HHL→LHLという変化が各発話者において半分以上を占めて優勢であることから、高ピッチの波及がなくなったと考えられよう。

3.2. 和語における中高型の増加

　次に、1962年生まれのデータにおいて中高型、LHLであったもの40語が1990年代生まれではどう変わったかであるが、二人共がLHLとしていたのは22語、どちらかがLHLとしていたものは10語、合わせると32語あった。ほかのパターンとしてはHHLの変化と同じくHLLとHHHが認められた。同時に、1962年生まれのピッチ型を特定せず、1990年代生まれ二人の中高語の総数を調べたところ、1人は94語、もう1人の発話者において80語、と数の上では倍増もしくはそれ以上となっている。

4. 最後に

　90年代生まれの大阪方言話者が「大阪方言らしさ」として中高型を挙げることの理由が、その増加を確認できたことから見えてきた。今後、更に90年代生まれの話者のデータを集め、研究を進める。

注
[1] 発話者の1人は両親、祖父母共に大阪市出身・在住、他1人は母親は祖父母と共に大阪市出身・在住。
[2] 杉藤 (1995) においては若年層として1960年代生まれの発話者を、高年として1916年、1923年、1932年生まれの発話者のピッチ型を記録している。

参照文献
杉藤美代子　1995　『大阪・東京アクセント音声辞典』東京：丸善.

第3章

周辺諸分野との接点

音声／音韻の形態的・心理的・認知的・生物的基盤

吃音の音韻論的分析

氏平　明

1. 吃音とは
1.1 発話の非流暢性
　スピーチエラーとは別に発話の非流暢性(Fluency disorders)と言われる正常な発話からの逸脱がある。例えば，語句内の要素を繰り返す，/kakaidan/(階段)とか/tatatatoeba/(例えば)等である。人があわてたとき，緊張したとき，気が緩んだとき，心理的負担が多いときに発するものと，障害に結びつくものとが混在する(Ujihira 2011)。後者の一部分が吃音とされる。また言語獲得期に幼児，学童児にも一過性のこの非流暢性が観察される（Yairi 1997）。ではどのようにしてこれらを弁別するのであろうか。

1.2 疫学的調査と診断基準
　日本の医療制度では吃音の診断基準を，WHOのICD-10かアメリカ精神医学会のDSM-5の手引きに拠っている。それらの日本語訳を以下にあげる。
　ICD-10（2005年新訂版，医学書院）：単音，音節，単語を頻繁に繰り返したり，長く伸ばすことによって特徴づけられる話し方，あるいは話のリズミカルな流れをさえぎる，頻繁な口ごもりや休止によって特徴づけられる話し方，この型の軽度のリズム障害は幼児期には一過性のものとして，小児後期および成人期には軽いが持続的な話し方の特徴として，ごく普通である。話の流暢さを著しく阻害する場合のみ障害として分類すべきである。話の流れにおける反復と延長あるいは休止と同時に顔面および/または他の身体部分の運動を伴う場合がある。早口症とチックとの混同の留意点は省略。
　DSM-5 (2014年 医学書院)：A.会話の正常な流暢性と時間的構成の困難，その人の年齢や言語技能に不相応で長期間にわたって続き，つぎの1つまたはそれ以上のことがしばしば明らかに起こることによって特徴づけられる。(1)音声と音節の繰り返し(2)子音と母音の音声の延長(3)単語内の途切れ(4)聴きとれるまたは無言状態の停止(5)遠回しの言い方，苦手な語の回避(6)過剰な身体的緊張とともに発せられることば(7)単音節語の繰り返し B.その障害は，話すことの不安，効果的なコミュニケーション，社会参加，学業的または職業的遂行能力の制限のどれか一つ，またはその複数の組み合わせを引き起こす。C.症状の始まりは発達期早期である。D.その障害は，言語運動または感覚器の欠陥，神経損傷に関連する非流暢性，または他の医学的疾患によるものではなく，他の神経疾患では説明できない。
　ICD-10とDSM-5のA.は発話の症状からの判断基準である。しかし表現が不明瞭で，吃音と非吃音の境界が曖昧である。DSM-5のBは二次的なもので，発話症状を引き起こす要因が直接関係するものではない。ところが米国ではこれに基づいて訴訟が行われ，日本の臨床ではBで吃音を見て，その対症療法を画策している。日本のセラピーの臨床では，症状の記録をとる習慣が無く，主に言語聴覚士の主観的な患者への心理的，社会的なアプローチでセラピーが行われてきた。
　この診断基準の周辺で，吃音は疫学的に発症率人口の5%，有症率1%と言われる（Andrews et.al.1983, Bloodstein 1995）。この比率では発症者数の自然治癒率が80%となる。近年91.6%や88.8%という数値があり(Howell 2011等)，現在欧米で自然治癒率は約90%とされている(ヤイリ 2014)。と言うことは子供の吃音は大部分が自然治癒するし，成人の自称吃音者は，二次的な障害である可能性が高い。した

がってセラピーの主な対処法が認知行動療法になり，吃音と非吃音の弁別法が課題となっている。

2. 吃音者の弱点
2.1 遺伝と運動機能と脳

　以降この吃音の有症率に属する者を吃音者とする。ここ30年にわたり英国，オランダ，デンマーク，フィンランド，イタリア，日本の一卵性双生児の研究から，現在遺伝的に家族が吃音者である推測値は85%と見込まれる(ヤイリ 2014)。またイリノイ大とシカゴ大の研究から10の遺伝子が発話関連の神経系処理には重要で，そのうちの8つが既知の神経・運動疾患と関連することがわかった(Wittke-Thompson et al.2007)。米国立衛生研究所(NIH)のD・ドレイナ博士は吃音を起こす4つの遺伝子を同定したとまで言っている(ヤイリ 2014)。運動機能では吃音幼児を細かな運動，指たたきや拍手で，非吃音児と比較すると，吃音児はばらつきが多く複雑な課題に限界がある(Smits Bandstra et al.2006, Olander et al.2010)。成人吃音者の発話システムでは言語的な負荷が高いと発話が不安定になると言われてきた(氏平 2000, Smith et al.2010)。脳では，解剖学的に灰白質と白質に吃音者と非吃音者は違いがある。灰白質では脳の左右差が違い，左脳の脳回が多い。また灰白質の体積が小さいとも言われている(Foundas et.al 2001, Chang,et al.2008)。大脳皮質運動野と皮質下を接続する白質も減少しており，左右脳をつなぐ脳梁も大きい(Chang &Zhu 2013)。以上から聴覚野と運動野・運動野の皮質下との機能的接続が低下している。この他に脳関連では言語処理の誘発脳波反応(ERP)の研究があり，吃音者の言語能力は正常だが，その情報の脳内処理が非吃音者と異なり，それを脳波の具体的な数値，n400とp600で検知できる(Weber-Fox et al. 2013)。また直接的な脳の言語機能関連で，吃音者は脳の言語中枢と運動中枢をつなぐ神経線維の弓状束が運動野・運動前野付近で細くなっている(森 2013)。以上から吃音者には非吃音者には見られない遺伝的な運動機能的，脳機能的な弱点があると言えるだろう。

2.2 音声学・言語学的側面

　この側面の発話の非流暢性は主に，語句内での阻止，例えば[ʔdʒibɯɴ](自分)や[ʃoʔkɯ]（職），引き伸ばし，例えば[toːːːkoɾo]（所）や[ʃːːigatsɯ̈]（4月），そして繰り返しである。語中の阻止と引き伸ばしは，繰り返しが混在する場合が多い。繰り返しは中核症状と呼ばれる吃音の典型的な発話スタイルである。それらの例を（1）にあげる。[　]内に発音を，（　）内に母語の意味を表す。

(1) a. [ttttakai̭](高い), [ttttriː](tree), [tttttel](tell), [t͡st͡st͡sʊntʰi](総체), [kkkkok](꼭)
　　b. [sasasakana](魚), [fəfəfəget](forget), [kɯkɯt͡ʃo](그쓩),
　　c. [maŋmaŋkai̭](満開),[nʌmnʌmbə](number),[meimeit͡suier](没嘴葫芦),[malmaldɔdɯmi](말더듬이)
　　d. [tataŋo](単語), [koːkoːeŋ] (公園), [llibəti] (liberty), [kakai̭t] (kite), [suːsuːnə] (sooner), [ɕiauɕiauian](笑颜), [sasamʃipʼ]（삼심）, [mwɔːmwɔːrago](뭐라고)

(1a)(1b)(1c)は吃音者の例で, (1a)が繰り返しの単位が分節素, (1b)が同じくモーラ, (1c)が同じく音節である。複数の連続する異なるモーラや音節を繰り返すものもあるが, ごく少数である。(1d)は非吃音者の例で, 繰り返しの各単位をあげている。また語や語句単位の繰り返しも見られるが, それは語彙検索で生じる非流暢性で, 失語症の範疇に入り, 吃様症状と言われる。但し中国語は1音節1語であるからその繰り返しは吃音と非吃音にも多く現れる。英語では単音節の機能語の繰り返しがあるが, それが吃音かは議論がある(Howell 2011)。日本語では機能語の非流暢性は現れにくい(Ujihira 2011)。

　筆者の1994年から2015年までの発話の非流暢性の音声学・言語学的研究から, つぎのことが明ら

かになっている。1）発話の非流暢性は，非吃音者は全てが，吃音者は大部分が語頭音節内に現れる。2）非流暢性が作る大半の分節単位は，個別言語の主たる音韻単位（リズムの単位）を反映する。3）語句内の非流暢性による分節境界前後の音声の移行は，吃音者は共鳴音と阻害音間の移行が多く，非吃音者は共鳴音同士の移行が大半を占める。4）ピッチアクセントのピッチの下降や声調言語の複雑なピッチ変化の一つ前の音韻単位で非流暢性を多発する。5）吃音者は母音の振幅のゆらぎ（不安定さ）が大きい。これは幼児と成人に顕著に見られ，学童児では非吃音者もこのゆらぎが大きくなる。

1）〜4）は，日本語，英語，中国語（北京方言），朝鮮語の成人吃音者と非吃音者合計600余名の自然発話における非流暢性語句サンプル約5000例とその背景にある発話語句16,000例から，非流暢性の環境と背景の語句内の同環境の発生率を比較した統計的有意の蓋然性に基づいている。5）は幼児学童児，成人の吃音者61名と同じく非吃音者61名の母音発声で病的音声を検出し，その統計的有意差を見ている。英語の先行研究では,この他に強勢アクセントの関与が大きい(Hubbert 1998 等)。

またDAFで見られる聴覚系の異常が吃音者にはあると言われるが，発話産出に聴覚系を経由する回路を使うかそうでないかは個人差があり，非流暢性への影響が一定ではない。肝心なところは，吃音者の弱点が，発話の症状とどのように結びついているかをうまく説明できるかどうかである。

これまでの発見の1）から，この種の発話の非流暢性は分節素が音声プランとして線状に配列するところで生じることが窺われる。線状で語頭位置がはじめて明確になるからで，その情報が運動中枢へ伝達されていく。配列に至るとき語句単位の一括処理が行われるなら，情報最多で負担が重い語頭部分で非流暢性が生じる可能性が高くなる。2）から言語の異なるリズムやプロソディの構造によって，分節素の配列位置の負担が異なり，繰り返しの単位の蓋然性が言語によって異なってくる。非吃音者(健常者)の非流暢性で，英語では(1a)，日本語では(1b)，中国語では(1c)が多数を占める。3）語頭の音韻単位境界で調音の操作負担が多い音声の移行で非流暢性が生じる。またOCP違反になる配列の音声の移行で非流暢性が生じる。前者が吃音者，後者が非吃音者の特徴である。非流暢性発生頻度は吃音者が圧倒的に高く，吃音者の蓋然性は前者になるが，吃音者の非流暢性には後者も含まれている。4）は英語等のストレスアクセントと5）の母音発声の振幅のゆらぎ，即ち呼気と喉頭制御の不安定にも関連する。いずれも急激な変化時ではなく，その前段階で流暢性が滞る。調音器官の欠陥ではなく調音機能伝達段階での問題である。以上から，運動機能，脳機能の弱点が具体的に音韻論的な発話産出過程に及ぶことがわかる。

3. 非流暢性発生の試論

最適性理論の制約を発話の非流暢性の引き金に置き換え，複数の引き金には序列があり，それが言語によりまた吃音者と非吃音者によって異なる。そう仮定すると，非流暢性が作り出す分節単位の蓋然性が言語によって異なり，吃音者と非吃音者によって異なることを明示できる。最適性理論と異なるところは，非流暢性の引き金が統計的な蓋然性で保証されていることと，出力が消極的に選択されるのではなく，引き金の積極的な働きで出力が形成されていくところである。これは発話産出の音韻理論ではなく，発話の非流暢性産出過程のモデルである。紙面の都合でタブロー等を示すことができないが，詳細は氏平(2015)を参照されたい。ここでは引き金とアクセントのシステムが異なる日本語，英語，中国語でどのような序列になるかを示す。

引き金は2.2の1）〜4）に基づき，① 語頭位置 ② 個別言語の主な音韻単位の分節（日本語：モーラ，英語：音節の頭子音と脚韻，中国語：音節）③音声の移行（共鳴音⇔阻害音：双方向）④ 音声の移行（共鳴音⇒共鳴音：1方向）とおく。(2)に序列の>>は左が優位を，＝は等しいことを表す。

（2） a. 日本語吃音者：共鳴音⇔阻害音＞＞モーラ分節＞＞語頭＞＞共鳴音⇒共鳴音
　　　b. 日本語非吃音者：共鳴音⇒共鳴音＞＞モーラ分節＞＞語頭＞＞共鳴音⇔阻害音
　　　c. 英語吃音者：共鳴音⇒阻害音＞＞阻害音⇒共鳴音＞＞頭子音・脚韻分節＝語頭＞＞共鳴音⇒共鳴音
　　　d. 英語非吃音者：共鳴音⇒共鳴音＞＞頭子音・脚韻分節＝語頭＞＞共鳴音⇔阻害音
　　　e. 中国語吃音者：共鳴音⇔阻害音＞＞語頭＞＞音節分節＝共鳴音⇒共鳴音
　　　f. 中国語非吃音者：音節分節＝共鳴音⇒共鳴音＞＞語頭＞＞共鳴音⇔阻害音

言語共通の強い引き金は音声の移行で，分節素配列の素性の指定の相違と位置とリズムの関りで，言語の相違を踏まえ吃音者と非吃音者が明らかになる。英語吃音の(1a)にある頭子音群(cluster)内で分節する/ttttree/や(2b)の CV 単位の分節の英語は，音声の移行の引き金がリズムの音韻単位の引き金より強いことで説明できる。これから，評価の課題である吃音と非吃音の弁別が音韻論の分析で可能となる。

参照文献

Andrews, Gavin et al. 1983. Stuttering: A review of research findings and theories circa 1982. *Journal of Speech, Hearing and Disorders* 48. 226-246.

Bloodstein, Oliver. 1995. *A handbook on stuttering* (5th ed.). San Diego: Singular.

Chang, Soo-Eun et al. 2008. Brain anatomy differences in childhood stuttering. *Neuroimage* 39.1333-1344.

Foundas, Ann Ligh et al. 2001. Anomalous anatomy of speech-language area in adults with persistent developmental stuttering. *Neurology* 57. 207-215.

Goldsmith, A. John. 1976. *Autosegmental phonology*. New York : Garland.

Howell, Peter. 2011. *Recovery from Stuttering*. New York: Psychology Press.

Hubbert, P. Carol 1998. Stuttering, stressed syllables and word onsets. *Journal of Speech, Language, and Hearing Research* 41. 802-808.

Kager, Rene. 1999. *Optimality theory*. Cambridge: Cambridge University Press.

森浩一 2013 「吃音の研究について―脳機能と発話制御」『全言連ニュース』115,7-9.

Olander, Lindsey et al. 2010. Evidence that a motor timing deficit is a factor in the development of stuttering. *Journal of Speech, Language, and Hearing Research* 53(4). 876-886.

Smits-Bandstra, Sarah et al. 2006. The transition to increased automaticity during finger sequence learning in adult males who stutter. *Journal of Fluency Disorders* 31. 22–42.

Smith, Anne et al. 2010. Increasing phonological complexity reveals heightened instability in inter-articulatory coordination in adults who stutter. *Journal of Fluency Disorders* 35. 1-18.

氏平明 2000 「発話の非流暢性に関する言語学的・音声学的研究」大阪大学博士論文（文学研究科）.

氏平明 2015 「吃音の言語学的・音声学的特質」『生存学』8.161-177.

Ujihira, Akira. 2011. Stuttering in Japanese. *Multilingual aspects of fluency disorders*, ed. by Peter Howell and John Van Borsel, 139-168. Bristol: Multilingual Matters.

Weber-Fox, Christine et al. 2013. Early childhood stuttering and electrophysiological indices of language processing. *Journal of Fluency Disorders* 38. 206-221.

Wittke-Thompson, Jacqueline K. et al. 2007. Genetic studies of stuttering in a founder population. *Journal of Fluency Disorders* 32. 33-50.

Yairi, Ehud. 1997. Disfluency characteristics of childhood stuttering. *Nature and Treatment of Stuttering*, ed. by Richard F. Curlee and Gerald M. Siegel, 49-78. Needham Heights, MA: Allyn & Bacon.

ヤイリ エフド 2014 「吃音研究と臨床の進歩について」吃音研究と臨床の講演会資料.

ダジャレ混成について

太田　聡
山口大学

1. はじめに

例えば、「バカ + カップル → バカップル（恋人同士の熱愛ぶりを皮肉ったことば）」のように、混成語の前半（左側）要素と後半（右側）要素に同音を含む例を、「布団が吹っ飛んだ（ふとんがふっとんだ）」といったいわゆる駄洒落を想起させることから、本稿では「ダジャレ混成語」と名付けて、その特徴（通常の混成語との違い）を中心に論じることにする。

2. 混成語における長さの制約

窪薗（1995）は、混成語の前半の原語をAB、後半の原語をXYとすれば、混成語形成には以下の「長さの制約」があると唱えた。

(1) AB／XY → AY において、XYとAYは同じ音韻的長さ——同じモーラ数か音節数——を持つ。

つまり、基本的に左側要素の前半と右側要素の後半を組み合わせて作る混成語において、その長さは右の原語の長さに一致するというものである。この制約の妥当性は、以下のような日英語の実例からも確認できる。商品名などの場合には商標の意でTMと付記し、括弧内に意味や社名などを記した。

(2) ボクシング + エクササイズ → ボクササイズ（ボクシングの動きを取り入れたエクササイズ）
　　ハッカー + アクティビスト → ハクティビスト（ハッキングによって政治的主張などをする人）
　　安部 + エコノミクス → アベノミクス（安部晋三内閣の経済政策）
　　コート + カーディガン → コーディガン（コート風の長いカーディガン）
　　しみる + プロテクト → シュミテクトTM（知覚過敏対策の歯磨き剤。「し」が拗音に変化）
　　クロワッサン + ドーナッツ → クロナッツTM（クロワッサンとドーナツを融合させたもの）
　　net + citizen → netizen（「インターネットを盛んに使う人」の意）

（もっとも、「コオロギ + キリギリス → コロギス、スカート + ガウチョ → スカーチョ、ドリーム + ウエル → ドリエルTM（睡眠改善薬名）」などのように、割合こそ少ないが、左の原語の長さに合わせた混成語の例が存在する。また、「たび + ソックス → タビックスTM（福助の商品名）」のように、おそらく非音韻的な要因が働いて、どちらの原語とも長さが異なる混成例もある。）

しかし、(1)に示した長さの制約が破られた混成例にもしばしば遭遇する。次節以下では長さの制約に従っていない例について述べる。

3. 長さの制約違反に関する先行研究

太田（2003）は、長さの制約が破られる一つのパターンとして、例えば「オバタリアン（図々しいなどのおばさん特有の要素を持つ中年女性の意）」——中年女性を意味する「おばさん」とホラー映画『バタリアン』の混成——などの例から、前半の原語の途中に後半原語のはじめと同じ音が含まれることを指摘している。そして、以下のような例にもそのパターンが見られる。

(3) 　（体に）やさしい + しお → やさしおTM（「減塩」をサポートする塩。味の素KK）
　　California + fornication → Californication（ラブコメディTVドラマ名）

しかしながら、太田（2003）の観察はまだ不十分で、長さの制約がより破られやすいのは、前半要素の語末部分と後半要素のはじめの部分に同音が含まれる場合である。次節ではそうした実例を挙げながら、なぜ長さの制約が守られにくくなるのかを推察する。

4. ダジャレ混成

本稿で言うところのダジャレ混成の例は、様々な商品名やかなり下品な挨拶ことばなどにまで、結構幅広く用いられている。なお、駄洒落（あるいはいわゆるオヤジギャグ）でもそうであるように、同音になるべき箇所の子音は異なるという例もある。

(4) かなざわ (kanazawa) ＋ あわら → KANAZAWARA 号（金沢市とあわら温泉間を走るバス名）
    ダサい ＋ さいたま → ダ埼玉（埼玉県を揶揄する造語）
    カロリー ＋ リミット → カロリミット TM（ファンケルのダイエットサプリメント名）
    熱さまし ＋ シート → 熱さまシート TM（小林製薬）
    みよし ＋ シンプル → みよシンプル（三吉彩花のシンプルだけどお洒落な着こなし）
    カー ＋ カウンセラー → （街の）カーウンセラーTM（㈱ブロードリーフ）
    さかむけ ＋ ケア → サカムケア TM（小林製薬の液体ばんそうこう名）
    ともだち ＋ ちんこ → ともだちんこ（アニメ『おぼっちゃまくん』に登場するギャグ）
    よろしく ＋ ちくび → よろチクビ（久本雅美のギャグ。「し」と「ち」の子音は異なる）
    やきとり (yakitori) ＋ オリンピック → やきとリンピック（焼き鳥の祭典名）
    家族（かぞく）＋ クイズ → カゾクイズ（ラジオ番組「McDonald's HAPPINESS×happiness」の中のコーナー名）
    ナフコ ＋ こたつ → ナフコタツ（㈱ナフコの「ナフコのこたつはナフコタツ」というCMより）
    テレビ ＋ ビデオ → テレビデオ（ビデオ内蔵のテレビ）
    つくば ＋ バス → つくバス（つくば市のコミュニティバス）

この他にも、例えば、テレビアニメ『それいけ！アンパンマン』の中で使われるおなじみの技・台詞の「アンパンチ」や「バイバイキン」も、ダジャレ混成語の一種と言えよう。

では、なぜ 2 つの原語に同音が含まれている場合には、右の原語よりも長い混成語が作られるのであろうか？　それは、「せっかく同音が含まれているわけだから、その箇所を生かして洒落てみたい」という気持ちが生じるためであろう。その結果、（同音部分を C で表わせば、）ABC＋CXY → AXY という通常パターンではなく、（C を 1 つは残した）ABCXY という長めの混成語が出現するのである。

そして同様のことは、英語の混成語形成でも観察される。例えば、ホテルチェーンの Travelodge という名称は、travel と lodge という 2 原語の同音を生かしているため、lodge よりも長くなっている。もし原語が trip と lodge や travel と hotel ならば、Trodge や Travtel などが作られたはずである。

5. むすび

本稿で取り上げたダジャレ混成語は、決して例外的なものではなく、かなりシステマティックに作られた例であるので、今後、より詳しく、そしてより理論的に考察していく価値は十分にある。

参照文献
窪薗晴夫 1995『語形成と音韻構造』東京：くろしお出版.
太田　聡 2003「混成語制約再考」『音韻研究』6.59-68.

脳科学実験と多変量解析による音韻理論の実証

太田真理

東京大学・順天堂大学

1. はじめに

　音韻論の研究で提案された理論・仮説を検証するために、従来の研究では言語学者の直観が利用されてきた。その一方で、近年の脳科学や統計学の進展により、言語学者の直観のみに頼らずとも研究を進めることが可能になりつつある。本稿ではまず、機能的磁気共鳴画像法 (functional magnetic resonance imaging, fMRI) を利用した脳科学実験により、統語論を中心とした理論言語学の仮説を実証した著者らの研究を紹介する。続いて、日本語の連濁現象を対象に多変量解析とコーパスを利用した著者らの研究も紹介する。最後に、脳科学実験と多変量解析を組み合わせた研究案を提案し、この研究が言語学と脳科学の基礎的な知見の蓄積に加えて、外国語学習や計算機による音声処理、失語症に対するリハビリテーションなどの応用的な研究にも貢献しうることを議論する。

2. 脳科学実験による言語学理論の実証

　fMRIの開発により、脳の血流変化に基づいて脳を傷つけずに脳活動を可視化することが可能になったことで、言語の神経基盤の解明は大きく進展した。fMRI研究の知見に基づき、言語の音韻が大脳左半球側頭葉の左上側頭回で処理されることや、文法が左半球前頭前野の左下前頭回で処理されることなど、異なる言語機能が別の脳領域で処理されること (機能局在) が提案されている (Sakai 2005)。これまでの研究では、複雑な文を理解する際には、左下前頭回の活動が局所的に上昇することが知られていたが、この脳活動が文法処理の負荷によって生じるのか、あるいは意味処理の負荷によって生じるのかは明らかでなかった。そこで、文法と意味の処理を切り分けるために、日本語の助詞・活用と無意味な文字列を組み合わせて、文法の情報は持つが意味を持たない文 (例えば「太郎が走る」と同じ構造を持つ「ざざがせさる」など) を作り、fMRIによる脳機能イメージング研究を行った (Ohta et al. 2013a, Ohta et al. 2013b)。統語論の研究では、文の階層構造は2つの単語や句を組み合わせる「併合」を再帰的に適用することで作られることが提案されている。この仮説に基づいて、実験では併合の再帰的な適用回数である「併合度」を、文法処理の負荷に伴う脳活動を説明するためのモデルとして導入した。

　実験では3種類の構文—①埋め込み文:「太郎が花子が歌うと思う」と同じ構造を持つ文、②単文:「太郎の兄が歌い始める」と同じ構造を持つ文、③重文:「太郎が歌って花子が踊る」と同じ構造を持つ文—を使用した。短期記憶の負荷や要素同士の対応付けなどをコントロールするために、以下の2種類の文字列条件もテストした—④逆順文字列:刺激の前半と後半の文字列を逆順で提示、⑤同順文字列:前半と後半の文字列を同順で提示。各条件では、4語と6語の刺激を使用した。文条件では、主語と動詞の母音が同じかどうかを判断させた。例えば「<u>ざ</u>ざが<u>せさ</u>る」という文では、下線部の母音が同じ/a/なので対応する。一方で、文字列条件では、対応する文字列が同じかどうかを判断させた。

　文条件と文字列条件の脳活動を比較した結果、左下前頭回と左縁上回の活動が文条件で選択的に上昇することが明らかとなった (図1A)。さらに、併合度に加えて、先行研究で提案された文処理の負荷を説明する様々なモデルを基に、左下前頭回の脳活動を詳しく検討した結果、左下前頭回の活動は、文の階層構造の複雑さを反映する併合度によってのみ説明可能であることが明らかとなった (図1B)。

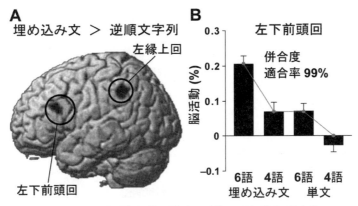

図 1. 文の階層的な統語構造の計算に選択的な脳活動
A. 埋め込み文 > 逆順文字列。左下前頭回と左縁上回に局所的な脳活動の増加が観察された。B. 左下前頭回の活動。折れ線は併合度による脳活動の予測を表す。併合度に基づく脳活動の予測と左下前頭回の活動は非常に高い精度で一致した。

また、左下前頭回と左縁上回の情報伝達を調べた結果、文の情報が左下前頭回に入力された後に統語構造が作られ、さらにその情報が左下前頭回から左縁上回へと、左上縦束・弓状束という神経線維を介してトップダウンに伝わるネットワークで処理されることも明らかとなった。以上の結果は、脳の文法中枢である左下前頭回が統語構造の構築に主要な役割を果たし、単語や形態素の処理に関与する左縁上回で統語構造に基づく形態統語処理が行われることを示唆するものであった。以上で示したように、言語を対象とした脳科学実験は、仮説に基づいて適切な実験をデザインすれば、従来の言語学の仮説を直接的かつ客観的に実証できる点に大きな長所がある。

3. コーパスと多変量解析を用いた言語学理論の実証

従来の理論言語学は、言語能力と言語運用の区別を強調するあまり、コーパスに基づく研究を軽視してきた。これに対して、音韻論が対象とする現象は、統語論や意味論に比べてデータの収集が容易であり、精度の高いコーパスが構築可能であると考えられる。さらに、実験設備などの制約がある脳科学実験とは異なり、コーパスが公開されればコストをかけずに多様な分析が可能になることもコーパスに基づく言語研究の大きな利点である。以下では、連濁に特化したコーパス (連濁データベース (Irwin and Miyashita 2015)) と多変量解析を組み合わせた 2 つの研究を紹介する (太田 2015; 太田・太田 2016)。

日本語の複合語では、「うみどり (海鳥)」のように、清音で始まる単語 (ここでは「とり」) が、濁音で始まる形 (「どり」) に変化する連濁が生じる。連濁には音韻や意味、統語といった様々な要因が影響することが知られているが、これまでの研究からは説明できない場合も多数あることが報告されている。そこで、太田 (2015) は連濁データベースに記載されている約 30000 語の日本語複合語を対象に、多変量解析を用いて連濁を生じさせる未知の要因を明らかにするための研究を行った。連濁データベースのデータから連濁が生じるか生じないかを予測するために、研究では 2 値的な結果を予測する場合に広く使用されるロジスティック回帰分析を使用した。119 種類の言語的要因 (音韻的要因 96 種類、意味的要因 6 種類、その他の要因 17 種類) を検討した結果、特定の音素が単語に含まれるかどうかで、連濁の生起が 80%以上の複合語で正しく予測されることが明らかとなった。特に、/k/や/s/によって連濁の生起が予測可能であるという結果は、この研究により初めて明らかとなった知見である。

従来の研究では、日本語の複合語は連濁の生起率の違いに基づいて、いくつかのグループに分類さ

れることが提案されている (Rosen 2001; Irwin 2012)。しかしながらこれらの先行研究では、連濁生起率の分類基準が恣意的であった点、またグループの数を事前に決めていた点に問題があった。そこで太田・太田 (2016) は、クラスター分析と連濁データベースを組み合わせて、連濁生起率に基づく日本語複合語の分類の妥当性と、分類する際の最適な基準及びグループ数の検討を行った。その結果、複合名詞と複合動詞のどちらも、2 グループに分類した場合が最適であること、また、最適な分類基準は、複合名詞では連濁生起率が 90%、複合動詞では 40% であることが明らかとなった。以上の 2 つの研究は、精度の高いコーパスと適切な統計分析を用いることで、これまで知られていない言語の特性を抽出できることを示したものであり、言語研究における多変量解析の有用性を示すものであった。

4. 脳科学実験と多変量解析を組み合わせた応用研究の可能性

　ここまでは脳科学実験に基づく言語理論の検証と、多変量解析を利用した音韻理論の検証の具体例を紹介してきた。ここでは、脳科学実験と多変量解析を組み合わせることで初めて可能になる応用的な研究について 1 つの研究案を示したい。従来の fMRI 研究では、刺激の変化に伴う脳活動の変化という、刺激から脳活動への影響が研究されてきた。近年、fMRI で計測した脳活動に基づいて、リアルタイムにフィードバックを与えることで、脳活動を変化させる「ニューロフィードバック」が脚光を浴びている (Weiskopf 2012)。ニューロフィードバックでは、脳活動に基づいてフィードバックを与えるため、脳活動から刺激への影響を検証することが可能である。例えば、高次の認知機能である注意に対してニューロフィードバックを用いた先行研究では、ニューロフィードバックは反応時間などの行動指標よりも大きな学習効果を生じさせることが報告されている (deBettencourt et al. 2015)。この結果は、音韻学習に代表される言語学習にもニューロフィードバックが応用可能であることを示唆している。

　以下では、脳科学の知見が最も豊富であり、かつ学習の個人差や成績の変化が大きい外国語の音韻学習を対象に、ニューロフィードバックを利用した研究案を示す (図 2)。ここでは特に、日本人の英語

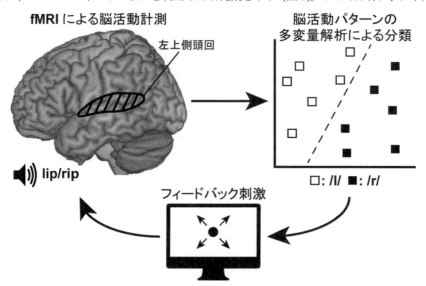

図 2. ニューロフィードバックによる音韻学習
/l/または/r/を含む単語を聴く際の脳活動を fMRI で計測し、多変量解析を用いて/l/と/r/のどちらを聴いた場合の脳活動か分類する。続いて、安静時の脳活動がどちらの子音を聴いた場合に近いか分類し、ニューロフィードバックを与える (画面上の●の大きさが変化する)。

の音韻学習で問題となる/l/と/r/の区別を学習する場合について考える。

　例えば、"lip"や"rip"のように/l/または/r/で始まり、語頭の子音以外は完全に等しい英単語を聴覚刺激として提示する。実験の参加者には、単語に/l/と/r/のどちらが含まれるかを判断する子音判断課題を行わせる。音韻処理に中心的な役割を果たす左上側頭回の活動パターンは、/l/と/r/で異なることが予想されるため、まずは多変量解析により/l/と/r/のどちらの子音が含まれていた場合の脳活動かを分類する分類器を作る。続いて、聴覚刺激を提示しない安静時の左上側頭回の活動パターンが、/l/と/r/のどちらを聴いた時の脳活動に近いか分類し、分類結果に基づいてニューロフィードバックを与える。実験の参加者は試行錯誤しながらフィードバック刺激を変化させることを目指す。繰り返しニューロフィードバックを与えることで、聴覚刺激を提示しないでも音韻学習が進むと予想される。また、反応時間や正答率などの行動指標に基づくフィードバックを与えた場合と、ニューロフィードバックを与えた場合の成績の向上率を比較すると、脳における音韻処理と密接に関連しているニューロフィードバックの方が、学習の促進が顕著であることも予想される。

　ニューロフィードバックにより音韻学習の神経基盤を明らかにすることは、言語学に大きなインパクトを与えるのみならず、高次機能の学習の神経基盤を解明するという点で、脳科学研究においても大きな意義を持つ。このようなニューロフィードバックを用いた研究は、言語学と脳科学に対する基礎的知見の蓄積に貢献するのはもちろんのこと、将来的に、個人に最適化した外国語学習法の開発や、計算機による音声情報処理への応用、失語症に対するリハビリテーション手法の開発などの応用的な研究にも貢献すると考えられる。

参照文献

deBettencourt, Megan T., Jonathan D. Cohen, Ray F. Lee, Kenneth A. Norman, and Nicholas B. Turk-Browne. 2015. Closed-loop training of attention with real-time brain imaging. *Nature Neuroscience* 18.470–475.

Irwin, Mark. 2012. Rendaku lovers, rendaku haters and the logistic curve. 22nd Japanese/Korean Linguistics Conference.

Irwin, Mark and Mizuki Miyashita. 2015. The Rendaku Database v2.5. Online: http://www-h.yamagata-u.ac.jp/~irwin/site/Rendaku_Database.html

Ohta, Shinri, Naoki Fukui, and Kuniyoshi L. Sakai. 2013a. Syntactic computation in the human brain: The degree of merger as a key factor, *PLOS ONE* 8(2) e56230.1–16.

Ohta, Shinri, Naoki Fukui, and Kuniyoshi L. Sakai. 2013b. Computational principles of syntax in the regions specialized for language: Integrating theoretical linguistics and functional neuroimaging, *Frontiers in Behavioral Neuroscience* 7.1–13.

太田真理 2015 「音韻的・意味的要因が連濁に与える影響：連濁データベースとロジスティック回帰分析を利用した研究」『音韻研究』18.85–92.

太田聡・太田真理 2016 「連濁の生起率に基づく日本語複合語の分類―連濁データベースによる研究―」『国立国語研究所論集』10.179–191.

Rosen, Eric R. 2001. *Phonological processes interacting with the lexicon: Variable and non-regular effects in Japanese phonology*. Vancouver: University of British Columbia dissertation.

Sakai, Kuniyoshi L. 2005. Language acquisition and brain development. *Science* 310.815–819.

Weiskopf, Nikolaus. 2012. Real-time fMRI and its application to neurofeedback. *NeuroImage* 62.682–692.

詩の韻律と統語構造のインターフェイス

岡崎正男
茨城大学

1. はじめに

　生成音韻論の誕生から現在まで、さまざまな音韻現象が研究対象になってきたが、その中に詩のリズムの研究がある。生成文法の研究目的はヒトの生得的言語能力の解明だが、詩のリズムにも生得的言語能力が利用されている側面があると考えられるからである。生成音韻論初期からよく研究されている英詩のリズム場合、文化的・社会的要因を背景に、強弱リズムの古英語頭韻詩、弱強リズムの中英語以降の脚韻詩、近代英語以降のさまざまなリズムの詩形、という通時的変遷があるが、個々の詩形のリズムがその詩形が誕生した時代の英語の言語特性を反映している事実を無視できない。古英語の語強勢型は強弱リズムの頭韻詩に最適である。中英語以降の語強勢型は脚韻詩の弱強リズムを形成するのに相応しい。加えて、近代英詩以降の韻律には、詩の統語構造も関与していることを否定できない。それゆえ、英詩のリズムが生成音韻論の研究対象になっているのは、不自然なことではない。実際、生成音韻論の枠組みを用いた英詩のリズム研究は、Halle and Keyser (1966) 以降多数ある。

　本稿では、以上のことを前提として、近代英語以降の英詩のリズム特性に焦点を絞り、関連する言語事実の記述を提示し、その後、二つの論点について、これまでの研究の流れに触れながら論じる。

2. 言語事実：詩の抽象的韻律型と実際の韻律の不一致

　近代英詩以降のリズムの特徴は、抽象的韻律型 (abstract metrical pattern) と実際の詩行の韻律型の対応関係を規定することにより解明される。近代英語以降の英詩では、抽象的韻律型と実際の詩行の韻律が一致していない場合が圧倒的に多いからである。抽象的韻律型と実際の詩行の韻律型の不一致の仕組みの解明こそ、近代英詩以降の韻律研究の課題である。

　抽象的韻律型は、詩行 (line) の韻律の鋳型で、詩脚 (foot) と強音部 S と弱音部 W の組み合わせから成る。近代英語以降の詩形の中心的な存在とみなされる弱強五歩格 (iambic pentameter) の場合、抽象的韻律型は、1行10音節でWSの詩脚五つから構成され、(1)のように表示できる。

(1)　(W S) (W S) (W S) (W S) (W S)　　　(( )=詩脚境界)

実際の詩行で観察される(1)との不一致には、(i)W 位置に強勢音節が配置される場合と(ii)S 位置に無強勢音節が配置される場合があるが、今までの研究で、(i)だけに有意味な規則性が見いだせることが明らかになり、研究対象となってきた。(i)の不一致型には、主に(2)に示される四つの型がある。

(2)　a.　… (W S)⇔[$_{XP}$ …[$_X$ σ$_S$]] σ　　　　　b.　(W S)⇔[$_{XP}$ [$_X$ σ$_S$] σ$_W$ …]
　　　c.　(W S)⇔[$_{WORD}$ σ$_S$ σ$_W$]　　　　　d.　… S)(W …⇔[$_{WORD}$ σ$_W$σ$_S$]　　　(σ＝音節)

(2a)の型は、詩脚の W 位置に句強勢を担う句末の単音節主要部が配置されている場合で、(3)-(4)のような具体例がある。下線部が不一致が生じている箇所である。

(3)　(W　S)　(W　S)　(<u>W</u>　S)(W S)(W　S)
　　　And as [$_{NP}$ the bright [$_N$ <u>sún</u>]] glorifies the sky,　　　(Shakespeare, *Venus and Adonis* 485)

(4)　(W　S)(W　S)　(<u>W</u>　S)　(W　S) (W S)
　　　And see thy blood [$_{AP}$ [$_A$ <u>wárm</u>]] when thou feelst it cold　　　(Shakespeare, *Sonnet* 2.13)

—118—

(3)では、W 位置に名詞句の右端にあり句強勢を担う単音節名詞 sun が配置されている。(4)では、W 位置にそれ自体で句を構成し句強勢を担う二次述語の単音節形容詞 warm が配置されている。この不一致型には、詩脚境界の左端と統語構成素境界の右端の対応という構成素境界の不一致もあることが特徴である。

(2b)の型は、W 位置に句強勢を担う句頭の単音節主要部が配置される場合である。(5)に示されるように、無強勢の代名詞目的語をともなう動詞（動詞句の主要部）の場合が具体例である。

(5)　(W　S)　<u>(W　S)</u>　(W S)　(W　S)　(WS)　φ
　　　Thou dost [vp[v lóve] her], because thou knowst I love her　　　(Shakespeare, *Sonnet* 42.6)

この不一致型の場合には、(2a)とは違い、詩脚境界と統語構成素境界との不一致はない。

(2c)の型は、詩脚位置に強弱の二音節語が配置される場合で、(6)-(9)のような下位類がある。

(6)　<u>(W S)</u>　(WS)(W　　S)　(WS)　(W　S)
　　　[v Máking] a famine where abundance lies,　　　　　　　　　(Shakespeare, *Sonnet* 1.7)
(7)　(W S)　(W　S)　<u>(W S)</u>　(W S)(W　S)
　　　Of Eve, whose Eye [vp[v dárted] contagious Fire]　　　　　　(Milton, *Paradise Lost* IX, 1036)
(8)　(WS)(W S)　(W　　S)　<u>(WS)</u>　(W S)
　　　Created thee in [np the [n ímage] of God]　　　　　　　　(Milton, *Paradise Lost* VII, 527)
(9)　(W　S)　(W　S)(W　　S)　<u>(W　S)</u>　(W　S)
　　　The dove sleeps fast that [np this [n níght-òwl]] will catch,　(Shakespeare, *The Rape of Lucrece* 360)

(6)は、詩行頭の詩脚に強弱の二音節語が配置される場合で、ほとんどすべての詩人が利用している典型的な不一致型である。(7)は行中の詩脚に句頭にある強弱の二音節語が配置される場合、(8)は行中の詩脚に句中にある強弱の二音節語が配置される場合である。(7)と(8)の不一致型は、詩人により使用頻度のばらつきがある。(9)の不一致は、詩脚位置に強弱の複合語が配置されている場合で、多くの詩人が利用している。

(2d)は、SW 位置に弱強の二音節語が配置されている型で、具体例は、(10)である。

(10)　(W　<u>S)(W</u>　S)　(WS)　(W　S)　(WS)
　　　Weake [Adv enóugh], now into our world to come　　　　　(Donne, *La Corona* III, 4)

この不一致型は、例外的とみなされ研究が進んでいない。行中で生じ、詩脚境界と語境界の不一致もあるという特徴がある。(10)に例示されている初期近代英語期の Donne の他、後期近代英語期には Dickinson や Frost などが利用しているが、少数派に属する。

3. 論点1：不一致現象と統語構造との関連の有無

　近代英詩以降の韻律で観察される抽象的韻律型と実際の詩行の韻律の不一致に関する研究には、大きく二つ流れがある。ひとつは、不一致を統語構造と関連づけずに捉えようとする研究で、代表的なものに Halle and Keyser (1971)、Fabb (2002)、Fabb and Halle (2008)などがある。この流れは、英詩における多音節語の分布を最大強勢点 (stress maximum) を利用して捉えることにより、不一致を捉える試みである。強勢理論の発展で得られた成果を詩行韻律構造の表示に取り入れ、理論の姿は変化しているが、最大強勢点を利用して不一致現象を捉えようとする姿勢は、1960 年代から不変である。

　最大強勢点とは、英語の厳密な韻律 (strict meter) の詩行では、前後に相対的に弱い音節をともなう多音節語の主強勢音節 (Fabb and Halle 2008: 47)、と定義される。その定義をもとに、(11)のように述べることができる一般化を提案している。

(11) 最大強勢点は、抽象的韻律型の W 位置に配置されてはならない。

(11)を前提とすると、不一致は最大強勢点がない箇所で許容されることになる。提示した具体例のうち、(3)-(5)では不一致が単音節語で生じており、定義上最大強勢点ではなく、不一致が許容される。(6) (行頭) と(7) (直前に主強勢音節) の不一致箇所も最大強勢点の定義からはずれるので、許容される。しかし、(8)と(9)のような不一致型の場合には、定義上、最大強勢点が W 位置に配置されていると解釈され、許容されないという誤った予測をする。当該の語の主強勢音節の前後に相対的に弱い音節があるからである。それゆえ、(11)を維持するならば、詩の韻律のタイプにより最大強勢点の定義を変えるか、もしくは最大強勢点の定義に細かい条件を付ける必要がある。(10)の不一致型は、最大強勢点を用いた説明では直接扱われていないので、最大強勢点を利用して説明可能か否か検討を要する。

抽象的韻律型と実際の韻律の不一致現象を捉える際のもう一つの立場は、統語構造との関連を重視する立場である。代表的な研究に Kiparsky (1975, 1977)、Hayes (1983, 1989)、Hayes, Wilson and Shisko (2012) (以下、HWS) などがある。この立場の研究も、音韻理論の発展にともない理論の姿は変化しているが、最大強勢点に依存せず、抽象的韻律型、詩行の実際の韻律、詩のテクストの統語構造という三種類の表示の対応関係を捉える姿勢は不変である。最新の HWS では、統語構造を元に形成される韻律構造の韻律範疇 (prosodic category) と最適性理論 (Optimality Theory (OT)) を基礎にした詩の韻律に課される制約を最大限利用して、詩行ごとに不一致現象を捉え、最終的に詩人ごとの韻律文法 (metrical grammar) を構築しようとしている。

具体的な道具は二つある。一つは、抽象的韻律型 (詩行と詩脚)と実際の詩行の Intonational Phrase (IP)、Phonological Phrase (P)、Clitic Group (CG)などの韻律範疇である。もう一つは、OT の制約群で、不一致が生じる W 位置とその直前もしくは直後の音節が不一致に関与するという前提で定式化されている。制約により、不一致ごとに制約違反が特定され、詩行の複雑度 (complexity) が査定される。(2a)-(2c)の不一致に関与する制約は、紙幅の関係で単純化するが、(12)と(13)のようになる (HWS: 704-708)。

(12) *RISE FROM S (D-final)   (D=IP, P, CG)

(13) *FALL FROM W

(12)は、抽象的韻律型の SW の W に韻律範疇末 (≒統語句末) の強勢音節が配置されることを禁止する制約で、(3)と(4)に関連する。(3)も(4)も D=P の場合で、(12)の違反が許容される。結果とて、詩行の複雑度の上昇を許容していると解釈される。

(13)は、抽象的韻律型の詩脚 WS の位置に強弱の強勢型が対応するのは禁止する制約で、(5)-(9)の例に関連する。(5)と(7)は P の左端で、(6)は詩行の左端で、(8)と(9)は CG の左端で、それぞれ(13)の違反が許容され、詩行の複雑度の上昇を許容していると解釈される。

しかし、(2d)の不一致型は上記制約群だけでは説明できない。多くの場合に不一致型の出現には関与しない*RISE FROM S (lexical) (HWS: 719)のごとき制約の違反が許容される例とみなされる。

近代英詩以降の抽象的韻律型と実際の詩行の韻律の不一致についての二つの立場を概観したが、(2a)-(2d)についての説明を見る限り、統語構造 (と統語構造から派生される韻律構造) との対応を考慮に入れた説明のほうが事実を過不足なく捉えられるように思われる。

4. 論点2：不一致に関する詩人間の違い

抽象的韻律型と実際の詩行の韻律の不一致に関するもう一つの重要な論点は、不一致型に関する詩人ごとの違いである。もっとも有名な違いに、Milton と Shakespeare の不一致型に関する違いがある。具体例は、(14)(=(8))と(15)(=(3))である。

(14) (WS)(W S) (W   S) (WS)   (W S)
Created thee in [NP the [N ímage] of God]   (Milton, *Paradise Lost* VII, 527)

(15) (W S)   (W   S)   (W   S)(WS)(W   S)
And as [NP the bright [N sún]] glorifies the sky,   (Shakespeare, *Venus and Adonis* 485)

重要な点は、(14)の型は Milton で許容されるが Shakespeare では許容されず (Kiparsky 1977: 213)、(15)の型は Shakespeare でふつうに許容されるが Milton ではきわめて少ない (Hayes 1983: 374) ことである。このような差がどのような仕組から導きだされるのかが論点となる。

　詩人ごとの不一致型の違いについては、3 節で述べた二つの研究の流れのうち、統語構造との関連を重視する文脈において積極的に研究されている。HWS の枠組みでは、上述の差の本質は、制約違反の差にある。(14)の場合には、*FALL FROM W の違反が Milton の詩では CG の左端で許容され Shakespeare の詩では許容されない。同様に、(15)では*RISE FROM S (P-final)の違反が Shakespeare の詩では許容され Milton の詩では許容されない場合が圧倒的に多いことになる。このように、不一致型に関する詩人間の差は、OT の制約違反を許容するか否かに還元される。

5. 結語

　本稿では、近代英詩以降の抽象的韻律型と詩行の実際の韻律の不一致に関する最近までの研究動向を紹介した。興味深いのは、HWS が、実際の詩行の不一致ごとに個々の制約違反を査定して最終的に詩人ごとの韻律文法を構築しようとしている点である。興味深い理由は、HWS の提案を積極的に採用すべき詩人が、Shakespeare と Milton 以外に少なくとも一人はいると考えられることにある。それは、後期近代英語期の Dickinson で、韻律特性を捉えるためには詩行ごとの制約違反を査定する以外に方法はないと考えられる (岡崎 2010)。今後は、HWS の提案を出発点にして、個々の詩人の韻律特性と制約の関与の仕方が、今までより明確な形で解明されることが期待される。

参照文献

Fabb, Nigel 2002. *Language and literary form: The linguistic analysis of verse and narrative*. Cambridge: Cambridge University Press.

Fabb, Nigel and Morris Halle 2008. *Meter in poetry: A new theory*. Cambridge: Cambridge University Press.

Halle, Morris and Samuel J. Keyser 1966. Chaucer and the study of prosody. *College English* 28.187-219.

Halle, Morris and Samuel J. Keyser 1971. *English stress: Its form, its growth and its role in verse*. New York: Harper and Row.

Hayes, Bruce 1983. A grid-based theory of English meter. *Linguistic Inquiry* 14.357-393.

Hayes, Bruce 1989. The prosodic hierarchy in meter. *Phonetics and Phonology 1: Rhythm and Meter*, ed. by Paul Kiparsky and Gilbert Youmans, 201-260. San Diego: Academic Press.

Hayes, Bruce, Collin Wilson and Anne Shisko 2012. Maxent grammars for the metrics of Shakespeare and Milton. *Language* 88. 691-731.

Kiparsky, Paul 1975. Stress, syntax, and meter. *Language* 51.576-616.

Kiparsky, Paul 1977. The rhythmic structure of English verse. *Linguistic Inquiry* 8.189-247.

岡崎正男　2010　『英詩韻律構造の最適性理論による研究』日本学術振興会科学研究費補助金　基盤研究(C) 英詩韻律構造の最適性理論による研究　研究成果報告書 (課題番号 19520412). 茨城大学.

L2 音韻習得：注意と音韻カテゴリー形成[*]

川﨑貴子

法政大学

　第二言語 (L2) 習得はインプットに基づく無意識的なプロセスだと捉えられてきた。しかし近年では、第二言語習得における注意や気づきの役割が注目されている (たとえば Schmidt (1990))。本稿では、低次で知覚される様々な音響手がかりが、どう高次の音韻カテゴリーに結びついていくのか、明示的に喚起される学習者の注意が新たな音素カテゴリー形成を促進しうるのかを考察する。

　子供は周りのインプットから音素を抽出し、それぞれの音素を特定するための音響的特徴を学習する。音素知覚に適切な音響的特徴のみに注意を集中し、その他の母語に必要ない音響的差異には着目しなくなる。このような学習は、インプットの蓄積によって無意識的になされる。

　一方、L2 習得ではすでに形成されている母語の音韻文法がスタート時点で存在し、習得に影響を与える。またインプットにより自然に習得される L1 とは異なり、L2 ではどのような音素が存在するかなど、明示的知識が与えられることが多い。たとえば日本語母語話者の英語学習の場合、学習初期に英語には/l/ と /r/ という異なる子音があり、区別されると教えられる。L2 習得ではメタ言語的知識として、音素のラベルを与えられて習得がスタートすることが多いのである。

　母語に無い音韻カテゴリーの第二言語音は、知覚・生成ともに困難である。母語に無い、類似する L2 音が母語音と同一カテゴリーの音として知覚されるという、いわゆる知覚同化も起こる (Best 1995 他)。このように知覚同化が起こる L2 習得では、音声インプットを受けるだけでは異なる音の発話が同一カテゴリーのものと捉えられ、新たな L2 カテゴリーを形成することは困難であろう。

　しかし知覚同化を起こしている場合でも、L1 で利用されていない音響手がかりが聞けないわけではない。Strange (2011)、Matthews and Kawasaki (2013)、Kawasaki et al (2014) 他では、少なくとも低次の音声知覚のレベルでは、L1 で使用されていない音響手がかりも L2 の音声知覚に利用されていることが示された。類似する L2 音と L1 音との違いは低次では知覚できるのである。新たな L2 音韻カテゴリーは、低次のレベルで知覚される音響手がかりから、どのように形成されるのであろうか。

　Matthews and Kawasaki (2013)、Kawasaki et al (2014) では、L2の音韻カテゴリーと音響手がかりのマッピングが行われたのち、弁別に必要とされない音響手がかりの抑制が起こるとしている。音韻習得の初期段階では、様々な音響的特徴に注意が払われる。しかしやがてL2カテゴリーに適切な手がかりが特定され、マッピングが行われる。このマッピングにより、その他の不必要な音響手がかりへの注意は抑制され、効率よい高次の知覚が行われるようになる。L2習得の初期段階では、明示的知識として与えられている音韻カテゴリーと、音響手がかりが正しくマッピング出来ていない。そのため、このつながりの欠如と、様々な音響手がかりへの注意の分散が知覚のエラーにつながるのである。

　低次で知覚される音響手がかりと高次の音韻カテゴリーとのマッピングはどのように促進できるのであろうか。よく知られた方法として Logan ら (1991) による High Variability Phonetics Training (HVPT) が挙げられる。HVPT ではインプットの種類を調整することにより、暗示的にカテゴリーと音響手がかりとの結びつきを促進する方法である。多様な音声を与えることで学習を促す HVPT は成人の L2 音韻カテゴリーの習得に一定の成果を上げてきた。

　一方、学習者の選択的注意を明示的な指示などにより音響手がかりに向けることで、学習者の音声

知覚を促進する研究も近年では多く見られる。Guion and Pederson (2007) では英語母語話者によるヒンディー語の閉鎖音の弁別実験を行った。意味に着目するよう指示されたグループと、音声の違いに着目するよう指示されたグループに弁別実験を行い比較した結果、後者のグループでより高い正答率が得られた。また Hisagi and Strange (2011) や Porretta and Tucker (2015) では、英語話者に対して音長に注意を払うよう、明示的に教示を与えることで、singleton vs. geminate の知覚の向上が見られたという。

　これらの研究はいずれも短期的なものであり、長期的な効果についてはまだ検証されていない。しかし明示的な指示などにより学習者の注意を導くことは、低次での音響手がかりの知覚に結びつく。そして、その手がかりをインプットとして蓄積することが、新たな L2 音素の習得に繋がると期待できる。もし明示的に注意を促すことが L2 音韻習得を促進するのであれば、音声学的なメタ言語知識や、綴りと音声との結びつきを教示する教育なども、音響的差異を意識させる手段として効果的かもしれない。明示的な教示を行った研究は音長についてのものがほとんどであるが、その他の種類の音響手がかりをどう教示できるのか、またそれが有効なのか、更なる研究が期待される分野である。

注

* 本研究は日本学術振興会科学研究費補助金(基盤研究C) (「L2習得における音響特徴と音韻カテゴリマッピング―メタ認知的知識の役割」課題番号：26370711) の助成を受けた。

参照文献

Best, Catherine T. 1995. A direct realist view of cross-language speech perception. *Speech perception and linguistic experience: Issues in cross-language research*, ed. by Wnifred Strange, 171-204. Timonium, MD: York Press.

Guion Susan and Eric Pederson. 2007. Investigating the role of attention in phonetic learning. *Language experience in second language speech learning*, ed. by Bohn Ocke-Schwen and Munro Murray, 57–77. Amsterdam: John Benjamins,

Hisagi Miwako and Strange Winifred. 2011. Perception of Japanese temporally-cued contrasts by American English listeners. *Language and Speech* 54. 241–64.

Kawasaki, Takako, John Matthews, Kuniyoshi Tanaka, and Yoshifumi Odate. 2014. Persistent sensitivity to acoustic detail in non-native segments: The perception of English interdentals by Japanese listeners. *English Language and Literature* 54. 41-56.

Logan, John S., Scott E. Lively, and David B. Pisoni. 1991. Training Japanese listeners to identify English /r/ and /l/: A first report. *Journal of the Acoustical Society of America* 89. 874–886.

Matthews, John and Takako Kawasaki. 2013. Decay or not decay? The loss of fine-grained perceptual sensitivity in the course of speech processing, Paper presented at New Sounds 2013, Concordia University: Montréal, Canada.

Porretta, Vincent J. and Benjamin V. Tucker. 2015. Perception of non-native consonant length contrast: The role of attention in phonetic processing. *Second Language Research* 31. 239-265.

Schmidt, Richard W. 1990. The role of consciousness in second language learning. *Applied Linguistics* 11/2. 129-158.

Strange, Winifred. 2011. Automatic selective perception (ASP) of first and second language speech: A working model. *Journal of Phonetics* 39. 456-466.

英語のストレスに立ち向かう日本語話者[*]

北原真冬

早稲田大学

1. はじめに

　英語のストレスは、日本語話者にとって本当にストレスフルである。声の高さ、強さだけでなく、音色、共調音、弱化、帯気化、境界などの変数を母語とは異なる組み合わせで操らなければならない。本稿では、そのような視点から英語の韻律に関する研究と、英語学習に関する研究のそれぞれを紹介した上で、筆者らの研究グループの最近の研究成果と関連させながら、ストレス言語を母語としない人々がストレスをどう手なずけるかについて考えを巡らせる。

2. 英語のストレス研究

　ストレスが単語や句のどこに現れるか、という問題は記号列から創発する何らかのパターンを捉えるという意味において言語学の中心的課題であり、これからもあり続けるであろう。一方で、現れるストレスは具体的にどう実現しているのかという問題も、産出と知覚の両面から様々な特性を取り出す技術の進歩と、そこにある何らかのパターンを捕まえる統計的手法の進歩が相俟って、近年大きく進展している。問題意識として、前者は音韻論だが、後者は音声学であると思う読者も多いかも知れない。しかし、この二つは容易に切り離されるほど独立しているわけではない。

　例えば、何らかの韻律領域(prosodic domain)の境界において音声的な差異 — 末尾において母音長が長い — が埋め込まれることがある。ここで言う韻律領域とは、音声の実験的な測定に先立って自明のものとして与えられるのではなく、音韻理論上の仮定と推論に基づいて設定される。そして実験的な証拠はその仮定と推論の妥当性を裏付けることになる。

　韻律音韻論(metrical phonology)は、記号列から創発するパターンの研究として、高度な抽象化と一般化を成し遂げたものであるが、現実の音声から統計的手法によって取り出されるパターンも PVI(Pairwise Variability Index)という指標で表される(Grabe and Low 2002)。PVI は Pairwise という言葉が示すように、隣り合う二項的な単位間の長さの変動を捉えるものだから、韻律音韻論における binary foot と通底する。

　一方、英語のストレスが音声としてどう現れているかについての研究は、韻律境界に現れる音声的な差異の研究と切り離すことは出来ない。音声にはストレスだけではなく様々なレベルの韻律領域がもたらす影響が常に畳み込まれているのであり、単語のリストを読み上げるという課題ひとつを取ってみても、リスト読み特有のイントネーション、そしていわゆる citation form の韻律から逃れられない。それを回避するためにキャリア文を工夫したり、大規模な自然発話コーパスを探索したり、様々な取り組みがなされてはいるが、それぞれにまた特有の制約があるのが普通である。

　そのような制約の中でも、韻律領域の前端、後端、そしてストレスによってそれぞれ異なる音声的な特徴が分離・抽出されている。韻律領域の前端において母音のみならず子音の強化があること(Cho and Keating 2009, Onaka 2003)、後端においては顎の動きのパターンがストレスによるそれとは異なる形で伸長がなされること(Beckman and Edwards 1994)、そしてストレスでは音響的に測定しやすい長さ・高さ・強さだけでなく母音調音の程度(magnitude)が大きくなること(de Jong 1995)が指摘されている。

3. 日本語話者の英語学習におけるストレス

　Pike(1946)や Abercrombie(1965)において提唱された「ストレス等時性」と「音節等時性」という概念は、非常に広く普及していて中学校の英語教科書にもその影響が認められる(鹿内 2002)。しかしながら、ストレス等時性を具体的に測定して確かめようとする試みがことごとく否定的な結果に終わったこと(Delattre 1966, Roach 1982, Dauer 1983, Nakatani, O'Connor and Aston 1981)は、第二言語研究の場ではそれほど知られていないようである。実際、第一言語としてのリズム特性を前セクションで触れたPVI によって捉え直す研究は、対象言語を次々と拡大しているが(Asu and Nolan 2005, Mok and Lee 2008)、本稿の焦点である日本語話者の英語学習について、PVI を適用した研究は Grenon and White (2008)など、まだ少数である。

　ここまで触れてきた韻律領域やストレスの音声的具現化はいずれも、領域の境界にある分節音やストレスのある音節そのものを対象として様々な測定を行って得られたものである。一方、筆者らの研究はストレスと間接的に関わる二つの現象に着目して、英語学習者の音声的具現化を調べてきた。

　その一つは母音の長さが後続子音の有声性によって異なることを英語学習者がどの程度習得しているかについてである(Kitahara and Yoneyama 2014)。例えば bit – bid という最小対において英語の母音の長さは有声環境が無声環境の 150%にも及ぶという違いがある(House 1961)。つまり、「同じレベルのストレスがある」とされる母音の中にも別な要因による長さの差異が埋め込まれていることを学習しなければならないのである。日本人大学生で英語圏滞在経験が 3 ヶ月未満と 3 ヶ月以上の二つのグループについて音声の産出を測定したところ、前者は同様の場合に 113%、後者は 125%の比を得た。つまり、後続子音の有声性による母音の長さの差について、日本国内での通常の英語教育を受けてきた大学生はネイティブらしい発音にはほど遠いが、わずか 1 学期以上の英語圏滞在によってそれが改善することが分かった。

　また、別の現象として、北米英語におけるストレスのある音節直後での歯茎閉鎖音の弾音化を検討した(Kitahara, Tajima and Yoneyama 2014, Tajima, Kitahara and Yoneyama 2015)。この場合、弾音となるのは better や rider などの語中の子音や get up などの句における 2 番目の単語の語頭子音である。弾音化とは、より広いカテゴリーでは「弱化(lenition)」に属するため、ストレスによる強弱のリズムにおける「弱」の具現化の一助となっていると考えられる。これについて、ネイティブによる英語の自然発話コーパス、日本人大学生の英語発音コーパス、そして北米のみに滞在した帰国子女(滞在開始年齢および滞在期間は様々)の産出を比較した。また、英語圏滞在経験のない大学生については知覚実験も行った。

　日本人大学生のコーパスから、弾音化は実質的に皆無(12000 トークンのうち 8 トークンのみ)であることが分かった。一方、ネイティブによるコーパスの結果を帰国子女の産出実験と比較したところ、弾音化率において上位 20%の帰国子女はネイティブと殆ど変わらない結果を示した。その際、滞在年数や滞在開始年齢よりも TOEFL スコアとの相関が高いという結果が出た。

　知覚実験は語中に/r/・/l/を含む単語とのペア(例えば Betty – berry や Betty - belly)を提示して、二肢強制選択課題を行った。/t/・/d/については破裂音と弾音の 2 種類の音声を用意した。結果は、刺激語内の/t/・/d/が閉鎖音として発音された場合、正答率は全体的に高かった(TL：98.5%，TR：98.7%，DL：96.4%，DR：99.5%)。一方、当該音が弾音として発音された場合、正答率は 2 つの選択肢の組み合わせによって異なる傾向を示した。すなわち、選択肢が TR または DR の場合は、正答率が比較的高かったが(TR：93.8%，DR：91.8%)、選択肢が TL または DL の場合は、正答率が比較的低かった(TL：80.0%，DL：70.3%)。

これらの研究から示唆されるのは、ストレスに間接的に関わる事象において、一定期間以上の英語圏滞在経験が大きい効果をもたらすことである。しかしながら、弾音化の知覚・弁別は英語圏滞在経験がなくてもある程度は出来ていることから、日本語における弾音の存在や、ラ行音における/l/異音の影響もあることが伺える。従って、第二言語における音声的特徴の学習・獲得は、学習環境と母語が複合的に影響していることを勘案しなければならない。

ストレスに間接的に関わる事象は、他にも検討すべきものがいくつか存在する。冒頭に述べた、子音と母音の共調音、弾音化以外の様々な弱化、無声閉鎖音の帯気化などはいずれも、強弱リズムの実現の構成要素や知覚的な手がかりとなっている。しかしそれらの事象を第二言語として学ぶ者にとっては、事象そのものの特性だけでなく、環境と背景の複合的影響が事象ごとに異なる形で覆い被さっている可能性を考えなくてはならない。

4. 結論

2節で述べたように、近年の英語ストレスに関する研究は、複合的な要因を解きほぐし、階層的な構造に還元できるところは還元しながら、より本質的な説明に向けて前進していると考えられる。一方、3節で述べた事柄は、日本人英語学習者の音声について、解きほぐすべき複合的な要因がまだ多数絡まり合ったままであることを示している。英語のストレスに立ち向かうために、PVIというグローバルな測定値をネイティブに近づけようとするにしても、まずは韻律領域の境界における様々な変化、母音の後続環境による長さの違い、弾音化を含む音節の弱化などを分離して、その学習者としての実現の度合いを見極めていかなければならない。旧来の「ストレス等時性」という概念に依拠するばかりでは、複合的な要因の分離は容易には進まないであろう。

しかし、ここで問題となるのは、分離した要因の一つ一つは当然ネイティブとは違った機序によって母語の強い影響のもとに置かれている一方で、幾分かは言語普遍的なメカニズムの影響下にもあると予想されることである。韻律領域の全体の構成、有声子音の前で母音が長いこと、音節の弱化などはどれも普遍的な要素がありながら、母語の影響と学習対象言語の特性が混じり合っている。つまり、第一言語としての英語における研究に加えて、より多元的な複合性と重畳性を解きほぐすことが第二言語の研究者に与えられた課題だと言える。

本稿のタイトル「ストレスに立ち向かう」は、日常語における「ストレス」という単語の意味の複合性を意図的に取り込んで、学習者も研究者も、この困難な課題に対して少しでも前進できるよう鼓舞したいと考えたものである。

注

[*] 本稿をまとめるにあたって、田嶋圭一氏、米山聖子氏と行ってきた英語の母音長や弾音化に関する共同研究から得られた知見に大きく助けられた。また、深澤はるか氏および山田英二氏には草稿の段階で様々な助言をいただいた。ここに記して各氏に深く感謝する。もちろん原稿に含まれる誤りの責任はすべて筆者にある。なお本稿はJSPS科学研究費補助金課題番号 25370443、26370508、26284059の援助を受けた成果が含まれている。

参照文献

Abercrombie, David. 1967. *Elements of general phonetics*. Edinburgh: Edinburgh University Press.

Asu, Eva L. and Francis Nolan. 2005. Estonian rhythm and the Pairwise Variability Index. *Proceedings of*

Fonetik 2005, 29-32. Gothenburg, Sweden: Gothenburg University.

Beckman, Mary E. and Jan Edwards. 1994. Articulatory evidence for differentiating stress categories. *Phonological structure and phonetic form: Papers in laboratory phonology III*, ed. by Patricia Keating, 7-33. Cambridge: Cambridge University Press.

Cho, Taehong and Patricia Keating. 2009. Effects of initial position versus prominence in English. *Journal of Phonetics* 37.466-485.

Dauer, Rebecca M. 1983. Stress-timing and syllable-timing re-analysed, *Journal of Phonetics* 11.51-62.

de Jong, Kenneth. 1995. The supraglottal articulation of prominence in English: Linguistic stress as localized hyperarticulation. *Journal of the Acoustical Society of America* 97.491-504.

Delattre, Pierre. 1966. A comparison of syllable length conditioning among languages. *International Review of Applied Linguistics in Language Teaching,* IV(3).183-198.

Grabe, Esther and Ee Ling Low. 2002. Durational variability in speech and the rhythm class hypothesis. *Papers in Laboratory Phonology* 7, ed. by Natasha Warner and Carlos Gussenhoven, 515-546. Berlin: Mouton de Gruyter.

Grenon, Izabelle and Lawrence White. 2008. Acquiring rhythm: A comparison of L1 and L2 speakers of Canadian English and Japanese. *BUCLD 32: Proceedings of the 32nd Annual Boston University Conference on Language Development,* ed. by H. Chan, H. Jacob, and E. Kapia, 155-166. Somerville, MA: Cascadilla Press.

House, Arthur S. 1961. On vowel duration in English. *The Journal of The Acoustical Society of America* 33. 1174-1178.

Kitahara, Mafuyu and Kiyoko Yoneyama. 2014. Voicing effect on vowel duration: Corpus analyses of Japanese infants and adults, and production data of English learners. *Journal of the Phonetic Society of Japan* 18. 30-39.

Kitahara, Mafuyu, Keiichi Tajima and Kiyoko Yoneyama. 2014. Production of a non-phonemic variant in a second language: Acoustic analysis of Japanese speakers' production of American English flap. *Journal of the Acoustical Society of America* 136.2146.

Mok, Peggy and Sang Im Lee. 2008. Korean speech rhythm using rhythmic measures. Talk presented at the 18th International Congress of Linguistics, Seoul, Korea.

Nakatani, Lloyd H., Kathleen D. O'Connor and Carletta H. Aston. 1981. Prosodic aspects of American English speech rhythm. *Phonetica* 38.84-105.

Onaka, Akiko. 2003. Domain-initial strengthening in Japanese: An acoustic and articulatory Study. *Proceedings of the ICPhS-15,* 2091-2094. Barcelona: Spain.

Pike, Kenneth. 1946. *The Intonation of American English*. 2nd ed. Ann Arbor: University of Michigan Press.

Roach, Peter. 1982. On the distinction between 'stress-timed' and 'syllable-timed' languages. *Linguistic Controversies,* ed. by David Crystal, 73-79. London: Arnold.

鹿内芳喜 2002.「英語教育におけるリズムとイントネーションの習得」神奈川大学大学院『言語と文化論集』9.99-129.

Tajima, Keiichi, Mafuyu Kitahara, and Kiyoko Yoneyama 2015. Production of an allophonic variant in a second language: The case of intervocalic alveolar flapping. *JELS* 32.139-145.

母音長・子音長の知覚と F0 変動の影響[*]
― これまでと今後の展望 ―

竹安大
福岡大学

1. はじめに

基本周波数（F0）の変動によって母音長の判断が影響を受けること（以下、F0 変動の影響）が、英語や日本語をはじめとする様々な言語において報告されている（Lehiste 1976; Cumming 2008; Inoue 2009; Yu 2010）。従来、F0 変動の影響は、「F0 の変動がある母音は、そうでない場合と比べて長いと判断されやすい[1]」というものとして理解されてきた感があるが、先行研究や筆者自身の一連の実験結果によれば、少なくとも日本語における F0 変動の影響の現れ方はそのような単純なものではないことがわかっている。さらに、母音のみならず、子音（撥音・促音）の音韻長の判断も、F0 の変動により影響を受けることが判明している。以下では、主に日本語の母音の音韻長の知覚について、F0 変動との関係を調べたこれまでの研究の流れを概観し、日本語における F0 変動の影響についてすでに明らかとなっていること、また、今後明らかにしていくべきことをまとめてみたい。

2. 日本語の母音の長短の知覚における F0 変動の影響

日本語の母音の音韻長の知覚は、母音の持続時間が主要な手がかりである（藤崎・杉藤 1977）。一方、持続時間の手がかりが曖昧な状態においては、2次的な手がかりとして母音持続時間以外の情報が用いられることが知られており（Hirata and Lambacher 2004; 竹安・儀利古 2010）、本稿で扱う母音の F0 もそうした 2 次的手がかりの一つである。

日本語における F0 変動の影響については、F0 下降が長母音の知覚を促進するという報告がなされてきた（Kinoshita et al. 2002; Lehnert-LeHouillier 2007, 2010; Inoue 2009）。この事実は、様々な言語で観察されている「F0 の変動の影響がある母音が長いと判断されやすい」という傾向が日本語にも当てはまることを示しているように思われる。これに対して、Takiguchi et al. (2010)は、F0 変動の方向性（下降／上昇）の違いと、当該母音の語内の位置（3音節語の第 1 音節／第 3 音節）による影響を考慮に入れた実験を行った結果、F0 下降については語内の位置に関わらず長母音の知覚を促進したのに対し、F0 上昇は第 1 音節目では長母音の知覚を抑制し、逆に第 3 音節目では長母音の知覚を促進することを報告している。さらに、3音節語の第 2 音節内の母音に関しては、F0 下降は長母音の知覚を促進するが（Inoue 2009; 竹安 2016）、F0 上昇については長母音の知覚に対する大きな影響が見られない（竹安 2016）という報告もある。まとめると、日本語において、F0 下降は語内の位置に関わらず長母音の知覚を促進するが[2]、F0 上昇は語内の位置によって長母音の知覚に対する影響の現れ方が大きく異なる。すなわち、F0 変動が常に「長い」という判断と結びつくとは言えないということである。

3. まとめと今後の展望

F0 変動の影響の現れ方については未解明の部分が多いが、今後は F0 変動の影響がなぜ生じるのかという疑問を軸として、様々な方面から研究を進めていくことが可能である。以下では、筆者が特に

興味を持っていることに絞って、今後の研究のトピックとなりそうな事柄を挙げてみたい。

3.1 F0 変動の影響に対する説明
　F0 変動の影響が生じる理由について、人間の聴覚上の錯覚に基づく説明（母音内での F0 の変動が知覚上の母音持続時間に影響を及ぼし、それが音韻長の判断に影響を及ぼした）や、日本語のアクセント体系などの音韻論的要因に基づく説明（母音内での F0 の変動が知覚されるアクセント型に影響を及ぼし、日本語において長母音と共起しやすいピッチのパターン（例：高低）であると判断されたことにより、長母音の判断が増える[3]）などが提案されている。前者は人間の聴覚特性に基づくものであるため、これが正しいとすれば、日本語において観察された語内の位置や F0 変動の方向性による F0 変動の影響の現れ方の違いが通言語的に観察されるはずである。一方、後者は母音の長短の対立や語アクセントの存在など、日本語の音韻体系に基づく説明であるため、母音の長短や語アクセントの対立の有無などによって F0 変動の現れ方が異なることを予測する。従って、アクセント体系の異なる方言間の比較や、長音の対立や語アクセントのない言語との比較によって、その妥当性を確かめることができるであろう。

3.2 語内の位置による影響の度合い
　語内の位置の影響を扱った一連の実験結果を見ると、F0 変動（下降、上昇を含めて）の影響は語末において特に強く、安定して現れているような印象を受ける。この点については今後さらなる検証が必要ではあるが、語末でのみ強い影響となるのか、語末に近づくほど徐々に影響が強くなっていくのか、音節数を変えて実験を繰り返すことで、何らかの興味深い発見ができるのではないかと期待している。

3.3 長音以外の特殊拍の知覚における F0 変動の影響
　日本語には母音だけではなく子音にも音韻的な長短の対立（撥音・促音）があるが、F0 変動がこれらの子音長の判断にも影響を及ぼすことがわかっている。例えば、鼻音に F0 下降がある場合にはそうでない場合と比べて撥音の知覚が促進される傾向があり（竹安 2014a, b）、F0 下降を伴う母音に後続する閉鎖音は、F0 の変動がない母音に後続する場合に比べて促音だと判断されやすいなど（Kubozono et al. 2013）、母音長と子音長の判断に関して、F0 変動が似たような影響を及ぼしている可能性がある。長音・撥音・促音は、音節構造上生起可能な位置や音響的特徴の面でそれぞれ異なる特徴を持っているが、その一方で、日本語音韻論では特殊拍として 1 モーラ分の長さを担うなど共通する特徴を持つ要素としても扱われており、F0 変動の影響の現れ方についてもこれらに共通点があるのかどうかは非常に興味深い点である。子音長と F0 変動の関係について扱っている研究が現時点では少ないため、今後こうした観点からの研究も望まれるところである。

注
[*] 本稿は筆者が 2011 年頃から実施してきた知覚実験の結果をまとめ、先行研究との結果との比較・考察を加えたものである。これまでの研究成果を総括する機会をいただけたことに感謝申し上げたい。また、本稿は科学研究費補助金（若手研究(B) 課題番号: 25871012; 基盤研究(B) 課題番号: 26284059）の助成による研究に関連する成果の一部である。
[1] 日本語には母音の長短による音韻的対立があり、本稿で参照する先行研究はいずれも日本語の母音の

音韻長の判断に F0 変動の有無がどのように影響するかを調べたものであるため、「長い」とは音韻的に長母音であると判断されることを指す。

[2] 第 1 音節目については、F0 下降が長母音の知覚を促進するという報告（Kinoshita et al. 2002; Takiguchi et al. 2010; 竹安 2012a）がある一方、F0 下降の影響がはっきりと見られない場合があることや（竹安 2012b）、むしろ長母音の知覚を抑制する場合がある（竹安 2016）ことも報告されている。日本語における F0 変動の影響を調べる知覚実験では、母音に F0 変動がある場合とない場合とを比較し、長音判断率に差があるかを見る手法が採用されている点では同じだが、母音の F0 や持続時間の設定、用いる刺激語、被験者の方言、刺激の提示回数など、様々な点が異なっているため、研究間での結果の食い違いには F0 変動以外の要因が働いている可能性がある。

[3] ある母音の音韻長の判断に、隣接する音節の母音の F0 変動の有無が影響することも知られているため（竹安 2016）、特定のピッチパターンではなく、語全体のアクセント型によって F0 変動の影響の有無が決まっている可能性も否定できない。ただし、本稿で F0 変動の影響と呼んでいる現象を扱っている先行研究では、いずれも音韻長の判断を求められる母音に F0 変動があるような刺激を用いており、隣接する音節の母音内での F0 変動については特に考慮していないため、語全体のアクセント型による影響を F0 変動の影響と同列に扱うことは適切ではない可能性もある。人間の聴覚特性に基づく説明を含め、これらの要因は必ずしも相互排他的なものであるとも限らないため、詳細に分析してみた結果、これらの要因が共存しながら 1 つのアウトプットを生み出していることもありうるだろう。

参照文献

Cumming, Ruth. 2008. Should rhythm metrics take account of fundamental frequency? *Cambridge Ocassional Papers in Linguistics* 4.1-16.

藤崎博也・杉藤美代子 1977「音声の物理的性質」『音韻（岩波講座 日本語 5)』63-106. 東京：岩波書店.

Hirata, Yukari and Stephen G. Lambacher. 2004. Role of word-external contexts in native speakers' identification of vowel length in Japanese. *Phonetica* 61.177-200.

Inoue, Miyoko. 2009. Perception of Japanese quantity by Swedish speaking learners: a preliminary analysis. *Proceedings of the XXIIth Swedish Phonetics Conference (FONETIK 2009)* 112-115.

Kinoshita, Keisuke, Dawn M. Behne, and Takayuki Arai. 2002. Duration and F0 as perceptual cues to Japanese vowel quantity. *Proceedings of the 7th International Conference on Spoken Language Processing* 757-760.

Kubozono, Haruo, Hajime Takeyasu and Mikio Giriko. 2013. On the positional asymmetry of consonant gemination in Japanese loanwords. *Journal of East Asian Linguistics* 22(4).339-371.

Lehiste, Ilse. 1976. Influence of fundamental frequency pattern on the perception of duration. *Journal of Phonetics* 4.113-117.

Lehnert-LeHouillier, Heike. 2007. The influence of dynamic F0 on the perception of vowel duration: cross-linguistic evidence. *Proceedings of the 16th International Congress of Phonetic Sciences* 757-760.

Lehnert-LeHouillier, Heike. 2010. A cross-linguistic investigation of cues to vowel length perception. *Journal of Phonetics* 38.472-482.

竹安大 2012a「語頭における F0 変動と母音の長短の知覚」『名古屋芸術大学研究紀要』33.133-139.

竹安大 2012b「F0 変動と母音の長短判断について―愛知および三重方言話者の場合―」『Philologia』（三重大学英語研究会）43.81-93.

竹安大 2014a「撥音の知覚における F0 変動の影響：3 音節語の第 1・第 2 音節間の場合」『別府大学紀要』55.49-57.

竹安大 2014b「撥音の知覚における F0 変動の影響：3 音節語の第 2・第 3 音節間の場合」『別府大学日本語教育研究』4.13-19.

竹安大 2016「長音の知覚と F0 変動の影響：3 音節語の第 1・第 2 母音の比較」『福岡大学研究部論集 A：人文科学編』15(5).37-45.

竹安大・儀利古幹雄 2010「母音の長短の判断における非対称性：隣接音節の母音持続時間の影響」『音韻研究』（日本音韻論学会編）13.13-20. 東京：開拓社.

Takiguchi, Izumi, Hajime Takeyasu and Mikio Giriko. 2010. Effects of a dynamic F0 on the perceived vowel duration in Japanese. *Proceedings of Speech Prosody 2010* [CD-ROM] #100944: 1-4.

Yu, Alan C. L. 2010. Tonal effects on perceived vowel duration. *Laboratory Phonology 10*, ed. by C. Fougeron et al., 151-168. Berlin: Mouton de Gruyter.

言語にも化石はある：音韻論で生物・進化言語学に貢献する方法

田中伸一

東京大学

1. 生物・進化言語学における音韻論的シナリオ

　生物進化には大進化(Macro-evolution)と小進化(Micro-evolution)があり、これに対応して生物・進化言語学も、言語起源の研究とその後の獲得過程や歴史変化の研究がある。大進化とは、交配が遺伝的に不可能なほどの異種を特徴づけるような大きな形質変異の発生であり、種分化(speciation)を伴う。言語では、他種には見られない構造を持つ人類共通の言語の創発、つまり普遍文法の系統発生(phylogeny)を意味する。一方、小進化とは、交配が遺伝的に可能な同種の中で生じた小さな形質変異の発生であり、様々な言語共同体ごとの個別文法の発生＝個体発生(ontogeny)や、その歴史変化による変種の発生＝言語発生(glossogeny)を意味する。言語発生は、文化進化(cultural evolution)に含まれる。

　生物・進化言語学の文脈において、言語の獲得や歴史変化、つまり言語の小進化は研究の見通しを立てやすいが、大進化に関わる言語起源の研究は難問である。言語の化石が存在せず有史以前の言語創発を実証しがたい点に加えて、周辺諸分野との連携も個人的・社会的に困難だからである。また、プラットフォームとすべき理論が音韻論では進んでおらず、生物・進化言語学に携わる音韻論者は少ない。しかし、「化石」「連携」「理論」の問題を避けては、大進化の解明に音韻論者も口を閉ざさざるを得ない。

　Jackendoff(2010: 63)も"Your theory of language evolution depends on your theory of language."と述べているが、言語は音韻だけで成り立っているわけではない。音韻、意味、統語、その他言語に関するすべての要因の生物進化を射程に入れたモデルとしての、文法理論・言語理論が必要である。総合的な「理論」の援用により初めて「連携」も可能となる。本稿は、強化版・極小主義テーゼ(Strong Minimalist Thesis; Chomsky 2004)の観点から、(1)のようなシナリオの中で、大進化への音韻的アプローチを提案したい。

(1) 言語の生成メカニズムと前駆体

　このシナリオでは、遺伝的要因で系統発生した普遍文法の併合(Merge)が、感覚運動系(Sensory-Motor System)と概念意図系(Conceptual-Intentional System)から成るインターフェイス系と相互作用することで個別文法が形成される。この個別文法が環境的要因（言語データ）に基づいて獲得される過程が個体発生であり、各々の人間が持つ同種の個別文法が総体として収束し1つの言語を形成する過程が言語発生である。つまり、併合により生成された内在言語(I-language)が、感覚運動系により音声具現（外在化(externalization)）されかつ概念意図系により意味解釈されたものが文法である。そして、この文法の基幹部門である併合とインターフェイス系は、独自の生物進化を遂げてきた。

　藤田(2012)の言うように、この文法構成が前適応(pre-adaptation)または外適応(exaptation)により創発したとすれば、併合とインターフェイス系にはぞれぞれの前駆体(precursor)があるはずである。前駆体とは、生物進化において、ある環境に適応して器官や行動などの形質が発達するにあたり、それまである

機能を持っていた形質が別機能に転用された時、この転用元の機能を持つ形質をいう（鳥類の飛翔機能を持つ翼の前駆体は、恐竜の体温維持のための羽毛である）。したがって、併合とインターフェイス系について、その前駆体を音韻現象から実証することこそが、音韻論者にできる言語起源研究となる。

2. 併合とインターフェイス系の前駆体へのアプローチ

まず、併合の前駆体へのアプローチとして最近注目されているのが、藤田(2012)の運動制御起源仮説である。これは、人間とチンパンジーの比較認知実験で観察された<u>行動文法(Action Grammar; 道具使用など物体を系列的に操作する行動)を併合の前駆体とする</u>ものであり、ペアリング型（1つのカップに別のカップを組み合わせる基本操作）、ポット型（1つのカップだけに他の複数のカップを組み合わせていく反復操作）、サブアセンブリー型（1つのカップに別のカップを組み合わせ、それをまた別のカップに組み合わせていく回帰的操作）の3種類がある（Greenfield 1991）。

(2) 行動文法
   a. ポット型　　　　　　　　　　　　　　　b. サブアセンブリー型

(2a,b)は、ペアリングを繰り返す点では似ている。しかし、(2a)のポット型は基盤となるカップ（言語でいえば、各々の枝分かれ構造における□で示される主要部のようなもの）は1つだけの単なる反復操作であるのに対し、(2b)のサブアセンブリー型は基盤となるカップは複数あり得る点で、質的に全く異なる。<u>1つのペアリング操作の出力が次の操作の入力になる意味において、回帰的(recursive)</u>だからである。そして、この回帰性こそが人間固有であり、人間と他種を分かつ特徴だとされているからである。

実際のところ、チンパンジーではポット型の反復操作しか観察されないのに対し、人間は生後20ヶ月にはサブアセンブリー型の回帰操作を始めるという報告があり（Maynard Smith and Szathmáry 1995）、人間固有の回帰性を証拠付けるものとされている。そこで、藤田(2012)はこの行動文法と平行して、併合も(3)のように3段階の過程を経て進化してきたと考えている。併合の種類が3種類あるわけではなく、各段階の併合に必要な作業記憶量が増えていき、より大きな脳容量や脳化指数（脳容量の体重比の補正値）が必要な複雑で有標なものになったということである。

(3) 行動と統語の平行進化　　　　　　　　(4) 口蓋化と唇音化のストラテジー

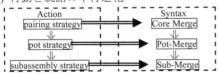 

この併合の運動制御起源仮説が正しいとすれば、<u>ある音韻プロセスにおいて、サブアセンブリー型併合を持つ言語はポット型併合も持ち得るという含意関係が成り立つが、逆は成り立たない</u>はずである。この点は、3語から成る複合語形成において、英語では両方を持つがスウェーデン語はポット型併合のみ可能であるという事実から、すでに実証されている（Roeper and Snyder 2005）。

さらに、ここで提案するのが硬口蓋化(palatalization)または唇音化(labialization)による検証である。基本的な音節CVの間にわたり音y/wが組み合わされる場合、同じC+y/w+Vでも全体の組み合わせの仕方、つまり併合の仕方が(4)のように2種類に分かれるはずである。1つはy/wが入りわたり(on-glide)の形で後の主要部 V に付加され、次いで最初の C がそれに付加されるポット型、もう1つは最初の子音が硬口蓋化または唇音化される形で主要部 C に y/w が付加され、それが別の主要部 V に付加されるサブア

センブリー型である。そして、諸言語において後者を持つ言語は必ず前者を持つが逆は成り立たないという不可逆の含意関係の有無を調べることで、運動制御起源仮説を音韻類型的に検証することができる。

ここでは口蓋化を取り上げる。ただし、２項タイプ口蓋化(doublet-type palatalization)ではなく、３項タイプ口蓋化(triplet-type palatalization)のみが問題となる。たとえば、/ti/→[tyi]/[ʧi], /si/→[syi]/[ʃi], /ki/→[kyi]/[ʧi]のような同化としての口蓋化は問題とならない。もとの組み合わせが２項的で、ポット型かサブアセンブリー型かを問えない（単なるペアリング型で起こる現象だ）からである。ここで問うのは、あくまで C[yV] または [[Cy]V] のような３項要素における共起制限の領域であり、/y/が基底から存在する場合の組み合わせの仕方である。組み合わせた後に Cy にとどまる二次的口蓋化(secondary palatalization)か、融合して[ʧ]や[ʃ]など別の子音となる完全口蓋化(full palatalization)かも問題とならない。

この前提だと、日本語の拗音の分布はポット型併合になる。(4a)のように、初めに[ya], [yu], [yo],*[yi],*[ye]のようにヤ行子音と母音の共起制限ありきで、その複合体に様々な頭子音が加わって、[kya], [sya]/[ʃa], [tya]/[ʧa], [nya]/[ɲa], [hya]/[ça], [mya], [rya]などが派生されるからである。そう考えることにより、*[yya]や*[wya]がないのは全体の構造におけるわたり音どうしの共起制限によるとの説明もつく。もちろん、異音規則としてお馴染みの/si/→[ʃi], /ti/→[ʧi], /hi/→[çi]などはペアリング時に起きる完全口蓋化（または同化）に過ぎないので、後舌母音[a,u,o]以外の前で起こる口蓋化は問題にならない。

もちろん、普遍文法では日本語もサブアセンブリー型併合は可能であり、それを示す統語・音韻現象もあってよい。あくまで個別文法に存在する口蓋化がポット型に留まっているという点が重要である。

これに対し、英語はサブアセンブリー型併合の事例である。なぜなら、[y]と母音との共起制限はなく、*yid, yuan, yet, young, yacht, yeast, youth, yate, yoke, yaah* など様々な母音が後続できることからも明らかなように、まずは頭子音と[y]の間で一次的な共起制限が強く存在し、その Cy との関連で初めて後続母音が[u]のみ許されるという二次的な共起制限が働くからである。つまり、[y]は *pure, beauty, music, fuse, view* など唇音(labial)や *cute, regular* など舌背音(dorsal)とはもちろん、*tune, due, sue, Zurich, news, brew, lure* などの舌頂音(coronal)とも共起できる（[tyu:n], [dyu:], [syu:]のような二次的口蓋化も[ʧu:n], [ʤu:], [ʃu:]のような完全口蓋化も可能だ）が、一部の方言では舌頂音とは共起できない。また、sCy の関連では、[y]は *spew, spume* などの唇音、*student, stew* などの舌頂音、*scuba, scute* などの舌背音と共起できるが、一部の方言では舌頂音や舌背音とは共起できないなどの制限がある。こうした共起制限が働く領域としての(s)Cy があって、その連鎖が[u]のみとしか共起できないのであるから、(4b)の構造を持つことは明らかであろう。だとすれば、ポット型の口蓋化が含意関係として英語に存在して然るべきだが、予測通り、*last year* (ty→ʧ), *would you* (dy→ʤ), *miss you* (sy→ʃ)のような口蓋化は明らかにその典型例であろう。

ちなみに、Davis and Hammond(1995)は、上で見た英語の例における[y]を、核母音に含めて二重母音の一部と考えている（つまり英語は(4a)のポット型になる）。これは、英語では頭子音に共鳴音が２つ生じないという共起制限に一貫性を持たせるため、例外である *music, mute, mule* の共鳴唇音＋[y]を処理しようとしたものである。しかし、1）一部の方言では *news, brew, lure* でも共鳴舌頂音＋[y]は現れる（動機となる共起制限に一般性はない）、2）下降二重母音以外に特殊な二重母音[iu]を認めなければならない、3）*Drácula, cápula, perpétual, módular* (cf. *Iránian, stúdio, remédial, colónial*)のように、CiV 長音化(CiV-Lengthening)が適用されない、4）自ら挙げているように、*cópula, ámbulance, Pórtugal, módular, áccuracy, árgument* などは二重母音でもラテン系強勢規則(Latin Stress Rule)により強勢が与えられない（なぜ軽音節扱いか説明がつかない）、などの問題がある（Tanaka to appear）。

次に、インターフェイス系の前駆体については、田中(2016)で論じたように、OCP の進化がこの事例となる。OCP はよく知られるように音声具現に課せられる「同類要素の並存回避」の普遍原理であるの

で、感覚運動系での外在化に働く制限である。同じ原理が統語構造の線形化(linearization)にも働いており、Richards(2010)は差別化の条件(Distinctness Condition)として(5a)のように定式化している。

(5) インターフェイス系における「同類要素の並存回避」の原理
    a. 差別化の条件
        If a linearization statement $<\alpha, \alpha>$ is generated, the derivation crashes at SM (because it is unpronounceable).
    b. ラベリングの条件
        If an internalization statement $\{\alpha, \alpha\}$ is generated, the derivation crashes at CI (because it is uninterpretable).

では、概念意図系で働く同種の条件、つまり(5b)のようなものはあるのか？これは、ミニマルサーチによるラベル付け(labeling by minimal search)において、"In $\{H, \alpha\}$, H an LI, H is the label (H=head, LI=lexical item)."というアルゴリズム（Chomsky 2008: 145）がこの条件が当てはまる。要は主要部のラベルが、併合した組み合わせ全体に受け継がれるということである。しかし、一般に（並列複合語などの例外を除けば）、主要部を2つ持つ構成素は許されない。*{H, H}だと受け継ぐべきラベルが決められず、概念意図系の意味解釈が破綻するからである。つまり、"prominent"な要素の連続回避というOCPと同じ原理が、概念意図系にも働いているのである。

以上を(1)の図式に当てはめてまとめると、(6)のようになる（( )＝選択された要素、{ }＝併合により組み合わされた要素、< >＝線形化・外在化された要素）。

(6) 併合とインターフェイス系の生物進化

なぜ同要素の組み合わせがダメなのか？その生物学的意味、つまり前駆体は、田中(2016)ではガウゼの法則(Gause's Law)にあるとした。これは、同じ生態学的要求を持つ複数の種が同じニッチ(niche; 生態的地位)に存在すると競争によって一方が排除されるため、他の環境要因などがない場合は安定的に共存できないという原理である。競争排除則(Competitive Exclusion Principle)とも呼ばれ、生態ピラミッド(ecological pyramid)の頂点に君臨するライオンやトラやハイイログマ（グリズリー）など大型肉食哺乳類だけでなく、ゾウリムシのような原始的な単細胞生物など生態ピラミッドの下層の種にまで成り立つ（Gause 1934）。こうした系統レベルだけでなく、ゾウアザラシの繁殖のためのハーレム（一夫多妻のコロニー）形成やアユの摂食のための縄張り行動のように、個体レベルの行動にも同種の原則は反映され、人間も例外ではない。これはChomsky(2005)のいう<u>第3要因 ((1)にも示した通り、言語に限らず自然物一般に作用する法則）であって、これが自然界の多様な種に作用して行動原理となり、それが人間言語の認知的基盤、ひいてはインターフェイス系の前駆体の1つとして考えられる</u>というわけである。

3. まとめ

以上のように、大進化に関わる音韻研究は、言語の創発について、現存する「結果」としての音韻現象から前駆体としての「原因」に遡る研究となる。この「結果」こそが、実は存在しないと見えた「化石」であり、然るべき「理論」と周辺諸分野との「連携」を駆使して、<u>何が音韻の「化石」であるかを見極めてうまく掘り起こせば、言語の起源に迫ることはできるのである</u>。「言語の起源と進化」という現代科学のフロンティア、または人文・社会・自然の総合知たる領域に対して、いまこそ音韻論者も口を開くべきである！（参考文献を入れた完全版は、http://phiz.c.u-tokyo.ac.jp/~tanaka/evophono.pdf を参照されたい。）

音韻論と全体的類型論*

時崎久夫
札幌大学

1. 言語類型論と全体的類型論
1.1 言語類型論
　言語類型論は、世界の約 7,000 の言語を、その特徴からタイプに分類し、言語の普遍性と差異を明らかにする研究分野である。そこでは、音韻、形態、統語などの特徴がそれぞれ考察される。よく知られているのは、孤立語・屈折語・膠着語の 3 つのタイプ、主語（S）・動詞（V）・目的語（O）の語順による 6 つのタイプなどへの分類である。例えば、日本語は膠着的で SOV 語順であり、英語は孤立的で SVO 語順である。

　音韻的な類型の一例としては、音節構造の複雑さがある。英語は子音の連続を許し、音節末にも子音とその連続を持つ（例えば strengths /streŋ(k)θs/）が、日本語は子音の連続を許さず、音節末にも n しか認めない（か /ka/、さん /san/）。つまり、音節構造は英語は複雑で日本語は複雑でない。

1.2 全体的類型論
　このような音韻、形態、統語の各部門の類型を求める研究をもとに、部門を横断した言語類型を探るのが全体的類型論（holistic typology）である。例えば、孤立語・屈折語・膠着語のタイプ、主語（S）・動詞（V）・目的語（O）の語順、音節構造の複雑さは互いに相関しているのではないか、という問いである。もし相関がないとすれば、この 3 部門の類型は、孤立語・屈折語・膠着語で 3 通り、語順が 6 通り、音節が簡単・普通・複雑の 3 通りと考えて 3×6×2 で 54 の言語の類型が存在することになる。しかし、相関があれば、可能な言語の類型は、ずっと少ないことになる。例えば、後で見るように、膠着語は語順が SOV で、音節構造が簡単だという説がある。もしこれが正しければ、膠着語で SVO など、その他の組み合わせは排除される（もしくは例外とされる）ことになり、可能な言語の類型が絞られる。それにより、言語の普遍的な性質を発見し、またなぜ相関するのかという新たな問題を考えることにより、各部門間の相互関係を理解して、言語の本質に迫ることができる。

2. 全体的類型論の研究史
　Plank（1998）は、全体的類型論の研究を 18 世紀まで遡って詳しく紹介しているが、ここでは現在の研究に直接関連を持つものに絞って概観したい。ソシュール（Ferdinand de Saussure）の弟子であるシャルル・バイイは、Bally（1932）で、フランス語をドイツ語と対照させて、フランス語を前進的（progressive）、ドイツ語を先取的（anticipatrice）と全体的に特徴づけている。フランス語は、主要部に修飾部あるいは補部が後続する語順（名詞-形容詞、動詞-目的語）で、形態は分析的（analytic）（屈折が少なく、機能語が多い）、音節構造は子音連続が少ない CV（子音母音）型であり、アクセントは語・複合語・句すべての末尾にあるとしている。反対にドイツ語は、主要部に修飾部あるいは補部が先行する語順（形容詞-名詞、目的語-動詞）で、形態は統合的（synthetic）（屈折が多く、機能語が少ない）、音節構造は子音連続が多い CVC/CVV（子音母音子音/子音母音母音）型であり、アクセントは語・複合語・句すべての先頭にあるとしている。

リズムに着目した同様の研究としては、Donegan and Stampe（1983）による、オーストロアジア（Austro-Asiatic）語族のモン・クメール（Mon-Khmer）語派とムンダ（Munda）語派との対照がある。モン・クメール語派は主要部先行語順で分析的・屈折的・孤立的な形態を持ち、語や句の末尾にアクセントを持つのに対し、ムンダ語派は主要部後行語順で膠着的な形態を持ち、語や句の先頭にアクセントを持つ。これは、ちょうどバイイのフランスとドイツ語の対照と平行するものといえる。

また、Lehmann（1973）は、語順が OV などの主要部後行の言語（日本語、トルコ語、ケチュア語、タミル語 Sankethi 方言）と VO などの主要部先行の言語（古典ヘブライ語、ポルトガル語、スコーミッシュ語）を対照させて、それぞれが、音節構造が簡単か複雑か、母音調和が進行方向か逆行方向か、ピッチアクセントか強勢アクセントかという音韻的な特徴や、膠着か屈折かという形態的特徴に対応することを述べている。

3. 全体的類型論の現在

音韻論を含めた全体的類型論は現在どのように研究されているのであろうか。前節で見た研究は、1980 年代までであり、実際には、その後目立つ研究はなされていないに等しい。その理由としては、研究方法がより厳密になるとともに、各分野の専門化が進み、総合的な研究が行いにくくなったことが考えられる。音韻・形態・統語にまたがり、世界の言語を調べていく作業はなかなか手をつけにくい。また、多くの言語のデータが明らかになるにつれて、一般化に対する反例が増えたことも研究を思いとどまらせる要因である。例えば現在の言語類型論学会（Association of Linguistic Typology）も、機能主義的な色彩が強く、全体的類型論がとりあげられることは少ない。

その一方で、世界の言語についてのデータベース、特にウェブで使えるものは充実してきており、これを使用し、組み合わせることで、実証的な全体的類型論を探求できるようになってきている。代表的な World Atlas of Language Structure（WALS）（Haspelmath et al. 2005）は、2008 年にオンライン版が無償で公開され、2011 年と 2013 年に改訂がなされている。2016 年 3 月現在で、収録言語数は 2,679、音韻・形態・統語などの特徴は 192 項目（ただし未記述な言語が多数）である（詳しくは、時崎（2012a）を参照）。また WALS 以外にも、音韻論では Rob Goedemans, Jeffrey Heinz, Harry van der Hulst による StressTyp2（http://st2.ullet.net/）、統語論では Syntactic Structures of the World's Languages（http://sswl.railsplayground.net）などのデータベースがある。

さらに、言語の普遍的な性質についての記述や仮説を文献から集めた Frans Plank による The Universals Archive（http://typo.uni-konstanz.de/archive/intro/index.php）がある。グリーンバーグの一般化を始め、これまで提案された 2,000 以上の普遍性について、原典や解説に加えて反例も挙げられており、有益である（詳しくは、時崎（2012b）を参照）。

こうしたデータベースを利用することで、全体的類型論は実証的に探求することが可能になってきた。次節では、1 つの例として、筆者の研究を紹介させていただくことにする。

4. 語強勢の位置による全体的類型論

語強勢を持つ言語は、それぞれ典型的な位置や可能な位置が異なる。Goedemans and van der Hulst（2005a, b）は、世界の言語を、固定強勢（fixed stress）と重さ依存強勢（weight-sensitive stress）の 2 つのシステムに分け、その位置によって分類している。

(1) a. 固定強勢：語頭第 1 音節、語頭第 2 音節、語末第 3 音節、語末第 2 音節、語末第 1 音節など
　　b. 重さ依存強勢：左端（語頭第 1・2 音節）、左指向（語頭第 1・2・3 音節）、右指向（語末

第1・2・3音節)、右端（語末第1・2音節)) など

この分類によって、以前の研究での語頭と語末という強勢分類よりも細かい特徴付けが可能になる。また Dryer (2005a, b, c, d, e) は、接辞と語幹、名詞と属格修飾語、動詞と目的語、側置詞（前置詞あるいは後置詞）と目的語、副詞的従属接続詞と節、それぞれの語順（主要部-補部（修飾部）の語順）の文献データを示している。

　これらの語強勢位置と語順のデータは、WALS の中で組み合わせて、その相関を検証することができる。Tokizaki and Fukuda (2013) では、上で見た語強勢の位置を、大きく語頭指向（語頭第1・2・3音節、左端、左指向）と語末指向（語末第1・2・3音節、右端、右指向)、および中立に分類した場合、語頭指向から中立、語末指向へと強勢位置が語頭から語末に向かうにつれて主要部-補部（修飾部）の語順を持つ言語が増え、補部（修飾部）-主要部の語順を持つ言語が減ることを統計的に示した。この結果は、2節で見た Bally (1932) や Donegan and Stampe (1983) による特定のグループの言語に対する観察が、世界の言語一般に当てはまること、すなわち語強勢の位置と語順とが普遍的に相関することを実証するものである。簡単にまとめれば、語頭の方に強勢を持つ言語は目的語-動詞のような補部（修飾語）-主要部の語順をとり、語末の方に強勢を持つ言語は動詞-目的語のような主要部-補部（修飾語）の語順をとるということである。また、語から名詞句、前置詞句、動詞句、従属節と、統語的な範疇が大きくなるにつれて、主要部-補部（修飾語）の語順をとる言語が増えてくることも検証した。

　このことを具体的な言語で例示すれば、英語は、Goedemans and van der Hulst (2005b) で右指向（語末第1・2・3音節）の強勢を持つとされ、語順は前置詞-目的語（例: in Japan)、動詞-目的語（eat rice)、副詞的接続詞-節（when spring comes) という主要部-補部の語順をとる。これに対し、語強勢を語頭第1音節に持つフィンランド語は、語幹-接辞、属格修飾語-名詞、後置詞-目的語、節-副詞的従属接続詞という主要部後置の語順をとる[1]。さらに詳しく見てみると、一般に主要部先行語順と言われる英語でも、語や複合語、名詞句などの、より小さな範疇では、主として語幹-接辞（book-s）や修飾語-名詞（black-board, Mary's house）の主要部後置の語順をとることがわかる[2]。また英語やドイツ語などのゲルマン諸語に比べて、ラテン系のイタリア語・スペイン語・フランス語などは、より右寄りの右端（語末第1・2音節）に強勢を持つため、名詞句でも名詞-修飾語（casa-blanca 'house white' (Sp)) の主要部前置語順となる。このように、語強勢と語順は、世界全体で、これまで個別の語族で漠然と推察されていたよりも、その位置と範疇の大きさが、もっと細かく対応していることがわかる。

　では、なぜ語強勢の位置と語順が相関しているのだろうか。基本的には、強勢は補部（修飾部）に置かれるという普遍性があるため (cf. Cinque 1993)、強勢が語頭指向の言語は補部-主要部の語順、強勢が語末指向の言語は主要部-補部の語順をとると言える。詳細については、時崎 (2012c) を参照されたい。

5. 全体的類型論の未来

　全体的類型論は、言語学の各分野を総合して通言語的な普遍性を探るエキサイティングな研究である。しかし、一般化の反例となる言語もあり、容易ではない。また各分野が細分化されている現在、すべてに通じることも困難である。しかし、データベースの整備に伴い、実証研究が可能になってきた現在、これからの進展が期待される。また、最近の生成文法でも、統語を含む言語の違いを形態音韻部門の違いに帰する考えが主張されている (Boeckx 2015)。日本でも、より多くの研究者が、この問題に取り組むことを期待したい。

注
* 本論は平成 27 年度科学研究費補助金（15H03213, 15K12890, 24320087）による研究成果の一部である。
[1] ただしフィンランド語は主に動詞−目的語の主要部前置語順で、歴史的要因も考えなくてはならない。
[2] ここでは、接辞を語の主要部と考える。

参照文献

Bally, Charles. 1944. *Linguistique generate et linguistique francaise*. 2nd edition. Berne: Francke.

Boeckx, Cedric. 2015. *Elementary syntactic structures: Prospects of a feature-free syntax*. Cambridge: Cambridge University Press.

Cinque, Guglielmo. 1993. A null theory of phrase and compound stress. *Linguistic Inquiry* 24.239–298.

Donegan, Patricia Jane and David Stampe. 1983. Rhythm and the holistic organization of language structure. *Papers from the parasession on the interplay of phonology, morphology and syntax*, 337–53. Chicago Linguistic Society.

Dryer, Matthew. 2005a. Prefixing vs. suffixing in inflectional morphology. In Haspelmath, Dryer, Gil and Comrie. 2005, 110–13. Also in Dryer and Haspelmath. 2013.

Dryer, Matthew. 2005b. Order of object and verb. In Haspelmath, Dryer, Gil and Comrie. 2005, 338–41. Also in Dryer and Haspelmath. 2013.

Dryer, Matthew. 2005c. Order of adposition and noun phrase. In Haspelmath, Dryer, Gil and Comrie. 2005, 346–49. Also in Dryer and Haspelmath. 2013.

Dryer, Matthew. 2005d. Order of genitive and noun. In Haspelmath, Dryer, Gil and Comrie. 2005, 350–53. Also in Dryer and Haspelmath. 2013.

Dryer, Matthew. 2005e. Order of adverbial subordinator and clause. In Haspelmath, Dryer, Gil and Comrie. 2005, 382–85. Also in Dryer and Haspelmath. 2013.

Dryer, Matthew S. and Martin Haspelmath (eds.) 2013. The World Atlas of Language Structures Online. Leipzig: Max Planck Institute for Evolutionary Anthropology. Online: http://wals.info.

Goedemans, Rob and Harry van der Hulst. 2005a. Fixed stress locations. In Haspelmath, Dryer, Gil and Comrie. 2005, 62–65. Also in Dryer and Haspelmath. 2013.

Goedemans, Rob and Harry van der Hulst. 2005b. Weight-sensitive stress. In Haspelmath, Dryer, Gil and Comrie. 2005, 66–69. Also in Dryer and Haspelmath. 2013.

Haspelmath, Martin, Matthew S. Dryer, David Gil and Bernard Comrie (eds.) 2005. *The world atlas of language structures*. Oxford: Oxford University Press.

Lehmann, Winfred. P. 1973. A structural principle of language and its implications. *Language* 49.47–66.

Plank, Frans. 1998. The co-variation of phonology with morphology and syntax: A hopeful history. *Linguistic Typology* 2.195–230.

時崎久夫 2012a「WALS による音韻と統語の相関研究」『応用言語学研究』（明海大学大学院応用言語学研究科）14.27–38.

時崎久夫 2012b「The Universals Archive による音韻と統語の相関研究」『文化と言語』（札幌大学外国語学部紀要）76.61–68.

時崎久夫 2012c「音韻と統語の普遍的相関」『日本学術振興会科学研究費補助金基盤研究 (A)「自律調和的視点から見た音韻類型のモデル」成果報告書』121–31. 明海大学.

Tokizaki, Hisao and Kaoru Fukuda. 2013. A statistical association between head-complement orders and word-stress location. Paper presented at Association for Linguistic Typology 10th Biennial Conference, Leipzig.

短縮語形成における無標性の表出

橋本大樹

カンタベリー大学

1. はじめに

　短縮語形成 (truncation) とは基体の一部を削除して新たな語を作る語形成のことを指す。この語形成は様々な言語で見られる。例えば、日本語では"ストライキ"が"スト"に短縮されたり、英語では *advertisement* が *ad* に短縮されたりする。短縮形には基体で見られなかった無標性が表出する (The Emergence of The Unmarked (TETU)) ことが知られている。様々な言語で、短縮形は基体よりも無標な韻律構造 (prosodic structure) および分節構造 (segmental structure) を持つのである。本稿では、複数の言語の短縮語形成を概観しながら、韻律構造において無標性が表出する事例と分節構造において無標性が表出する事例を紹介する。

2. 韻律構造における無標性の表出

　短縮形は基体よりも無標な韻律構造を持つことが知られている。無標な韻律構造とはより多くの韻律制約を満たす構造であり、1つの完全フット (full foot) からなる韻律構造が最も無標な韻律構造であると考えられている。最も無標な韻律構造、即ち1つの完全フットから成る韻律構造が短縮形で表出する例として、日本語 (Poser 1990) とスペイン語 (Lipski 1995)、マオリ語 (Hashimoto 2015a) の短縮語形成を概観したい。日本語のフット構造は最大2モーラから成り、スペイン語とマオリ語のフット構造は最大2音節から成ることが、アクセントや言葉遊びなどの独立した証拠から知られている。つまり日本語の完全フットは2モーラであり、スペイン語とマオリ語の完全フットは2音節である。

　2モーラ完全フットが現れる事例として、日本語の愛称語形成 (hypocoristics) について見る。日本語において最も生産的な愛称語パターンは、基体の人名を短縮し、その後ろに接尾辞「ーちゃん」をつけるパターンである。この時、基体が3モーラや4モーラであっても、短縮形は2モーラの長さに短縮される (例：はなこ → はな-ちゃん、だいすけ → だい-ちゃん)。短縮形が2モーラの長さになる理由は、最も無標な韻律構造 (=2モーラ完全フット) が表出しているためであると解釈できる。

　次に2音節完全フットが現れる事例として、スペイン語とマオリ語の愛称語形成を見る。スペイン語には *Alberto* や *Josefina* といった3音節や4音節の人名があるが、これらは *Beto* や *Pina* といった2音節形に短縮される。マオリ語も同様で外来語由来の人名は、基体の長さに関わらず2音節に短縮される (例：*Airini* → *Airi*, *Anahera* → *Ana*, *Wikitoria* → *Wiki*)。両言語で短縮形が2音節の長さになる理由は、最も無標な韻律構造 (=2音節完全フット) が表出しているためであると解釈できる。

3. 分節構造における無標性の表出

　分節構造においても、短縮形は基体よりも無標な構造を持つ場合がある。無標な分節構造とは、分節音に関わる有標性制約に違反しない構造である。ここでは英語 (Lappe 2007:Ch.10) と日本語 (Labrune 2002; Hashimoto 2015b) の短縮語形成における分節構造の無標性の表出について概観する。

　英語では、基体における /θ/ が短縮形で /t/ や /s/ に交替する現象が観察される (例：*Matthew* → *Mat*, *Elizabeth* → *Bess*)。/θ/ は /t/ と /s/ に比べ言語獲得上習得が遅いことや、類型論的にも珍しい

音であることから、有標性が高いと考えられている。つまり、この交替は分節構造の無標性の表出であると解釈できる。基体では有標音 /θ/ の生起が許容されるが、短縮形では有標音 /θ/ の生起は許容されず、より無標な音 /t/ や /s/ に変更されていると解釈できるのである。

日本語では、基体に存在する長母音が短縮形の語末位置で短母音に交代する現象が指摘されている (例：マネージャー → マネ、アニメーション → アニメ)。卓立度の低い語末位置では、卓立度の高い長母音よりも卓立度の低い短母音の方が無標であると考えられている。(この有標度の関係は調和的整列 (Harmonic Alignment) によって、卓立位置のスケールと卓立要素のスケールを掛け合わせることで演繹することができることが Hashimoto (2015b) で示されている。) つまり、この交替も分節構造の無標性の表出と解釈することができる。基体では語末が長母音という有標な構造が許容されるが、短縮形ではそうした有標な構造は許容されず、より無標な構造 (＝語末が短母音という構造) に変更されると解釈できるのである。

4. まとめと今後の課題

本研究では、韻律構造と分節構造の観点で、短縮語が基体よりも無標な構造を持つ例を紹介した。本研究で概観した例のほかにも、様々な言語で短縮語形成における無標性の表出は報告されている。多くの言語の短縮語形成は "無標性" に基づき出力形の韻律構造と分節構造を予測できる。

しかし日本語の単純語短縮語形成に関しては、出力形の韻律構造を無標性の表出によって説明することは難しい。なぜなら日本語の単純語短縮には 2 モーラ完全フットの出力形 (例：チョコ、ビル) の他にも、3 モーラの出力形 (例：コスメ、コンパ) や 4 モーラの出力形 (例：シンクロ、リハビリ) といった例が沢山観察されるためである。出力形が 2 モーラの長さに一貫しない以上、"最も無標な韻律構造 (＝2 モーラ完全フット) の表出" とは解釈し難いのである。こうした理由から、日本語の単純語短縮語形成に関しては "無標性" ではない動機付けによる説明が試みられている (Labrune 2002; 窪薗・小川 2005; 橋本 2015)。いずれのアプローチも「基体の音韻特性に応じて、短縮形の長さが決まる。」という考え方を共有している。今後より多くの言語の短縮語形成を検討することで、"無標性" に基づく分析の説明範囲や他の動機付けを明らかにする必要がある。

参照文献

橋本大樹 2015「単純語短縮語形成に関する第 3 の解釈」西原哲雄・田中真一 (編)『現代の形態論と音声学・音韻論の視点と論点』294–312. 東京：開拓社.

Hashimoto, Daiki. 2015a. Hypocoristic word formation in Māori. *Phonological Studies* 18.11–18.

Hashimoto, Daiki. 2015b. Vowel-length neutralization at word-final edges: A prominence-based account. *Language and Information Sciences* 13.51–66.

窪薗晴夫・小川晋史 2005「「ストライキ」はなぜ「スト」か？―短縮と単語分節のメカニズム―」大石強・西原哲雄・豊島庸二 (編)『現代形態論の潮流』155–174. 東京：くろしお出版.

Labrune, Laurence. 2002. The prosodic structure of simple abbreviated loanwords in Japanese: A constraint-based account. *Journal of the Phonetic Society of Japan* 6.98–129.

Lappe, Sabine. 2007. *English prosodic morphology*. Dordrecht: Springer.

Lipski, John. 1995. Spanish hypocoristics: Towards a unified prosodic analysis. *Hispanic Linguistics* 6.387–434.

Poser, William. 1990. Evidence for foot structure in Japanese. *Language* 66.78–105.

複合語ができる言語とできない言語

原田龍二
大妻女子大学

1. はじめに

　複合語にまつわる事象は、音韻論・形態論において盛んに研究されてきた。本論ではそもそも複合語ができるということはどのようなことなのかを考えてみる。複合語の生産性が高い日本語、韓国語、英語と、複合語を作ることが苦手なフランス語の例を見る。

2. レギュラー規則と複合語規則

　まず複合語を作るということ、あるいはこれを複合語現象と呼ぶとすると、それはどのような現象なのか。たとえば、名詞と名詞をつなごうとする場合、日本語では属格格助詞の「の」を使う場合と名詞+名詞で直接つなぐ場合がある。

(1)　a.　ta'ko-no i'to 凧の糸　　　b.　tako-ito 凧糸

　上例(a)の属格を使う方は、いわば統語的に名詞をつなぐ方法であり、本論ではこれをレギュラー規則と呼ぶことにする。複合語が苦手なフランス語はこの方法が造語の主流である。上例(b)は統語のレギュラー規則とは別にある規則で、これを複合語規則と呼んでいる。日本語、英語、韓国語では、この両方の規則をもっている。

　では、両者にはどのような違いがあるのであろうか。まず、レギュラー規則による語の結合はあくまで統語的なものであるので、その意味は属格が持つ一般的な意味により分析的に決まる。「凧の糸」は、凧に付随する糸であったり、凧に使用すべき糸であったりする。一方で、複合語現象においては、前者の意味をも包含することもあるが、それに加えてしばしば意味の特殊化がおこる。「凧糸」は本来凧のための糸で、決まった材質、決まった撚りかたで作られたものでなくてはならない。

3. 複合語規則に付随する現象

　複合語現象においては、以下に見るように、レギュラー規則には見られない特有の付随現象を持っていることが多い。これらが複合語研究の中心的な主題となってきた。

(2)　複合語に付随する現象
　　a.　日本語：連濁、複合語アクセント
　　b.　韓国語：語境界でのn-挿入（ニウン(ㄴ)添加）
　　　　　　　　結合音変化（サイ・シオッ正書法）
　　　　　　　　바다 (bada, 海) 가 (ga, 岸) >> 바닷가 (badakka, 海辺)
　　c.　英語：複合語アクセント　　grèen hóuse vs. gréen hòuse

これらは複合語各要素の境界をマークしたり、複合語のまとまりの韻律を形成することに役立っていると思われる。特徴としては複合語としての構造にセンシティブであることで、リニアな音の並びのみにセンシティブなレギュラーな音韻規則とは違うということである。

　韓国語のn-挿入の例で説明すると、複合語の第二要素が頭子音なしで前舌高母音・半母音で始まるときは、その前に-n-が挿入されるという音韻規則(2b)がある。これは複合語のみの規則でレギュラー

な音韻規則ではない。典型的な例としては-yeok(ヨク、駅)、-yak(ヤク、薬)がつく名詞がそれである。

(3) a. busan-yeok >> busan-nyeok (プサンニョク、プサン駅)
    b. hedok-yak >> hedoŋ-nyak (ヘドンニャク、解毒薬)

後者(b)の構造は意味的に「解毒+薬」となるが、これが「毒薬」単独になると複合語音韻規則であるn-挿入はない。

(4) dok-yak >> do.gyak (ドギャク、毒薬)   *doŋ.nyak (ドンニャク)

「毒」と「薬」の間はレギュラーな音韻規則である有性音化と連音化が働く。同じ漢語系形態素の連鎖であっても構造により違った音変化をする。日本語の連濁においても同様の構造依存性があることはよく知られていることである。

4. フランス語の場合

フランス語は本来、名詞+名詞の複合語ができない言語である。フランスのホテルにあった石鹸には次のようにフランス語(a)と英語(b)で書かれていた。

(5) a. savon en barre pour le visage et le corps 'soap in bar for the face and the body'
    b. face and body bar

フランス語は統語のレギュラー規則を使って造語するのでこのように長く説明的にならざるを得ない。名詞を結合する時には原則的に属格 de または他の前置詞でつながなくてはならない。

(6) a. melon d'eau / *eau melon 'melon of water' スイカ
    b. fil de fer / *fer fil 'wire of iron' 針金   chemin de fer / *fer chemin 鉄道
    c. le lève de soleil 'the rise of sun' 日の出

但し統語のレギュラー規則の語順で作られる語彙化した複合語は多くみられる。この場合、意味の特殊化がおこる。

(7) a. 動詞+目的語: ouvre-boîte(s) 'open-can' 缶切り, tire-bouchon(s) 'pull-cork' コルク抜き
              trompe-l'oeil (複数形不変) 'deceive the eye' だまし絵
    b. 動詞+副詞: lève-tard (複数形不変) 'rise late' 朝寝坊, lève-tôt (複数形不変) 'rise early' 早起き
    c. 形容詞+名詞: haut-parleur 'high speaker' 拡声器, Toussaint 'tous (all) +saint (saint)' 万聖節

注目すべきことの一つとして複数形不変のものは複合語としての主要部が特定できないもの、つまり外心的な構造になっているものである。

後部要素が形容詞としての意味合いを持つ場合は名詞+名詞の組合せもみられるが、このパターンも統語のレギュラー規則で作られると考えられる。

(8) a. compt client 'account+client, user account'
    b. vélo tout-terrain 'bike+all-terrain, mountain bike'

(b)の tout-terrain はオフロード、クロスカントリーの意味で、もともとレギュラー規則で形容詞+名詞からの複合形容詞である。

最後に、パリの有名な観光アトラクション、セーヌ川巡航に使われる船は bateau-mouche で、mouche は地名に由来する名詞である。これは珍しい名詞+名詞の複合語で、両名詞に複数語尾がつき、bateaux-mouches (pl.)となる。類例として、bateau(x)-pilote(s) '水先船'、bateau(x)-école(s) '練習船' がある。一方で前置詞を使うレギュラー規則による造語も多く存在する。

(9) bateau de plaisance レジャー船、bateau à moteur モーターボート、beateau de pêche 漁船
    この場合複数形は前部の名詞のみが変化し、bateaux de plaisance のようになる。

—143—

名前と性別

六川雅彦

南山大学

1. はじめに

　日本人は生まれた子供のために名前を考え、その結果新しい名前がどんどん増えているが、日本語の母語話者はそれらの名前を初めて耳にした時でも、ほとんどの場合それが男性名か女性名かを言い当てる事ができているように思える。そうだとすると判断できるのはなぜか。そして本当に判断できているのか。ここから名前と性別の関係に関する研究が始まった。

2. 名前の性別と音声
2.1 男性名と女性名

　まず、「聞いた時」に判断ができるということから、男女の名前に用いられている音、或いは音の組み合わせに性差があり、その性差により名前の性別が決定されているのではないかと仮説を立て、調査を開始した。そして、日本人の名前と性別の関係を考察するためのデータとして、第一生命広報部編(1987)と明治安田生命のウェブサイトから1906年から2014年までの109年間の新生児の名前を年別に集めた。そのデータの分析から、日本人の名前には音的性差が見られ、それらは(i)第一音節の種類、(ii)最終音節の種類、(iii)重音節の有無、(iv)拗音の有無、(v)長さ(構造)、5つのグループに分類できることが明らかになった((1)参照)。

(1) 日本人の名前に見られる音的性差

	男性的	女性的
第一音節	・k- (特に「ケ-」) ・s- (特に「ソー-」「ショー-」) ・t- (特に「タ-」) ・ry- (特に「リュー-」「リョー-」) ・d-	・頭子音なし(特に「ア-」) ・「サ-」 ・h- (特に「フー-」「ホー-」) ・鼻音("m-"と"n-") ・d^z- ・w-
最終音節	・「-オ」　(–1965) ・「-シ」「-ジ」(–1985) ・「-キ」　(1946–) ・「-ケ」「-タ」「-ト」(1966–) ・「-マ」　(2002–) ・「-ク」「-ヤ」	・「-コ」「-ホ」「-ミ」 ・「-ヨ」「-リ」 ・「-カ」　(1966–) ・「-ナ」　(1986–) ・「-オ」　(2001–)
重音節	・○	・×
拗音	・○ (1906–1945, 1986–)	・○ (1946–1985)
長さ (構造)	・$\sigma_{\mu\mu}$ ・4 モーラ以上	・$\sigma_\mu \sigma_\mu$ ・$\sigma_\mu \sigma_{\mu\mu}$ (「-ン」)

しかし、(1)の性差はデータから得られたものであるが、日本人の名前の中にはこれらの特徴を2つ以上含むものも存在している((2)参照)。それらの名前を分析することにより、(1)の特徴が同等に名前の性別を決定しているのではなく、それらは性別の決定に果たす役割に応じて階層化されることが明らかになった((3)参照)。

(2) a. ナオト　　　(n- = 女性的、-ト = 男性的)　　　　　　　　男性名
　　 b. トモミ　　　(t- = 男性的、-ミ = 女性的)　　　　　　　　女性名
　　 c. モトハル　　(4モーラ以上 = 男性的、m- = 女性的)　　　　男性名
　　 d. ヨシフミ　　(4モーラ以上 = 男性的、-ミ = 女性的)　　　男性名
　　 e. ユキタカ　　(4モーラ以上 = 男性的、-カ = 女性的)　　　男性名
　　 f. ヨーコ　　　(-コ = 女性的、重音節 = 男性的)　　　　　女性名
　　 g. ミール　　　(m- = 女性的、重音節 = 男性的)　　　　　　女性名

(3) 性差の階層

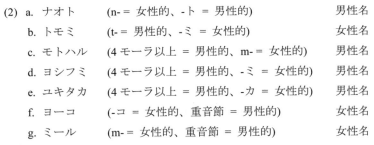

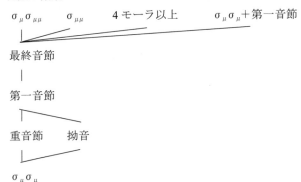

次に、名前の性別と音、意味、漢字の関係を調査した。その結果、意味が性別の決定に果たす役割は限定的ではあるが音や漢字以上に重要であるのに対して、漢字の役割は小さく、意味や音以下であることが明らかになった。例えば、「名前＝植物名」の時は、その名前の音声的な特徴にかかわらず女性名と判断されるが(例：モミジ(-ジ = 男性的、m- = 女性的)、カエデ(k- = 男性的))、植物名が名前の一部である時はその名前に含まれる音声的な特徴により性別は決定される((4)参照)。また、漢字の役割に関しては、漢字が割り当てられる前に音声的、意味的特徴から性別が決定されるため、意味や音以下であると言える((5)参照)。

(4) 女性名(＝植物名)　→　男性名
　　 a. ウメ　→　ウメト (-ト = 男性的)
　　 b. キク　→　キクト (-ト = 男性的)

(5) 漢字の役割(「タツオ」という名前を耳にした場合)

Tatuo
↓
性別を音声的、意味的特徴から決定：男性名
↓
漢字を割り当てるために分節化
Tatu.o または Ta.tu.o (Ta.tuo は不可)
↓
/o/ = 夫，雄，男…

また、上述の理論的な研究の結果を基にアンケート調査も行った。これまでに(i)日本語母語話者は実際にどの程度日本人の実在する名前の性別を判断できているのか、(ii)日本語母語話者は初めて出会った日本人の名前の性別をどのように判断するのか、(iii)日本語学習者はどの程度日本人の実在する名前の性別を判断できるのか、(iv)日本語学習者は初めて出会った日本人の名前の性別をどのように判断するのかに関する4つの調査を行った。

　そしてその結果、日本語母語話者に関しては、(i)全体的に名前の性別を正しく判断できていること、(ii)「男女どちらも可」と判断されやすい名前は男性名に多く見られること、(iii)同じ名前の人を知らない人も知っている人と同様の判断ができることが明らかになった。また、日本語学習者に関しては、「男女どちらも可」と回答するケースが多いが、初めて出会った名前でも、男性名か女性名かを判断できたものに限れば日本人の名前の性別を正しく判断できることが明らかになった。日本での滞在歴と日本語学習者の性別判断能力の関係については、上述の(iii)と(iv)のアンケート調査で結果が異なり、現時点では解明できていない。今後更なる研究が必要である。

2.2 中性名

　ここまでの研究は日本人の男性名、女性名を対象にした研究であるが、日本人の名前の中には男性名としても女性名としても使われる中性名も存在する。そこで、実際に男性名としても女性名としても使われていることが確認された39の中性名を対象にした研究も行った。まず、それらの中性名を(1)と(3)を基に構造的に分析した結果、20の中性名が構造的に男性的であり、19の中性名が構造的に女性的であることが明らかになった。

　次に、これらの中性名に関してアンケート調査を行った。52名の日本語母語話者にこれらの中性名の使用について質問したところ、11の名前が女性名としてより男性名として使用されることが多く、22の名前が女性名として使用されることが多く、残りの6の名前がどちらにも同程度使用されると判断された。そして、その判断理由について質問したところ、音(の組み合わせ)を基にして判断しているという回答が一番多かった。

　また、39の中性名のうちの16の名前に関しては、(1)と(3)から予測された構造的な性別と日本語母語話者の判断が異なり、その内訳は男性的な構造なのに女性名として使用されることが多いと判断された名前が12、その逆が4であった。男性的な構造なのに女性名として使用されることが多いと判断された名前が多い理由については、名前全体の意味(カオル＝「香る」、ココロ＝「心」、ヒナタ＝「日向」、ユキ＝「雪」)や構造(漢字を割り当てる時○μ○μという構造を持てないこと)が関係している可能性が考えられるが、現時点では解明できていない。これらについては、今後更なる研究が必要である。

2.3 日本人以外の名前との比較

　ここまでの研究は日本人の名前と性別についての研究であるが、日本人の名前と日本人以外の名前との比較に関する研究にも取り組み始めている。英語圏の名前と性別に関しては比較的先行研究が多い。英語圏の名前に見られる音声的性差について先行研究をまとめたものが(6)である。そして、英語圏の名前と日本人の名前とを比較した結果、"monosyllabic"という男性的な特徴と(6)には含まれていない「女性名＝植物名」という意味的な特徴が共通しているのを除き、大半の特徴は各言語特有であることが明らかになった。

(6) 英語圏の名前に見られる音声的性差

	男性的	女性的
第一音節	・Voiced Consonants	・[š]
最終音節	・High Central Unrounded Vowel ・*s*-ending ・Consonant Clusters	・Vowels (*a*-sound, schwa) ・Sonorant Consonants ・No Hard *d*-sound
長さ （構造）	・Monosyllabic Names	・Longer (More Phonemes or Syllables) ・Open Syllables ・[i], the high front tense vowel ・Long Vowels or Diphthongs (in monosyllabic names)
強勢		・Unstressed Initial Syllables

3. まとめ

音声、音韻研究は今後様々な分野と関わりを持ちつつ発展していくと思われるが、筆者はその中でも固有名詞と関係する分野(onomastics)での研究を進めていきたいと考えている。現状では、日本では人名に関するonomasticsは言語学との関連分野の研究者も少なく、研究が盛んとは言い難い。

本稿では日本人の名前を中心に、名前と性別の関係を考察した。男性名、女性名に関してはある程度研究が進んだと考えているが、今後は更に以下のようなテーマでの研究を進めていきたい。

まず、中性名に関しては、(i)日本人の中性名の使用実態、(ii)なぜ中性名は中性名として使用されているのか、(iii)中性名の起源等を研究していきたい。特に(iii)に関しては、英語圏の名前についてCassidy等(1999)が '[t]he vast majority of unisex names were originally restricted to males but then became extended to females' と述べているが、日本人の中性名の場合はどうなのかを調べていきたいと考えている。

次に、日本人以外の名前との比較の面でも研究範囲を広げていきたい。英語圏の名前と性別の関係については先行研究も比較的多いが、それ以外については先行研究も少なく、日本との比較研究も進んでいない。色々な側面で日本語と共通点を持つ言語も多いが、名前と性別の関係ではどうなのかについては解明されておらず、興味深い。今後、様々な言語について調査していきたいと考えている。

最後に、人名以外の研究も行っていきたい。これまでは日本人の名前を中心に研究してきたが、日本語母語話者が名前をつけるのは子供の名前だけではない。日本語母語話者の名づけをもっと深く理解するために研究対象を人名以外にも広げていきたい。具体的には、ペットの名づけや所有物に対する名づけ、動植物名等についても研究していきたいと考えている。

参照文献（限定的なリストのため、以下の文献で参照されている文献も参照のこと）

Cassidy, Kimberly Wright, Michael H. Kelly and Lee'at J. Sharoni. 1999. Inferring gender from name phonology. *Journal of Experimental Psychology: General* 128.1–20.
第一生命広報部 (編) 1987『日本全国苗字と名前おもしろBOOK』東京：恒友出版.
明治安田生命「名前ランキング」Online: http://www.meijiyasuda.co.jp/profile/etc/ranking/
六川雅彦 2015「日本人の名前と性別－「セイヤ」の男性性と「シホ」「ユーリ」「キヨ」の女性性－」西原哲雄、田中真一 (編)『現代の形態論と音声学・音韻論の視点と論点』160-174. 東京：開拓社.
Mutsukawa, Masahiko. forthcoming. On Japanese unisex names. *Proceedings of the XXV ICOS International Congress of Onomastic Sciences*.

第 4 章

混沌を秩序に換える視点

音声／音韻研究の方法論・モデル・形式理論

並列処理の単位としての音素と音節[*]

石川 潔
法政大学

1. はじめに

音素知覚が音節（など）のレベルの音素配列制約に従うとして、音素配列制約は、知覚において具体的にどのように働くのだろうか？[1] 音素が本当に知覚されているのかどうかは、ひとまずおいて、少なくとも「音節」は知覚されるとすると、論理的に可能なのは2段階モデルと1段階モデルの2つである。2段階モデルは、まず音素が知覚され（第1段階）、その後、知覚された音素列が「音節」という単位へと解析される過程（第2段階）で、音素配列制約に合うように知覚が変容する（母音挿入などが起こる）、とするものである (Church 1987)。2段階モデルは、伝統的に暗黙に想定されてきた捉え方である。1段階モデルは、「音節」が直接知覚されるとするものである (Dehaene-Lambertz et al. 2000; Dupoux et al. 2011; Ishikawa 2014; Mehler et al. 1990)。音声知覚が、音声信号と、聞き手の頭の脳内の「音節」とのマッチングであるなら、後者は当然、音素配列制約に違反しないのだから、知覚は音素配列制約に従うことになる。

Dehaene-Lambertz et al. (2000) は、ERP を測定した実験結果に基づき、そして Dupoux et al. (2011) は、調音結合を操作した知覚実験の結果に基づき、2段階モデルに反論し、1段階モデルを主張する。しかし、そこで想定されている1段階モデルにおいては、音素知覚とは、いわば知覚された「音節」に対してメタ言語的な分析を施した結果の音素「認識」に過ぎず、したがって、そのような1段階モデルを受け入れるということは、音素の知覚的実在性を否定することに他ならない。

本稿の目的は、Dehaene-Lambertz et al. (2000) や Dupoux et al. (2011) の想定するバージョンの1段階モデルとは異なる並列処理版の1段階モデル (Ishikawa 2014) の可能性を指摘することである。並列処理版の1段階モデルにおいては、Dehaene-Lambertz et al. (2000) や Dupoux et al. (2011) の実験結果は音素の実在性を否定する証拠にはならない。第2節で、Dehaene-Lambertz et al. (2000) および Dupoux et al. の実験および主張の最低限の概観を行い、第3節で、並列処理版の1段階モデルの可能性を指摘し、第4節において、並列処理版の1段階モデルが音韻理論に対して持つ意義を論じる。

2. Dehaene-Lambertz et al. (2000) および Dupoux et al. (2011) の実験

Dehaene-Lambertz et al. (2000) の実験課題は、[...C_1 C_2...] および [...C_1ɯC_2...] の両者が繰り返される刺激を聴き、片方から他方への変化を検出する、というものであった。[...C_1 C_2...] は、日本語では音素配列制約に違反しているがフランス語では違反しないと考えられるものであった。Dupoux et al. (1999) の行動実験では日本語話者が /ɯ/ を知覚的に挿入するという結果が得られたが、そこから期待される通り、Dehaene-Lambertz et al. の実験では、日本語話者は変化の検出に失敗し、フランス語話者は成功したのだが、Dehaene-Lambertz et al. は、行動データよりも ERP データに着目した。すなわち、フランス語の話者からは Mismatch Negativity (MMN) が観察されたが、日本語話者からは、MMN が検出されなかったのである。

MMN が音韻論的な処理よりも前の知覚の初期過程を反映したものであるという想定に基づき、Dehaene-Lambertz et al. (2000) はこの結果を1段階モデルの証拠とみなした。

他方で Dupoux et al. (2011) は、調音結合の影響に着目した行動実験を行なった。$[...C_1\ V\ C_2...]$ という連鎖があった場合、一般に、C_1 には V との調音結合の情報が含まれる。仮に、V との調音結合の情報を含んだ C_1 の部分を C_1^V と表記するとしよう。すると、$/C_1\ V\ C_2/$ の自然発話では、少なくとも C_1 には V との調音結合の情報が含まれるので、その音声的な具現形は、$[...C_1\ V\ C_2...]$ というよりもむしろ $[...C_1^V\ V\ C_2...]$ という形のものとなる。では、このような音声から V の部分を削除したもの、すなわち $[...C_1^V\ C_2...]$ は、どのように知覚されるだろうか？

音素配列制約のために子音連鎖が許されない場合（例えば日本語における、調音点が異なる子音連鎖の場合）を考えてみよう。このような場合、音素配列制約の効果として挿入母音が知覚されることが期待されるが、**1段階モデル**と**2段階モデル**は、挿入母音が何になるかについての予測が異なる。例えば日本語で、調音結合情報のない場合に「う」が挿入されるような先行子音を用いた刺激の場合を考えよう。**2段階モデル**によれば、まず音素列が知覚されることになるが（第1段階）、調音結合情報はこの第1段階で知覚結果から消去されるはずである。よって、第2段階への入力には調音結合情報は含まれず、従って、調音結合の相手の母音が何であったかに関係なく、一律に「う」が知覚的に挿入されるはずである。しかし、例えば $[C_1^i]$ （「い」との調音結合情報が C_1 に含まれている音声信号）は、「う」が挿入された $[C_1^ɯ\ ɯ]$ よりもむしろ、「い」が挿入された $[C_1^i\ i]$ の方に、音響的にはより近い。Dupoux et al. (2011) の想定する**1段階モデル**によれば、音声知覚は、音声信号と、内部構造のない「音節」との間のマッチングなので、音声信号と最も音響的に近い「音節」が知覚されるはずである。よって、このような場合には、「う」よりもむしろ「い」が知覚的に挿入されることが予測される。まとめると、**2段階モデル**は、調音結合情報が挿入母音に影響を与えないことを予測し、**1段階モデル**は、調音結合情報が挿入母音に影響を与えることを予測する。Dupoux et al. は、日本語話者が $[...C_1^i\ C_2...]$ から $/...C_1\ i\ C_2...]$ を知覚する傾向があるという結果を得た。

さて、両者の実験のうち Dupoux et al. (2011) のもの自体は、実は**2段階説**でも解釈できてしまう。彼らの刺激音声には $[...\ k^i...]$ が含まれていたが、（母音の無声化に従った知覚により）1段階目で $[k^i]$ がほぼ100％の割合で $/ki/$ と知覚されたため、全体として $/i/$ の知覚への傾向が有意になった、と考えることが可能なのである (Ishikawa 2014)。しかし、$[...\ g^i...]$ 単独でも、「い」の知覚への有意な傾向は別途、確かめられているので (Ishikawa 2014; 2016)、$/i/$ の異音としての「摩擦母音」（松井 2015; Ishikawa 2016）を認めない限り、**2段階説**は確かに支持できない。しかし「摩擦母音」を認めた場合も、Dehaene-Lambertz et al. (2000) の実験結果が**2段階説**と矛盾する。[2]

3. 音素知覚と音節知覚の並列処理

Dehaene-Lambertz (2000) や Dupoux et al. (2011) の想定する**1段階モデル**は、知覚的には「音節」が内部構造のない（音素から構成されているわけではない）単位なので、そのような1段階モデルを採用するということは、音素および「音節」の内部構造の知覚的実在性を否定することになる。では、前節の結果に基づき、我々は音素および「音節」の内部構造の知覚的実在性を否定すべきであろうか？

知覚研究においては伝統的に、音素なり「音節」なり単語なりの知覚が直列処理過程であることが暗黙に前提されてきた。Dehaene-Lambertz et al. (2000) や Dupoux et al. (2014) による**1段階モデル**は、そのような前提に基づいたものである。つまり、

音声信号 → 音素知覚 → 「音節」知覚 → 単語認識

という直列（逐次）処理過程（**2段階モデル**）では、音声信号には含まれている調音結合情報が音素

知覚の段階でフィルターされるはずであることに着目し、余計なフィルター処理をする音素知覚の過程を否定し、音声信号から音節が直接に知覚されるとしたものである。しかし、音素情報が含まれていない「音節」の構造が知覚され、そのような「音節」における例えば「onset の C」や「nucleus の V」や「coda の C」という空きスロットを埋めるものとして音素が知覚される、というモデルも可能である (Ishikawa 2014)。つまり、

$$音声信号 \rightarrow \begin{Bmatrix} 「音節」の雛形（空きスロットつき）の知覚 \\ （空きスロットの埋め手としての）音素の知覚 \end{Bmatrix} \rightarrow 単語認識$$

という、「音節」構築と音素知覚が相互作用しつつ同時に行われるという**並列処理版の 1 段階モデル**である。この**並列処理版の 1 段階モデル**では、例えば $[C^i]$ という音声信号に対して、日本語話者は /CV/ という形の「音節」の雛形（空きスロットつき）を知覚的に構築することになるが、当然、$[C^i]$ に対して、$[C^i\ i]$ の方が $[C^ɯ\ ɯ]$ よりも音響的に近いので、/V/ のスロットは /ɯ/ でなくむしろ /i/ によって埋められることになり、Dupoux et al. (2011) の実験結果が正しく予測され、かつ Dehaene-Lambertz et al. (2000) の ERP データの解釈とも整合する（詳細は Ishikawa 2014 を参照）。[3]

並列処理版の 1 段階モデルでは、音素は、メタ言語的な分析の結果ではなく本当に知覚されていることになるので、このような**並列処理版の 1 段階モデル**が論理的に可能である限りにおいて、Dehaene-Lambertz et al. (2000) や Dupoux et al. (2011) の実験結果は、音素および「音節」の内部構造の知覚的な実在性を否定する証拠にはならない。

4. まとめ：音韻論的な意義

Dehaene-Lambertz et al. (2000) や Dupoux et al. (2011) の想定するような 1 段階モデルは、知覚における「音節」の内部構造や音素の実在性を否定する。しかし、**並列処理型の 1 段階モデル**は、単に音素の知覚的実在性を主張するのみならず、「音節」の内部構造（空きスロットという形での構造）をも主張する。よって、直列処理の発想に基づいた Dehaene-Lambertz et al. や Dupoux et al. 流の 1 段階モデルに対する**並列処理型の 1 段階モデル**の相対的な優劣は、「音節」の内部構造を想定する音韻理論一般の実在性を知覚の面から支持できるかという大きな問いへの答えに直結する。よって、**直列・逐次処理型の 1 段階モデルと並列処理型の 1 段階モデル**の間の相対的な優劣を決めるための研究が必要である（筆者自身もそのような目的での実験を計画中である）。

注

[*] 本稿は主に筆者の 2 つ目の博士論文 (Ishikawa 2014) に基づいている。丁寧に指導してくれた Alice Turk および Martin Corley に、そして出版前の原稿を送ってくれた松井理直の各氏に、感謝したい。
[1] 音素配列制約には、音節レベルのものもあれば、単語レベルのものもあるし、隣接する 2 つの音素の間の制約もあるであろう。さらには、音声以外の何らかの離散的な単位（例えばモーラやフットなど）のレベルのものもあるかも知れない。本稿で言う「音節」（鍵括弧つき）は、(Mehler et al. 1990 と同様に)「単語よりも小さいが音素よりも大きい、音素配列制約の領域」という意味であり、標準的な意味での音節に限られた意味ではない。
[2] 実は Dehaene-Lambertz et al. (2000) の実験結果の解釈にも問題がないわけではないが、ここではその点の議論は省略する (Ishikawa 2014 を参照)。

[3] 並列処理版の 1 段階モデルは、実は、Kakehi et al. (1996) の主張を筆者が誤解したことから生じたものである。しかし、知覚でなく発話については、Shattuck-Hufnagel (1979) がきわめて似たモデルを提案している（Alice Turk の教示による）。

参照文献

Church, Kenneth W. 1987. Phonological parsing and lexical retrieval. *Cognition* 25.53－70.

Dehaene-Lambertz, Ghislaine, Emmanuel Dupoux and Ariel Gout. 2000. Electrophysiological correlates of phonological processing: A cross-linguistic study. *Journal of Cognitive Neuroscience* 12.635－647.

Dupoux, Emmanuel, Kazuhiko Kakehi, Yuki Hirose, Christophe Pallier and Jacques Mehler. 1999. Epenthetic vowels in Japanese: A perceptual illusion? *Journal of Experimental Psychology: Human Perception and Performance* 25.1568－1578.

Dupoux, Emmanuel, Erika Parlato, Sonia Frota, Yuki Hirose and Sharon Peperkamp. 2011. Where do illusory vowels come from? *Journal of Memory and Language* 64.199－210.

Ishikawa, Kiyoshi. 2014. *Phonemic categorization and phonotactic repair as parallel sublexical processes: Evidence from coarticulation sensitivity.* Edinburgh: The University of Edinburgh dissertation.

Ishikawa, Kiyoshi. 2016. Sublexical phonemic categorization: Evidence from 'non-veridical' coarticulation sensitivity. Tokyo: Hosei University, MS.

Kakehi, Kazuhiko, Kazumi Kato and Makio Kashino. 1996. Phoneme/syllable perception and the temporal structure of speech. *Phonological structure and language processing: Cross-linguistic studies*, ed. by Takeshi Otake and Anne Cutler, 125－143. Berlin: Mouton De Gruyter.

松井理直 2015「日本語の母音無声化に関する C/D モデルの入力情報について」『音声研究』19(2).55－69.

Mehler, Jacques, Emmanuel Dupoux and Juan Segui. 1990. Constraining models of lexical access: The onset of word recognition. *Cognitive models of speech processing: ACL–MIT Press series in natural language processing*, ed. by Gerry T. M. Altmann, 236－262. Cambridge, MA: MIT Press.

Shattuck-Hufnagel, Stefanie. 1979. Speech errors as evidence for a serial ordering mechanism in sentence production. *Sentence processing: Psycholinguistic studies presented to Merril Garret*, ed. by William E. Cooper and Edward C. T. Walker, 295－342. Hillsdale: Lawrence Erlbaum.

音韻獲得と入力型*

上田　功
大阪大学

1. はじめに
1.1 本論の目的
　幼児は喃語期を過ぎて、1歳後半から母語の音を獲得し始め、一般的には、5歳前後ですべての音を獲得する(Ingram 1989)。本稿では、この分節音の獲得において、最も根本的で重要な問題、即ち幼児の発音と音韻知識の関係を、特に入力型に焦点を当てて考察する。この問題は、音韻論の中核をなす表示と派生に深く関係し、さらに、音韻理論のみならず、特に機能性構音障害児と呼ばれる、音獲得に遅れを見せる幼児を扱う現場では、構音の評価や指導の基盤となるので、臨床的にも重要な問題である。

1.2 幼児の分節音獲得
　分節音獲得には、かなりの個人差が認められるものの、おおよその順序が認められる。例えば日本語の子音では、破裂音、鼻音、わたり音は、相対的に獲得が早く、流音や歯擦音は遅いのが一般的である。当然獲得の途上にある段階では、未獲得の目標音は、別の音で置換されたり、あるいは脱落したりする。本稿においては、この逸脱と獲得の過程をどのように説明するかを、これまでの研究史を辿りながら論じていく。

2.1 初期の研究
　初期の研究は、古典的な生成音韻論の集大成である、Chomsky and Halle (1968)の基本的な考え方に依拠し、入力(基底)と音声の二つの表示を認め、入力表示に音韻規則が作用し、音声表示が導かれるという考え方をとった(Compton 1970, Lorentz 1976)。例えばサ行音がタ行音に置換されるケースでは、次のような形式化を行った。

　　(1)　　[-sonorant, +consonantal, +coronal, +continuant] → [-continuant]

ここで入力表示は、幼児の内在する音韻知識を表し、この形式化は、舌頂継続阻害音は音韻知識として内在し(すなわち獲得されており)、大人にはない音韻規則によって、逸脱した音が表面に現れることを意味する。このように生成音韻論の基本的概念である二つの表示と、それらを結びつける規則を理論的基盤に採用し、幼児の音韻知識に踏み込んだことは、それまでの音素レベルでの説明が、単に表層的な置換や脱落、挿入等に終始していただけに、画期的な試みであった。

2.2 理論的問題点とパラドクス
　しかしながら、上記の考え方は、大きな問題に直面することになる。それは、幼児は常に大人と同じ(それ故正しい)目標音を知識として獲得しており、逸脱発音はすべて音韻規則に帰するとしたことに起因する。今われわれが中学校で英語を習ったときのことを思い出してみよう。"collect"という単語の意味が[kərɛt]という発音に結びつき、逆に"correct"の意味が[kəlɛt]に結びつくような、学習上の誤りを経験したはずである。これは[r]と[l]が何か規則によって逆転した訳ではなく、それぞれの語の音を誤

って覚えたわけである。これと同じように、幼児が獲得の過程で、語の音そのものを別の音と誤って獲得してしまう可能性は否定できない。要するに、入力型を先験的に大人と同じものと考えることは、根拠が無く、何らかの証明が伴わねばならない。

また上記の考え方は、獲得に係わるパラドクスをも生ずる。ここで獲得の過程を考えてみよう。初期には未獲得の音も多く、そのような目標音は、獲得済みの音によって置換されるか、あるいは脱落することになる。今、ザ行音もラ行音も未獲得で、これらがいずれもダ行音に置換されるケースを考えてみる(Ueda 1996)。この音置換を説明するには、次の2つの音韻規則を立てねばならない。

(2)　　/ dz /　→　[d]　　　/ r /　→　[d]

さて、この後に獲得が進み、ザ行音とラ行音が産出できるようになれば、どうなるだろうか。どちらが先に獲得されるかは個人によって異なるが、(2)の2つの規則はひとつずつ無くなっていき、最終的に消滅することになる。これはいかにも奇妙な話である。言語発達にしたがって、一旦獲得されたものが無くなっていく訳であり、逆説的であり、つじつまの合わない説明と言わざるを得ない。

2.3 自然音韻論の説明

1970年代の前半に、Stampe(1969, 1973)による、自然音韻論が台頭する。自然音韻論は、人間は生理的な理由から、調音の難しい音や音連続を、比較的簡単な音や音連続に置き換える、そしてこれは生得的であり、言語普遍的であると主張する。Stampeは、この人間の言語にとってきわめて自然な（と彼自身は主張するが）動的過程を、音韻プロセスと呼んだ。そして、音韻獲得とは、母語の音韻体系に存在する「不自然な」部分を、この自然なプロセスを抑圧しながら構築していくことであると主張した。この獲得観は、ある意味で非常に魅力的であり、特に臨床にたずさわる研究者に少なからぬ影響を与えた。もし獲得にともなって消えていく音韻規則を、抑圧されていくプロセスと読み替えるならば、前述したパラドクスは解消されることになるからである。

しかしながら、この考え方にも無理があった。例えば、筆者がこの分野の研究を始めたばかりの時に、次のような幼児の事例に言及した(上田 1986)。その幼児は、まず軟口蓋の鼻音を獲得し、次に両唇鼻音を獲得し、歯茎鼻音はまだ未獲得の状態であった。そしてこの目標音を別の音で代替するのではなく、脱落させた。このような状態を説明するためには、(3)のプロセスを設定せざるをえない。

(3)　　/ n /　→　∅

しかしながらこのプロセスの意味するところは、歯茎鼻音は入力型として音韻知識に内在するが、いかなる音環境においても（すなわち文脈自由で）脱落するというプロセスである。このような音韻現象はとても「自然」であるとは考えられず、動的な削除プロセスを仮定するよりも、むしろ歯茎鼻音が音韻知識として内在しないと考える方が、合理的である。自然音韻論自体は、理論的基盤の弱さ等もあって、やがて下火になっていったが、少なくとも言語獲得は、すでに存在するものが無くなっていったり、既存の知識や能力を抑圧したりする、負の過程ではなく、新しいものを構築していく積極的な過程だと見なすべきである(Pinker 1994)。

3.1 制約の導入

このように逸脱発音には、動的な音韻規則／プロセスによって説明が可能なケースもあるが、すべてをこれに帰することには無理があることが認識され始め、研究者は動的な規則ではなく、静的な制約の可能性を模索し始めた。その例が、Dinnsen (1984)に見られる。Dinnsenは音置換や音脱落が見られる場合、形態音素交替などの音韻的証拠、あるいは聴覚的な弁別、さらに音響的な検証などによって、

大人と同じ入力型が存在する場合にのみ、動的な規則の存在を認めた。そして、それ以外のケースでは、正しい目標音の知識は入力型として内在せず、それ故その幼児独自の入力型が存在すると主張した。つまり幼児の逸脱発音を、誤った規則が原因である場合と、そもそも入力型が誤っている場合の大きく二通りに類型化した訳である。これによって、不自然な中和化規則を仮定する必要はなくなり、多くの幼児の音韻体系が合理的に分析できるようになったが、肝心の制約の性格づけや音韻体系のなかでの位置づけができていなかった。Dinnsen (1984)では、制約とは入力表示にかかるものであって、例えば(3)の場合、「鼻音は歯茎では許されない」のように表されるが、何故許されないのかという最も重要な点が未解決であった。理論的に整合性があり、このような個別のケースを説明できる制約は、最適性理論の登場を待たねばならなかった(上田 2006)。

3.2 最適性理論における制約

　Prince and Smokensky (1993)に始まり、現在も盛んに研究が進められている最適性理論が、言語獲得にも大きなインパクトを与えたのは、周知の如くである。現在も音韻研究を席巻しているこの理論に関して、ここで詳しく解説することは避けるが、音韻規則からの決別によって、制約は文法の中心として位置づけられ、そして普遍的な制約のランキングによって、規則では説明できなかった多くの事象が説明可能となった。上記(3)に関して述べたような制約も存在はするものの、自然言語では低い位置にランク付けされているので顕在化することはない。ところが発達段階にある音韻体系によっては、ランクが高い場合があり、そのようなケースではこのような鼻音脱落が実際に起こることになる。また最適性理論は、音の獲得の順序や、獲得期に観られる特殊な分布、そして音による対立の有無等に関しても、制約のランキングによって合理的な説明が可能になり、音韻獲得研究は飛躍的に進んだと言っても過言ではなかろう。このように研究史を辿っていくと、規則のみに頼っていた初期の後、規則と制約の併用が考慮され、そして最後には制約の役割がきわめて大きくなってきたことがわかる。

4.1 今後の課題

　上記のように画期的な視座を提供した最適性理論であるが、まだ議論すべき点も残っている。まず最適性理論にあっては、基底の豊かさ(richness of the base)の原則によって、入力型の役割は考えられないほど低下した。確かに自然言語の音韻現象において、入力型は最適性理論の道具立てから導かれる。しかしながら音韻獲得の場合、形態素を構成する音は、個別に学んでいかねばならない。これはたとえ理論的枠組が大きく変わろうとも、何ら変わることはない。ところが、最適性理論に立脚した多くの研究が、幼児は大人と同じ入力を獲得しているという前提で議論されている。しかしながら音韻獲得のさまざまな段階で見られる音韻現象を考察すると、必ずしもこの前提は正しくないという研究も存在する(Dinnsen and Gierut 2008)。前節で触れた(3)に関する制約をめぐる議論も、歯茎鼻音が入力型として存在することを前提としており、もし入力になければ、話は異なってくる。要するに、入力型の獲得は、古くて新しい問題なのである。

注

[*] 本稿は科学研究助成費 ((B)26284058) の報告の一部である。

参照文献

Chomsky, Noam and Morris Halle. 1968. *The sound pattern of English*. NY: Harper and Row.

Compton, Arthur. 1970. Generative studies of children's phonological disorders. *Journal of Speech and Hearing Disorders* 35.315-339.

Dinnsen, Daniel. 1984. Methods and empirical issues in analyzing functional misarticulation. *Phonological theory and the misarticulating child (ASHA monograph 22)*, ed. by Mary Elbert, Daniel Dinnsen and Gary Weismer, 5-17.

Dinnsen, Daniel and Judith Gierut. 2008. *Optimality theory, phonological acquisition and disorders*. London: Equinox.

Ingram, James. 1989. *First language acquisition*. Cambridge: Cambridge University Press.

Lorentz, James. 1976. An analysis of some deviant phonological rules. *Normal and Deficient Language*, ed. by Donald Morehead and Ann Morehead, 29-59. Baltimore: University Park Press.

Pinter, Steven. *The language instinct*. NY: W. Morrow and Co.

Prince, Alan and Paul Smolensky. 1993. *Optimality theory: Constraint interaction in generative grammar*. Technical Report #2 of the Rutgers Center for Cognitive Science, Rutgers University.

Stampe, David. 1969. The acquisition of phonetic representation. *Papers from the Fifth Regional Meeting of the Chicago Linguistic Society*, 433-44.

Stampe, David. 1973. *A dissertation on natural phonology*. Chicago, Il: University of Chicago dissertation. [Later published by Garland in 1979].

上田功　1986「幼児言語の音韻記述」Fred Peng・八代京子・秋山高二（編）『ことばの多様性』130-145.　広島：文化評論出版.

上田功　2006「派生時代の音韻制約再考」上田功・野田尚史（編）『言外と言内の交流分野』73-86.　東京：大学書林.

Ueda, Isao. 1996. Segmental acquisition and feature specification in Japanese. *Proceedings of the UBC International Conference on Phonological Acquisition*, ed. by Barbara Bernhardt, John Gilbert and David Ingram, 15-27. Somerville, MA: Cascadella Press.

音韻研究におけるモーラの定義の変遷

大竹孝司

イー・リスニング研究所

1. はじめに

　音韻研究は自然言語の音声が織りなす構造や機能を明らかにすることを目指す学問である。音韻に関する言及は古代文明の文献に見られるように長い歴史があるが、科学的な視点からその観察・記述が行われるようになってから100年程度に過ぎない。学問の世界は発祥の地の言語である古典ギリシャ語由来の言葉を用語として援用する慣習があるが、対象となる研究の歴史が浅いと曖昧な解釈が起こり得る。本稿でこれから論じるモーラの用語はその1つと言えるであろう。

　筆者は後に最適性理論の提唱者の一人となる John McCarthy から1982年に音韻論（自律分節音韻論）の論文指導の手ほどきを受けた後、1987年に Peter MacNeilage の指導の下、実験音声学（モーラの時間的構造）で学位を得た。その後1990年から Jacques Mehler と Anne Cutler が率いた国際共同研究プロジェクトの活動及び Cutler との約四半世紀の共同研究を通じて心理言語学の観点からモーラに関わってきた。似て非なるこの3つの領域でのモーラの定義は後述するように扱う事象によって微妙に異なることから曖昧さが存在していたと考えられる。

　昨年の夏、モーラの解釈に影響を与える1つの出来事が起こった。それは、英国の王立協会 (The Royal Society) が Cutler をフェローに選出したことと関係がある。この協会は科学的証拠に基づく研究に真理を求めることで知られ、ダーウィンやアインシュタインなど著名な科学者を選出してきた。Cutler を選んだ理由は自然発話に基づく語彙認識の音韻処理過程では分節に関わる音韻単位が音節、強音節、モーラのように言語によって異なることを科学的に立証したとしている[1]。この分節の定義が科学的であるとするならば、モーラに関する根本的な問題が浮き彫りになる。それは古代ギリシャで生まれ、近代言語学で継承・発展されたモーラの定義の評価の問題である。本稿はモーラの定義の変容の変遷を振り返り、筆者が関わったモーラの新たな知見と未解決の問題及び今後の展望などを紙幅の制限の範囲内で論じることにする。なお、各研究の詳細な議論は参照文献の論文を参考にしていただきたい。

2. 分類学的なモーラの定義

　古代ギリシャから現代までモーラの定義を俯瞰すると大別して2種類に分けることができるであろう。第1は古代ギリシャ人が生み出した定義と20世紀初頭以降に近代言語学に継承・発展された構造主義言語学者の定義である。これらの定義の共通点は分類学的にモーラを定義しているところにある。第2は20世紀末に心理言語学者が提唱した認知科学的なモーラの定義である。本節はモーラの分類学的定義の特徴を検討する。

　古代ギリシャ人は古典ギリシャ語の音節を独特の方法で分類する方法を考案した。この分類法の特徴は語彙を構成する音節を独自の長さの基準で短音節と長音節に区分したところにある[2]。独自の基準とは物理的な母音の長さ及び抽象的な約束事の長さを指す。その結果、古典ギリシャ語の音節は短音節（CV音節）と長音節（CVV音節とCVC音節）に分類された。このような独自の基準に基づく分類法を取り入れた理由は古代ギリシャの言語文化において重要な役割を担った韻文を構築するためと考えられる[3]。この韻文は長短2種類の音節の組み合せが反復するように単語を選択的に配列するところ

にその本質がある。モーラはこの韻文に反復的に出現する長短音節の発話時の時間的配分を示す指標的な時間単位として用いられた[4]。この時間的単位は等時とみなされ、発話時の長短音節の時間配分が2対1になることを想定した。このモーラの定義は音節の構成要素としての位置づけではなく、音節を発話する際の時間的特性としての扱いであることが分かる。

構造主義言語学者は諸言語の2種類の音韻現象が古典ギリシャ語の音節の分類法と関連性があることを見いだし、モーラを援用した。この音韻現象は語彙レベルのアクセント付与と言葉のリズムである。これらの音韻現象は古典ギリシャ語の韻文とは関連性がないことに留意が必要である。アクセント付与では長音節と短音節にアクセント価が各々2つと1つ存在することに着目し、この受け皿に相当する音節内の新たな音韻単位をモーラと呼んだ。この定義ではモーラの等時の時間的特性に言及する必然性は無いと考えられるが、その扱いは研究者によって異なる(大竹 2016 参照)。一方、日本語の韻文は音韻的音節の一定数(5と7)の反復の型で定義されるが、音韻的音節の発話時の時間的特性を等時とみなしてモーラと呼び、モーラ・タイミングが提唱された。これは先行して提唱されたシラブル・タイミングやストレス・タイミングにおいて等時性を有する音節や強音節が反復するという想定を受けて古典ギリシャ語のモーラを援用したものと考えられる。

以上、古典ギリシャ語と構造主義言語学のモーラの定義の特徴を見てきた(詳細は Otake (2015)と大竹 (2016)参照)。次説では認知科学的な発想に基づくモーラの定義を見て行く。

3. 認知科学的なモーラの定義

1970 年代から 1980 年代の音韻研究では音節の構造や機能に関する研究が進展した時代であるが、認知科学を背景とする心理言語学でも音節に関心が持たれるようになった。主な関心事はヒトが発話を理解する上で音節をどのように認識するかという点にあった。この研究を進めた主な研究者は 1 で紹介した Mehler と Cutler である。Mehler は仏語の自然発話と同等の環境の中で仏語話者の分節を明らかにする実証実験を行った結果、音節が普遍的な分節の単位であるという仮説を立てた (Mehler et al. 1981)。一方、Cutler は仏語話者と英語話者によって英語と仏語による再現実験を行ったところ、前者は英語に対しても音節に基づく分節の証拠を得たが、後者からはその証拠が得られなかった (Cutler et al. 1986)。そこで新たに考案した実験課題から英語話者は強音節に着目した分節を行う証拠を得たことから、分節の仕組みは個別言語によって異なるという仮説を提案した (Cutler and Norris 1988)。

1990 年 HFSP (Human Frontier Science Program)の助成を得た上記の二人は日本語を含む複数の言語の分節及びその他の音韻の諸問題に関する国際共同研究プロジェクトを立ち上げ、筆者は日本語の分節の仕組みを解き明かす担当者として参加した。彼らはイタリアの古都トリエステに当時の最先端の心理言語学者、音韻論者、音声学者を招いたワークショップを開催し、各領域の既知と未知の問題を明らかにした上でプロジェクトを進めた。モーラに関しては2つの主要な成果が得られた。1つ目はモーラによる分節の発見である(Otake et al. 1993; Cutler and Otake 1994; Otake et al. 1996)。この実験は基本的に Mehler et al.の実験を日本語に置き換えて実施したものである。すなわち、日本語話者が CVC 音節を音節とモーラのいずれで認識するかを検証したわけであるが、CV-C と分節した結果を持ってモーラと判定した。これにより Cutler が提唱した仮説が有力なものとして支持されることになる。2つ目は構造主義言語学者が主張したモーラ・タイミングのモーラが等時の聴覚的印象の原因を明らかにする新たな検証を行った。その結果、モーラが均一に聞こえるのは音節を構成する分節音の相対的時間の揺らぎが最も少ないことが原因であるという新たな説が提案された(Ramus et al. 1999)。この説は構造主義言語学者が提案した等時性と離散的な 3 範疇で言葉のリズムを説明するのではなく、Dauer (1983)が

提案した分節音の相対的時間に対する外的要因（強勢等）の影響の大小が言葉のリズムの聴覚的印象を決定する要因であるという説を支持するものである。このように認知科学的なモーラの定義は実証主義に基づき対照言語間の検証を経て提案されたところに分類学的な定義と大きな違いがある。

　筆者は Cutler との共同研究の中で日本語のモーラに関する新たな検証を行った。日本語の書記体系の1つであるかな文字はしばしばモーラと等価と考えられているが、この扱いは曖昧性を含む。モーラの下位には音素が存在することから自然発話における両者の関係を統合的に明らかにする必要がある。Dennis Norris が 1994 年に開発した語彙認識モデル(Shortlist)によると、音声入力に合致する心的辞書の語彙は時間軸に沿って活性化・競合を繰り返して語彙が認識されるとしている。そこでは音素レベルで語彙の活性化が起こることを普遍的なものと想定している。Cutler and Otake (2002)はこのモデルが日本語にも適用可能なことを音素とモーラのレベルで操作した無意味語から有意味語を復元する実証実験と江戸時代の言葉遊びのもじりの分析の両面から検証した結果、音素レベルの活性化が起こり得ることを明らかにすると共にモーラの本質は分節の機能にあることを明らかにした。すなわち、日本語の音声言語の語彙認識は音素に基づいて活性化する点で普遍的であるが、分節がモーラによる点で個別的であることを示唆していることになる。

4. 課題と今後の展望

　認知科学的なモーラの定義はモーラ言語のラベルが貼られた日本語で検証したものである。だが、この定義が真であるならば、他言語による再現実験が不可欠である。ドラビダ語族のテルグ語による検証が行われ、部分的に日本語と同じ結果が得られている (Murty et al. 2007)。一方、1980 年代の実験音声学において同一語族のタミール語の検証でモーラの等時性を証明した論文が見受けられる。これらの言語が検証された動機は韻文にモーラが登場するからに他ならない。このことは韻文とモーラが関連しているという連想を抱きやすい。そこでより科学的にするには韻文文化を持たない言語による検証が求められるのではないか。

　次に、モーラ・タイミングは聴覚的印象としてモーラが等時であるという古典ギリシャ語由来の想定と密接な関係がある。Ramus et al. (1999)は分節音間の時間の揺らぎが少ない事がモーラの聴覚的印象を与えるとしている。だが、これはモーラの根本問題を解き明かしたとは言い難い。何故ならば、モーラの背後には長音節を分節すると短音節 2 つ分に相当するという音韻認識が潜んでいると考えられるからである。日本語話者はこの認識を持つことから今後この点の検証も必要なのではないか。

　最後に、先述の語彙認識モデルは語中に存在する埋め込み語という新たな概念に光を投げかけたが、日本語の埋め込み語はモーラの分節と密接な関係があることが明らかにされている(Cutler and Otake 2002)。また、日本語と他言語との埋め込み語の分布に関する対照研究から日本語の埋め込み語の独自性も明らかにした(Cutler et al. 2013 参照)。この独自性が日本語の言葉遊びである駄洒落を豊かなものにしている(Otake 2010; Otake and Cutler 2013)。今後諸言語の分節と言葉遊びの検証が待たれる。

5. むすび

　本稿は、音韻研究におけるモーラの定義の変遷を中心に論じてきた。分類学的なモーラの定義は主としてテキスト中心の言語資料に基づくことが一般的である。一方、認知科学的な音韻研究は常にヒトの音韻知識に対する関心を探索するところに特徴があることから今後脳科学研究との連携や協業が進んで行くものと思われる。既に進行中であるが、研究手法を科学的なものにしてより客観的なデータを収集することが求められるようになるのであろう。

注

1 The Royal Society の Cutler の選出理由についての詳細は以下を参照のこと。
https://web.archive.org/web/20150502131109/https://royalsociety.org/people/fellowship/2015/anne-cutler/
2 現存する最古の古典ギリシャ語文法書の翻訳書 The Grammar of Deonysios Thrax は音節を長さの基準で分類するとある(Thrax 1874:7)。この文法書にはモーラへの言及はない。
3 文法は詩人や散文で文を書く人々の間で使用された言語の慣用法の経験的知識とある(Thrax 1874:3)。つまり、韻文で文を書くことが前提とされていたことを反映しているものとみなすことができる。
4 後世の文法書にはモーラは発話時の時間の単位と述べられている(Donaldson 1862:22 参照)。

参照文献

Cutler, Anne and Dennis Norris. The role of strong syllables in segmentation for lexical access. *Journal of Experimental Psychology: Human Perception and Performance* 14.113-121.

Cutler, Anne and Takashi Otake and Laurence Bruggeman. 2012. Phonologically determined asymmetries in vocabulary structure across languages. *Journal of Acoustical Society of America* 132(2).EL55-EL60.

Cutler, Anne and Takashi Otake. 1994. Mora or phoneme? Further evidence for language specific listening. *Journal of Memory and Language* 33.824-844.

Cutler, Anne and Takashi Otake. 2002. Rhythmic categories in spoken-word recognition. *Journal of Memory and Language* 46(2).296-322.

Cutler, Anne, Jacques Mehler, Dennis Norris and Juan Segui. 1986. The syllable's differing role in the segmentation of French and English. *Journal of Memory and Language* 25.385-400.

Dauer, Rebecca. 1983. Stress-timing and syllable-timing reanalyzed. *Journal of Phonetics* 11.51-62.

Donaldson, William John. 1862. *A complete Greek grammar for the use of learners*. Cambridge: Deighton.

Murty, Lalita, Takashi Otake and Anne Cutler. 2007. Perceptual tests of rhythmic similarity: I. Mora rhythm. *Language and Speech* 50.77-99.

Mehler, Jacques, Jean Yves Dommergues, Uli Frauenfelder and Juan Segui. 1981. The syllable's role in speech segmentation. *Journal of Verbal Learning and Behavior* 20.298-305.

大竹孝司 2016 「モーラの時間的属性の再考」『音韻研究』19.

Otake, Takashi. 2010. *Dajare* is more flexible than puns: Evidence from wordplay in Japanese. *Journal of Phonetics Society of Japan* 14(1).76-85.

Otake, Takashi. 2015. Mora and mora-timing. *Handbook of Japanese Phonetics and Phonology,* ed. by Haruo Kubozono, 491-523. Berlin: Mouton de Gruyter.

Otake, Takashi and Anne Cutler. 2013. Lexical selection in action: Evidence from spontaneous punning. *Language and Speech* 56 (4).554-5

Otake, Takashi, Giyoo Hatano, Anne Cutler and Jacques Mehler. 1993. Mora or phoneme? Speech segmentation in Japanese. *Journal of Memory and Language* 33.824-844.

Otake Takashi, Giyoo Hatano and Kiyoko Yoneyama. 1996. Speech segmentation by Japanese listeners. *Phonological structure and language processing: Cross-linguistic studies,* ed. by Takashi Otake and Anne Cutler.183-201. Berlin: Mouton des Gruyter.

Thrax, Dionysios. 1874. *The Grammar of Dionysios Thrax*. Translated by Thomas Davidson. St. Louis, Mo.: Studley.   Online: https://archive.org/details/grammarofdionysi00dionuoft

非時系列音韻論における英語母音の音韻表示*

大沼 仁美

岩手医科大学

1. 範疇間の関係性

音韻部門で用いられている諸特性と統語部門で確認されている諸特性は、多くの点で異なると考えられてきた(Bromberger and Halle 1989)。両部門において用いられている諸特性の中で範疇間の関係特性に着目した場合、音韻部門と統語部門の間で大きく異なる特性のひとつに、範疇間の前後関係(precedence relation)がある。範疇間の前後関係に関わる特性は、一般に、統語部門では指定されず、併合(Merge)によって統語部門で構築され、排出(Spell-Out)された構造を音韻部門が解釈することで生じる特性であると見做されてきた(Chomsky 1995)。すなわち、統語構造を線形化するための解釈機構(Translator's office)の役割を音韻部門が担っていると考えられてきた(詳細は Scheer 2004, 2008 を参照)。さらに、前後関係は統語構造のみならず、単語を構成する形態素間の階層構造の線形化にも必要であり、その機能もまた音韻論が有していると考えられてきた。

では、形態素を構成する音声に関わる範疇間の前後関係についてはどうであろうか。音韻研究では、線形化に必要な前後関係の特性は、CV 単位、スケルタル点(X)、根節点(●)のような韻律点が有していると考えられてきた(詳細は Nasukawa 2011 を参照)。さらに、多くの表示理論において、分節を構成している素性間にも、前後関係があると仮定されてきた(例：破擦音における[–継続性]と[+継続性] 間に見られる前後関係など)。

音韻論では、範疇間の関係性として、前後関係のみならず、音節やフットを構成する範疇間の依存(主要部・補部)関係も用いられている。他方、先に言及したように、形態統語構造で認められる関係性は依存関係のみで、前後関係は音韻部門にのみ属する特性と考えられてきた。この見方に対し、2000 年以降、極小論(minimalist)の立場から、次の 2 つの音韻表示モデルが登場した。

(1) a. 非依存音韻論　(Dependency-free phonology)　(厳密 CVCV 理論)
　　　　範疇間の依存関係を完全に廃し、範疇間の前後関係のみで音韻構造を記述する。
　　b. 非時系列音韻論　(Precedence-free phonology)
　　　　範疇間の前後関係を完全に廃し、範疇間の依存関係のみで音韻構造を記述する。

(1a) は Scheer (2004, 2008)が主張するもので、形態・統語部門には存在せず音韻部門にのみ確認される前後関係が唯一の形式的関係特性であり、音節構造等に見られる依存関係は形態・統語構造からの類推であるという立場をとっている。ゆえに、音韻構造は SPE (Chomsky and Halle 1968)や Raimy (2000)のように子音性(C)・母音性(V)の繰り返しからなる平面的な構造であると考える。他方、(1b)は Nasukawa (2011, 2014, 2015ab)が主張するもので、形態・統語部門同様、音韻構造には範疇間の依存関係のみが記載されており、前後関係は存在しないというものである。このモデルでは、前後関係は、範疇間の依存関係から成る音韻構造を調音・知覚機構が解釈し、物理的に産出したものであるとする。用いる関係特性の観点から、これらのモデルは極値にあると言える。どちらのモデルがより理論的に妥当であるかは、言語機能全体のデザインをどのように捉えるかに依存する。筆者は、Nasukawa (2014, 2015ab)に従い、表示上大きな領域で用いられている構造は、それよりも小さな領域で用いられている構造の投射であるという立場を取る。すなわち、依存関係のみで構築されている音韻構造が投射され、形態

構造ができ、さらにその形態構造が投射されたものが統語構造であると考える。

以下では、Nasukawa (2014)が提唱する非時系列音韻論の概要に触れたのちに、英語の母音体系を言及しながら、構造前後関係を廃し、依存関係のみから成る音韻構造を論じる。

2. 非時系列音韻論
2.1 一値素性間の併合

非時系列音韻論では、範疇間の前後関係は依存構造を音声解釈した結果の物理的産物であるとし、範疇間の依存関係のみで音韻構造が構築されていると考える。統語部門では、構造構築の基盤となるものは語であり、語と語の併合により構造が構築される。非時系列音韻論では、構造構築の基盤となるものは、これまで考えられてきた(前後関係特性を有する) 韻律点(CやV)ではなく、音韻表示上最小の範疇である素性であるとする。素性が繰り返し併合されることで音韻構造が構築されると考える。この併合による構造構築を可能にする素性理論は、存在するか否かを定義する一値性(monovalency)を呈し(Backley 2011)、かつ、併合の対象となった素性間の依存関係の相違がもたらす、音声解釈上の効果を明確に論じることができるものでなければならない。この条件を満たす素性理論として、非時系列音韻論ではエレメント理論を採用している。

2.2 エレメント理論

Backley (2011)が論じるように、エレメント理論では、母音を表示する素性として|I| ('dip') , |U| ('rump') , |A| ('mass')を用いる。これらはすべて一値性素性であるため、他のエレメントと結び付くことなく単独で解釈されることが可能である。|I| |U| |A|は単独の場合、それぞれ[i] [u] [ə]と音声的に解釈される(詳細はNasukawa 2014を参照)。他方、|I A| や |U A| のように複合体を構成することも可能である。例えば、|I A| は[e]もしくは[æ]と解釈される。ここで言う[e]と[æ]の解釈上の相違に関わっているのがエレメント間の依存関係である。Backley (2011)など、エレメント理論を用いた多くの研究では、|I A|のうち|I|が主要部(head)、|A|が依存部(dependent)の場合は、[e]として解釈される。逆に、|A|が主要部、|I|が依存子の場合は、[æ]として解釈される。

非時系列音韻論でも同様にこれらのエレメントを用い、エレメント自体に依存関係を付与することによって、いわゆる分節内表示だけでなく、音節やフットに相当する韻律構造をも構築する。つまり、あるエレメントが主要部として他のエレメントを依存部として選択し、依存部のエレメントがさらに主要部として別の依存部をとる、という操作の繰り返しによって構造が構築される。このモデルでは、他のどのエレメントからも依存部として選択されない主要部エレメントを究極主要部(ultimate head)と称し、すべての音韻表示の基盤(baseline)とする。究極主要部となるエレメントは言語ごとに異なっており、例えば、英語では|A|、ヨルバ語では|I|、日本語では|U|が究極主要部であると考えられている(詳細についてはNasukawa 2014, 2015ab, Onuma 2015を参照)。

他のエレメント理論とは異なり、エレメント間の依存関係の音声解釈への転写は、非時系列音韻論では逆転する。つまり、|I A|のうち|I|が主要部、|A|が依存部の場合は、[æ]として解釈される。逆に、|A|が主要部、|I|が依存部の場合は、[e]として解釈される。これは依存部が主要部より音声的に卓立を示すというNasukawa and Backley (2015)の主張に基づいている。

次節ではOnuma (2015)で提案された非時系列音韻論の枠組みで、英語の母音(Received Pronunciation)の音韻表示を簡単に紹介する(詳細な議論についてはOnuma 2015 を参照)。

3. 英語母音の音韻表示
3.1 単母音表示

英語の究極主要部は|A|であり、他のエレメントを依存部として持たない場合はə/ɨとして音声的に解釈される。(2bcd)のようにさらに|A|、|I|、|U|を依存部とすると、それぞれɐ、ɪ、ʊとして解釈される。

(2) a. ə(ɨ)　　b. ɐ　　c. ɪ　　d. ʊ

(2b)にさらに|A|を加えると、(3a)のようにʌとして解釈される。(3bc)については前節で述べたように、音響上の違いは|I|を依存部とするか、|A|を依存部とするかによって表される。(3d)のように、究極主要部が依存部として|U|をとり、さらにその|U|が主要部となり、依存部として|A|をとるとɒと解釈される。

(3) a. ʌ　　b. e　　c. æ　　d. ɒ

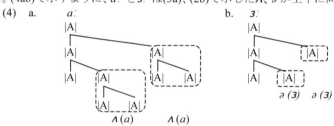

3.2 長母音と二重母音の表示

非時系列音韻論では、短母音と長母音のような「長さ」の対立を表すのに構造上の階層関係を用いる。(4ab)で示すように、ɑːとɜːは(3a)、(2b)で示したʌ、ɐが上下に同一の構造をもつことで表される。

(4) a. ɑː　　b. ɜː

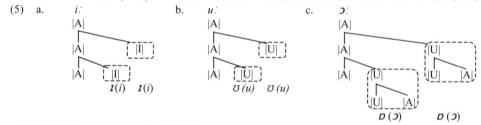

iː、uː、ɔːについても、(5abc)で示す通り、短母音の構造が上下に繰り返されることで表される。

(5) a. iː　　b. uː　　c. ɔː

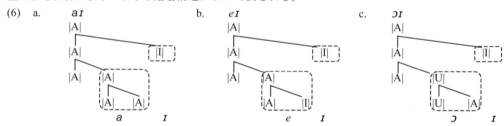

二重母音も同様に以下のような階層構造によって表される。

(6) a. aɪ　　b. eɪ　　c. ɔɪ

(7) a.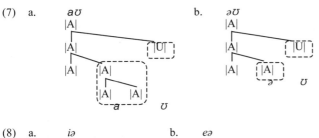

(8) a. 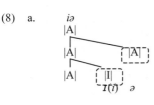   b. 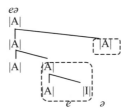   c.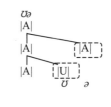

4. 終わりに

　今後は、本稿で紹介した非時系列音韻論における英語母音の音韻表示を用いて、様々な音韻現象を分析することで、その妥当性を探っていきたい。

注

* 本稿を執筆するに当たり貴重なご意見・ご助言をくださった那須川訓也先生に感謝の意を表します。

参照文献

Backley, Phillip. 2011. *An introduction to element theory*. Edinburgh: Edinburgh University Press.

Bromberger, Sylvain and Morris Halle. 1989. Why phonology is different. *Linguistic Inquiry* 20.51-70.

Chomsky, Noam. 1995. *The minimalist program*. Cambridge, MA: MIT Press.

Chomsky, Noam and Morris Halle. 1968. *The sound pattern of English*. New York: Harper and Row.

Nasukawa, Kuniya. 2011. Representing phonology without precedence relations. *English Linguistics* 28. 278-300.

Nasukawa, Kuniya. 2014. Features and recursive structure. *Nordlyd* 41.1.1-19.

Nasukawa, Kuniya. 2015a. Recursion in the lexical structure of morphemes. *Representing structure in phonology and syntax*, ed. by Marc van Oostendorp and Henk van Riemsdijk, 211-238. Berlin/Boston: Mouton de Gruyter.

Nasukawa, Kuniya. 2015b. Why the palatal glide is not a consonantal segment in Japanese: an analysis in a dependency-based model of phonological primes. *The segment in phonetics and phonology*, ed. by Eric Raimy and Charles Cairns, 180-198. Malden, MA: Wiley-Blackwell.

Nasukawa and Backley. 2015. Heads and complements in phonology: A case of role reversal? *Phonological Studies* 18.67-74.

Onuma, Hitomi. 2015. *On the status of empty nuclei in phonology*. Tohoku Gakuin University dissertation.

Raimy, Eric. 2000. The phonology and morphology of reduplication. Berlin/New York: Mouton de Gruyter.

Scheer, Tobias. 2004. *A lateral theory of phonology: What is CVCV, and why should it be?* Berlin/New York: Mouton de Gruyter.

Scheer, Tobias. 2008. Why the prosodic hierarchy is a diacritic and why the interface must be direct. *Sounds of silence: Empty elements in syntax and phonology*, ed. by Jutta Hartmann, Veronika Hegedüs and Henk van Riemsdijk, 145-192. Oxford/Amsterdam: Elsevier.

研究内容の現地還元と共同研究の可能性について

小川晋史

熊本県立大学

私が編集を担当した『琉球のことばの書き方－琉球諸語統一的表記法－』(くろしお出版、2015年11月)が昨年秋に刊行された。私がこの本のもとになったプロジェクトに取り組むことになったのは、琉球大学で研究生活を送っていたときに受けたある講義がきっかけであった。奄美から八重山までに分布する琉球諸語（琉球方言）において、広く受け入れられた汎用的な表記法が存在しないという事実について考えさせられた。そして、表記法を考える際の指針となるようなものがあれば、現状が少しでも改善されるのではないかと思ったのである。どれくらい世の役に立つものが作れたのかという評価をするにはもう少し時間が必要だが、本稿においては、手前味噌ながら、この本に私が込めた思いあるいはこの本を通して研究の世界に対して訴えたいと思った内容の一端を述べる。ただし、どういう方針に基づいて表記法を設計したかについては、本の中にも書いたし、小川（2011）でも述べているので本稿では述べない。また、方言の表記法が定まれば方言調査が圧倒的に早くできるようになるとか、将来の「琉球語文献学」に繋がるとか、研究者にとっての利便性のような話は別稿に譲り、以下の2点について述べたいと思う。

①音韻論を生かした研究内容の現地還元
②共同研究（プロジェクト形式の研究）が持つ可能性

まず、研究内容の現地還元というのは、フィールドワークをする研究者にとっては常に問題になることである。言語研究者がフィールドワークに行って話者から言語を教えてもらうわけだが、特に日本の場合は基本的に無償で、話者にはボランティアで言語を教えてもらっている。そうなると、研究した内容を生かして何か現地にお返しをしたい（あるいはすべき）と考えるようになるのは自然な流れであろう。ほとんどの研究者はそう考えていると言って過言ではない。ところが、言語を教えてくれた話者に対して実際に何か直接的な還元をとなった場合に、具体的な活動や実効性のある内容を思いつかない場合が意外と多い。そのため、実際にフィールドワークをしている人ほど研究者の自己満足に留まらない現地還元というものが難しいことを知っていて、現地還元の大事さについて考えてはいても声高に叫ぶことはあまりしないように思う。

その点において、表記法を考えるというのは現地還元の現実的で具体的な例ではないかと考える。やはり辞書や文法書というのが理想形であると言うのは揺るがないが、辞書や文法書にかかる時間や労力を考えるとどの言語でも即座に実行できるという性質のものではないのも確かである。それと比べれば、表記法を構築するのにかかる時間は短く、求められる言語学の知識は大学院生でも大丈夫なレベルである。そして、表記法を構築する上で必要な情報は、言語調査の初期段階で調べる必要がある情報（音素の数、音素配列、音節構造、など）と一致している。そのため、表記法は比較的早い段階で話者に提供することが可能である。体系的に表記を組むと言うのは直感任せではできず、音声や

音素体系の知識が前提として必要であるので、使用する記号の種類などについて話者に意見を聞きながら言語研究者が仕事を進めることで、妥当な表記法が構築できるはずである。

　表記法を構築する上で中核となる学問が言語学の中でも音韻論であるというのも特筆に値するだろう。音韻論がこれほど力を発揮する現地還元の方法というのは他に無いように思う。音韻論を専門としている人間にとっては、自分が専門とする学問が社会の役に立っているという実感を持つことができる分野である。実際、今回出版した本で提案した表記法については、すでにいくつかの場所で使われ始めているのだが、新たに作られる方言辞典の表記として採用された、とか、話者が方言で手紙を書いてくれた、とか、そういった事例を耳にすると私自身とても嬉しい。

　次に、共同研究が持つ可能性について述べたい。現代では多くの学問で研究内容が細分化して、「蛸壺化」が起きているという批判がなされることがある。しかし、研究が進んだ分野ではある程度「蛸壺化」しなければ成果が出せないのだから、研究者にとって「蛸壺化」の批判は頭が痛い問題である。これの解決法の1つは共同研究を盛んにすることだと私は考えている。「蛸壺化」という状態は、一般に研究者が極端に偏った知識や研究グループとの交流しか持っていないという悪い意味で使われるわけだが、逆に言えば個々の研究者（「蛸」）の知識は深いため、お互いに協力さえできれば、個人では到底成し得ないような成果がプロジェクト形式を通じて得られる可能性を秘めている状態である。

　今回の本は合わせて13人という多数によって共同執筆されたもので、前身のプロジェクトから考えるともっと大勢の研究者の協力を得て作られたものである。本の内容自体が琉球諸語についての幅広い知識を要求するだけでなく、体系立てて表記を決めていくという作業に時間がかかるので、1人で作るには荷が重いということはもちろんであるが、そもそもプロジェクト形式で行ったことにも意味があると考えている。それは、出来上がった本（表記法）に対する安心感である。表記法自体は研究者1人でも同じようなものが作れる可能性があるが、海外の研究者を含めて複数の研究者が協力して作ったという事実自体が、構築された表記法への安心感に繋がると考える。また、表記法は作って終わりではなく、宣伝・普及活動も必要という性質のものなので、様々な地域に関わる研究者が協力して作ったということは広報の幅が広がることも意味する。すなわち、この本はプロジェクト形式でなければ作るのが難しかったし、たとえ内容が同じでもプロジェクト形式で作る方が良いという、プロジェクト形式の利点が生きたものだと考えている。

　研究というものは基本的に個人で成し遂げるべきという考えで、現状はどうしても個人の実績が評価される状態である。もちろん、個々の研究者の研鑽とそれに伴う実績が評価されることは当然だが、「蛸壺化」時代の裏返しとして、（たとえ個人としての実績が少なかろうと）共同研究を計画して個々の研究者の能力を生かしながらプロジェクトを押し進める能力がある「調整型研究者」を増やして行く時代が来てもいいように思う。書類上で集まって共同研究と言いながらも、個々の研究者による独立した成果の寄せ集めで終わってしまうようなものの割合を減らしていくことが「蛸壺化」批判への対応として有効だと考えるからである。

　以上、研究内容の現地還元と共同研究が持つ可能性の2点について述べた。共同研究のあり方に関して、今回の本が1つのモデルケースとなれば幸いである。

参照文献
小川晋史　2011　「これからの琉球語に必要な表記法はどのようなものか」『日本語の研究』7(4). 99-111.
小川晋史（編）2015　『琉球のことばの書き方－琉球諸語統一的表記法－』東京：くろしお出版.

音源フィルタモデルと韻律

小松雅彦
神奈川大学

1. はじめに

本稿では，まず，音声分析や音声合成に用いられる音源フィルタモデルと呼ばれる音響的モデルの解説を行い，続けて，その韻律研究との関わりを論じる。特に，知覚実験による実験パラダイムについて述べる。本稿は，主に小松(2011)と Komatsu (2007b)を改訂したものである。より詳細な説明は，これらの他，音源フィルタモデルについては Komatsu (2006:133–136), 荒井(2016), Boersma and Weenink (2014)などを，韻律研究との関係については小松(2008)，Komatsu and Son (2012)などを参照。

1.1 音源フィルタモデル

音声の産出時には，まず，肺からの呼気が「喉頭」にある声帯を振動させ，喉頭原音が作られる。この時，声帯振動の速さを変えることによって，声の高さを調節する。また，有声／無声の区別も，喉頭で行われる。次に，その音は，「声道」(声の通り道，おもに口腔)を通る。この時に，舌の位置を変えることなどによって声道の形をさまざまに変えると，音がいろいろに変化する。例えば，「あ」と「い」では，声道の形が異なる。そして，最後に，その音が発せられて，音声となる。

これを，音響的に捉えたものが，音源フィルタモデル(Chiba and Kajiyama 1941, Fant 1960)である(図1)。有声音の場合，喉頭で「音源」が作られ，声道が「フィルタ」の働きをして，音声が作られる。この場合の音源は，周期的な複合波で，周波数が高くなるほど振幅が小さくなるような多くの周波数成分からできている。「基本周波数」，つまり高い声なのか低い声なのかは，ここで決まる。その他に，有声性を示す「高調波対雑音比」(Harmonics-to-noise ratio, 以下HNR)の情報も音源に含まれる。

次に，声道の形が変わると音が共鳴しやすい周波数が変わる。一般に，音の伝わる管の長さや形状によって，共鳴する周波数は変わる。声道は，ある周波数成分を増幅させたり減衰させたりしているのである。このような働きを持つものを「フィルタ」と言う。母音の区別に重要ないわゆるフォルマントとは，この共鳴する周波数のことである。

音源フィルタモデルは，音声を音源とフィルタに分割する音響的モデルで，音声分析や音声合成に使用されている。このモデルでは，周波数領域で，「音源」と「フィルタ」を乗算したものが「音声」になる。音源は，基本周波数の他，強さ，HNR の情報を持ち，フィルタはスペクトル包絡を表す。母音のフォルマント推定によく用いられる Linear Predictive Coding (線形予測分析，以下LPC)は，このフィルタ部分の周波数特性を，いくつかのピーク(つまりフォルマント)で近似する手法である。なお，LPC では，音源

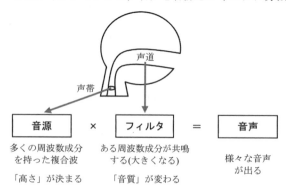

図 1. 音源フィルタモデル(小松 2011:130 を改変)

は，インパルス列，または白色雑音，つまり，スペクトルが平坦であると想定している。

2. 音源フィルタモデルと韻律
2.1 音響的モデルと言語学的特徴の対応

音源フィルタモデルの「音源」は，言語学的な韻律的特徴にほぼ対応する。図2に，調音的，音響的，言語的特徴の対応を単純化したものを示す(ただし，実際の対応はこれほど単純ではない)。調音的モデルと音響的モデルの対応は，前節で見た通りである。素朴に考えると，韻律的(超分節的)な特徴は，音響的な高さと強さに対応しているように思える。音

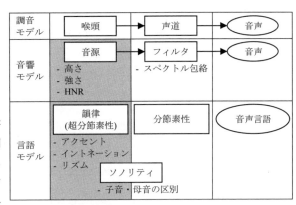

図2. 調音的，音響的，言語的特徴のおおよその対応。グレーの部分が本稿の論点。(Komatsu 2006:7, 2007a:48, 2007b:217 を改変)

調や語彙アクセントは高さや強さと関わっており，イントネーションは高さの時間的変化，リズムは強弱の時間的変化である。また，分節的特徴，つまり音素の区別は，調音器官の動きによる声道の形の変化によって決定されるスペクトルのパターンと関係がある。

しかし，リズムが，単なる強弱の時間的変化ではなく，音節構造や音素配列を反映したものであるとすると(Dauer 1983, Ramus and Mehler 1999, Grabe and Low 2002)，「ソノリティ」(Clements 1990)が関係してくる。ソノリティは，調音方法による音素の分類である一方で，音節構造を表示するのでリズムとも関係する。つまり，分節素性であると同時に超分節素性でもあるという両面性を持つ。

音源とソノリティの関係については，音源がソノリティ情報を持つことが報告されている(Komatsu, Tokuma et al. 2002)。音源にほぼ相当する LPC 残差信号を用いた日本語子音の知覚実験では，子音が3次元の知覚空間中に，ソノリティ順位ごとに固まって分布した(図3)。無声破裂音，無声摩擦音，有声阻害音，鼻音・渡り音が，それぞれ固まっている。また，各次元は，音響的特徴の測定結果と相関があり，ソノリティと関連するいくつかの音韻素性(Blevins 1995)との対応も見られた(表1)。

2.2 知覚実験による実験パラダイム：言語識別

1960年代以降，韻律によって言語が識別できるかどうかを調べる実験が，音源を模した様々な刺激

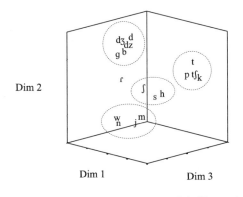

図3. LPC 残差信号による子音知覚の三次元分析(Komatsu 2007a:50, 2007b:218)

表1. 知覚空間の各次元と音響的特徴・音韻素性との対応(Komatsu 2006:73, 2007b:218 を改変)

		ソノリティ 低	ソノリティ 高
次元1	音響	HNR 低	HNR 高
	音韻	[−voice]	[+voice]
次元2	音響	振幅 小 高さ 低	振幅 大 高さ 高
	音韻	[−sonorant]	[+sonorant]
次元3	音響	長さ 短	長さ 長
	音韻	[−continuant]	[+continuant]

表 2. 加工音声を用いた言語識別

刺激音	対象言語	参考文献
ローパスフィルタ通過音声	英語，スペイン語	Atkinson (1968)
	アラビア語，英語	Moftah and Roach (1988)
	日本語(関東方言，関西方言)	麦谷他(2000)
EGG 波形	英語，フランス語	Maidment (1976, 1983)
	アラビア語，英語	Moftah and Roach (1988)
三角波	英語，日本語，中国語	Ohala and Gilbert (1979)
正弦波	アラビア語(西部方言，東部方言)	Barkat et al. (1999)
LPC 再合成音	不明	Foil (1986)
LPC 残差信号	中国語，英語，フランス語，ドイツ語，日本語	Navrátil (2001)
	英語，日本語	Komatsu, Mori et al. (2002)
白色雑音駆動音声	英語，日本語	Komatsu, Mori et al. (2002)
パラメタ化した音源情報	中国語，英語，日本語，スペイン語	Komatsu et al. (2004)
再合成音	英語，日本語	Ramus and Mehler (1999)
音節ランダム接合	中国語，英語，フランス語，ドイツ語，日本語	Navrátil (2001)

音を用いて行われてきた(表 2)。実験では，被験者に加工された音声を聞いてもらい，言語が識別できるかどうかを調べる。刺激音に用いられてきた加工音声は，原音声の「韻律」特徴を保持していると考えられたもので，ローパスフィルタ通過音声，EGG 波形，原音声の高さ・強さ・声のタイミングを模した三角波・正弦波，スペクトル包絡を一定にして再合成した LPC 再合成音，LPC 残差信号，原音声の強さを模した白色雑音駆動音声，高さ・強さ・HNR をパラメタ化した音源情報，原音声のリズムやイントネーションを保った再合成音，音節を切り取ってランダムに接合したものと様々である。表 2 に示す研究はすべて，韻律が言語識別の何らかの手掛かりになっていると述べている。これら以外にも，言語識別や類似性・自然性判定などの方法を用いて，原音声を刺激音とした研究，言語識別と個人性の研究，幼児についての研究，方言や社会音声学的研究，外国語訛りの研究などが行われている。

これまでの多くの韻律に関する研究は，例えば，高さが高くなるとどのような意味を持つというような，「定性的」で韻律の「機能」(意味)に着目するものであった。それに対して，音源フィルタモデルの音源を刺激音として言語識別や自然性の判定を行うことによって，「定量的」で「形式」(例えば，高さの変化の仕方が異なるかどうか)のみに着目した分析をすることができる(Komatsu 2006, 2007a)。

参考文献

荒井隆行 2016 「声道模型」「音響音声学デモンストレーション」Online: http://splab.net/.

Atkinson, Kay. 1968. Language identification from nonsegmental cues [Abstract]. *Journal of the Acoustical Society of America* 44.378.

Barkat, Melissa, John Ohala and François Pellegrino. 1999. Prosody as a distinctive feature for the discrimination of Arabic dialects. *Proceedings of Eurospeech '99*, 395–398.

Blevins, Juliette. 1995. The syllable in phonological theory. *The handbook of phonological theory*, ed. by John A. Goldsmith, 206–244. Cambridge, MA: Blackwell.

Boersma, Paul and David Weenink. 2014. Source-filter synthesis. Online: http://www.fon.hum.uva.nl/praat/manual/Source-filter_synthesis.html.

Chiba, Tsutomu and Masato Kajiyama. 1941. *The vowel: Its nature and structure*. Tokyo: Tokyo-Kaiseikan.

Clements, George Nick. 1990. The role of the sonority cycle in core syllabification. *Papers in laboratory phonology 1*, ed. by John Kingston and Mary E. Beckman, 283–333. Cambridge: Cambridge University Press.

Dauer, Rebecca M. 1983. Stress-timing and syllable-timing reanalyzed. *Journal of Phonetics* 11.51–62.

Fant, Gunnar. 1960. *Acoustic theory of speech production*. The Hague, Netherlands: Mouton.

Foil, Jerry T. 1986. Language identification using noisy speech. *Proceedings of International Conference on Acoustics, Speech, and Signal Processing '86*, 861–864.

Grabe, Esther and Ee Ling Low. 2002. Durational variability in speech and the Rhythm Class Hypothesis. *Laboratory phonology 7*, ed. by Carlos Gussenhoven and Natasha Warner, 515–546. Berlin: Mouton de Gruyter.

Komatsu, Masahiko. 2006. *Acoustic constituents of prosodic typology*. Tokyo: Sophia University dissertation. (Reprinted 2007. Tokyo: Yushodo)

Komatsu, Masahiko. 2007a. Cross-linguistic variability of prosodic characteristics: A hard-science approach. *LACUS Forum* 33.45–58.

Komatsu, Masahiko. 2007b. Reviewing human language identification. *Speaker classification II: Selected projects*, ed. by Christian Müller, 206–228. Berlin: Springer.

小松雅彦．2008「日本語とブラジル・ポルトガル語の外国語訛り：加工音声と原音声の知覚的評価」『音声研究』12(3).28–40.

小松雅彦 2011「基本周波数・フォルマント周波数」城生佰太郎・福盛貴弘・斎藤純男(編)『音声学基本事典』126–131．東京：勉誠出版．

Komatsu, Masahiko, Takayuki Arai and Tsutomu Sugawara. 2004. Perceptual discrimination of prosodic types and their preliminary acoustic analysis. *Proceedings of Interspeech 2004*, 3045–3048.

Komatsu, Masahiko, Kazuya Mori, Takayuki Arai, Makiko Aoyagi and Yuji Murahara. 2002. Human language identification with reduced segmental information. *Acoustical Science and Technology* 23.143–153.

Komatsu, Masahiko and Bum-Ki Son. 2012. Prosodic and segmental factors in the perceptual discrimination of the Gyeongsang and Seoul dialects in Korea. 『日本学術振興会科学研究費基盤研究(A)「自律調和的視点から見た音韻類型のモデル」研究成果報告書』29–38. (科研費 20242010)

Komatsu, Masahiko, Shinichi Tokuma, Won Tokuma and Takayuki Arai. 2002. Multi-dimensional analysis of sonority: Perception, acoustics, and phonology. *Proceedings of International Conference on Spoken Language Processing 2002*, 2293–2296.

Maidment, John A. 1976. Voice fundamental frequency characteristics as language differentiators. *Speech and Hearing: Work in Progress* 2.74–93. London: University College London.

Maidment, John A. 1983. Language recognition and prosody: Further evidence. *Speech, Hearing and Language: Work in Progress* 1.133–141. London: University College London.

Moftah, Abdelfattah and Peter Roach. 1988. Language recognition from distorted speech: Comparison of techniques. *Journal of the International Phonetic Association* 18.50–52.

麦谷綾子・林安紀子・桐谷滋 2000「養育環境にある方言への選好反応の発達：5〜8ヵ月齢乳児を対象に」『音声研究』4(2).62–71.

Navrátil, Jiří. 2001. Spoken language recognition: A step toward multilinguality in speech processing. *IEEE Transactions on Speech and Audio Processing* 9.678–685.

Ohala, John J. and Judy B. Gilbert. 1979. Listeners' ability to identify languages by their prosody. *Problèmes de prosodie Vol. 2*, ed. by Pierre León and Mario Rossi, 123–131. Paris: Didier.

Ramus, Franck and Jacques Mehler. 1999. Language identification with suprasegmental cues: A study based on speech resynthesis. *Journal of the Acoustical Society of America* 105.512–521.

外来語適応の論理的問題[*]

熊谷学而
首都大学東京/日本学術振興会

1. はじめに
　おそらく、長年、言語学者を悩ませている厄介な問題の 1 つは、刺激の貧困問題(the poverty-of-the-stimulus (POS) problem) (Chomsky 1968 [2011], 1980)である。すなわち、子供は母語の知識を自分たちが受けた刺激（インプット）から単に学ぶことができないという問題である。例えば、否定証拠が与えらずとも、ある文が非文法的かどうかを知るようになる。刺激の貧困により、学習者が文法の最終状態を決定するのは困難であると、言語学者の多くは信じている。しかし、実際、子供は自分たちの母語の文法を習得することができ、大人の母語話者と同じように、文法性を判断できるようになる。POS は、言語習得の論理的問題の 1 つの側面として、言語学研究の中心となっている。本稿では、この刺激の貧困問題が外来語適応(loanword adaptation)にも蔓延っていることを指摘する。

2. 言語習得における3つの刺激の貧困問題
　言語習得の刺激の貧困問題は、以下の 3 つのレベルでよく議論される (Hornstein & Lightfoot 1981; White 1989)。1 つ目は、決定不全(underdetermination)の問題である。すなわち、文法の知識は必ずしもインプットによって決定できないという問題である。言語の知識は、非常に複雑であり、さらに重要なことに、無限の新しい文を生成するのに十分豊かでなければならない。しかし、実際は、自分たちが入手できるインプットを超える文法の知識を子供は持っていると考えられている。2 つ目は、不完全性(degeneracy)の問題である。もし子供が完璧な文と十分な数の文だけを受けるのであれば、容易に学んでいる文法の完全な文法に辿り着けるだろう。しかし、実際、言語習得中に子供が手に入れるインプットは常に文法的であるというわけでもなければ、常に完璧であるというわけでもない。インプットには、非文法的な文や言語運用におけるエラーも含まれる。3 つ目は、否定証拠の欠如(lack-of-negative-evidence)の問題である。文法知識には、何が文法的かということだけでなく、何が非文法的かということも含まれている。ゆえに、その言語話者は、新たな文に直面したときでさえも文法性判断ができるようになる。しかし、子供が受けるインプットは否定証拠をほとんど含んでいない。さらに、子供は文法的な間違いを犯しても両親に訂正されないし、訂正されたとしても興味をほとんど示さない。
　このような刺激の貧困問題にも関わらず、子供は比較的短期間で、母語の文法を習得する。この事実により、生得的に備わっている普遍文法(Universal Grammar: UG)と呼ばれる言語機能(the faculty of language)を通して、どの子供も言語を習得すると言語学者は仮定するようになった。

3. 外来語適応
3.1 外来語適応の事例
　ある言語の単語が別の言語によって借用されるとき、それらはたいてい受け入れ側の言語の文法に従う。これを外来語適応と言う（最近の外来語研究の概観としては、Kang 2010, 2011を参照）。以下、英語の単語を借用する3つの事例を見てみることにしよう。まず、英語のkissという単語が、音節末の

子音を禁止する言語（例：日本語、フィジー語、マオリ語、ハワイ語）によって借用される場合を例にあげてみよう。これら4つの言語における英語のkissの適応例を(1)に示す。

(1) 英語の kiss の借用例
　　　日本語　kisu　フィジー語　kisi　マオリ語　kihi　ハワイ語　kika

音節末の子音/s/を修復するために、これらの言語は子音の後ろに母音を挿入し、その母音の音色を決めなければいけない。英語のkissの場合、日本語では母音/u/を、フィジー語とマオリ語では母音/i/を、ハワイ語では/a/を、それぞれ挿入母音として選ぶ。加えて、マオリ語やハワイ語は/s/を子音目録に有していないので、それぞれの言語で許されている子音に置き換えなければならない。実際、英語の[s]を、マオリ語は/h/に、ハワイ語は/k/にそれぞれ置き換える(Kumagai 2016a)。

次に、挿入母音についてもっと詳しく見てみよう。挿入母音の音色は、各言語で決まっている一定の母音を入れる規則（デフォルト母音挿入(default vowel epenthesis)）、隣接する子音と同じ調音点を持つ母音を入れる規則（調音同化(articulatory assimilation)）、音節を跨いで隣接する母音と同じ母音にする規則（母音転写(vowel copy)）などによって決まることが知られている。挿入母音の研究における難問の1つは、デフォルト母音挿入を選ぶ言語（例：韓国語やベルマ語）もあれば、調音同化や母音転写を主に選ぶ言語もあるのはなぜかという問いに答えることである(Michael Kenstowicz 2015, p.c.)。ここで、後者の言語の例として、フィジー語を見てみよう。先にも見たように、フィジー語は、音節末の子音を禁止する言語であり、音節末の子音を修復するために母音挿入を行う。挿入母音の音色は調音同化や母音転写によって主に決定されるが、これらの修復戦略の選択は、母音が挿入される前の子音の調音点によって分かれる(Kumagai 2016b)。その子音が、(2a)のように舌先を使う音/t/, /n/や(2b)のように唇を使う音/m/, /β/であるとき、調音同化が選ばれる。(2a)の場合、母音は/i/が選ばれ、(2b)の場合、母音は/u/が選ばれる。一方で、その子音が(2c)のように舌奥を使う音/k/であるときや(2d)のように/l/であるとき、母音転写が選ばれる。(2)の戦略は、ショナ語においても同様に観察される(Uffmann 2007)。

(2) 英語 → フィジー語（下線部の母音は挿入母音を表す）
　　　a. cut → kat<u>i</u>　bun → ban<u>i</u>　b. bomb → bom<u>u</u>　soap → soβ<u>u</u>
　　　c. mark → mak<u>a</u>　cork → kok<u>o</u>　d. ball → pol<u>o</u>　alto → al<u>a</u>to

最後に、英語のplateのpl、spoonのspなどの子音連鎖の適応についての事例を取り上げる。世界の言語には、plやspなどの子音連鎖を許さない言語がある（例：日本語、フィジー語、マオリ語、ハワイ語など）。ここでは、マオリ語を例に取り上げよう。(1)で、マオリ語は子音/s/を持っていないので、英語の[s]を/h/に適応させることを見たが、他の例を(3a)にあげる。例えば、soapの[s]は/h/に置き換わり、hopiとなる。外来語適応において、単音の子音削除の例は通言語学的に見ても稀であるが、子音連鎖のどちらかの子音を削除する事例は珍しくもない。実際、マオリ語の子音連鎖に対する修復の仕方は、子音連鎖の種類によって異なる。まず、plateのplのような聞こえ度が上がる子音連鎖（ここではCC連鎖と呼ぶ）に対しては、(3b)に示したp<u>e</u>retiのようにそれらの子音の間に母音を挿入する。しかし、(3c)のspoonのspのような聞こえ度が下がる子音連鎖（ここではsC連鎖と呼ぶ）に対しては、puneのように母音を挿入せずに、語頭の子音を削除する(Kumagai 2016c)。

(3) 英語 → マオリ語
　　　a. soap → hopi　bicycle → pahikara　muscle → maihara
　　　b. plate → pereti　truck → taraka　cream → kiriimi
　　　c. spoon → pune　stool → tuuru　skunk → kunuku

3.2 外来語適応における刺激の貧困問題

　第2節で、言語習得における3つの刺激の貧困問題について述べたが、同じ観察が外来語適応にも当てはまるかどうか、以下で検討する。1つ目は、インプットによる決定不全の問題である。外来語適応では、受け入れ側の言語の文法に必ずしも従わない外来語が観察される。つまり、受け入れ側の言語の母語文法が外来語の形を必ずしも決定しないのだ。これは、入力（インプット）が最終形を決定しないという意味において、言語習得の決定不全の問題と似ている。ここで、上記のフィジー語の母音挿入の事例に戻ってみよう。(2)でフィジー語は、調音同化や母音転写を取ることを見た。しかし、フィジー語の母語文法には母音挿入という規則がない。これは、フィジー語の母語文法が外来語の形の決定に必ずしも関与していないことを示している。では、調音同化や母音転写という戦略は一体どこから来たのかだろうか。これは、フィジー語の母音挿入における決定不全の問題と言える。

　2つ目は、インプットの不完全性である。言語習得では、子供が受けるインプットは、語のレベルを越えるもの（つまり、文）を含み、それは常に文法的であるというわけでもなければ、常に完璧であるというわけでもない。それに対して、外来語適応においては、通常、語のレベルで借用され、借用語それ自体は文法性や言語運用におけるエラーとは関係がないので、不完全性の問題は生じない。

　3つ目は、インプットの否定証拠の欠如である。外来語適応では、容認されない構造に対するある特定の修復手段を母語のデータが必ずしも決定しない例が観察される。つまり、外来語適応者は、可能な修復手段の集合から選べる十分な情報がないにも関わらず、ある特定の修復手段を選ぶのだ。これは、子供がある文が文法的かどうかについて十分な情報を与えられないという言語習得における否定証拠の欠如の問題と似ている。ここで、上記のマオリ語の子音連鎖の事例に戻ってみよう。(3)において、マオリ語では [s]を/h/に置き換え(soap → hopi)、CC連鎖に対しては母音を挿入する(plate → pereti)ことを見た。これを考慮すれば、sC連鎖において、spoon が hipune のように、語頭の[s]を/h/に置き換え、母音を挿入するということを予測できるだろう。しかし、実際、spoon を pune のように語頭の[s]を削除する戦略を選ぶ。マオリ語には、本来、子音連鎖がないにも関わらず、一体どのようにして、sC連鎖のみに対して、子音削除という戦略を選ぶのだろうか。また、一方で、CC連鎖に対しては、なぜsC連鎖と同様に、子音削除という戦略を選ばないのだろうか。これは、マオリ語話者に母音挿入か子音削除かという戦略の選択に関する情報が十分与えられていないという点で、否定証拠の欠如の問題と言える。

　加えて、(1)のマオリ語やハワイ語が英語の[s]を各言語で許される子音/h/や/k/にそれぞれ置き換えるという事例について検討してみよう。マオリ語は5つの阻害音/p, f, t, k, h/、ハワイ語は4つの阻害音/p, k, ʔ, h/をそれぞれ持つ。マオリ語が英語の[s]を/h/に置換するという事実は、英語の[s]の摩擦音が持つ継続性(continuancy)を忠実に保持していることを意味する。興味深いことは、ハワイ語は、マオリ語と同様に/h/を子音目録に持っているにも関わらず、英語の[s]の代用としてそれを用いない。また、周辺のポリネシア諸語の1つであるタヒチ語の借用例を見ると、さらに興味深い。タヒチ語は、6つの阻害音/p, t, f, v, h, ʔ/を有している。実際、タヒチ語は英語の[s]を/t/に置換する。ハワイ語と同様に、タヒチ語においても、/h/を英語の[s]に代用しない。纏めると、ハワイ語とタヒチ語が/h/を用いず、それぞれ/t/や/k/に置換するという決定はどのようにして行っているのか。これは、どちらの子音を選択するかという十分な情報が与えられていないという点において、否定証拠の欠如の問題と言える。

　まとめると、外来語適応では、決定不全と否定証拠の欠如の問題が存在する（すべての問題がはっきりとどちらかに区別できるわけではないが）。ここで重要なことは、外来語適応者自身の経験が必ずしも外来語の形を決定しているわけではないという事実である。これは外来語適応の刺激の貧困問題

であり、「外来語適応の論理的問題(the logical problem of loanword adaptation: LOPLA)」と呼べそうだ (Kumagai 2016a, 2016b, 2016c, to appear)。

4. まとめ

　本稿では、刺激の貧困問題が外来語適応にも当てはまることを例とともに示し、外来語適応の論理的問題(LOPLA)について論じた。外来語適応・外来語音韻論は、言語学研究の流行のテーマの１つである。その理由として、外来語適応は、母語で現れなかった、受け入れ側の言語の隠された性質を明らかことがあり、その言語の文法をより深く理解できるようになること、また、UG の中身を解明することが挙げられる。実際、フィジー語の母音挿入やマオリ語の sC 連鎖に対する修復戦略は、外来語研究を通して、初めてわかる事実である。これからの課題は、このような LOPLA を見つけて、解決策を提示することである。論理的問題を見つけることは、言語学分野を活性化させるだけでなく、母語文法の知識や言語の本質について再考する機会につながるはずだ。

注

* 本稿では、紙面の都合により、多くの関連する参照文献を割愛した。それらの文献リストは、同内容をより詳しく論じた Kumagai (2016a, 2016c) に譲る。

参照文献

Chomsky, Noam. 1968. *Language and mind.* 1st edition. New York: Harcourt, Brace, Jovanovich.

Chomsky, Noam. 1980. *Rules and representations.* Oxford: Basil Blackwell.

Hornstein, Nobert and David Lightfoot. eds. 1981. *Explanation in linguistics: The logical problem of language acquisition.* London: Longman.

Kang, Yoonjung. 2010. Tutorial overview: Suprasegmental adaptation in loanwords. *Lingua* 120.2295–2310.

Kang, Yoonjung. 2011. Loanword phonology. *Companion to phonology*, ed. by Marc van Oostendorp, Colin J. Ewen, Elizabeth V. Hume and Keren Rice, 2258–2282. Oxford: Wiley-Blackwell.

Kumagai, Gakuji. 2016a. *The logical problem of loanword adaptation and hidden phonology.* Tokyo: Tokyo Metropolitan University dissertation.

Kumagai, Gakuji. 2016b. Vowel epenthesis of English loanwords in Fijian. *Phonological Studies* 19.27–34.

Kumagai, Gakuji. 2016c. The logical problem of loanword adaptation: A case study of English sC clusters. Tokyo: Tokyo Metropolitan University, Ms.

Kumagai, Gakuji. to appear. Resolving the issue of the target of vowel copy in Fijian loanwords. *Proceedings of Phonology 2015.* The Linguistic Society of America. Online Publication.

Uffmann, Christian. 2007. *Vowel epenthesis in loanword adaptation.* Tübingen: Max Niemeyer Verlag.

White, Lydia. 1989. *Universal grammar and second language acquisition.* Amsterdam: John Benjamins.

OT 理論における母音調和の「方向性」について

佐々智将

岩手県立大学

1. はじめに

　母音調和とは、一定の範疇（語、フレーズなど）に共通の素性を持つ母音が現れる現象である。たとえば、(1)にあるプラー語（ニジェール・コンゴ語族）のデータでは、語の最後の音節にある母音の[ATR]素性がそれに先行する中位母音の[ATR]素性を決定しているのがわかる。

　(1) プラー[ATR]調和 1：すべて一致 (Paradis 1992: 87)

　　　　[+ATR]形　　　　　　　　　　[-ATR]形
　　a) ser-du　　ライフル床尾-単数　　　sɛr-ɔn　　　　ライフル床尾-指小辞
　　b) dog-oː-ru　走者-名詞クラス辞　　　dɔg-ɔ-wɔn　　走者-指小辞

本稿では、最適性理論(Prince and Smolensky 1993, 2004, McCarthy and Prince 1995)（以下 OT）における母音調和の方向性について、プラー語のデータを用いて概説する。OT における母音調和の扱いについては、これまでの研究で数多くの提案がなされているが、本稿では、Padgett(2002)で提唱された「**拡散**」(SPREAD; すべての素性[F]は、すべての分節に結びつく(Padgett 2002: 22))を用い、音韻属性の拡散の方向性に着目して、プラー語データの解析を提案することにする。具体的には、プラー語のデータを完全に解析するためには、拡散の制約に左(Left)の方向性を規定する必要があることを論じる。

2. プラー語データ

　[ATR]とは、Advanced Tongue Root (Ladefoged 1964)の頭文字であり、舌根が前進した状態で発声される母音を[+ATR]母音とし、前進がない母音を[-ATR]母音と規定する。これまでの議論の中で、[ATR]の単一価値性(privative)が主張されることや、[ATR]ではなく[RTR] (Retracted Tongue Root)を素性として用いる議論もあるが、これらの議論の妥当性の検討は、本稿のスコープより逸脱する。よって、本稿では[+ATR]/[-ATR]の二つの価値を用いるが、これは、これまでのどの議論に基づいているものでも、また、どの議論をサポートするものでもない。以下、(2)にプラー語の母音システムを提示する。

　(2) プラー語母音 (Paradis 1992: 85)

	高	中	低
[+ATR]	i/u	e/o	
[-ATR]		ɛ/ɔ	a

プラー語では高母音は常に[+ATR]であり、低母音は常に[-ATR]である。中母音のみが、[+ATR]、[-ATR]のペアが揃っており、中母音のみが母音調和の影響をうける。

　中母音の[ATR]素性は、語末以外では予測可能である。上記(1)にあるように、中母音は、それに続く母音の[ATR]素性と同じ素性で表層化される。以下(3)でも、同じ現象が見受けられる。

　(3) プラー[ATR]調和 2：部分調和 (Paradis 1992: 87)

　　　a) binⁿd-ɔː-wɔ (*binⁿd-o-wɔ, * binⁿd-o-wo)　筆者-エイジェント名詞辞-名詞クラス辞
　　　b) baroː-di (*barɔː-di) ライオン-名詞クラス辞　　c) baroː-gel (*barɔː-gɛl) ライオン-指小辞

(3)においては、語頭から二番目の音節に中母音が見られる。これら語中の中母音は、語末、すなわち

それらに続く母音の[ATR]素性に影響されている。しかしながら、中母音に先行する母音の[ATR]素性に影響されることはない。

次節においては、これまでに紹介したプラー語のデータを OT を用いて分析する。特に上記(3)にあるような、あきらかな「方向性」が見られる場合は、調和を促す制約に左・右の方向性を規定する必要があることを論じる。

3. OT による解析：拡張の「方向性」に焦点をおいて

当節では、OT を用いたプラー語データの解析を提示する。その際、以下に示す音韻制約がプラー語の母音調和のパターンを解析する際重要な役割を果たすと考えられる。

(4) 語末忠実性[ATR] (Petrova et al. 2006, cf. Beckman 1998)
語の最後の音節にある母音はその[ATR]素性について対応する入力の母音に忠実である。

(5) 忠実性[ATR] (cf. McCarthy and Prince 1995)
母音はその[ATR]素性について対応する入力の母音に忠実である。

上記(4)、(5)とも忠実性制約であるが、(5)は、すべての母音が対応する入力母音と同じ[ATR]素性を維持することを要求する。それに対し(4)は、語の最後の音節にある母音のみの[ATR]忠実性を評価する音韻制約であり、「位置的忠実性(positional faithfulnesss)」 (Beckman 1998)である。

以下にプラー語の母音調和の解析に重要な役割を果たす有標性制約を示す。まず、調和を促すため、(6)に挙げる有標性制約を提案する。

(6) 拡散 [ATR]-L (Sasa 2006, 2009)
母音に結びついている[+ATR]もしくは[-ATR]素性は、その母音の左側にある（先行する）すべての母音に結びつく。

(6)は、Padgett (2002)によって提案された「拡散」の制約に方向性を定めたものである。

最後に、(2)にあるようにプラー語には、[-ATR]の素性を持つ高母音は存在しない。[ɪ]/[ʊ]を含んだ出力形を排除するために、(7)に挙げる制約がプラー語では高い位置に順位づけられていると考えられる。

(7) *ɪ/*ʊ
[-ATR]高母音は禁じる。

なお、スペースの関係上省略するが、プラー語には[+ATR]素性を持った低母音も見られないため、[+ATR]低母音を禁じる有標性制約も高順位であると考えられる。

以下(8)にこれまでに提示した制約を用いた分析を提示する。(8)では、「拡散」の制約として、方向性を示した(6)を用いる。なお、すべて[+ATR]母音の出力形(binⁿd-oː-wo)は、(11)で考察する。

(8) 左への方向性

/ binⁿd-oː-wɔ/	*ɪ/ʊ	語末忠実性 [ATR]	拡散 [ATR]-L	忠実性 [ATR]
☞ a) binⁿd-ɔː-wɔ [+ATR] [-ATR]			*	*
b) binⁿd-oː-wɔ [+ATR] [-ATR]			**!	
c) bɪnⁿd-ɔː-wɔ	*!			*

(8)及び以降のテーブル(tableau)において、線・ラインは素性([+ATR]/[-ATR])が母音に結びついていることを示している。例えば、(8a)においては、[-ATR]素性が語末、語中の中母音に結びついていることを示している。

(8)において、出力形(8)は[-ATR]高母音を禁じる有標性制約によって競争から除外され、残った候補は(8a)と(8b)の二つの出力形になる。(8a)では、語末にある母音の[-ATR]素性が語中の中母音に拡散しているものの、語頭（にある音節）の母音に拡散していないため、拡散の制約は、違反（アスタリスク(*)）を一つ(8a)に与えることになる。それに対し(8b)は、語末の母音の[-ATR]素性が語中、語頭の音節にある母音に拡散されていないため、違反が二つ与えられることになる。よって、拡散[ATR]-L によって、(8a)が(8b)より好まれることになる。

それでは、Padgett(2002)で提案されたオリジナルでの拡散制約で、上記(8a)と(8b)、すなわち左右の方向性を区別することは不可能なのだろうか。(9)に Padgett (2002)のオリジナルの拡散制約を示す。

(9) 拡散 [ATR] (cf. Padgett 2002: 22)
　　すべての[+ATR]もしくは[-ATR]素性はすべての分節に結びつく。

以下(10)に(9)を用いた解析を示す。上述のように、Padgett (2002)で提案された拡散制約には、方向性は示されておらず、調和の素性[F]、この場合[+ATR]/[-ATR]がすべての分節に拡散することを要求している。以下(10)に、Padgett (2002)のオリジナルを用いた評価を提示する((10)では子音の違反は無視する)。

(10) 拡散 [ATR]方向性規定なし

/ binⁿd-oː-wɔ/	*ɪ/ʊ	語末忠実性[ATR]	拡散 [ATR]	忠実性 [ATR]
☹ a) binⁿd-ɔː-wɔ [+ATR] [-ATR]			*[-ATR] **[+ATR]	*!
☞ b) binⁿd-oː-wɔ [+ATR] [-ATR]			**[-ATR] *[+ATR]	

Padgett (2002)では、調和の方向性は他の音韻現象、例えば「位置性による忠実性」に起因すると議論されている。しかしながら、(10)では語末忠実性[ATR]は、(10)にあるどちらの出力形によっても満たされている。よって、(10a)と(10b)の「競争」は拡散制約に持ち越されることになるが、拡散に方向性を明示しない場合、左右の方向性を区別することができない。二つの出力形は「引き分け」のまま[ATR]忠実性に勝敗が持ち越されるが、(10)の場合、忠実性[ATR]は、プラー語では見受けられない右への方向性を持った出力形を最適であると選択することになる。よって、実際に観察されないパターンを排除し、結果実際のパターンを最適な出力形として選択するためには、(6)にあるように、拡散制約に左、または右といった方向性を明示する必要がある。

ただし、これは位置的な忠実性が調和現象において果たす役割はない、というのでは決してない。

(11) 語末忠実性の役割

/ binⁿd-oː-wɔ/	*ɪ/ʊ	語末忠実性[ATR]	拡散 [ATR]-L	忠実性 [ATR]
☞ a) binⁿd-ɔː-wɔ			*	*
b) binⁿd-oː-wo [+ATR]		*!		*

(11a)は、上記(8a)と同じ構成であると考えるが、語末忠実性がなければ、(11b)に対し実際の形(11a)は選択されることはない。(11b)では、単一の[+ATR]素性がすべての母音に連結されていると考えられるため、拡散-L の制約は、(11b)の方を選ぶことになる。また、[-ATR]高母音を禁じる制約も、[ATR]の忠実性制約も実際の形(11a)を選択することはできない。

(8)、(10)に見られるよう、調和の方向性は位置的忠実性（のみ）に起因する訳ではない。しかしながら、これは位置的忠実性の重要性を否定するのではない。むしろ、ここで示された(8)、(11)は方向性、忠実性両方が、観察される調和のパターンを網羅するために、それぞれ重要な役割を果たしているという事実を示しているのである。

4. おわりに

本稿では、OT の枠組みを用いて母音調和で見られる「方向性」の扱いについて概説した。プラー語のデータを用い、実際に観察される調和のパターンを網羅するためには、位置的忠実性のみではなく、「拡散」への方向性の規定が加えて必要であることを論じた。(8)にあるように、*ɪ/*ʊ >> 拡散[ATR]-L、また(11)にあるように、語末忠実性[ATR] >>拡散[ATR]-L の順位によって、プラー語の調和パターンは解析できることを示した。

本稿では拡散-L を必要とする言語としてプラー語を挙げたが、今後の研究の方向としては、プラー語の反射イメージ、すなわち拡散-R、右方向への拡散を要求する言語の存在の探索が課題になる。また、方向性を規定した拡散制約を用い、言語類型論的に予測される調和のパターンが、過不足なく現存する母音調和のパターンを網羅できるか、という「確認作業」も今後の研究課題の一つであると言えよう。

参照文献

Beckman, Jill. 1998. *Positional faithfulness*. Amherst, MA: University of Massachusetts, Amherst dissertation.

Ladefoged, Peter. 1964. *A phonetic study of West African language: An auditory-instrumental survey* (first edition). Cambridge: Cambridge University Press.

McCarthy, John, J. and Alan Prince. 1995. Faithfulness and reduplicative identity. *Papers in optimality theory*, ed. by In Jill Beckman, Laura W. Dickey and Suzanne Urbanczyk, 249-384. Amherst, MA: GLSA.

Padgett, Jaye. 2002. Feature classes in phonology. *Language* 78.81-110.

Paradis, Carole. 1992. *Lexical phonology and morphology: the nominal classes in Fula*. New York: Garland.

Petrova, Olga, Rosemary Plapp, Catherine Ringen and Szilard Szentgyorgyi. 2006. Voice and aspiration: Evidence from Russian, Hungarian, German, Swedish, and Turkish. *The Linguistic Review* 23.1-35.

Prince, Alan and Paul Smolensky. 1993/2004. *Optimality Theory: Constraint interaction in generative grammar*. Malden, MA: Blackwell. [Revision of 1993 technical report, Rutgers University Center for Cognitive Science. Online: Rutgers Optimality Archive, ROA-537.]

Sasa, Tomomasa. 2006. Directionality in harmony: A case study of Pulaar. Paper presented at the fourteenth Manchester Phonology Meeting. Manchester, UK.

Sasa, Tomomasa. 2009. *Treatments of vowel harmony in optimality theory*. Iowa City, IA: The University of Iowa dissertation.

コーパスを用いた音韻研究

佐野真一郎
慶應義塾大学

1. はじめに：言語学におけるコーパス利用の背景・利点

　理論言語学の分野では，ノーム・チョムスキーによる生成文法理論の提案以降 (Chomsky 1957)，とりわけ統語論において目覚ましい発展が見られた。そこでは，母語話者の言語知識を明らかにすることに主眼が置かれ，言語使用が研究の射程から除外されていたわけではないものの，研究手法としても主として母語話者の直感に基づく定性的な研究が行われてきた。音韻論もこの流れの例外ではなく，SPE (Chomsky and Halle 1968)以降，話者の直感に基づく定性的研究が行われる中で発展をしてきた。
　実際の言語データを利用した定量的研究自体はコーパス言語学が初めてではなく，これまで日本語学や，歴史言語学では，辞書や歴史的言語資料に基づく研究が行われてきている。しかしながら，これらの言語資料は現代的な意味でのコーパスが提供する大規模 (自然)発話データとは性格を異にする。具体的には，その性質上避けられないことではあるが，辞書には実際の言語使用というよりは，言語使用の規範が反映され，モデルとしての日本語が示される傾向にある。歴史的言語資料は，利用可能なデータが特定の時代・レジスターに限られるなどデータの偏りが見られたり，現代の言語使用についての情報は得られない。従って，これらはとりわけバリエーション研究，頻度の検証などには十分な情報を提供しない。つまり，言語使用の研究が必要とするデータの性質を十分に備えているとは言えないのである。このように，これまでの言語研究が主として定量的ではなく，定性的であったことの一つの大きな理由は，技術的な問題であり，研究資源の未整備であったと言うことができる。
　このような中，コンピュータ等の情報技術の飛躍的な発展により，大規模自然発話データが利用可能となり，９０年代以降コーパスを用いた自然発話に基づく定量的言語研究が高まりを見せている。言語研究にコーパスを用いることの利点は，言語使用をそのまま観察できることにある。母語話者の直感・辞書などを用いた場合，定性的・形式的な説明はできるが，言語使用の量的側面を導き出すことはできない。また，上述のように分析の基盤となるデータに，言語使用に対する規範意識が働くなど，構築した理論が実際の言語使用と乖離してしまう恐れがある。一方，音声学等では実験による定量的研究が古くから行われてきているが，条件・要因が統制された実験という環境であることや，自然発話に見られる未知の特徴を探索的・網羅的に導き出すような帰納的用途には適していない[1]。その点，コーパスが提供する言語使用をそのまま観察することで，言語使用に関する詳細な情報が得られるばかりでなく，理論と実際のデータとの整合性・説明力の検証をすることができる。
　このようなコーパスを用いた言語使用の観察は，とりわけバリエーション・言語変化に対して重要な意味を持つ。バリエーションには様々な要因が作用するが，未知のものに関しては，実際のデータを精査することで帰納的に導き出すのが最も効果的である。言語変化についても同様に，変化の進行の詳細についてはやはり実際のデータが必要となる。一方，「なる／ならない」といったように，これまで画一的に捉えられていた現象についても，その潜在的な確率的側面に焦点を当てることができる。

2. 確率論的最適性理論による音韻バリエーションのモデル化

　音韻研究においてもこれまで定性的側面に主眼が置かれてきたが，まず理論的変遷の中でバリエー

ションがどのように扱われてきたかについて確認する。

　SPE (Chomsky and Halle 1968)で提案された書換規則 (rewriting rule)を基に，社会言語学における変異理論 (Labov 1966 et seq.)では変異規則 (variable rule)を設けることでバリエーションを説明した。しかしながら，これでは特定の条件下において，どれくらいの確率で規則が適用され，どちらの形式が具体的にどれくらいの確率で出現するかまでは予測できない。つまり，理論的説明と実際のデータに見られる数量的パターンとを結び付けることができないのである。この詳細な数量的予測は，その後のCedergren and Sankoff (1974)に端を発するロジスティック回帰分析によって可能となった。ただし，これも言語内要因と様々な言語外要因を十把一からげに扱わざるを得ず，データに見られるパターンを数量的に記述したものに過ぎないとも言え，説明力という点では十分ではない (Coetzee 2015 を参照)。

　そのような中，最適性理論 (Optimality Theory, Prince and Smolensky 1993/2004)が提案されるのだが，最適性理論は類型論的予測を想定した設計となっており，その性質上バリエーションの説明が可能である。本理論では，言語間・方言間の違いを制約の順位付け (ranking)の違いによって説明する。これを推し進め，順位の違いを言語・方言ごとに確立された静的なものではなく，「ある時は A >> B，またある時は B >> A」のように動的なものとして捉えることにより，言語・方言内，個人内バリエーションを説明することができる。ただし，上述の変異理論における問題と同様，そのままでは理論的説明と実際のデータに見られる数量的パターンとを結び付けることができない。

　このように，これまでのバリエーションに関する取り組みでは理論的説明と数量的記述を融合させることが不可能であったが，コーパス等の整備により，利用可能な研究資源が拡充されたことで，両者を融合させる確率論的最適性理論が提案されることとなる。

　確率論的最適性理論 (Probabilistic OT)は，実際の言語使用データを基に理論的説明を行い，詳細な数量的予測をする点で，従来の最適性理論とは異なる。以下では，この取り組みのこれまでの発展として，主要な研究を紹介する。

　Partial Ordering Model (Anttila 1997, et seq.)では，最適性理論の類型論的予測を発展させ，制約間の順位を動的に捉えたもので，一部の制約間の順位が決まっていないことでバリエーションが生じるとしている。本モデルでは，制約の階乗的組合せが各出力の生起確率に反映されるところに特徴がある。例えば，A, B, C, D のうち，A が最上位であることしか決まっていない場合，6 通りの順位が可能である。そのうち，4 つが α という形式，2 つが β という形式を出力するならば，順位の種類の比率は 2 対 1 となり，α が約 66%，β が約 33%の確率で出現するという数量的予測をする。この予測は，フィンランド語の形態音韻的バリエーションを始めとして (Anttila 1997)，様々な現象において実際のデータとの一致が確認されており (Anttila and Cho 1998, Zamma 2012)，本モデルの妥当性が実証されている。

　Stochastic OT (Boersma and Hayes 2001)では，制約間の関係は A >> B のように画一的なものではなく，各制約が ranking value と呼ばれる数値を持っており，これに基づいて順位が決まるとしている。この数値は発話ごとに僅かに変動するため，順位が逆転することがあり，これがバリエーションを生み出す。例えば，A が 100，B が 99 という ranking value を持っており，A の数値が 98 となる，あるいは B の数値が 101 となるような場合，順位は通常の A >> B ではなく，B >> A となる。この逆転の可能性は各制約間の ranking value の差によって決まるが，本モデルでは実際の言語使用データの数量的分布を ranking value の計算に反映させることで，精密な数量的予測を可能としている (Clark 2004, Sano 2009, 2012)。Stochastic OT を基にした evol OT (Jäger 2002)では，観察された言語使用データの分布を基にした言語変化の予測が可能である (Clark 2004, Sano 2009, 2012)。

　その他，MaxEnt OT (Jäger 2004, Hayes and Wilson 2008)，noisy Harmonic Grammar (Coetzee and Pater

2011, Coetzee and Kawahara 2013)も，実際の言語使用データの数量的分布に基づく精密な数量的予測が可能であるが，Stochastic OT では，評価の際には制約間の ranking value の違いが優先順位，つまり画一的な関係に解釈されるのに対し，これらのモデルでは，制約間の関係が数値 (weight)のまま連続的に捉えられる。Sano (2009)は日本語の形態音韻的バリエーションを例として，Stochastic OT と MaxEntOT の予測を比較しており，Stochastic OT では2種類のバリエーションの違いを予測できないが，MaxEnt OT ではそれができることを実証している。現在は，確率論的最適性理論に言語外的要因の影響をどう反映させるかという問題について取り組みが行なわれている (Coetzee and Kawahara 2013, Coetzee 2015)。

3. 自然発話に基づく音韻規則・制約の検証

上述のように，従来の定性的研究や実験を用いた研究では，言語使用の詳細について十分な知見が得られなかったが，コーパスが広く用いられるようになって以降，自然発話データを用いた音韻規則・制約の検証が多く見られるようになった。その目的は主に，1) 従来の研究において提案された理論と実際のデータとの整合性・説明力の検証，2) 言語使用に見られる未知の特徴を帰納的に明らかにするということである。日本語では，『日本語話し言葉コーパス』を用いた自然発話に基づく有声促音の無声化 (例，ベッド → ベット)の検証 (Kawahara and Sano 2013, Sano and Kawahara 2013)や，連濁の検証が行われ (Sano 2014, Sano 2015a,b)，各現象の分布に影響を与える様々な言語内的・外的要因の役割が新たに明らかとなり，これまで画一的に捉えられていた現象の確率的側面に焦点が当てられている。また，必異原理 (OCP)や頻度の影響についても詳細な知見が得られている。

4. まとめ

本稿では，言語学におけるコーパス利用の背景と，コーパスを用いた音韻研究の発展を概観した。これまでに見たように，コーパスを用いることで言語研究の可能性が広がり，それに伴う理論的な発展があった。また今後の更なる発展には，研究資源としてのコーパス自体の発展とそれを利用する研究者の技術の発展が重要となる。近年音声・音韻研究に利用される自発音声コーパスが拡充されつつあるが，その中でも大規模で，広く利用されているものとして『日本語話し言葉コーパス』が挙げられる。ただし，本コーパスも 2004 年に公開されて以降，2008 年の第 2 版，2012 年の CSJ-RDB (Relational Database)と，アップデートが行われているものの，発話データ自体は収集されてから既に 10 年以上が経過している。従って，長期的な視点で今後の研究を見据えた場合，新たなコーパスの公開が期待され，研究者側もこれらを扱う技術について，自己研鑽を怠らない態度が重要である[2]。

注

[1] コーパス利用の際，実験においては条件・要因を統制することができる一方で，コーパスにおける自然発話は様々な要因を反映したものであることには留意しなければならない。
[2] 新たな自発音声コーパスの一つとして，映像データも含み，会話分析など幅広い分野での利用を目的とした大規模日常会話コーパスが国立国語研究所から近々公開される予定である。

参照文献

Anttila, Arto. 1997. Deriving variation from grammar. *Variation, Change, and Phonological Theory*, ed. by Hinskens, Frans, Roeland van Hout, and Leo Wetzels, 35-68. Amsterdam: John Benjamins.

Anttila, Arto and Young-mee Cho. 1998. Variation and change in Optimality Theory. *Lingua* 104.1-56.

Boersma, Paul and Bruce Hayes. 2001. Empirical tests of the Gradual Learning Algorithm. *Linguistic Inquiry* 32.45-86.

Cedergren, Henrietta and David Sankoff. 1974. *Variable rules: Performance as a statistical reflection of competence. Language*, 50.333-355.

Chomsky, Noam 1957. *Syntactic structures*. The Hague: Mouton.

Chomsky, Noam, and Morris Halle. 1968. *The sound pattern of English.* New York: Harper and Row.

Clark, Brady. 2004. *A Stochastic Optimality Theory approach to syntactic change*. Stanford, CA: Stanford University, dissertation.

Coetzee, Andries. 2015. A comprehensive model of phonological variation: Grammatial and non-grammatival factors in variable nasal place assimilation. to appear in *Phonology*.

Coetzee, Andries, and Shigeto Kawahara. 2013. Frequency biases in phonological variation. *Natural Language and Linguistic Theory* 31.47-89.

Coetzee, Andries, and Joe Pater. 2011. The place of variation in phonological theory. *Handbook of Phonologial Theory, 2nd Edition*, ed. by Goldsmith, John, Jason Riggle, and Alan Yu, 401-434. Cambridge: Blackwell.

Hayes, Bruce, and Colin Wilson. 2008. A maximum entropy model of phonotactics and phonotactic learning. *Linguistic Inquiry* 39.379-440.

Jäger, Gerhard. 2002. *evolOT*. Download software. Online: http://wwwhomes.uni-bielefeld.de/gjaeger/evolOT/.

Jäger, Gerhard. 2004. Maximum Entropy models and Stochastic Optimality Theory. ROA-625.

Kawahara, Shigeto and Shin-ichiro Sano. 2013. A corpus-based study of geminate devoicing in Japanese: Internal factors. *Language Sciences* 40.300-307.

Labov, William. 1966. *The social stratification of English in New York City*. Washington, DC: Center for Applied Linguistics.

Prince, Alan and Paul Smolensky. 1993. *Optimality Theory: Constraint interaction in generative grammar*. Rutgers University Center for Cognitive Science Technical Report 2. (Also published 2004 by Blackwell.)

Sano, Shin-ichiro. 2009. *The roles of internal and external factors and the mechanism of analogical leveling: Variationist- and probabilistic OT approach to ongoing langauge change in Japanese voice system.* Tokyo: Sophia University, dissertation.

Sano, Shin-ichiro. 2012. Predicting ongoing global paradigm optimization in voice in Japanese: Corpus-based OT analysis. *Proceedings of WCCFL 29*, 398-406. Sommerville, MA: Cascadilla Press.

Sano, Shin-ichiro. 2014. Examining lexical and phonological factors on rendaku in spontaneous speech. *MIT Working Papers in Linguistics* 73.179-190.

Sano, Shin-ichiro. 2015a. The role of exemplars and lexical frequencies in rendaku. *Open Linguistics* 1-1.329-344.

Sano, Shin-ichiro. 2015b. Universal markedness reflected in the patterns of voicing process. *Proceedings of NELS 45, vol.3*, 49-58. Amherst, MA: GLSA.

Sano, Shin-ichiro and Shigeto Kawahara. 2013. A corpus-based study of geminate devoicing in Japanese: The role of the OCP and external factors. *Gengo Kenkyuu* 144.103-118.

Zamma, Hideki. 2012. *Patterns and categories in English suffixation and stress placement: A theoretical and quantitative study*. Tsukuba: University of Tsukuba, dissertation.

音韻の史的研究における二つの立場

高山知明

金沢大学

1. 音韻の史的研究の二つの立場

　言語音に関する歴史の研究には，大きく分けて，二つのアプローチないし立場があるように見受けられる。すなわち，一つは，個別言語の歴史の，音韻論的・音声学的側面に関わる問題について明らかにしようとする立場であり，もう一つは，音韻論・音声学の一般理論的関心のもと，歴史に関わる問題を取り扱う立場である。実際には，一つ一つの研究がいずれかに分類可能とはかぎらず，個々の研究の内部に二つの立場が混在することもある。しかし，基本的な立場としてこの二つの違いを認めることはできると思われる。なお，比較言語学的研究に関しては，伝統的には前者の立場が主であろうが，実際には，関心の置き方によって後者の立場が重視される場合ももちろんある。

　それぞれの立場を示す呼称は必ずしも確立されてはいない。もっとも，「音韻史」といえば，個別の言語（あるいは方言群，特定の系統に属する言語群）に関する言語音の歴史を指すため，これを分野名として用いたときには，前者の立場に基づく研究に限定されることにはなる。他方，「史的音韻論（historical phonology）」に関しては，後者の，一般理論的関心を中心に据えた研究を指すかのような印象があるものの，前者の個別言語の音韻史研究を排除するものではない。

　用語の問題はともかくとしても，教科書や事典類の解説を見ても，二つの立場の違いはそれほどはっきりと記されてはおらず，話題にされることも少ないようである。

　筆者は，音韻に関する史的研究において，この違いの本質を理解し，一定の認識を持っておくことは重要であると考える。とくに，二つの立場を考慮しつつ，具体的な問題点を整理することは，議論の無用な混乱を避け，考察を深める上で有益である。そこで，本稿では，この違いとそれに関連する問題について取り上げる。これについては，高山（2014:6-8, 163-166）でも前者の立場を中心に論じたことがあるが，本稿はそこで触れなかったことを中心に述べる。

2. 考察対象の違い

　両者の違いについてより詳しく見てみよう。まず，前者の，個別言語の音韻論的・音声学的側面に関する歴史研究（以下，音韻史と呼ぶ）は，言語史の一分野に属する。言語史というのは，個別の言語を対象にその歴史について論じるものである。個別の言語とはいっても，複数の方言や同系語が一つの言語史を構成することもある。それが成立するのは，それらの方言，言語が歴史的関係を共有していることに基づく。それゆえ，たとえば，中国語と英語は一つの言語史に収まらないし，また，「日本語と朝鮮語の言語史」といえば，両言語が同じ系統に属することを暗示することにもなる（それが内容を伴った論でなければ「言語史」と呼ぶのが適切でなくなる）。音韻史についても，この点で言語史と同じである。

　これに対し，もう一つの，一般理論の観点から歴史的問題を取り上げる研究（ここでは，一般理論に関する史的音韻論と呼んでおく）は，音韻論の一分野であり，個別の史的現象を音韻の一般理論研究の資料として取り扱うものである。複数の言語を対象とすることもあるが，音韻史と違って，それが同系かどうかは問わない。つまり，様々な現象を対象にした通言語的な研究がおこなわれうるし，

また，特定言語の現象を対象とした研究であっても一般理論に関する議論がその主要な部分を占めることになる。たとえば，音変化の相対年代順と，共時態における規則の適用順序とがどのような関係にあるかといった話題はここに収まる。

　もちろん，音韻史の研究においても，具体的な問題を論じる中では，音韻現象が持つ一般的性質や傾向に関心を向ける必要が出てくる。とはいえ，究極の目的は，個別言語における歴史的な出来事をできるだけ明らかにすることにある点で基本的に異なっている。また，音韻史の研究では，音韻論以外の観点も重視され，当該現象に関連するのであればそれを取り上げることが求められる。たとえば，話し手を取り巻く社会的状況に関することがらも重要な要素として含まれる。こうした問題は，一般理論に関する史的音韻論の立場からすると，少なくとも直接の関心の対象にはならない。

3. 出来事と一般則

　たとえば，水（液体）がどのように蒸発するかは，気圧や気温，空気中の水蒸気量など，いくつかの物理条件に基づいて予測される。しかし，これは一般的な予測であって，いろいろな場所にある水に起こる出来事を説明し尽くすものではない。ある山中の池の水が，ある時点においてどのような状態になるかは，周囲から池に流入する水の量一つを取ってみても，前日までの降水量をはじめ多様な要因が介在する。それだけでなく，偶発的な出来事，たとえば，人も含めた生物の諸活動による影響，地震による土砂の流入，周囲の山火事の発生といったことが池の様子を大きく変えるかもしれない。

　音変化も含め，言語変化というのは，今述べた特定の池に起こる特定の時点の出来事に該当するような現象である。つまり，音韻史も含め，言語史では，このような個別の出来事に関することがらが議論の対象になる。特定の事件の解明といえばわかりやすいかもしれない。なぜ，その時点でその池の水がそのような状態になったかを明らかにしようとすると，上記のように考慮すべき要因は数え切れないほどある。歴史について論じるというのは，まさにこうした個別の出来事を扱うことに他ならない。

　もう一つ注意すべきことは，池の場合であれば，その一方において，諸々の条件を一定にした理想的な状態を想定し，水の蒸発の仕方に関する一般則を当てはめた予測が有意義なかたちで成り立つ。しかしながら，言語変化に関しては，そのような問題設定ができない。広い意味で人間の意志の介在する言語変化は，物理現象と同じように取り扱うことができない。そのため，言語変化に関して一般的な立場から論じるとしても，結局のところ，個別に起こった事例に依拠して進めざるをえない。一般理論に関する史的音韻論を構築することの難しさはこの点にある。また，音韻史との違いがしばしば明確でなくなるのも同じ理由による。もちろん，個別の事件の詳細には立ち入らず，犯人の一般的な心理を読み解くようなこころみは可能であろう。ただし，その場合も，現実に起こった事件の展開に基づいて考察するというようなやり方でしか取り扱えない。

　さらに重要なのは，言語には，常に変化し続けるという性質がそれ自体に備わっていることである。言い換えれば，言語はそれが言語であるかぎり（使われ続けるかぎり），変化し続ける（コセリウ 1981）。その意味で，条件の如何で変化する・しないが決まるような物理現象とは異なる。結局，一般理論に関する史的音韻論の立場から音変化を取り扱うとしても，現象の生起の如何を説明するものとはならない。突き詰めれば，我々が論じることができるのは，どのようにして変化したのかということである。すなわち，変化の仕方にどのような秩序が見出せるかという点に限られる。

　ただし，注意が必要なのは，その秩序は，言語変化そのものに構造があるからではなく，言語の構造が変化の仕方を左右することに因るものであることである。言語変化自体に構造があるかのような

見方を取るとすれば，それは適切ではなかろう（高山 2014:164）。この点については次節で具体的な例を見ながら説明する。

4. 「唇音退化の傾向」の誤謬

　日本語の音韻史に関する話題の一つに，橋本進吉による「唇音退化の傾向」がある。現代ではさすがに通用しないと考えられるが，今でも引用されることのある説であり，日本語以外の音韻研究者にもわりあい広く知られているのではないかと思われる。そこで，これをいわば古典的な例として取り上げ，音変化の捉え方の問題をあらためて省みることにする。

　橋本（1938）に依れば，「唇音退化の傾向は国語音韻変遷上の著しい現象」であり，「非常に古い時代から近世までも，同じ方向の音変化が行はれた」（橋本 1950[1938]:101-102）。具体的にいうと，古代以来のハ行子音の変化（いわゆる p > φ > h），ワ行子音 w の分布の限定化（wi, we, および wo における w の消失），合拗音の消失（kw > k, gw > g）などはその顕現であるとする。同様のことは，橋本（1942）にも述べられており，「いろいろちがった時代にいろいろの音変化を起こしてゐる」（橋本 1950[1942]:270）という。なお，キリシタン文献の一つである 1604-1608 年に刊行されたロドリゲス『日本大文典』によれば，「筑前，博多」では kwa > pa, gwa > ba のように変化していたらしい。このように「唇音退化の傾向」に逆行する例を見出すことはできる（ロドリゲス 1955:610-611）。

　要するに，時期の違いを超越して，諸々の変化の間に一つの傾向を認めることができるというわけである。本当にそこに一つの秩序が見出されるとすれば，いずれの時代にも共通して，日本語に特定の構造的要因が一貫して存在していなければならない。しかし，果たしてそのようなものが見つかるのかどうか疑問である。統一的な原則によってうまく説明しているようではあるが，それぞれの時期における所与の構造・体系の異なる条件下で音変化が生じるという常識的な考えに照らし合わせると，かなり特異な説であるのは否めない（この説が唱えられた 1930 年代ごろの言語学の状況を考慮する必要はあろう。本稿ではこの点には立ち入らない）。このように特定部位の調音が異様ともいえる長期にわたって言語変化を支配し続けるというのは，かえって不自然である。日本語の変化の仕方に特定の性向が本質的に宿っているかのような見方をしているとすれば，根本から問い直す必要がある。

　一般に，歴史的な現象を対象にした「統一理論」は，説明力があるように見えても，無理を伴うことがある。とくに時期を隔てた複数の現象に統一的な説明を施す場合には，より慎重な判断が求められる。この点は，個別言語を対象とする音韻史であれ，一般理論に関する史的音韻論であれ，変わらない。いずれであっても，言語変化とはどういったものであるかという原点に立ち戻って考えなければならないところである。

　また，さらにいえば，このことは，上記のような同一言語の時代を隔てた複数の変化について論じる場合だけでなく，一般理論に関する史的音韻論において，通言語的に一見類似の現象を統一的に取り扱う場合にも，同様のことがあてはまると考えられる。一見同じように見える変化も，個別言語の実際の中において見てみると，異なる条件下で発生した異なる性質の現象であるかもしれないからである。その意味では，個別言語の音韻史の研究と，一般理論に関する史的音韻論とはたがいに補完的な関係にあるということができる。

5. ハ行子音の変化をどう捉えるか

　最後に，第 4 節に関連して，具体的な事例としてハ行子音の変化について触れ，本稿を終えることにする。

ハ行子音の変化は，p＞φ＞h のような一連の現象として捉えられがちである。しかし，第4節の議論をふまえると，それでよいのかという問題が浮上する。このうち，前半の摩擦音化 p＞φ の時期については，奈良時代以前とするものから平安時代とするものまで様々な議論がある（先行研究の具体的状況については Takayama 2015, 肥爪 2015 を参照）。いずれにしても，後半のφ＞h は17世紀以降であるので，二つの間に時期的に大きな隔たりがあるのは確かである。さらに，詳細は省くが，音韻体系・音配列も両時期で異なっており，その違いについても注意を払う必要がある。また，橋本（1938, 1042）はこの一連の変化を「唇音退化の傾向」の現れとして説明するが，前半の変化では破裂音 p が摩擦音φに変わっても依然として唇音の特徴を保っている。これに対して，後半の変化ではハ行子音から唇音の特徴が失われており，元来，この違いは看過できないはずである。

　このように考えると，これに無理のある統一的な説明を与える前に，それぞれの時期における条件に基づいて検討することがまず求められる。このような点で研究の余地がまだ残されている。本稿では問題の所在を指摘するにとどめ，詳しくは他の機会に論じることにする。

参照文献

コセリウ，エウジェニオ（田中克彦　かめい　たかし共訳）　1981『うつりゆくこそ　ことばなれ　サンクロニー・ディアクロニー・ヒストリア』東京：クロノス.

高山知明　2014『日本語音韻史の動的諸相と蜆縮涼鼓集』東京：笠間書院.

Takayama, Tomoaki. 2015. Historical phonology. *Handbook of Japanese phonetics and phonology*, ed. by Haruo Kubozono, 621-650. Berlin: De gruyter Mouton.

橋本進吉　1938「国語音韻の変遷」　橋本進吉（1950:51-103）所収.

橋本進吉　1942「国語音韻変化の一傾向」　橋本進吉（1950:261-271）所収.

橋本進吉　1950『国語音韻の研究』（橋本進吉博士著作集第四冊）東京：岩波書店.

肥爪周二　2015「ハ行子音の歴史」『日本語学』34(10)(8月号). 34-41. 東京：明治書院.

ロドリゲス，ジョアン（土井忠生訳）　1955『日本大文典』東京：三省堂.

言語産出時における音節の「働き場所」について
－モデル構築にみる研究方法の組み合わせ－

寺尾康

静岡県立大学

1. はじめに

　話者の意図が調音運動に変換されるまでの言語産出過程をモデル化する試みは、心理言語学の中心的なテーマの一つである。さらにその中で、音韻部門がどのような表示と構造を持つのかという研究についての動向を俯瞰的に追ってみると、嚆矢となるShattuck (1975)に続いて、いわゆるコネクショニズムの時代を経て、Levelt (1989)の「青写真」で一旦はその時点での標準モデルが示されて収斂し、さらにそこから修正と発展を重ねて現在に至るという流れがみてとれる。本論では、これまで提案されてきたいくつかの重要なモデルをRomani et al. (2011)をまとめる形でとりあげ、それらがどのようなデータや方法から構築されたのか紹介する。そこで明らかになるのは、一つは基本的な音韻単位として音節がいかに頑健なもので、オンライン処理においても重要な役割を担っているという証拠であり、もう一つは、それゆえに音節はどのような地位で、モデル内のどの段階に設定したらよいのかについては一致がみられていないという課題である。本論では、そうした不安定さは単純な混乱ではなく、言語産出過程における音韻部門をより深く解明するための示唆であることも示していきたい。

2. 言語産出モデル内の音韻部門
2.1 音韻部門の特徴

　言語産出モデルの音韻部門の特徴を探るにあたって、共通する部分から挙げていこう。まず、これまで提案されてきているモデルは、その下位部門に語彙部門、音韻表示構築、音声表示構築の段階が必ず備わっている。語彙項目の形態・音韻的情報を利用し、韻律的側面を含めて抽象的な音韻表示を作成される。それに具体的な調音運動の指示を与えて音声表示が構築され、実際の調音に至るというデザインの基礎は共通している。次に、その過程で機能する単位についても、中心となるのは分節音である、というほぼ共通した認識が得られている。根拠となったのは、言い間違いや失語症者の発話の観察、および早口言葉を用いた実験研究で示された、分節音が間違いの単位となっている例の頻度の高さである。(Fromkin 1973)　以下の自然発話に現れた言い間違いの例をみてみよう。

(1) a. pig and vat (big and fat)
　　b. Jom and Terry (Tom and Jerry)　　下線部は誤り、(　)は話者の意図を示す

(1)の例は両方とも音韻的交換の誤りである。より詳しくみると、(1a)は[+有声]と[-有声]の素性の値一つの違いだけが交換された素性の交換であるのに対し、(1b)は単なる分節音の交換と解釈することができる。頻度としては(1b)タイプがより多いという[1]。もう一つ音韻部門について広く認められていることは、音節という単位の影響力の強さである。以下はそれを示す例である。

(2) a. それはサーフィン　　(サイフォン)
　　b. greep grane season　　(green grape season)

(2a)はマラプロピズムと呼ばれる語彙的代用の言い間違いである。このタイプの誤りでは意図した語と誤った語は意味的にはそれほど関係ないものの、音韻的な類似性が高い。両者の語頭音、音節数、ア

クセントパタンは高い一致度を示すことが知られている。(2b)は(1)と同じく音韻的交換の誤りである。ここで注目すべきは、(1)で交換されている要素はオンセット同士、(2b)ではコーダ同士という点で、音韻的言い間違いでは交換や代用のように「動いた」要素はもともとの音節内構造の地位を保っている。これは「音節内位置制約」と呼ばれる強い傾向で、分節音をまとめる単位としての音節の重要性を窺わせる。さらに、たとえ言い間違いであっても、「*んほ (本)」のように、その言語で許されない音配列を産み出すことはない、というWellsの法則と呼ばれる強い制約があるが、この「許されない音配列」を規定するのは音節構造であり、やはりここでも音節の重要性が再認識される。

では、この音節、あるいは音節構造は言語産出過程のどこに、どのように設定されるのがよいのだろうか。この点でこれまで提案されてきたモデル間の違いが明らかとなる。

2.2 語彙部門の外で音節構造が付与されるモデル
2.2.1 Dell(1988)のネットワークモデル
Dell(1988)が提案するモデルは、1980年代に台頭したコネクショニズムの考え方を穏健な形[2]で採り入れた相互活性化モデルである。語彙部門はそれぞれ音素、音節内要素、音節をユニットとして含んだ階層が双方向にリンクされている構造をなしており、それらの間を競争原理に基づいて活性化が伝播する中で勝者がアクセスされ、発話の際には音節内構成素が下位表示された音素（たとえば/c $_{onset}$/）が空の器である音節（[ ]$_{onset}$）が語彙部門から引き出されてリンクされるという形をとる。こうすることで、前述の音節内位置効果は同一の下位表示の活性化としてうまく説明できる。

2.2.2 RoelofsらのWEAVERモデル
Roelofs (1997) のモデルも語彙部門の外で音素と音節が結びつけられる点ではDellのモデルと同じである。異なるのは語彙部門にあるのが順番付けされた音素だけで、空の器としての音節を想定していない点で、出力される音素に合わせてその場で急ぎの作業が行われ音節が編み出されることになる。その分、このモデルでは実際の発話で頻発する再音節化への対応が柔軟に行えることが長所となる。

2.2.3 時間軸を取り入れたモデル
Vousden et al. (2000)が提案するOSCARと呼ばれるモデルは、時間表示を採り入れていることに特徴がある。素性ベクトルで表された音素一つ一つを、文脈ベクトル、時間シグナルと結びつけることで音節の連続を表示する。時間シグナルはオシレーター(発振器)によってコントロールされ、そのシグナルが示す状態に対応する音素が引き出される。これによって、類似した音が間違われやすいことは素性の値が近いことで、音節内位置効果は同期する時間シグナルの状態（同じ音節内構成素は同じタイミングで現れる）によって説明される。

3. 語彙部門で音節構造が指定されているモデル
上記のモデル，特にDellのモデルとWEAVERモデルは、コネクショニズムとシンボリズムの2大流派の延長にあるということでライバル関係にあるとみなされてきたが、音素と音節構造が出会う場所が語彙部門の後であるという点では共通していた。それに対し、Romani et al. (2011)が提案するのは、語彙部門の内部で、既に音素の上に音節内構成素−音節構造−韻律節点の順で階層構造が載せられているというモデルである。そのため、語彙の選択に伴って音節構造と個々の音の情報が一緒に引き出されると仮定する。もちろん、どこで音節構造が用意されていようと結果としては通常同じ出力となるのだが、Romaniらのモデルが正しければ、音節化にかかる計算コストを下げることができるうえに後述する研究方法に関連して失語症者のリハビリテーションにも知見をもたらす可能性がある。

3.1 研究方法

　音節構造が語彙部門の内と外、どこにあるのかを探る方法として Romani らが採ったのは、失語症者を参加者とする実験である。24 人の参加者は 1 人を除いて左半球脳卒中により発話の音韻的な部分に困難を抱えている。Romani らは参加者を特に調音に困難さを抱える発話失行症グループ（以下：A グループ）と、それほどではない音韻性失語症グループ(以下：P グループ)の二つに分け[3]、それぞれにコントロールされた語群からなる復唱、読み、絵の命名の課題が与えて、応答発話中にみられた誤りの分析を「音節性の維持」の観点から行った。これは、もし語彙部門の内部で音節が音の組織化に決定的な役割を果たすなら、両グループのすべての誤りで元の音節の構造を残そうとする効果が現れるだろう、一方、もし音節構造が語彙部門内になく、調音に至るまでの過程に存在するなら、音節性に関する効果は A グループのみに観察されるだろう、仮定に基づいている。

3.2 結果と議論

　Romani らの実験で得られた結果は以下のようなものであった。i)誤りの全般的な特徴は、音節の内容に関するもので、構造に関するものではなかった。つまり両グループとも音節構造を大きく歪めるような誤りはほとんど観察されなかった。子音は子音と、母音は母音と関係することはこれを物語る。さらに欠落のように音節構造が崩れそうな誤りでもそれは子音群中の周辺位置という「弱い」要素に起こるもので音節構造は維持される。ii)音の連なりに誤りが起こる場合、A グループは子音群が二重子音に誤る方向に偏っているのに対し、P グループでは二重子音から子音群への誤りも認められた。ただし両方とも hetero-syllabic な子音群に起こっているので音節構造は維持される。A グループでは音節構造の簡略化が起こっていると解釈される。iii)音節位置制約が遵守されたのは A グループで 57%、P グループで 67%にとどまり、特に語内の環境では強い効果はみられなかった。要素が移動する誤りでは音素と音節位置とのリンクが一旦途切れてしまうと考えられる。

　これらの結果は P グループの参加者が起こす誤りにおいても音節構造の維持に向けての強い傾向あることを示唆している。それを受けて、Romani らは音節構造を含む音韻構造は発話に際してオンラインで組み立てられるのではなく、語彙部門の段階で既に指定されているというモデル提案している。

4. 結論にかえて　-研究方法の組み合わせへの示唆-

　Romani らの研究はこれまでその発話を観察する方法が採られることが多かった失語症者に実験を行うことによって音節のいわば「働き場所」を見つけようと試み、同時にこれまで法則とも目されてきた音節位置制約の信頼性に一石を投じた点が評価される。しかしながら研究方法においてまだ考慮に入れるべき観点があると思われるので、本論の結論にかえてまとめておきたい。まず、実験にあたっての参加者のグループ分けでは、もともとが音韻的な誤りを犯しやすい候補者を単に音声的な誤りをする割合のわずかな違いをもとに二つに分けている。これで発話失行が正確に抽出できたかは疑問である。さらに、最初に音韻的な困難を持つと診断した基準は何だったのか、そこには音節性は入っていなかったのか、等も必ずしも明らかになっていない。また言語現象面からみても、(2a)にあげたマラプロピズムの存在を考えれば、音節と音素の結びつけを語彙部門外で行うと想定しているモデルの語彙部門内に音節構造に関する情報が備えられていても不思議ではない。次に、発話観察と実験の方法そのものにかかる制約になり得る事実を指摘しておきたい。自由意思に基づく比較的長い自然発話を対象とする観察に対して、実験では参加者が健常者であれ失語症者であれ、書かれた文字を読んだ

記録の分析が中心となる。両者で起きた誤りを観察すると、日常生活での言い間違いを観察した寺尾(2002)では音韻的誤りでは子音の誤りが優位であった報告がある一方で、田総(1982)が観察したアナウンサーの誤読では、分節音の誤りは母音中心であったという。この違いが深い意味を持つなら、読みの過程と自然発話の過程は問題なく同じと言えるだろうかという疑問が生じる。それぞれのモデルのすり合わせが必要であるように思われる。最後に、言語間比較研究の観点から言語産出時の音韻単位についての重要性にもふれておきたい。前述のモデルはいずれも音節を音韻的基本単位とする言語の資料に基づいて提案されている。この点で「モーラ言語」と呼ばれる日本語の産出時に基本となる音韻単位の解明は興味深い課題である。Tamaoka and Terao (2004)は音読潜時の計測から音節であることを提案する一方でKureta et al. (2006)は implicit priming task を用いた実験からモーラであることを主張する。言語産出時の音韻単位は普遍的に「音節」なのか「その言語の基本的音韻単位」なのか、あるいは「両者が音韻部門内の別の過程でそれぞれ働く」という可能性も捨てきれず、今後の研究の進展が待たれるところである。

注

[1] この傾向は「ものがね歌合戦」（ものまね歌合戦）のような代用型の誤りにもあてはまる。交換型、代用型等の言い間違いのタイプについては寺尾(2002)を参照のこと
[2] 分散表示ではなくシンボル表示を採り入れ、ネットワークによる学習機能を最小限に認めていることから極端なコネクショニスト・モデルとは言いにくい。
[3] 発話中に音声的誤りが占める割合を指標にして分類されている。

参照文献

Dell, Gary. S. 1988. The retrieval of phonological forms in production: Tests of predictions from a connectionist model. *Journal of Memory and Language* 27.124-142.

Fromkin, Victoria. A. (ed.) 1973. *Speech errors as linguistic evidence*. The Hague:Mouton.

Kureta, Yoichi, Takao Fushimi and Itaru F.Tatsumi. 2006. The functional unit in phonological encoding: Evidence for moraic representation in native Japanese speakers. *Journal of Experimental Psychology: Learning, Memory and Cognition* 32. 1101-1109.

Levelt, Willem. J.M. 1989. *Speaking: From intention to articulation*. Cambridge, MA: MIT Press.

Roelofs, Ardi. 1997. The WEAVER model of word-form encoding in speech production. *Cognition* 64. 249-284.

Romani, Cristina, Claudia Galluzi, Ivana Bureca and Andrew Olson. 2011. Effects of syllable structure in aphasic errors: Implications for a new model of speech production. *Cognitive Psychology* 62. 511-192.

Shattuck, Stefanie. 1975. *Speech errors and sentence production*. Cambridge, MA: Massachusetts Institute of Technology dissertation.

田総武光 1982 『言葉のとちり』鳥取：今井書店.

Tamaoka, Katsuo and Yasushi Terao. 2004. Mora or syllable? Which unit do Japanese use in naming visually presented stimuli? *Applied Psycholinguistics* 25. 1-27.

寺尾康 2002『言い間違いはどうして起こる？』東京：岩波書店.

寺尾康 2008「言い間違い資料による言語産出モデルの検証」『音声研究』12(3). 17-27.

Vousden, Janet.I., Brown Gordon.D.A. and Harley Trevor.A. 2000. Serial control of phonology in speech production: A hierarchical model. *Cognitive Psychology* 41.101-175.

調音動作の重複と縮約:事例研究[*]

中村光宏
日本大学

1. はじめに

　調音動作(articulatory gestures)は、調音音韻論(Browman & Goldstein 1992、Goldstein et al. 2006)において最小識別単位と仮定されている。調音動作は声道変数(tract variables)によって定義され、語彙項目における音韻対立を提示する機能をもつとともに、調音器官による狭窄の形成・開放を実行するための制御構成としても機能する。調音動作とその協調タイミングは、調音動作のスコア(gestural score)で表示される。調音動作が言語学的情報の単位と調音運動の単位という 2 つの役割をもち、範疇的(categorical)情報と漸次的(gradient)情報を直接的に捉える試みが可能となることは、調音音韻論の特徴のひとつである。この特徴について、英語における調音位置の逆行同化を例として取り上げ、調音動作の重複(overlap)と縮約(reduction)に基づく分析を概説し、今後の課題を考察する。

2. 連続音声プロセスにおける調音動作の重複と縮約

　伝統的音声学は、音素に基づく(phoneme-based)接近法、あるいは構えとわたり(posture and glide)に基づく接近法と特徴づけられる(Abercrombie 1965)。(1)の下線部にみられる、単語境界を越えた調音位置の逆行同化では、語末の歯茎破裂音/t/が(1a, b)では[p]に、(1c, d)では[k]に置き換えられる範疇的プロセスと捉えられる(例えば、tha[p] pickpocket、ho[k] coffee)。しかしながら、この現象は漸次的性質をもつことが、多くの実験研究(例えば、Ellis & Hardcastle 2002、Nolan 1992)によって明らかにされている。

(1) a. That pickpocket was caught red-handed.
　　b. Many wealthy tycoons splurged and bought both a yacht and a schooner.
　　c. My ideal morning begins with hot coffee.
　　d. Reading in poor light gives you eyestrain.

　調音音韻論は、音の同化や削除など全ての連続音声プロセスが、調音動作のスコアにおける 2 つの漸次的調整によって生ずるという仮説を提案している(Browman & Goldstein 1990、1992)。ひとつの調整は、調音動作の時間的重複の増加(increase in overlap)である。重複の増加は、ある調音動作によって形成された狭窄が、別の調音動作によって隠され音響的に実現されない状況(gestural hiding)を生むことがある。もうひとつの調整は、調音動作の空間的・時間的大きさの減少(decrease in magnitude／縮約 reduction)である。この仮説に基づくと、調音動作が別の調音動作に変化したり、削除されたり、付加されたりすることはないと考えられる。では、(1a-d)の発話を EMA (Electromagnetic Articulograph)と EPG (Electropalatograph)で記録した調音運動データに基づいて検討してみよう[1]。

3. 事例研究

　図 1 は、語末/t/に両唇音で始まる単語が後続する場合で、図 2 は軟口蓋音で始まる単語が後続する場合である。舌尖・舌背・下唇それぞれの縦(上下)の動きについて、該当する調音動作を四角で囲み、そのピークを点線で示した[2]。それぞれの発話は、語末/t/の EPG 接触パタンに基づき、完全閉鎖・不完全閉鎖(groove)・両端のみの接触(residual)・歯茎部閉鎖なしの 4 つに分類した[3]。

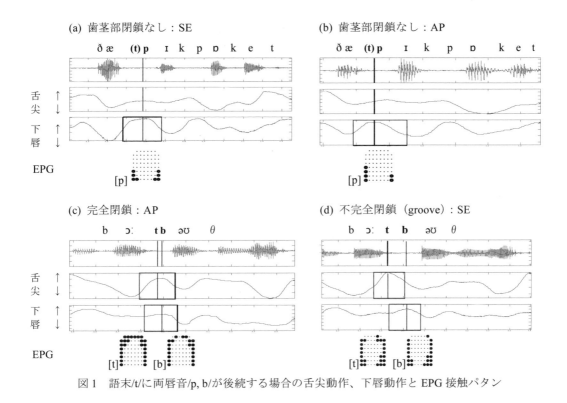

図1 語末/t/に両唇音/p, b/が後続する場合の舌尖動作、下唇動作とEPG接触パタン

図1は「That pickpocket...」と「...bought both...」の発話である。(a, b)「That pickpocket...」では、どちらも歯茎部閉鎖が無く、後続子音/p/のための下唇上昇動作が際立っており、両唇閉鎖があることが推察できる。(c, d)「...bought both...」においては、歯茎部閉鎖の状態が異なる。(c)には完全閉鎖が形成され、舌尖動作と下唇動作がほぼ完全に時間的に重複している(gestural hiding)。一方(d)では、歯茎部閉鎖が不完全(groove)で、歯茎摩擦音のようなEPG接触パタンを示している(しかし摩擦ノイズは生じていない)。そして、下唇動作は舌尖動作と重複している(gestural hiding)が、それは舌尖動作の後半部分に限られており、/t/の開放部が影響を受けていることが分かる。

図2は「...hot coffee.」と「...light gives...」の発話である。「...hot coffee.」の(a)では、舌尖動作による歯茎部の完全閉鎖と舌背動作による軟口蓋部の完全閉鎖があるが、ウエイブフォームは語末/t/の(弱い)破裂を示しており、重複は生じていない。一方(b)には歯茎部閉鎖は無く、舌背動作による閉鎖のみが生じている。(c, d)「...light gives...」においては、どちらも歯茎部閉鎖は無いが、(c)には、舌の両端のみの接触(residual)があり(すなわち、/t/の調音動作が残っている)、舌背動作との重複がみられる。(d)のEPG接触パタンにおいて、硬口蓋部の接触量が多いのは母音[ɪ]との調音結合によるものと考えられる。

このように、実際の調音運動に観察される空間的・時間的変動が調音動作の重複と縮約によって生成されるという解釈は、現実的であると言える。しかし、発話計画を示す調音動作のスコアにおいて、2つの漸次的調整が行われることを考えると、幾つかの疑問が生まれる。まず、調音動作の重複については、例えば、図1(a, b)のように、舌尖による歯茎部閉鎖が無い場合には、後続子音の下唇動作はどのように調整されるのだろうか[4]。また、図1(c, d)の歯茎部閉鎖がある場合を比較すると、舌尖動作と後続する下唇動作との重複の度合いに差異がみられるが、どのような調整がなされたのだろうか[5]。調音動作の重複の増減については、発話速度の変化が指摘されるが不十分であると思われる。

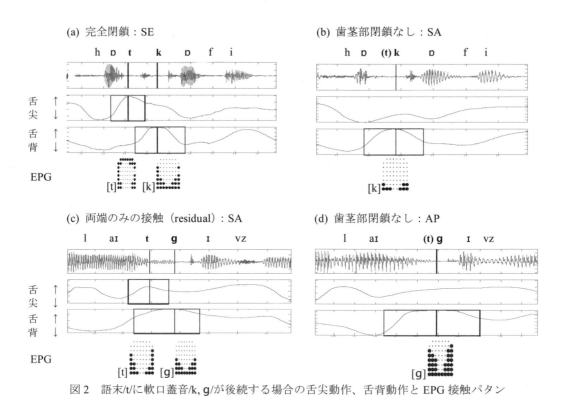

図2　語末/t/に軟口蓋音/k, g/が後続する場合の舌尖動作、舌背動作とEPG接触パタン

　調音動作の空間的・時間的縮約についても、調音データから漸次的特徴を確認できるが、縮約が生じるメカニズムは十分に解明されていない。音節末における縮約(Browman & Goldstein 1995)はひとつの説明と成り得るかもしれない。これ以外にも、話者の発音習慣に手がかりを見つけることができる。Ellis & Hardcastle (2002) は、「...the ban cuts...」(/n#k/)における/n/について、インフォーマント10名の速い発話(fast speech)を、EPGを用いて分析した結果、4名は歯茎部閉鎖が無い完全な同化(/n/>[ŋ])を常に示し、2名は全く同化が無く、残りの4名は同化の有無について違いがあったことを報告している。部分的同化(=residual)の例が非常に少ないことからも、Ellis & Hardcastleは、話し手は調音位置の同化に関する方略をもっており、範疇的同化あるいは漸次的同化を選択している可能性を述べている。

4. まとめ

　調音音韻論における調音動作の重複と縮約について、英語における調音位置の逆行同化のデータを観察し、考察を進めてきた。音韻論はより具象的に、音声学はより抽象的に。これは調音音韻論の考え方や分析から得られる印象かもしれない。調音動作とその組織化原理は、話しことばの生成と認知プロセスに関する興味深い疑問を提起している。今後更なる調査分析が進展することが望まれる。

注

[*] 本研究は平成27年度JSPS科学研究費補助金基盤研究(C)課題番号15K02491の助成を受けている。
[1] 調音データの収集には、多チャンネル調音データベースMOCHA-TIMIT (Wrench 1999)を利用した。SE(女性)、SA(男性)、AP(男性)は3名のインフォーマントを示す。
[2] これらは調音動作の速度(tangential velocity)に基づき特定した。最小速度を示す箇所(点線)を調音目標

への到達段階とし、最大速度の 20%を示す箇所(四角の左右の辺)を調音目標への入出にあたる移行段階と定義した。EPG 接触パタンは最小速度を示す箇所(点線)で観測した。

[3] 4種類の EPG 接触パタンの分類は、Nolan (1992)に基づくものである。

[4] 図 1(a, b)や図 2(b,d)のように、歯茎部閉鎖が無い場合、後続子音の調音動作が時間的に延長されることが予測できる。この予測を確かめる試みとして、Nakamura (forthcoming) は、調音位置の同化による子音連続と語彙的子音連続(例えば、that pickpocket [pp] vs. slip poison /pp/、hot coffee [kk] vs. Hispanic costumes /kk/)との間に継続時間の違いがあるかどうかを検討した。下唇動作と舌背動作の EMA データにおける調音の平坦域(articulatory plateau)の継続時間を観測・比較した結果、同化による子音連続と語彙的子音連続との間に有意差は認められなかった。

[5] Surprenant & Goldstein (1998)は、調音データに基づいて作成した音声刺激(My tot puddles)を用いて知覚実験を行い、舌尖動作に対する後続子音動作の重複の度合い(部分的・完全)が、語末/t/の知覚に影響することを報告している。これは調音動作が「聴覚上の重要な情報を生成するための一連の運動(Goldstein et al. 2006)」という考えを支持する証拠であり、重複メカニズムにおける検討課題でもある。

参照文献

Abercrombie, David. 1965. Parameters and phonemes. *Studies in phonetics and linguistics*, ed. by David Abercrombie, 120-124. Oxford: Oxford University Press.

Browman, Catherin P. and Louis Goldstein. 1990. Tiers in articulatory phonology, with some implications for casual speech. *Papers in Laboratory Phonology I*, ed. by John Kingston and Mary E. Beckman, 341-379. Cambridge: Cambridge University Press.

Browman, Catherin P. and Louis Goldstein. 1992. Articulatory Phonology: An overview. *Phonetica*, 49. 155-180.

Browman, Catherin P. and Louis Goldstein. 1995. Gestural syllable position effects in American English. *Producing speech: Contemporary issues, for Katherine Safford Harris*, ed. by Fredericka Bell-Berti and Lawrence J. Raphael, 19-33. New York: AIP Press.

Goldstein, Louis, Dani Byrd and Elliot Saltzman. 2006. The role of vocal tract gestural action units in understanding the evolution of phonology. *Action to language via the mirror neuron system*, ed. by Michael A. Arbib, 215-249. Cambridge: Cambridge University Press.

Ellis, Lucy and William J. Hardcastle. 2002. Categorical and gradient properties of assimilation in alveolar to velar sequences: Evidence from EPG and EMA data. *Journal of Phonetics* 30. 373-396.

Nakamura, Mitsuhiro. (forthcoming) Exploring regressive place assimilation in British English: A case study of word-final /t, d/. *The meaning of language,* ed. by Hans Götzsche. Newcastle upon Tyne: Cambridge Scholar Publishing.

Nolan, Francis. 1992. The descriptive role of segments. *Gesture, segment, prosody.* ed. by Gerard J. Docherty and D.Robert Ladd. Cambridge: Cambridge University Press. 261-289.

Surprenant, Aimée M. and Louis Goldstein. 1998. The perception of speech gestures. *Journal of the Acoustical Society of America* 104(1). 518-529.

Wrench, Alan. 1999. MOCHA-TIMIT. The Centre for Speech Technology Research, The University of Edinburgh. Online: http://www.cstr.ed.ac.uk/research/projects/artic/mocha.html.

音韻的回帰併合と非時系列音韻論[*]

那須川 訓也
東北学院大学

1. はじめに

　音韻系が関わる回帰的構造の存在は、音韻的句構造やイントネーション句等の韻律構造に関わる現象分析において頻繁に論じられてきた (Ladd 1986, Wagner 2005 等)。しかし、音韻研究で言及される回帰的構造は、実は基本的に統語構造に依存しており、形態統語レベルより大きな領域において、純粋な音韻的回帰構造は存在しないと考えられてきた (Scheer 2011)。これに対し、非時系列音韻論 (Nasukawa 2014, 2015, Forthcoming) では、形態統語操作が及ばない領域である形態素内の音韻表示には回帰構造が存在し、その構造は一値的音韻素性の回帰的併合により構築されるとする。

　以下では、上述の非時系列音韻論における主張を、音韻系の仕組み (2 節)、範疇間の関係性 (3・4 節)、音韻特性の語彙化 (5 節)、併合操作対象単位 (6節) という観点から論じ、その妥当性を探る。

2. 音韻系の役割と回帰的構造

　統語演算系で構築された構造に対する音韻系の役割には、主に次のようなものが仮定されてきた。

(1) a. 統語演算系で構築された統語構造を、感覚運動系が解釈可能な表示に変換する。
　　b. レキシコンに蓄えられている形態素内の音韻特性を統語構造構築後に解釈する。

(1a) は、統語演算系で構築された階層構造をもとに、強勢やイントネーションに関わる韻律構造が構築されるというもので、そこには、音韻範疇 (分節や素性等) をレキシコンから取り出し、回帰的に構造を構築するような操作は存在しない。

　(1b) においても、理論によって仮定される仕組みは異なるものの、回帰的併合操作は認められない。例えば、McCarthy and Prince (1986) や Bromberger and Halle (1989) では、レキシコンに蓄えられている形態素内には対立を生むのに必要な最低限の音韻特性のみが記されていると仮定され、音韻系はそれらをもとに、語彙的に未指定の素性値を決定し、語彙的には与えられていない音節構造を構築すると考えられている。このモデルにおける音節構築操作も、統語演算系の構造構築とは明らかに異なり、(一定の規則下で) レキシコンにすでに蓄えられている音韻特性をもとに音節構造が構築される (複層音韻論)。実際に多くの研究で、音節は階層構造を呈すると認められている。しかし、それらは言語毎に定められた鋳型に語彙的に指定された記号列を当てはめる操作により産出されるものであり、回帰的併合により構築されるものではない (Pinker and Jackendoff 2005, Neeleman and van de Koot 2006)。

　このモデルと異なる立場を取る統率音韻論 (Kaye 1995) では、対立を生むのに必要な音韻特性はすべて (素性値のみならず、強勢付与に関わる音節構造もすべて) 形態素内に記載されている。そのため、レキシコンに記載されている特性には如何なる操作も加えられず、語彙表示をそのまま派生形として用いることができる (単層音韻論)。構造構築に関わる派生がないため、このモデルにも統語演算系のような回帰的併合は認められない。

　以上を受け、FLN (狭義の言語機能) は回帰的併合を有するという Hauser, Chomsky and Fitch (2002) の仮説に従うと、回帰的併合を呈さない音韻系は、FLB (広義の言語機能) の一部を形成してはいるも

のの、統語演算系と異なり、人間言語固有の FLN を成しているとは言えない。

3. 範疇間の関係性

回帰的階層構造は、構成素間で形成されている主要部・依存子 (補部) 関係により構築されている。音韻構造には、この依存関係に加えて、範疇間の関係性として「前後関係」が記されている。これは、CV 単位、スケルタル点 (X)、根節点等の韻律点間で見られる関係で、理論によっては、分節を構成する素性間にも前後関係が想定されている (例: 破擦音や音調曲線、詳細な議論は Nasukawa 2011 を参照)。他方、統語構造において、この範疇間の前後関係は認められず、階層構造 (依存関係) によってのみ範疇間の関係性が表される。

(2) 従来の範疇間の関係性

	階層関係 (依存関係)	前後関係
a. 音韻系	✓	✓
b. 統語演算系	✓	

多くの音韻理論では、未だに階層関係と前後関係の両方を形式的特性として認めているが、極小論 (minimalist) の立場から、どちらか一方しか認めない表示理論も存在する。

(3) 非依存音韻論と非時系列音韻論における範疇間の関係性

	階層関係 (依存関係)	前後関係
a. 非依存音韻論		✓
b. 非時系列音韻論	✓	

(3a) の非依存音韻論 (Dependency-free Phonology) は、厳密 CVCV 理論 (Strict CVCV Phonology) と呼ばれるもので、そこでは、回帰的併合を音韻系が呈さないのであれば、階層構造を呈する音節やフットの構造も形式的には存在しないとしている。Scheer (2004) は、今までの音韻研究で言及されてきた (音節、フットのような) 階層構造は、すべて統語構造からの類推 (analogy) であり、範疇間の関係性で形式的なものは前後関係だけであると主張する。よって、韻律点である子音性 (C) と母音性 (V) の繰り返しから成る平面的構造を形式的音韻構造とし、形態素内の韻律構造を認めない。このモデルでは、範疇間の関係性の観点から、音韻系と統語演算系は、まったく異なると捉えられており、回帰的併合を呈さない音韻系は、FLN の一部ではないとする。

他方、(3b) の非時系列音韻論 (Precedence-free Phonology) では、音韻表示として認められるものは範疇間の依存関係のみであり、前後関係は、構造上の依存関係を感覚運動系が解釈することで具現化されたものであるとする (Nasukawa 2014, 2015, Forthcoming)。この表示モデルでは、従来のモデルと様々な点で異なる。以下では、非時系列音韻論における音韻系の仕組みについて論じる。

4. 非時系列音韻論

前後関係を音韻表示に認めない非時系列音韻論では、音韻範疇間の関係性を回帰的併合による階層関係によってのみ表す。これは、Anderson and Ewen (1987) が論じる構造的類似 (structural analogy) により導き出されたものではなく、音韻系を FLN に位置付けるという作業仮説を設けた場合の自然な帰結といえる。Hauser, Chomsky and Fitch (2002) に従い、回帰的併合を呈する体系のみが FLN なのであれば、FLN の一部であるとする音韻系は、回帰的併合操作を有していることになる。

統語演算系でみられる操作と形態系でみられる操作は異なると従来考えられてきたが、分散形態論の枠組みにおける研究では、統語演算系同様、形態素間の回帰的併合により語形成がなされていると

考えられている (Marantz 1997)。この事実をさらに推し進め、音韻系と形態統語系を跨いで、同様の回帰的操作が観察されても不思議ではない。むしろ、音韻系が FLN の一部なのであれば、そう考えるのが自然である。音韻系で展開する回帰的併合が、さらに大きな領域 (上位域) である形態系においても展開 (投射) され、さらにその操作がそれよりもさらに大きな領域である統語演算系でも適用されると考えられる。その場合、FLN の中核に位置する統語演算系に備わっている回帰的併合操作は、形態素や語のみではなく、(音韻範疇を含む) 言語学的範疇すべてをその適用対象とすることになる。

5. 回帰的併合による語彙化

先に (1b) で論じたように、音韻系は、レキシコンに蓄えられている形態素内の音韻特性を統語構造構築後に解釈する役割をもつと従来考えられてきた。そうすると、無の状態から音韻範疇を回帰的に併合して構造を構築する能力を音韻系はもたないことになる。しかし、非時系列音韻論では、論じられることが少ない語彙化 (形態素内の音韻構造を構築し、レキシコンに記憶する仕組み) に着眼し、音韻系の回帰的併合は語彙化過程において用いられているとする。実際、語彙化は文構築と似た特徴をもつ。語 (もしくは形態素) を作り出す際、基本的にその長さに制限はない。実際に語彙化された項目の長さに制限があるように感じられるのは、音韻的制約によるものではなく、レキシコンに蓄える際に用いられる記憶に関わる制約によるものである。同様のことは、統語演算系においても観察される。統語演算系により構築される文の長さに基本的に制限はないが、非常に長い文が産出されるのは稀である。これもまた、(統語的諸特性の一致現象等に関わる) 記憶の制約によるものである。

以上のことから、非時系列音韻論では、音韻系が語彙形成過程に積極的に関わり、形態素内の音韻表示を構築するために回帰的併合が用いられていると考えられる。

6. 非時系列音韻論における基本構成単位

統語演算系における回帰的併合操作の対象は語 (あるいは形態素) であるが、非時系列音韻論における併合操作の対象、すなわち構造構築上の基本単位はどのようなものであろうか。

(1) で論じた伝統的な音韻モデルでは、(メロディとプロソディを繋ぐ) CV 単位やスケルタル点のような韻律点が形態素内の音韻構造で基本単位であると考えられてきた。

これに対し、非時系列音韻論では、もともと前後関係に関わる特性として仮定されてきた韻律点を形式的範疇とは認めない。それゆえ、形式的に仮定されていない韻律点を併合操作の対象とはしない。同理論では、理論的違いを超えて形式的範疇として認められている (対立をもたらす最小の音韻単位である) 素性が併合操作の対象であると考える。

しかし、どのような素性でも併合操作の対象と見做されるわけではない。併合操作対象である限り、一値的 (monovalent) 対立 (選択されるか否か、存在するか否か) により定義されるものでなければならない。加えて、回帰的併合操作を行うために、併合により生じた集合を構成する素性間に厳密依存関係 (strict dependency) を示す属性が符号化されなければならない。非時系列音韻論では、様々な素性理論の中から、この条件を唯一満たしている理論としてエレメント理論 (Backley 2011 等) を採用し、そこで仮定されている音韻最小単位 (|I U A ʔ H L|) を回帰的併合操作の対象とする。さらに、極小論に立脚した構造を音韻表示に拡張し、素性節点や韻律点以外に、オンセット、核、ライム、音節、フットなどの音韻範疇を廃し、エレメントの回帰的併合のみで構造 (音韻的裸句構造) を構築する。

紙面上の制約の観点から、本稿ではエレメントを用いた併合操作の結果産出される音韻構造を例示することはできないが、その具体的な例や詳細な議論は Nasukawa (2014, 2015, Forthcoming) や Onuma

(2015) 等で確認できる。このモデルを用いることで、共時・通時的諸音韻現象ならびに音韻獲得過程を既存の分析とは異なる角度から再分析可能であると同時に、これまでの音韻研究では論じられることが少なかった音韻系の起源および進化にかかわるメカニズムを解明できる可能性がある。

注

* 本稿は、科学研究費補助金基盤研究 (B)「音韻的回帰併合の実在性と極小論における音韻部門の位置づけに関する統合的研究」（課題番号 26284067）の助成による研究成果の一部である。本稿を執筆するに当たり、大沼仁美氏より貴重な意見をいただいた。この場を借りて感謝の意を表したい。

参照文献

Anderson, John M. and Collin J. Ewen. 1987. *Principles of dependency phonology*. Cambridge: Cambridge University Press.
Backley, Phillip. 2011. *An introduction to Element Theory*. Edinburgh: Edinburgh University Press.
Bromberger, Sylvain and Morris Halle. 1989. Why phonology is different. *Linguistic Inquiry* 20.51–70.
Hauser, Marc D., Noam Chomsky and W. Tecumseh Fitch. 2002. The faculty of language: What is it, who has it, and how did it evolve? *Science* 298.1569–1579.
Kaye, Jonathan D. 1995. Derivation and interfaces. *Frontiers of phonology: Atoms, structures, derivations*, ed. by Jacques Durand and Francis Katamba, 289–332. Harlow, Essex: Longman.
Ladd, D. Robert. 1986. Intonational phrasing: The case for recursive prosodic structure. *Phonology Yearbook* 3. 311–340.
Marantz, Alec. 1997. No escape from syntax: Don't try morphological analysis in the privacy of your own lexicon. *UPenn Working Papers in Linguistics* 4.201–225.
McCarthy, John J. and Alan Prince. 1986. *Prosodic morphology*. Amherst and Waltham, MA: University of Massachusetts, Amherst and Brandeis University, MS.
Nasukawa, Kuniya. 2011. Representing phonology without precedence relations. *English Linguistics* 28. 278–300.
Nasukawa, Kuniya. 2014. Features and recursive structure. *Nordlyd* 41(1)1–19.
Nasukawa, Kuniya. 2015. Recursion in the lexical structure of morphemes. *Representing structure in phonology and syntax*, ed. by Marc van Oostendorp and Henk van Riemsdijk, 211–238. Berlin/Boston: Mouton de Gruyter.
Nasukawa, Kuniya. Forthcoming. A precedence-free approach to (de-)palatalization. *Glossa*.
Neeleman, Ad and J. van de Koot. 2006. On syntactic and phonological representations. *Lingua* 116.1524–1552.
Onuma, Hitomi. 2015. *On the status of empty nuclei in phonology*. Sendai: Tohoku Gakuin University dissertation.
Pinker, Steven and Ray Jakendoff. 2005. The faculty of language: What's special about it? *Cognition* 95. 201–236.
Scheer, Tobias. 2004. *A lateral theory of phonology: What is CVCV and why should it be?* Berlin/New York: Mouton de Gruyter.
Scheer, Tobias. 2011. *A guide to morphosyntax-phonology interface theories. How extra-phonological information is treated in phonology since Trubetzkoy's Grenzsignale.* Berlin/New York: Mouton de Gruyter.
Wagner, Michael. 2005. *Prosody and recursion*. Cambridge, MA: Massachusetts Institute of Technology dissertation.

音律音韻論と音律範疇の枠組みと発展

西原哲雄

宮城教育大学

音律音韻論(Prosodic Phonology)は Selkirk (1978)などによって提案された音韻理論であり、当初は Selkirk によって主に発展させられた理論でもある。Selkirk (1978)では、音律音韻論の基本概念となる音律範疇(Prosodic Categories)なるものを提案し、この音韻範疇なるものが、音韻規則(Phonological Rules)の適用領域として提唱された。Selkirk によって提唱された音律範疇なるものは、以下に示されたものである。

(1) Syllable σ
    Foot Σ
    Prosodic Word ω
    Phonological Phrase φ
    Intonational Phrase I
    Utterance U   (Smith 2003)

上記のような音律範疇の序列化は、音律階層(Prosodic Hierarchy)と呼ばれるものであり、Selkirk(1978)以降の彼女の数編の論文によって定式化されたものである。また、これらの論文では、上記の音律範疇の階層は「単純」に音律範疇が階層化されたのではなく、個々の音律範疇は必ず下位の音律範疇を支配しなければならないという制約が定義され、これは厳密階層仮説(Strict Layer Hypothesis: SLH)と呼ばれるものであり、音律範疇での、音律階層構築について重要な役割を果たすこととなった。

(2) Strict Layer Hypothesis

The categories of the Prosodic Hierarchy may be ranked in a sequence C1, C2…Cn, such that

a. all segment material is directly dominated by the category Cn, and

b. for all categories Ci, i≠n, Ci directly dominates all and only constituents of the categories Ci+1.

(Hayes 1989)

もちろん、このような、音韻規則の適用領域が、統語的範疇でなく、音韻的な範疇であることは従前からも指摘されていたことであった。例えば、以下に挙げるように統語的範疇による区分と、音韻的範疇による区分が異なることは、必ずしも珍しいことではない事は明らかである。

(3) a. This in [NP the cat [S' that caught [NP the rat [S' that stole [NP the cheese]]]]]

b. [I This is the cat] [I that caught the rat] [I that stole the cheese]   (Hayes 1989)

上記の例での、音韻的範疇である、音調句(Intonational Phrase: I)が、統語範疇とは異なった形で構成されているが、音調句のような音律範疇はさまざまな要因（主部述部の区分や、挿入文の音調句形成等）によって、構築されることがあり、以下の例での音調句の区分化は、発話の速度によるものである。

(4) a. [I The fog] [I ate a fly] [I for lunch]

b. [I the fog] [I ate a fly for lunch]

c. [I The fog ate a fly for lunch]   (Hayes 1989)

音律範疇の中でも、その存在が、多くの研究者によって否定されているものが、接語グループ(Clitic Group: CG)と呼ばれるもので Nespor & Vogel (1986)などでは、音律語・音韻語(Prosodic Word, Phonological

Word)と音韻句 Phonological Phrase: PP)の中間に位置する音律範疇として提案されている。

　この接語グループは、接語形成の基本となるべき音律語以外の音律範疇である、音韻句や音調句(Intonational Phrase: I)にも、接語化が行われたり、Zec (1994)が指摘するように、音律語に音律範疇以外の要素が付加されることから、上記で述べた厳密階層仮説に違反している接語グループは音律階層から削除されるべきだと、以下のように主張されている。

(5) Note that the clitic group differs from the other (complex) prosodic unit in that it is a combination of prosodic and nonprosodic elements---that is, of phonological words and clitics. All the other complex units are combinations of one or more prosodic units at the immediately lower level of the hierarchy.

(Zec 1994)

　一方で、近年の研究では、Vogel (2009)は、接語グループに代わる音律範疇として、混成グループ(Composite Group)なるものが、代案として提唱されている。

　また、Selkirk (1984)では、音韻句の構成は統語構造からの、写像規則である、意味単位条件(Sense Unit Condition)を経て的確な音韻句が形成されるとも指摘されている。このような音韻句の構築には、意味論的および語用論的観点である、対照強勢や焦点付与の問題も関与している場合が存在する。

　例えば、以下に挙げる Vogel (1994)のイタリア語における Raddoppiamento Sintattico(統語的子音長音化規則)であり、この規則の適用領域も音韻句であるが、2つの音韻句にまたがっている場合、この規則は適用されないが、音韻句内の後続する語(CANTANO)に焦点([+F])が付与されると音韻句の再構築が行われ、音韻句が1つとなり、以下のように、規則が適用されることとなる。

(6) Raddoppiamento Sintattico

　　C → C : / [V [+ stress] # ___ [+son]]$_{PP}$

(7) a.　[$_{PP}$ I colibro] [$_{PP}$ cantano]　　Hummingbirds sing

　　b.　[$_{PP}$ I colibri CANTANO]

　　　　[+F]　→...[k :]ANTANO   (Vogel 1994)

参照文献

Hayes, Bruce. 1989. The Prosodic Hierarchy in Meter. *Phonetics and Phonology* 1, ed. by Paul Kiparsky and Gilbert Youmans, 201-260. San Diego: Academic Press.

Nespor, Marina and Irene Vogel. 1986. *Prosodic Phonology.* Dordrecht: Foris.

Selkirk, Elizabeth, O. 1978. *On Prosodic Structure and its Relation to Syntactic Structure*. Bloomington: The Indiana University Linguistics Club.

Selkirk, Elizabeth, O. 1984. *Phonology and Syntax*. Cambridge, Mass: MIT Press.

Selkirk, Elizabeth O. and Koichi Tateishi. 1988. Constraints on Minor Phrase Formation in Japanese. *CLS* 24. 316-336.

Smith, George. 2003. *Phonological Words and Derivation in German*. Hildesheim: George Olms Verlag.

Vogel, Irene. 1994. Phonological Interface in Italian. *Issues and Theory in Romance Linguistics,* ed. by Michael.Mazzola, 109-126. Washington D.C.: Georgetown University Press.

Vogel, Irene. 2009 The Status of the Clitic Group. *Phonological Domains,* ed. by Janet Grijzenhout and Baris Kabak, 17-46. Berlin: Mouton de Gruyter.

Zec, Draga. 1994. *Sonority Constraints on Prosodic Structure.* London: Routledge.

不完全指定のメリットとデメリットについて

ピンテール　ガーボル

神戸大学

1.「不完全指定」とは

　音韻論の多くの枠組みにおいて表示は表層表示（surface representation）と基底表示（underlying representation）に分けられる。表層表示には言語形態の詳細な音声情報も記載され、全ての弁別素性は＋か−の値で示される。たとえば日本語の「酢」の語頭子音 [s] の表層表示には [−sonorant][−nasal] などの素性（値）が指定されるが、弁別機能をもたない音声的特徴および予測可能な素性値は音韻表示には省略される。実際に「酢」の [s] は [−sonorant] であるため、鼻子音性の値はマイナス（−）にしかならない。そのため基底構造において [nasal] の値は省略できる。このように素性の指定は完全ではなく不完全である。

```
(1) a.    [ s ]              / s /              b. 素性補完ルール
          [+consonantal]     [+consonantal]
          [-sonorant]        [-sonorant]           [-sonorant] → [-nasal]
          [-nasal]       ↔   [ nasal]
          [-voice]           [-voice]
          ...                ...
```

　さらに、予測可能な弁別素性以外に、素性の無標の値も指定を受けないという考え方もある。たとえば阻害音の場合、有声阻害音をもつ言語は必ず無声阻害音をもつが、この逆は成り立たないという非対称性に基づいて、無声阻害音は無標（unmarked）で有声阻害音は有標（marked）とする考え方がある。有標性の概念を認める枠組みでは、有声阻害音を基底構造で [+voiced] と指定する必要があるが、無声阻害音を [−voiced] と指定する必要はなくなり、素性の値はルールによって補完される。

```
(2) a.    [ s ]              / s /              b. 素性補完ルール
          [+consonantal]     [+consonantal]
          [-sonorant]        [-sonorant]           [-sonorant] → [-nasal]
          [-nasal]       ↔   [ nasal]              [-sonorant] → [-voiced]
          [-voiced]      ↔   [ voiced]
          ...                ...
```

　また、弁別素性の値は隣接の音素によって予測されることもある。たとえば、動詞の語幹末に [s]-[ʃ] という交替をもつ語幹（例「消す」・「消し」）の場合、語幹末の子音が [s] か [ʃ] のどちらであるかは後続の母音から予測できる。したがって、語幹末の子音の音韻構造を完全に指定する必要はないのである。基底構造において、[s] と [ʃ] の間の共通素性のみを含む素性マトリクスにすればよい。

```
(3) [s]-[ʃ] 交代           (4)             [s]   [ʃ]    /S/
    kes-anai                   [cons]       +     +    [+cons]
    kesh-imasu !               [son]        −     −    [-son]
    kes-u                      [coronal]    +     +    [+coronal]
    kes-e                      [anterior]   +     −  ↔ [ anterior]
    kes-ou                     ...
```

　このような形態論の観点も含んだ原音素（archiphoneme）による表示は構造主義のプラハ学派で広く使われていた。たとえば日本語の [s] と [ʃ] を含む原音素は /S/ とされ、「消す」の基底構造は /keS/ となる。指定受けていない素性は、母音 [i] の文脈で [−anterior] を補完する /Si/→[ɕi] というルールと [+anterior] を補完するデフォルトのルールによって補完される。後者のルールは日本語に [si] の音声連続がみられない事実に対する説明にもなりうる。表層の [si] を生成するためには、基底の /S/ と /ʃ/ のほかに補完ルールの適用をブロックする [+anterior] が指定された /s/ を想定する必要がある。日本人による [si] の聞き分けと発音の難しさは、日本語に元々存在しない [+anterior] が指定された /s/ を学習する必要があるからと説明することもできる。

2. 補完メカニズムによる問題点

　不完全指定から完全指定に至るには素性の値を特定するメカニズムが必要である。しかし、そのメカニズムは他の音韻現象とも関わるため新たな問題を起こす可能性がある。その問題の一つの有名な例として日本語の連濁とライマンの法則がある。

　ライマンの法則では、複合語の後部要素に始めから濁音が含まれる場合は連濁は起こらない。たとえば「カミ」＋「カタ」は「カミガタ」になるが、「カミ」＋「カゼ」は連濁せずに「カミカゼ」になる。連濁が [+voiced] の挿入だとすると、[+voiced] によって [+voice] 挿入をブロックする現象としてライマンの法則を捉え直すことができる (Itô and Mester 1986)。有声阻害音と同様に、有声である鼻子音や母音も、基底構造において [voiced] という素性が不完全指定であるため連濁をブロックしない。

(5)　基底構造　　　連濁　　　表層表示
　　/kami + kaze/　　　　　　　[kamikaze]
　　　　　|　　　　(連濁阻止)　　　|
　　　[+voiced]　　　　　　　　[+voiced]

　　/hiki + kaɲe/　　hiki + gaɲe　　[hikigaɲe]
　　　　　|　　　　　　|[voiced]　　|[+voiced]
　　　[voiced]　　　[+voiced]　　[+voiced]

しかしながら、鼻子音の [+voiced] は表層表示のレベルでしか存在しないものではなく、音韻現象に影響を及ぼすこともある。日本語の過去形の /ta/ は鼻子音を後続すると [da] となる（例：/kam+ta/→[kanda]）。すなわち、鼻子音の [+voiced] は /t/ に移るという同化現象が起きる。しかし (5) で示したように鼻子音は基底構造において [voiced] の値をもたない。そのため [+voiced] を必要とする同化のルールと素性補完のルールのどちらが優先されるのかを考える必要がでてくる。しかしこの問題は簡単に解決できない。(6) にあるように同化とそのために必要な補充の前に連濁を行うと *[shiroto-gangae] という余分な連濁が生じてしまい、逆に連濁を同化の後に行うと、連濁が阻止された *[hiki+kane] という形態論的におかしな形式が予測される。

(6)
	基底構造	/hiki+kane/	/shiroto+kankae/			/hiki+kane/	/shiroto+kankae/
	連濁	hiki+gane	shiroto+gankae		[+voiced]補完	hiki+kane	shiroto+kankae
	[+voiced]補完	hiki+gaɲe	shiroto+gaŋkae		同化	-	shiroto+kaŋgae
	同化	-	shiroto+gaŋgae		連濁	-	-
	表層表示	[hiki+gaɲe]	*[shiroto+gaŋgae]			*[hiki+kane]	[shiroto+kaŋgae]

素性補完のルールと音韻現象を説明するルールの優先性を決定する方法として、素性による指定の種類を分類したり (Itô et al. 1995)、不完全指定の対象となる現象を制限 (Steriade 1995) するという提案がなされている。どの弁別素性が分析のどのような段階でどのようなメカニズムによって値を受けるかに関してはいまだに多くの問題点が残されているが、不完全指定は音韻分析における有力な概念であることにに違いはないだろう。

参照文献

Itô, Junko and Armin Mester. 1986. The phonology of voicing in Japanese. *Linguistic Inquiry* 17.49–73.

Itô, Junko, Armin Mester and Jaye Padgett. 1995. Licensing and underspecification in optimality theory. *Linguistic Inquiry* 26.571–613.

Steriade, Donca. 1995. Underspecification and markedness. *The Handbook of phonological theory*, ed. by John A. Goldsmith, 114-174. Oxford: Blackwell.

最適性理論における日本語語彙層研究[*]

深澤はるか
慶應義塾大学

1. はじめに

　最適性理論（Optimality Theory (OT) Prince and Smolensky 1993/2004）の発表は音韻研究史上大きな転換となった。言語の普遍性と個別性がそれぞれ「言語的な制約の集合」と「制約のランキングの違い」によって明快に説明できるようになったことが、最適性理論を言語理論として特に音韻の分野で急速に発展させた。
　しかしながら新しい理論は様々なチャレンジに直面する。最適性理論も例外ではなく、「各言語の文法を単一不変の言語的制約のランキングで表す」というこの単純明快な仕組みでは説明できない音韻現象が多々出現し、その度にこの理論の修正・改革がなされてきた。語彙層毎に異なる音韻現象を示す日本語もその一つの例である。日本語は和語・漢語・擬音語（擬声語・擬態語）・外来語等数種類の語彙層から成り、ある語彙で見られるのに他方では見られないという音韻現象がいくつも存在する。
　本稿は、誕生から２０年余り経つ最適性理論の枠組みにおいて、日本語の語彙層の音韻現象がどのように研究されてきたか、またそれがどのように最適性理論の発展に貢献したか、さらには言語獲得の観点からそれらはどのように説明できるのかを考察したい。

2. 日本語語彙層の「核-周辺構造 (Core-Periphery Structure)」(Ito and Mester 1995)

　日本語には和語・漢語・擬音語・外来語等複数の語彙のグループが存在する。それらのグループは、それぞれ異なった特性を持っている。例えば、鼻音後の無声音の禁止、有声重子音の禁止、単独[p]の禁止、同一語内の２つ以上の有声音の禁止等は、和語に適用する禁止事項で、それ以外の語彙グループでその全てが見られることはない。最適性理論において、これらの禁止事項は「有標性制約 (Markedness constraint)」として以下のように定義される。

(1)　有標性制約 (markedness constraint)
　　　a. *NT: 鼻音後の無声音の禁止
　　　b. *DD: 有声重子音の禁止
　　　c. No-(singleton)-[p]: 単独の[p]の禁止
　　　d. Lyman's Law (LL): 同一語内の２つ以上の有声音の禁止

これらの制約は、和語では全て遵守されるが、外来語では全て違反可能であり、漢語では(a)のみが違反可能となる。Ito and Mester (1995)は、これを「核-周辺構造」と呼び、日本語のより核となる語彙グループでは、これらの有標性制約が照合性（忠実性）制約 (Faith: Faithfulness constraint)より上位にランク付けされ、より周辺となるグループではFaithの方が上位にランク付けされ、以下のようにより核となる語彙グループか周辺かはFaithのランクにより表せるとした。

(2)　日本語語彙層の核—周辺構造
　　　a. 和語：　　　　*DD,, No[p] , *NT, LL >> **Faith**
　　　b. 漢語：　　　　*DD, No[p], LL >> **Faith** >> *NT
　　　c. 外来語：　　　**Faith** >> *DD, *NT, No[p], LL

これにより日本語の語彙としてより核となるか否かはFaithのランクにより明確になったという利点はあるが、最適性理論の根幹である「単一不変のランキング」で日本語の音韻文法を表すということへの矛盾が生じた。

3. 相対化照合性制約の導入 (Fukazawa, Kitahara and Ota 1998, Ito and Mester 1999)

日本語の音韻文法を単一不変のランキングで表すために、McCarthy and Prince (1995)のCorrespondence Theory（対立理論）を基盤とし、照合性制約を語彙層毎に相対化することで以下のような単一の制約ランキングで日本語の全ての語彙層が説明できるという提案がなされた(Fukazawa, Kitahara and Ota 1998, Ito and Mester 1999)。

(3) 日本語制約ランキング

Faith（外来語）>> *DD, No[p], LL >> Faith（漢語）>> *NT >> Faith（和語）

しかしながら照合性制約の相対化を導入した(3)のランキングでも説明できない事象がある。例えば、Nishimura (2003)は、外来語において*DDだけ、あるいはLLだけなら違反可能であるが、両方が同一語で違反される結果になる時に有声重子音の無声化が起こり2つの違反の回避が見られることを指摘した（例：/biggu/ → [bikku] "big"）[1]。このような場合には*DDよりFaith（外来語）が上位に来るランキングでは説明できなくなる。Nishimura (2003)やKawahara (2006)は、それぞれ結合制約 (Local Conjunction) やさらなる照合性制約の相対化を導入してこれを解決しようとしたが、同時に結合制約や相対化制約等の複雑なメカニズムへの批判も出て来た。特に言語獲得の観点から子どもがそれらのメカニズムをどのように獲得するのかという疑問が指摘された。

4. 重み付け制約文法 (Pater 2009)

最適性理論の発展を土台として、Legendre and Smolensky (2006) は、より調和的な出力をもたらすために制約に重み付けがなされるという調和文法 (Harmonic Grammar)を提案した。その基盤の上にPater (2009)は、制約に重み付けをすることで、第2節で指摘した外来語の問題が解決できることを示した。例えば、日本語において制約Faith（外来語）に1.5、*DDに1、LLに1という重みを付けたとする。すると/biggu/という入力に対し、[biggu]は*DDとLLは1+1=2で違反2となり、対して[bikku]はFaith（外来語）のみの違反で違反1.5となる。違反2の方が1.5より大きいため、後者の方が調和度が高いとされ出力となる。このように制約に重みを付けることで調和度の高い出力を明確に説明できるようになった[2]。

5. 日本語語彙層の獲得 (Fukazawa, Kitahara & Ota 2003, Ota 2004)

これまでの節で「和語・漢語・擬音語・外来語」という語源的な用語を日本語の語彙層を表すために便宜上使用してきた。しかしながら音韻的語彙層を考える時、語源的な知識とは切り離さなければならないことは言うまでもない。特に語源的知識のない子どもが語彙グループ毎の音韻的違いを獲得することから考えても、音韻的な語彙層と語源的な語彙層とは明確に区別する必要がある。例えば、「連濁」という現象は、和語に多く見られるが漢語にも多少は観察されるという指摘は、語源的な語彙層が音韻的な語彙グループとは独立していることを示しているのではないだろうか。その区別を重要視し、Ito and Mester (1995)を初めとして最適性理論における日本語語彙層の研究者達は語源主義からの脱却を明確にしてきた。

では、語源的な知識を持たない子どもは、どのように異なる語彙グループの存在を獲得するので

あろうか。Fukazawa, Kitahara and Ota (2003)は、生得的に普遍的な制約を持って生まれた子どもが、言語的証拠に接する度にひとつひとつの有標性制約に照らして、その制約に違反しているか否かで語彙グループを形成すると提案した。例えば、*NTという制約に関しては[panda] "パンダ"も[tombo] "とんぼ"も同じグループに属するとされる。しかしNo[p]という制約に照らせば、[panda]と[tombo]は別のグループに属することを獲得する。子どもはこの学習のアルゴリズムで語彙のグループ分けを進めながら、それに応じて照合性制約を相対化していくと提案した。Ota (2004)では、幼児への実験を元に、音韻的な語彙グループ分けは語源的な語彙層のような明確さはなくもっと曖昧なものではないかとし、さらにはそれに鑑みて照合性制約の明確な相対化も現実的ではないと指摘している。

日本語の音韻文法を照合性制約の相対化で説明するよりも、言語的な証拠に接する度に一つひとつの制約に重みが付加されていくという提案の方が言語獲得の見地からも望ましいと言えるであろう。では、語彙グループの獲得を説明するためにはどのような証拠が必要なのであろうか。次節では、言語獲得の見地から今後の日本語語彙層研究の展望を考察したい。

6. 実験音韻論とコーパス研究

子どもが日本語の音韻的な語彙層を獲得するためには音韻的証拠が必須であることは言うまでもない。近年の実験音韻論の発展により、より高度な音韻的／音声的な実験及びその実験結果の分析が可能になった。日本語音韻語彙層の仮説の証明のためには、一つひとつの有標性制約（例えば*NT, No[p], *DD, LL 等）あるいは複数の有標性制約を遵守する語の獲得を年齢別に丁寧に実験し、分析していくことが必要である。

また最近では大規模なコーパスデータの分析も可能になった。例えばFukazawa, Kawahara, Kitahara and Sano (2015)は、以下に示すように日本語の分節音の頻度を明らかにしている。表の縦軸は10年分の朝日新聞におけるトークン頻度を、横軸は新明解国語辞典の80,000語におけるタイプ頻度を示している。この図によれば、日本語において明らかに有声重子音（*DD制約を違反している）と[p]（No[p]を違反している）の頻度が低いことがわかる。朝日新聞と国語辞典がそのまま直接子どもが接する言語的証拠となるわけではないが、日本語における分節音の客観的な頻度としては充分信頼できる。

(4) 日本語分節音のタイプ頻度とトークン頻度

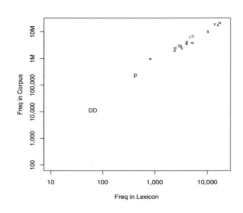

7. 今後の展望

　日本語の音韻的語彙層の研究において、音声実験やコーパス分析等による信頼度の高い仮説の検証が可能になったことにより、より理論の精緻化が進むであろう。また最適性理論の基本の枠組みを土台として調和的文法に加え新たな理論も生まれつつある。より信頼性の高い音韻理論を生むためには、現存の理論がより広く深い音韻データを様々な角度から説明しようと挑戦し続けることが必須であると考える。

注

* 本稿執筆に際し北原真冬氏に貴重な助言をいただいた。心より感謝したい。さらに日本音韻論学会の皆様には多大なご指導をいただいた。特に原口庄輔先生と三間英樹氏には本研究の当初より貴重なご助言をいただいた。心から感謝するとともにご冥福をお祈りいたします。

[1] 同様に、外来語において同一語内の*DD と No[p]の同時違反の回避も指摘されている。詳細は Kawahara et al.(2014)及び Fukazawa et al.(2015)を参照されたい。

[2] 各言語の制約の重み付けの計算については OT-Help (http://people.umass.edu/othelp/) を参照されたい。

参照文献

Fukazawa, Haruka, Shigeto Kawahara, Mafuyu Kitahara and Shinichiro Sano. 2015. Two is too much: Devoicing of geminates in Japanese. *Phonological Studies* 18.3-10. Tokyo: Kaitakusha.

Fukazawa, Haruka, Mafuyu Kitahara and Mitsuhiko Ota. 1998. Lexical stratification and ranking invariance in constraint-based grammars. *CLS 34: The Panels*, 47-62.

Fukazawa, Haruka, Mafuyu Kitahara and Mitsuhiko Ota. 2002. Constraint-based modeling of split phonological systems. *Phonological Studies* 5.115-120. Tokyo: Kaitakusha,.

Ito, Junko and Armin Mester. 1995. The core-periphery structure of the lexicon and constraints on reranking. *UMOP* 18, ed. by Jill N. Beckman, Laura W. Dickey and Susan Urbanczyk, 181-209. Amherst, MA: University of Massachusetts, Amherst.

Ito, Junko and Armin Mester. 1999. The phonological lexicon. *The Handbook of Japanese Linguistics*, ed. by Natsuko Tsujimura, 62–100. Oxford: Blackwell.

Kawahara, Shigeto. 2006. A faithfulness ranking projected from a perceptibility scale: the case of Japanese [+voice]. *Language* 82.536-574.

Kawahara, Shigeto and Shin-ichiro Sano. 2014. /p/-driven geminate devoicing in Japanese: Corpus and experimental evidence. ms. Keio University. lingbuzz/002188.

McCarthy, John and Alan Prince. 1995. Faithfulness and reduplicative identity. *UMOP* 18, ed. by Jill N. Beckman, Laura W. Dickey and Susan Urbanczyk, 249-384. Amherst, MA: University of Massachusetts, Amherst.

Nishimura, Kohei. 2003. *Lyman's Law in loanwords*. Nagoya: Nagoya University MA thesis,.

Ota, Mitsuhiko. 2004. The learnability of the stratified lexicon. *Journal of Japanese Linguistics* 20(4).19-40.

Pater, Joe. 2009. Weighted constraints in generative linguistics. *Cognitive Science* 33.999-1035.

Prince, Alan and Paul Smolensky. 2004. *Optimality Theory: Constraint interaction in generative grammar*. Malden and Oxford: Blackwell.

C/D モデルの特徴と課題

松井 理直

大阪保健医療大学

1. 音声情報に基づく音韻論

音声の実体は、調音運動の観点であれ、空気の振動という観点であれ、「実時間」に拘束された物理現象として連続的な性質を持っている。しかし、言語という記号体系の表現形式としての音韻は、実時間という性質が捨象され、当該言語の記号体系における機能という離散的で抽象的な性質のみを担う。音声研究における1つの難しい問題は、音韻という離散的・抽象的性質と実際の音声という連続的で実時間に縛られた物理的性質をどのように接続するかという点にある。この問題をより広い観点から捉えるなら、言語における離散的カテゴリーと連続的 (プロトタイプ) カテゴリーがいかなる関係にあるかという問題と見なしても良い。

例えば、日本語のラ行子音の調音を取り上げてみよう。図1(a)〜(c) は同一人物が「あら」「いり」「うる」を 10 回ずつ発音した時のエレクトロパラトグラフィ (EPG) パターンである。EPG のサンプリング周期は 10ms で、いずれも最前列の 2 列が歯茎、次の 2 列が後部歯茎、その後の 3 列が硬口蓋、最後の1列が軟口蓋に対する舌の接触パターンを示す。接触パターンを見ると、図1(a) の「あら」における子音部の調音では側面狭窄がほぼ全く起こっておらず、IPA 記号でいうなら [ɑlɑ] として表記するのが最も近い。これに対し、図1(b) の「いり」では硬口蓋における接触が増加しており、硬口蓋化を起こした [iɾʲi] に近く、図1(c) では中線的接触の位置から見て [uɾu] に近い調音が行われていることが分かる。また、発話速度が非常に速い場合には、口蓋に対する接触がなくなり、接近音 [ɹ] に近い調音が行われることも珍しくない。

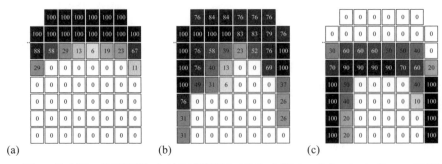

図１．日本語のラ行子音における変異音の EPG の例 (a: あら　b: いり　c: おろ)

こうした微妙な異音の違いは、音韻という言語の機能面からは些細な問題と思われがちだが、こうした現象から音韻に関する重要な示唆が得られることもある。例えば図1(a), (b), (c) に共通する調音のパターンから、日本語のラ行子音の本質的な調音動作は舌尖の挙上動作であり、側面狭窄は必須要素ではないと見てよい。図1(b), (c) で観察されている側面狭窄は、狭母音の状態から舌尖を挙上させることによって引き起こされる付随的な現象なのである。そうなると、音声学の入門書でしばしば目にする「日本語のラ行子音は弾き音である」という記述は再検討が必要となろう。弾き音は破裂音と同

じく、側面狭窄を必須とする調音方法だからである。同時に、日本語の音素 /r/ が音韻論的にどのような弁別素性を持つかという問題もより厳密に議論できるようになり、英語教育における /l/ と /r/ の弁別困難性という問題にも 1 つの解を与えることができるようになるだろう。

ただし、こうした微妙な異音の違いをもたらす要因を考える場合、発音記号表記では分析の粒度が荒く、適切ではない。また、弁別素性も「離散的」な音韻機能を表現するためのものであるため、実時間に拘束された連続的な調音運動に起因する変異を考える上では不十分である。こうした問題を扱うためには、実時間概念を持ち、スティフィネスをはじめとした調音運動の性質を取り込んだ枠組みを導入しなければならない。そのような性質を持つ理論として、Browman et al (1986) による調音音韻論や藤村 (2007) による Contributor/Distributer モデル (以下、C/D モデルと略す) がある。調音音韻論は既に長い歴史を持ち、様々な形で研究されているので、本稿では藤村靖氏によって提案された C/D モデルについて紹介を行うことにしたい。

2. C/D モデルの特徴
2.1 基本単位としての音節—基底状態となる母音

C/D モデルの最大の特徴は、調音運動のプランが音素や分節音の連鎖から計算されるのではなく、音節を単位として音節全体で 1 つのプランニングが行われると考える点にある。すなわち、C/D モデルにおける入力情報の単位は、音素や弁別素性ではなく、音節であると見なす。このことにより、定量的な音声情報は、母音を中心とした音節の大きな情報の流れの上に、子音の調音動作が局所的な影響を与える形で計算されることになる。こうしたアプローチの妥当性は、図 1 に示した EPG パターンからも理解できるであろう。前述したように、母音が /a/ であれば、顎が大きく下がった低舌の状態がベースとなり、子音 /r/ はその基底状態から小さく局所的な運動としての舌尖挙上動作として実現される。その結果、「あら」の子音部では側面狭窄が起こらない。これが母音 /i/ になると、硬口蓋に非常に近い狭い空間が基底状態となるため、「いり」子音部では側面狭窄が起こり、かつ硬口蓋における接触の多い硬口蓋化を引き起こす。一方、後舌母音の /o/ では、舌全体が後方よりになった状態が基底状態から子音の舌尖挙上が起こるため、調音がそり舌に近づく。すなわち、図 1 における異音のパターンは音節の中心を成す母音がもたらす基底状態の違いに基づくものであり、C/D モデルはこの音節という概念を音声情報生成の基本単位と見なす。

この結果、C/D モデルは入力となる音韻情報を音節単位で与える。例えば「甘美」という発音の入力情報は、(1) に示すような音節を単位とした 2 つの「集合」で与えられる。なお、素性の添え字 O は onset を、C は coda という局所的な子音情報を示し、母音の素性は添え字を付けないことで、グローバルで基本的な情報であることを表す。

(1)　a.「甘」{low, stop^o, dorsal^o, nasal^c}　　b.「美」{high, palatal, stop^o, labial^o, voiced^o}

2.2 単性的な音韻素性

(1) の入力情報では、各音韻情報が二値的弁別素性ではなく、単性的な素性で表されている。これは、調音音韻論と同様、C/D モデルが調音運動の指令を入力情報として考えているからに他ならない。この点で、C/D モデルの入力情報は依存音韻論や統率認可音韻論における要素理論とも深い関係を持つ。

2.3 音節の実時間性—C/D ダイアグラムとシラブル・パルス

音節を基本単位として考える場合、次に重要になるのが音節の実時間性である。単音節の持続時間

は短く、重音節の持続時間は長い。この性質は、日本語の重音節を構成する長音・撥音・促音の本質的な特徴が持続時間に依存していることとも深く関係する。C/D モデルでは、こうした音節の実時間性を「C/D ダイアグラム」における「シラブル・パルス」の強さによって表す。例えば「甘美」の例でいうと、(1a) のようにコーダ子音を持つ重音節は「強いシラブル・パルス」を持ち、(1b) のような軽音節は「弱いシラブル・パルス」を持つ。現在のところ、C/D モデルではある発話内におけるシラブル・パルスは相似形を成すと仮定されているため、パルスが強ければ実時間が長くなり、弱いパルスでは実時間が短くなる。図２に「甘美」の C/D ダイアグラムを示す。

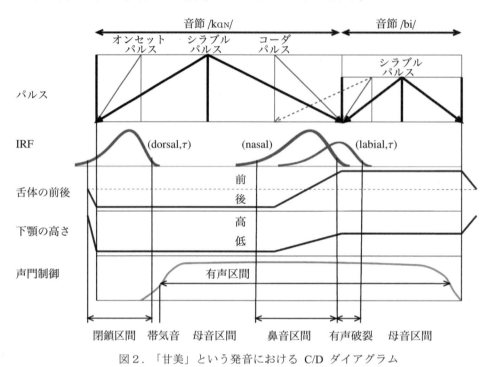

図２．「甘美」という発音における C/D ダイアグラム

2.4 局所的な子音情報

図２の C/D ダイアグラムを見ると、2.1 節で述べた母音の前後・高低 (狭広) という性質がシラブル全体を覆っており、大局的な情報を形成している。これに対し、子音の性質は「インパルス応答関数 (impulse response function : IRF)」によって計算される。インパルスとは瞬間的・局所的な指令を意味し、この瞬間的な指令に対して一定の重量とバネ定数の性質を持つ筋肉の運動が応答することで、子音の実時間上の性質が局所的に決まっていく。「甘美」の最終的な調音上の性質—すなわち閉鎖区間や帯気音化、母音区間、鼻音区間といった性質—は、シラブル・パルスによって決まる時間範囲の中で、母音ア・イが各々大局的な性質をもたらし、その上に子音の IRF の情報が被さっていくことで計算される。

2.5 異音の計算と gesture overlapping

一般的な生成音韻論では、素性の束である心的音韻情報から、異音のレベルである範疇的音声表示を計算し、さらに音声実現のレベルを別個に設定して、範疇的音声情報を連続的な音声表示に写像していた。しかし、C/D モデルでは異音レベルの計算を必要としない。

例えば「甘美」における撥音の音価は、よく知られているように逆行同化により [m] 音になる。しかし (1a) の入力情報から分かる通り、C/D モデルでは撥音の入力情報として「鼻音」しか指定されていない。これは言うまでもなく、コーダ子音としての撥音／促音の対立が鼻音か非鼻音かという情報のみに依存していることに基づく。C/D モデルでは、「甘美」の撥音が [m] 音になるのは、図2の C/D ダイアグラムから分かる通り、撥音における nasal の IRF と、後続する [b] 音が持つ labial stop の IRF が overlap することによってもたらされる。この点で C/D モデルは、調音音韻論における gestural score の考え方に近い。

IRF の性質は、条件変異のみならず、発話速度に依存した自由変異にも本質的な影響を与える。例えば日本語の有声破裂音は母音間でしばしば摩擦音に弱化してしまう。これは、十分な準備時間を取れる句頭に比べ、語中の母音間では子音に十分な時間を掛けられないからである。これを IRF の性質として見ると、子音に必要な時間が少ない場合には IRF が弱くなるため、母音が決める基底状態からの挙上距離が破裂音に必要な口蓋に接触するだけの距離より短くなるからであると説明される。図3にその様子を示す。縦軸は基底状態からの挙上距離で、横軸はインパルス指令が出てからの時間である。破裂の指令が出ていても、IRF が弱い場合には挙上距離が短いために完全閉鎖が起こらず、摩擦音として実現され、かつ子音の持続時間も IRF が強い場合よりも短くなっていることが分かる。

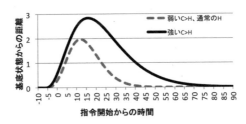

図3．母音間における有声破裂音の摩擦化と IRF の強度

3. C/D モデルの課題

このように、C/D モデルは過小指定された音節単位の音韻情報から、異音に関する音韻的操作を必要とせずに、実時間上における様々な異音の計算が可能な理論である。しかし、まだ十分に研究が進んでいない理論であるが故に、課題も少なくない。例えば、入力情報となる単性的素性がどのようなものか、またその単性的素性がどのような IRF の特性を持っているか、シラブル・パルスの形状は同一発話内で常に相似形を取るのか、音節量以外にシラブル・パルスに影響を与える要因は何かといった問題について、更に厳密な研究が必要である。こうした問題に関する議論として、日本音声学会の「音声研究」第 19 巻第 2 号における「音声科学の最前線：C/D モデル、その音声学・音形論への衝撃」がよい文献となるだろう。これから、C/D モデルに関する研究に多くの研究者が関わり、音声・音韻の研究がさらに深まることを期待して、本稿を閉じることにしたい。

参照文献

Browman et al. 1986. Towards an articulatory phonology. *Phonology Yearbook* 3.219-252.
藤村 靖 2007 『音声科学原論：言語の本質を考える』東京：岩波書店．
日本音声学会 2015 『音声研究』第 19 巻第 2 号 (特集：音声科学の最前線：C/D モデル、その音声学・音形論への衝撃).

位置関数理論における計算と表示について[*]

山田英二

福岡大学

1. はじめに

アメリカ英語の副次強勢配置に関して、Yamada (2010) で「位置関数理論」という枠組が提案され詳細な分析がなされた。主強勢配置に関しても、Yamada (2013, 2014, 2015) などで新たな応用の方向性が示されている。さらに Liu (2016) では、イギリス英語への適用も試みられている。ところで、この理論の守備範囲は強勢配置のみであろうか。これを他の音韻現象の分析に用いることはできないのだろうか。小論では、分節音 (segment) に関わる現象をこの理論で取り扱うための方法を考察するとともに、位置関数理論における計算と表示の関係について述べてみたい。

2. 位置関数理論

先ずは代表的な具体例 (1) を取り上げ、「位置関数理論」での強勢の計算と表示法を略解する。

(1) còndênsátion (< condénse) の分析 ('=第 1 強勢、`=第 2 強勢、^=第 3 強勢。以下同じ)

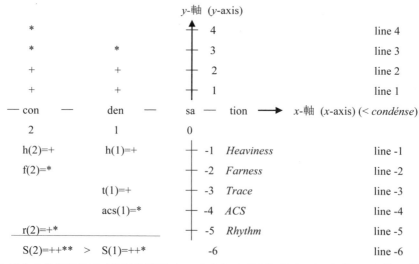

x-軸を境とする下半分は「強勢計算平面」、上半分は「強勢平面」と呼ばれ、強勢の計算と表示が一度になされる。còndênsátion は、動詞 condénse から派生した名詞であるから、動詞において主強勢を担う音節 den の位置に Trace という「位置関数」が起動され、t(1)=+ という関数式により、主強勢位置から逆順の第 1 番目の位置に「+」という強勢が与えられる。さらにその位置は重音節でもあるので、Heaviness という位置関数が起動される (h(1)=+)。詳細は Yamada (2010) に譲るが、このようにこの語には総計 5 種類の位置関数が 6 箇所で起動され、それらの値の合算結果が強勢平面のそれぞれの音節位置に表示される。con 上の強勢値は 4 (*と+は同じ強勢値をもつ)、den のそれは 3 なので、相対的に con の方が den よりも強く、結果的に con に第 2 強勢が、den に第 3 強勢が置かれることになる。

3. 不透明性

では、分節音 (segment) に関わる現象は位置関数理論では如何に計算され、表示されるのだろうか。以下では、いわゆる「不透明性」(opacity) を示す現象としてよく知られた *Canadian Raising* と *Flapping* という2つ規則を取り上げ、分節音に関わる現象を如何に取り扱うかを見てみたい[1]。

Canadian Raising とは、カナダ英語の一部において無声子音の前で二重母音 /aɪ/ が [ʌɪ] と変わる現象である (/a/:[+low]が[ʌ]:[-low]となる) ((2a))[2]。一方、*Flapping* とは、強勢母音と無強勢母音に挟まれた /t/ が有声の弾音 (flap) となる現象である) ((2b))[3]。

(2) a. *Canadian Raising*: /aɪ/ → [ʌɪ] /＿＿ [C, -voice] (注: C=子音(consonant), -voice=無声)
　　b. *Flapping*: /t/ → [D] /V′＿＿V (注: V′=強勢母音、[D]=[ɾ] (IPA)、V=無強勢母音)

この2つは Joos (1942) 以来、様々に議論されている (Harris 1960 [1951], Chomsky 1964, Chomsky and Halle 1968, Bermúdez-Otero 2004, Idsardi 2006 など)。これは、分節音が変化するときの不透明性を示す代表的な例で、規則間に適用順序が存在するという議論の根拠の一つともなっている (3)。つまり、(2a) の適用条件である「無声子音([C, -voice])」が (2b) によって「有声子音([C, +voice]) (=[D])」に変わっているために、表層の [rʌɪDɚ] を観察するだけでは、なぜ /aɪ/ が [ʌɪ] に変わったのかが (規則の順序付けを仮定しない限り) 説明できないからである。また、(3) において、(2a)と(2b)の適用順序を逆 (つまり、(2b)から(2a)) にすると、*writer* の派生として *[raɪDɚ] という誤った形が出現するからである。

(3) 不透明性 (Opacity)
　　　　writer　　　　/raɪtɚ/
　　a. /aɪ/ → [ʌɪ]　　　[rʌɪtɚ]　　*Raising* (2a)
　　b. /t/ → [D]　　　　[rʌɪDɚ]　　*Flapping* (2b)

しかしながら、小論では不透明性自体に言及する紙幅はなく、これらの現象を「位置関数理論」ではどのように取り扱うことができるかということに焦点を絞りたい。

4. 分節音の表示と計算

強勢分析においては、強勢を担える要素として、音節が基本となっていた。一方、上記の現象においては、音節ではなく、それよりも小さい子音や母音といった分節音が単位となる。そこで、それぞれの分節音に対応する指標 (segmental marker) を措定する。また、分節音に関わる計算を行う「分節音計算平面」(segment computation plane) とその結果を表示する「分節音平面」(segment plane) も必要となる。また、*Raising* から *Flapping* への適用順序を示す仕組みも欠かせない。これらを考慮すると、分節音に関わる問題を扱うには、次のような装置と表示が必要であろう。

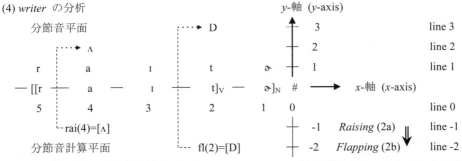

(4) では、*x*-軸下部の分節音計算平面において、*Raising* (2a) (位置関数式は rai(*x*)=[ʌ]) と *Flapping* (2b) (位置関数式は fl(*x*)=[D]) がこの順序で適用される (分節音計算平面から分節音平面への写像は、点線で表されている)。結果は、分節音平面の line 2 上と line 3 上にこの順序で表示される。なお、分節音

平面の line 1 には、基底表示 (つまり、x-軸上での表示) から分節音がそのまま写像されている。すなわち、line 1 は、音素を表示したものとなっている。従って、line 2 と line 3 は、異音を表示したものといえる。このように考えると、分節音に関わる諸現象も位置関数理論の枠組みで問題なく分析可能である。さらに、適用された規則の順序関係 (二重矢印で表示) や、規則が適用される場所、およびその適用結果も図解的に表示できる。

では、これらの分節音に関わる計算・表示は、強勢に関わる計算・表示とどのような対応関係にあり、それらの関係はどう表示されるのだろうか。次節においてそれを見てみたい。

5. 計算平面折り込み―強勢平面と分節音平面

強勢に関わる計算結果が表示されたものが「強勢平面」である。一方、分節音に関わる計算が表示されたものが「分節音平面」である。これらの二つの平面に重奏的に関わり、二つをつなぐのは、x-軸上に表示される基底表示のみである。また、それぞれの平面は「計算平面」を基にして成り立っている。以上のことがらを統合すると、強勢平面と分節音平面の関係は次のように表示できる。ここでも、例として writer という語を用いる。

(5) writer の分析

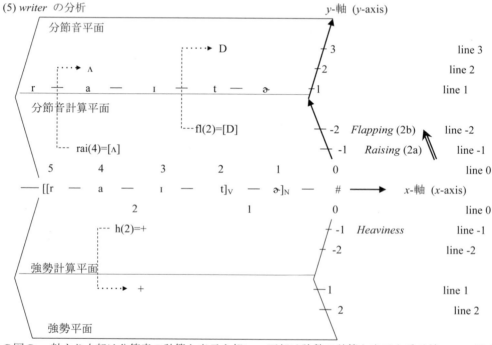

この図の x-軸より上部は分節音の計算と表示を担い、下部は強勢の計算と表示を受け持つ。一見すると (5) の分節音音計算平面において、Raising (2a) と Flapping (2b) の適用順序が (4) とは逆に表示されているように見えるが、逆ではない。(5) では強勢平面を分節音平面と同時に表示する必要があり、見かけ上 x-軸より上部に分節音計算表面が描かれたためである。x-軸により近い方が line 数値の絶対値が小さいということに注意してほしい。

このように、計算とその結果を同時に表記する位置関数理論では、不透明性に関わる現象も問題なく計算・表示できる。また、強勢平面と分節音平面との関係も共時的に具現化できている。

(5) の表示は一見複雑なようだが実はそうではない。というのは、それぞれの平面における「表示」を下支えする「計算」が同時に表示されているからである。この見かけ上の複雑さを減じるには、(5) に

おいて、分節音計算平面と強勢計算平面の両面を貼り合わせた三次元的な図を想像してみるといいだろう。そこに出現するのは、分節音平面と強勢平面、それに x-軸上の基底表示のみとなる。つまり、それぞれの規則が基底表示からの情報に対して適用され、計算結果を明解に表示する構図が出現するのである。この貼り合わせ操作を、計算平面埋め込み (computation plane folding) と呼ぶ。

6. 結論

小論では、位置関数理論でも分節音に関わる現象を取り扱うことができるということを示し、そこでの計算と表示の関係を明らかにした。

注

[*] 本研究は JSPS 科研費 15K02622 の助成を受けている。

[1] Tanaka, Poppe and Hashimoto (2016) では、不透明性問題に焦点を当て「Turbid OT」の拡張性が意欲的かつ啓発的に論じられている。小論はこの論文に触発され、執筆されるに至った。ここに記し謝意を表したい。

[2] *Raising* には、/aʊ/ → [ʌʊ] もあるが、小論では、/aɪ/ → [ʌɪ] のみに言及している。

[3] /t/ だけではなく、/d/ も *Flapping* を起こすが、ここでは /t/ のみを取り扱う。また、/r/ (=[ɹ] (IPA)) 音と無強勢母音に挟まれた場合でも *Flapping* は生じるが、これも小論での議論には含めない。

参照文献

Bermúdez-Otero, Ricardo. 2004. Raising and flapping in Canadian English: Grammar and acquisition. Handout of paper presented at the CASTL Colloquium, University of Tromsø, Norway, 2 November 2004.

Chomsky, Noam. 1964. *Current issues in linguistic theory*. The Hague: Mouton.

Chomsky, Noam and Morris Halle. 1968. *The sound pattern of English*. New York: Harper & Row.

Harris, Zellig S. 1960. *Structural linguistics*. Chicago: University of Chicago Press. [1951].

Idsardi, William J. 2006. Canadian raising, opacity, and rephonemicization. *Canadian Journal of Linguistics* 51.21-28.

Joos, Martin. 1942. A phonological dilemma in Canadian English. *Language* 18.2.141-144.

Liu, Sha. 2016. Subsidiary stress assignment of derived words in English. Fukuoka: Fukuoka University dissertation.

Tanaka, Shin-ichi, Clements Poppe and Daiki Hashimoto. 2016. Containment eradicates opacity and revives OT in parallel: Some consequences of turbid optimality theory. Tokyo: University of Tokyo, Tokyo: NINJAL, Christchurch, New Zealand: University of Canterbury, MS.

Yamada, Eiji. 2010. *Subsidiary stresses in English*. Tokyo: Kaitakusha.

Yamada, Eiji. 2013. Main stress assignment in English words. *JELS* 30.229-235.

Yamada, Eiji. 2014. Treatment of extrametricality in positional function theory. *Proceedings of the 5th International Conference on Phonology and Morphology*, ed. by Juhee Lee, 110-113. Gwangju, Korea: The Phonology-Morphology Circle of Korea.

Yamada, Eiji. 2015. Optimality theory and beyond: An analysis of English word stress using a new concept of "Positional Function." Paper presented at PAC 2015: Advances in the Phonology and Phonetics of Contemporary English, University of Toulouse, France, 10 April 2015.

アルトラサウンドを使った L2 発音教育実験

山根典子

神戸大学

1. 序章

　アルトラサウンド（超音波）とは、人間の聞こえる範囲を超えた音波（およそ２０Hz 以上と言われる）またはそれを放出する機器のことであるが、医療分野で使用されているこの機器が、言語分野に応用され、従来隠れて見えなかった舌の動きがリアルタイムで観察できるようになってきた。言語療法や言語聴覚の分野で、聴覚や調音に障害をもつ大人や子供たちの発音訓練に積極的に取り入れられ、治療の成果が報告されている(Bernhardt et al. 2003, 2005)。また、フィールド言語学の分野においては、絶滅の危機に瀕する言語の音素や異音の発見に役立てられ(Gick 2002, Miller 2016)、知られていなかった言語音の音響データのみならず調音の動画を保存することにより、学習者や継承話者に調音位置や調音方法などの有益な情報を提供し、その言語の保存活動に繋げることができるのである。

　言語研究に応用されるようになった理由は、要約すれば手軽さ、価格、安全性、といったところであろう。舌の形や動きは、X 線でも観察できるが身体への危険性が高いため普及にはほど遠いといわざるをえない。MRI はベッドに仰向けの状態での撮影なので、話者が垂直姿勢の時で話す舌の位置とは若干違い、少し奥にずれていることを差し引かねばならない。垂直姿勢での舌の動きが見える EMA(ElectroMagneticArticulography) は、舌（や軟口蓋）に電極をつけなければならないので一般には抵抗がある。舌そのものではなく、舌が口蓋のどこにどれだけ接触するかが重要な学習事項である場合には EPG(ElectroPalatography)が有効であるが、個人の口蓋のサイズや形に合わせて人工口蓋を発注しなければならないないので時間とコストがかかる。音のコントラストが音響により明確な場合（例えば閉鎖音と摩擦音の違い）には音響ソフト Praat などを使用し、正しい音声の音響グラフと比較しながらの学習が可能であるが、リアルタイムではないので一度録音した後でファイルを開けて分析しなければならないのと、音響グラフの解釈や指導に段階的できめ細かな指導が必要となるであろう。

　それに対してアルトラサウンドは、安全性が高く、どんな姿勢でいてもプローブを顎の下にあてるだけで舌の形状がリアルタイムで確認できる。また機器はスタンダードな据え置きタイプ、フィールドワークに持参できるポータブルタイプ、最近ではパソコンの USB に差し込むだけのタイプや、携帯電話ほどのポケットサイズのタイプも出てきている。一昔前は価格も百万円以上していたポータブルアルトラサウンドが今では５千カナダドルほどで購入できるのも言語研究者にはありがたく、外国語教育の分野で注目されているのは当然の流れと言えよう。そこで本稿では、L２の発音習得にフォーカスをあて、いくつかケーススタディを紹介したい。

２．アルトラサウンドの L2 発音教育実験例

＜ケーススタディ１＞ 日本語が母語の英語 L２学習者 (Gick *et al.* 2008)

　日本語が母語の英語 L２話者に対して、[r]と[l]の区別の発音訓練を行った。被験者は最近カナダに勉強しにきた日本語が母語の言語学部の大学院生３人。１時間で、アルトラサウンドを用いながらの査定・訓練・後査定の全てが行われた。[r]と[l]が語頭・語中・語末など様々な音声環境に配置されている無意味語のリストが被験者に手渡され、キャリアセンテンスに埋め込んで発音してもらった。

アルトラサウンド映像で明確になる[r]と[l]の区別に必要なビジュアルな基準は、①舌根の後退方向（[r]は口蓋垂に、[l]は咽頭に向かって後退）、②舌の中央の窪み具合、③硬口蓋付近の狭窄（そり舌[r]なら舌先は上方へ、盛り舌[r]なら舌先は下方へ向かう）、④舌のＳ字の形成具合、の４点である。これを基準として音声研究者二人が聴取評価を１～４の４段階評価で行った。１＝正確である、２＝下記の４つのビジュアルによる基準のうちほとんどを満たしているが、決定的な特徴を欠いているか他の音に使われる特徴が入ってしまっている、３＝[r]音性を帯びているものの、４つの基準すべてが不正確である（例えば舌が咽頭の方に極端に後退していたり、極度に円唇性が形成されていたり、舌の前方にそり舌の特徴も、盛り舌の特徴も無いなど）、４＝全く正確で無い、というもので、査定者の間でどの音声環境での訓練が必要か話し合われた。

　調音が正確でないと判断された刺激語については、その後アルトラサウンドで３０分の発音訓練を行った。その場でモデル話者の舌の形状を描写したり、モデル話者のアルトラサウンド映像と被験者のものを見せ、全体的な舌の形状や、舌先・舌葉・舌体・奥舌・舌根の形状の違いを述べてもらった。実験者は、被験者に映像を見せながら、上の４点の診断項目を解説した。訓練を行った結果、被験者全員が望ましい変化を遂げたと報告されている。

＜ケーススタディ２＞日本語が母語のフランス語Ｌ２学習者 (Pillot-Loiseau *et al.* 2013)
　日本語が母語のフランス語Ｌ２話者に対して、フランス語[y]と[u]のコントラストを作る発音訓練を行った。日本語にはフランス語に見られる[y]が無いことは周知の通りだが、フランス語の[u]も日本語に無いことは案外知られていない。日本語母語話者の/u/は（フランス語の/u/より）舌が前よりである (Nogita, Yamane & Bird 2013)ため、フランス語母語話者の耳には別の母音/ø/に聞こえてしまうのが問題である。フランス語らしい/u/を発音するためには舌を後ろ寄りにしなければならないので、ここでの訓練のターゲット音はフランス語の/u/であった。被験者はＢ１、Ｂ２レベルの日本語母語話者３０代二人、またコントロール被験者として二人の結果が報告されている。

　４５分間の訓練が３回行われ、訓練前・訓練１週間後・訓練２ヶ月後の３回に分けて録音が行われた。評価基準は、①Ｆ２-Ｆ１で表示される音響スペース内において [y]と[u]が離れて分布しているか、②調音上でも[y]と[u]の舌の曲線が離れて分布しているか、が設定された。訓練前では、被験者のうち二人が、どちらの基準においてもほぼ重複してしまっていたが、訓練後１週間後には重複が消え、訓練２ヶ月後には[y]と[u]の違いがより著しく観察できるようになったと報告されている。

＜ケーススタディ３＞韓国語が母語の日本語Ｌ２学習者 (Noguchi *et al.* 2015)
　韓国語が母語の日本語Ｌ２話者に対して、有声歯茎摩擦音[dza]と有声歯茎硬口蓋摩擦音[dʑa]の区別の発音訓練が行われた。韓国語に[dza]はあるが[dʑa]は無いため、[dʑa]がターゲットとなった。被験者は、ブリティッシュコロンビア大学の日本語プログラムの韓国語母語話者の学生４人。被験者１は日本語継承話者、被験者２は上級日本語学習者、被験者３と４は初級日本語学習者であった。アルトラサウンドによる訓練日を挟み、前日と翌日に録音を行うという、連続３日間のスケジュールで行った。

　訓練当日は、まず①アルトラサウンド映像の見方を説明したビデオと②音声学の基礎を説明したビデオ（無料で一般公開されている eNunciate（https://blogs.ubc.ca/enunciatejapanese/）を鑑賞してもらい、次に、アルトラサウンドの使い方などの訓練を受けた日本語教師が、学生の発音指導を行った。指導では、学生に問題の[dʑa]の音が語頭や語中に入っている語のリストを手渡し、プローブを顎下に当てながら読んでもらい、教師が聞いて正しいと判断した場合はポジティブフィードバックを与えつつ次の語へ進んだ。正しくない場合はコレクティブフィードバックを与え、被験者の発音をアルトラサウ

ンドで録画し、予め用意しておいた正しい映像と比べ、正しくなるまで練習を繰り返した。[dʑa]の評価基準は、①舌先が上向きか（[dza]では舌先は逆に下を向く）、②舌先の少し後ろに窪みができているか（[dza]では逆に前舌が歯茎の後ろあたりに向かって盛り上がる）が設定された。

訓練前には二つの音の差が僅かでしかなかった被験者1と被験者4は、訓練後の録音ではその差がより大きくなった。過剰修正気味（[dza]の発音が[dʑa]に近づいてしまう）であった被験者2は、過剰修正が直り、望ましい変化を遂げた。完全に区別のできなかった被験者3は[dʑa]が正しくできるようになったものの（被験者2の前段階のような過剰修正の傾向を見せ始め）逆に[dza]の発音が[dʑa]に近づいてしまった。これらの特徴は舌の曲線分析 SSANOVA により確認されている。全員が苦手だった[dʑa]の発音をできるようになったことは注目に値する。

3. ビジュアルフィードバックは なぜ効果的か

ビジュアルフィードバックが新しい言語音の「知覚」に役立つだけでなく正しい「調音」についても効果があることがわかってきたが、Katz & Mehta (2015) では、神経生理学のレベルで、他人が行う行動を観察する時に、観察している本人のミラーニューロンが活動するように、聞いたものや見たものと同じ行動を促進させるマッチングシステムがあるのではないかと想定している。発話の視覚情報や聴覚情報が与えられると、調音の計画・実行・制御を請け負う脳の部位の活動が活発になるが、同様に、調音を行うと、発話の視覚・聴覚情報を知覚するプロセスを司る脳の部位の活動が活発になる。さらに聴覚情報が無くとも聴覚野が活動することがわかってきており、まさに発話活動を想像するだけで、聴覚情報の知覚経路が刺激され、調音の準備が整うのではという見解が示されている。

Katz & Mehta は、様々な感覚情報がフィードバック経路とフィードフォワード経路を通り、調音運動計画を助ける神経計算モデルを提案している。例えばアルトラサウンドなどによる舌の視覚情報と、言語音のみの聴覚情報は、脳内の別々の経路で処理されるが、調音運動を行うとさらに口内の刺激から体性感覚情報を受け、これら3種類の情報がマルチモーダルな音声マップへの入力となり、この音声マップの出力が、調音運動計画の入力となる。調音運動を行った場合、音声マップに繋がる経路と、調音運動の実行に繋がる経路が同時に活性化されるので、音声マップがちょうど鏡のような働きをし調音の制御や修正が可能となる。このように、フィードフォワードとフィードバックの経路ネットワークが活性化され、より正確で安定した調音運動が可能になるということである。

つまり、新しい音の学習を目標にする学習者にとっては、その音の生成に関わるマルチモーダルな情報が与えられるほど、フィードフォワード経路とフィードバック経路が強化され、調音の習得が成功に導かれやすいということになる。私たちは誰しもこのような知識をもっていて、普段から対話などでマルチモーダルな情報を直感的に操作しているようである。例えば声を出してはいけない状況で人と対話しなければならない時、どうするだろうか？聴覚情報を補うように、手、顔、口などの動作を大きくして視覚で情報を伝えようとするであろう。Bicevskis *et al.* (2016)は、声無し・声ありを対話実験のコンディションとし、唇と舌の動きをそれぞれ調べた結果、声無しのコンディションで予測通り唇の突出度が増大した。ただし舌の動きには違いが見られなかったことから、対話者にとって舌は普段、視覚情報として働かないことを知っているという解釈も可能であろう。

不可視であった調音部位がアルトラサウンドで可視になったことで、今後様々な技術的な進展が期待される。その一つは、顔とアルトラサウンド映像を合体させたオーバーレイ（http://enunciate.arts.ubc.ca/linguistics/world-sounds/consonants-pulmonic/）で、学習者がリアルタイムに自分の顔と舌を同時に観察でき、かつ調音のフィードバックも受けられるようにするシステムの開発である。Katz & Mehta (2015)は、EMA で稼動する3Dシステム (OptiSpeech)において、スクリーンに

は被験者自身の舌のアニメーションを半透明の顔の中に映し出し、ターゲット音の生成に必要な正しい舌の接触位置を、赤いボールの絵で示した。そしてその部分に舌が接触するとボールが緑色に変わるという仕組みを作った。これを使用した発音実験により、このようなビジュアルフィードバックがある方が、より早く、正確に、安定して、新しい音を習得できたことが報告されている。ただし冒頭でも述べたように、EMA では舌にセンサーをつけなければならないので手軽さの問題を解決するのが課題となる。

アルトラサウンドで稼働する３Ｄシステムの実現に期待したい (Abel *et al.* 2015, Yamane *et al.* 2015)。

References

Abel, Jennifer, Blake Allen, Strang Burton, Misuzu Kazama, Bosung Kim, Masaki Noguchi, Asami Tsuda, Noriko Yamane, & Bryan Gick. 2015. Ultrasound-enhanced multimodal approaches to pronunciation teaching and learning. *Canadian Acoustics 43*(3). 124-125.

Bernhardt, Barbara, Bryan Gick, Penelope Bacsfalvi & Marcy Adler-Bock. 2005. Ultrasound in speech therapy with adolescents and adults. *Clinical Linguistics & Phonetics 19*(6-7). 605-617.

Bernhardt, Barbara, Bryan Gick, Penelope Bacsfalvi, & Julie Ashdown. 2003. Speech habilitation of hard of hearing adolescents using electropalatography and ultrasound as evaluated by trained listeners. *Clinical Linguistics and Phonetics 17*(3). 199–216.

Bicevskis, Katie, Jonathan de Vries, Laurie Green, Johannes Heim, Jurij Božič, Joe D'Aquisto, Michael Fry, Emily Sadlier-Brown, Oksana Tkachman, Noriko Yamane, & Bryan Gick. 2016. Effects of mouthing and interlocutor presence on movements of visible vs. non-visible articulators. *Canadian Acoustics 44*(1). 17-24.

Gick, Bryan. 2002. The use of ultrasound for linguistic phonetic fieldwork, *Journal of International Phonetic Association 32*, 2 1. 13–122.

Gick, Bryan, Barbara Bernhardt, Penelope Bacsfalvi, & Ian Wilson. 2008. Ultrasound imaging applications in second language acquisition. *Phonology and Second Language Acquisition 36*. 315-328.

Pillot-Loiseau, Claire, Tanja Kocjančič Antolík, & Takeki Kamiyama. 2013. Contribution of ultrasound visualisation to improving the production of the French/y/-/u/contrast by four Japanese learners. *Phonetics, Phonology, Languages in Contact (PPLC) 13*: *Varieties, Multilingualism, Second Language Learning*. ed. by Interspeech 2013. Lyon: France.

Katz, William & Sonya Mehta. 2015. Visual feedback of tongue movement for novel speech sound learning. *Frontiers in Human Neuroscience 9*.

Miller, Amanda L. 2016. Posterior lingual gestures and tongue shape in Mangetti Dune! Xung clicks. *Journal of Phonetics 55*. 119-148.

Nogita, Akitsugu, Noriko Yamane, & Sonya Bird. 2013. The Japanese unrounded back vowel /ɯ/ is in fact unrounded central/front [ʉ - ɤ]. *Ultrafest VI Program and Abstract Booklet*. 39–42.

Noguchi, Masaki, Noriko Yamane, Asami Tsuda, Misuzu Kazama, Bosung Kim, & Bryan Gick. 2015. Towards protocols for L2 pronunciation training using ultrasound imaging. Poster presented at the 7th Annual Pronunciation in Second Language Learning and Teaching (PSLLT) Conference, Dallas, Texas. October 2015.

Yamane, Noriko, Jennifer Abel, Blake Allen, Strang Burton, Misuzu Kazama, Masaki Noguchi, Asami Tsuda, & Bryan Gick. 2015. Ultrasound-integrated pronunciation teaching and learning. Poster presented at Ultrafest VII, University of Hong Kong. December 2015.

第3部

『音韻研究』総索引

総索引

　以下は、『音韻研究』第1号から第19号までに掲載されたすべての論文（招聘者講演・学位取得者講演・韓国学術交流講演に基づいて投稿された論文または要旨、研究発表に基づいて投稿され査読を経て採択された論文、および独自に投稿され査読を経て採択された論文）について、その総索引として整理したものである。全部で327編を数える。ここには『音韻研究』に掲載された故原口庄輔初代会長への追悼文2編も含まれている。英語表記と日本語表記は、それぞれ英文論文と和文論文であることを示している。

　著者名のアルファベット順でまとめているが、これも学会の「これまで」を示すものとしてご一望いただき、「音韻研究の昔と今」を理解する一助として役に立てば幸いである。

著者名	年	タイトル	号	ページ
Ahn, Sang-Cheol	2007	Onset Clusters in Middle Korean Revisited	10	59-66
Ahn, Sang-Cheol and Gregory K. Iverson	2005	(A)symmetries in the Evolution of the Korean Vowel System	8	121-130
Akasaka, Yukiko and Koichi Tateishi	2000	Metrical Branching and Phonology-Syntax Interface	3	61-62
Akashi, Kaori	2007	Variation of Emphatic Mora Augmentation in Japanese Mimetics	10	3-10
Amano, Shigeaki, Tadahisa Kondo, Kazumi Kato and Tomohiro Nakatani	2010	Development of Japanese Infant Speech Database	13	61-70
Ando, Tomoko	1999	An OT Analysis of Accentuation and Yer-Deletion in Russian	2	53-60
Ando, Tomoko	2000	Accentuation of Nominal Compounds in Balto-Slavic	3	63-70
Ando, Tomoko	2006	Derivational Mobile Accent of Feminine Nouns in Russian	9	131-138
青山桂	2002	重複子音と単子音：フィンランド語と日本語における産出と知覚	5	1-4
Archangeli, Diana	2000	On Evaluation	3	75-90
Archangeli, Diana	2000	Aligning to Prosody	3	91-102
Backley, Phillip and Kuniya Nasukawa	2009	Representing Labials and Velars: a Single 'Dark' Element	12	3-10
Backley, Phillip and Kuniya Nasukawa	2010	Consonant-Vowel Unity in Element Theory	13	21-28
Backley, Phillip and Kuniya Nasukawa	2013	The Role of L in the Pitch Accent System of Tokyo Japanese	16	37-44
Banno, Mieko	2002	Prosodic and Syntactic Variability of F0 Declination in Japanese	5	5-12
Beckman, Mary E., Jan Edwards and Benjamin Munson	2012	Differentiating Markedness and Faithfulness Constraints in Emerging Phonologies	15	81-84
Botma, Bert and Marijn van't Veer	2014	Voiced Fricatives as a Phonological Borderline Disorder	17	111-114
邊姬京	2015	日本語狭母音の無声化―共通語普及の指標として―	18	103-114
Choi, Kyung-Ae and Naomi Ogasawara	2006	Prosodic Structure of Geminates in Japanese and Korean Affixes	9	139-148

Author	Year	Title	Vol	Pages
Chung, Chin-Wan	2013	Dissimilation in English: An Optimality Theoretic Analysis	16	79-87
Cole, Jennifer	2012	Abstraction and Phonetic Detail in Prosody Perception	15	85-92
Davis, Stuart	2010	Distributional Evidence for the Foot from the L1 Acquisition of American English	13	39-50
Durand, Jacques	2014	Doing Phonology with Large Corpora: The Case of French Liaison	17	115-116
Emonds, Joseph	2010	How Stress Determines Head Positions in French and English Syntax	13	129-134
榎本暁	1998	英語の句レベルにおけるリズム現象の一般化について	1	27-34
Féry, Caroline	2010	Recursion in Prosodic Structure	13	51-60
Frellesvig, Bjarke	1998	Accent, Word Tone and Metatony in Central Japanese	1	195-202
Fujimura, Osamu and J.C. Williams	2008	Prosody and Syllables	11	65-74
Fukazawa, Haruka	1998	Stratum Specific Phonological Phenomena in Japanese: An Analysis Based on Correspondence Theory	1	3-10
Fukazawa, Haruka	1998	Interaction of OCP, Segmental and Featural Faithfulness Constraints in Basque	1	35-42
Fukazawa, Haruka	2000	Typology of OCP on Features	3	121-134
Fukazawa, Haruka	2001	Two Types of Relativized Faithfulness	4	1-8
深澤はるか	2007	最適性理論における相対化照合性制約と結合制約の制限	10	11-20
Fukazawa, Haruka, Shigeto Kawahara, Mafuyu Kitahara, and Shinichiro Sano	2015	Two Is Too Much: Geminate Devoicing in Japanese	18	3-10
深澤はるか、北原真冬	2002	有標性制約における指定の度合い	5	13-20
深澤はるか、北原真冬、太田光彦	1999	多重照合制約と語彙層の獲得：日本語における証拠	2	77-84
Fukazawa, Haruka, Mafuyu Kitahara and Mitsuhiko Ota	2002	Constraint-Based Modelling of Split Phonological Systems	5	115-120
Fukazawa, Haruka and Kazuhiko Tajima	1999	Sanskrit Linguistic Tradition and Current Theories Underlying the Japanese Syllabary	2	3-10
儀利古幹雄	2006	日本語における外来語アクセントに関する再考察	9	1-8
儀利古幹雄	2011	日本語における疑似複合構造と平板型アクセント－語末が/Cin/である外来語のアクセント分析	14	73-84
Goldsmith, John	2002	Probabilistic Models of Grammar: Phonology as Information Minimization	5	21-46
Hammond, Michael	2014	Phonological Complexity and Input Optimization	17	85-93
Haraguchi, Shosuke	2001	On *Rendaku*	4	9-32
Hashimoto, Ayako	2010	Sound Change and Variations in Tohoku Dialects and Tokyo Japanese	13	5-12
橋本文子	2013	東北方言に見られる有声化と無声化の現象について	16	11-18
橋本文子	2014	東北方言における母音の無声化と関連する事象について	17	3-10
Hashimoto, Daiki	2015	Hypocoristic Word Formation in Māori	18	11-18
Hashimoto, Daiki	2016	Recursive Feet in Japanese: Avoidance of LH Structure	19	3-10
服部範子	1999	アクセント型の収束について―変異にみられる定向変化(drift)	2	37-44
服部範子	2003	英語の強勢変異形と枝分かれ制約	6	1-10
Hattori, Noriko	2005	Witnessing Suprasegmental Change in Progress	8	1-8
Herrick, Dylan	2005	Catalan Vowel Reduction and Dispersion Theory	8	131-138
Hibiya, Junko	2002	On Floating Constraints: How the Synchronic Variation and Diachronic Change can be Represented	5	141
Higuchi, Marii and Shosuke Haraguchi	2006	Final Lengthening in Japanese	9	9-16

Author	Year	Title	Vol	Pages
平林容子	1998	ブラジル・ポルトガル語話者の日本語発話の韻律的特徴について	1	43-50
平田佐智子	2015	潜在的音象徴と音韻の関係―実験的手法による日中対照―	18	115-126
Hirayama, Manami	2010	Postlexical Prosodic Structure and Vowel Devoicing in Japanese	13	99-102
Hirose, Yuki	2001	The Role of Prosodic Structure in Resolving Syntactic Ambiguity	4	33-40
Hirotani, Masako	2007	Prosody and LF Interpretation: Processing Japanese Wh-questions	10	67-68
Hong, Sung-Hoon	2013	Phonotactic Learning of Gradient Vowel Cooccurrence Restrictions in Disyllabic Monomorphemic Native Korean Words	16	117-118
Hosseini, Ayat	2014	The Ezafe Morpheme in Persian: An XP-external Clitic	17	11-18
Howell, Peter	2011	Phonological Factors and Developmental Stuttering Patterns in English and Japanese	14	85-96
Hume, Elizabeth	2008	Markedness and the Language User	11	83-98
Hume, Elizabeth	2016	Phonological Markedness and its Relation to the Uncertainty of Words	19	107-116
Hwang, Hyun Kyung	2016	The Role of Pre-focus Compression in Tokyo Japanese	19	117-124
Idemaru, Kaori	2013	Beer or Pier? Online Tuning of Phonetic Categories in Perception	16	89-97
五十嵐陽介	2007	ロシア語イントネーションの離散性	10	69-76
伊原睦子、村田忠男	2006	日本語の連濁に関するいくつかの実験	9	17-24
Irwin, Mark and Paul A. Lyddon	2016	Rendaku and Homophony	19	11-18
Irwin, Mark and Timothy J. Vance	2015	Rendaku across Japanese Dialects	18	19-26
Ishihara, Shunichi	2006	An Acoustic-Phonetic Descriptive Analysis of Kagoshima Japanese Tonal Phenomena—Monosyllabic and Disyllabic Citation Forms—	9	149-156
Ito, Chiyuki and Michael Kenstowicz	2009	Mandarin Loanwords in Yanbian Korean I: Laryngeal Features	12	61-72
Ito, Junko and Armin Mester	1998	Sympathy Theory and German Truncations	1	51-66
Ito, Junko and Armin Mester	1999	On Opacity-Inducing Conjunction: [M&F] and [M&M]	2	139-144
Ito, Junko and Armin Mester	2002	One Phonology or Many? Issues in Stratal Faithfulness Theory	5	121-126
Iverson, Gregory K.	2014	Patterns in Phonological Representation: A Conspectus	17	117-118
Iverson, Gregory K. and Joseph C. Salmons	1998	On Laryngeal Markedness in English	1	203-210
全鎬環	2006	釜山方言における動詞のアクセントパターンと音節構造・文節音の構造	9	25-32
Jun, Jongho	2005	Positional Faithfulness, Sympathy, and Inferred Input	8	139-146
Kadooka, Ken-Ichi	1999	Phonetic and/or Phonological Symmetry of the Vowel Systems	2	29-36
Kager, René	2005	The Factorial Typology of Rhythmic Licensing Consonants	8	147-155
Kamiyama, Takeki	2011	Pronunciation of French Vowels by Japanese Speakers Learning French as a Foreign Language: Back and Front Rounded Vowels /u y ø/	14	97-108
Kaneko, Ikuyo	2001	Blackfoot Nominal Accent in Optimality Theory	4	41-48
Katayama, Motoko	1998	On the Distribution of Voiced Geminates in Japanese Loanwords	1	67-74
Katayama, Motoko	1999	Markedness of [au] in Japanese	2	45-52
Katayama, Motoko	2000	Loanword Phonology and Richness of the Base	3	103-112
Kawahara, Shigeto	2002	Faithfulness among Variants	5	47-54
Kawahara, Shigeto	2003	On a Certain Type of Hiatus Resolution in Japanese	6	11-20
川原繁人	2012	外来語有声促音の無声化―理論的貢献―	15	93-104
Kawahara, Shigeto	2013	The Phonetics of Japanese Maid Voice I: A Preliminary Study	16	19-28
Kawahara, Shigeto	2016	Subsyllabic Structures in Japanese Child Phonology: A Preliminary Study	19	19-26

川原繁人、本間武蔵、今関裕子、吉村隆樹、荻原萌、深澤はるか、増田斐那子、篠原和子、杉岡洋子、杉山由希子	2015	マイボイス:言語学が失われる声を救うために		18	127-136
Kawai, Junji	2005	Optimality Theoretical Analysis of Underlying Vowel Sequences		8	9-16
Kawai, Junji	2006	Vowel Coalescence in Vulgarisms		9	33-40
Kawai, Junji	2011	Emphatic Adjectives in Japanese		14	3-10
Kawai, Junji	2013	Dealing with Variation: The Case of Emphatic Adjectives		16	29-36
Kawasaki, Takako	2000	Spreading and Final Exceptionality		3	3-10
Kenstowicz, Michael and Nabila Louriz	2010	Reverse Engineering: Emphatic Consonants and the Adaptation of Vowels in French Loanwords into Moroccan Arabic		13	3-4
Kenstowicz, Michael and Hyang-Sook Sohn	2008	Paradigmatic Uniformity and Contrast: Korean Liquid Verb Stems		11	99-110
菊池清一郎	1998	スペイン語における二重母音／単母音交替―対応理論による分析―		1	11-16
Kikuchi, Seiichiro	1999	Opacity and Transparency in Spanish Plurals: A Sympathetic Approach		2	61-68
Kikuchi, Seiichiro	2000	A Sympathetic Approach to Stress in Spanish Ipsiradical Sets		3	45-52
Kikuchi, Seiichiro	2001	Spanish Definite Article Allomorphy: A Correspondence Approach		4	49-56
Kikuchi, Seiichiro	2005	The Emergence of the Unmarked in Galician Plural Formation		8	17-24
Kikuchi, Seiichiro	2005	Relativized Contiguity and Word-Final Deletion in Catalan		8	25-32
Kikuchi, Seiichiro	2006	On Galician Definite Article Allomorphy		9	41-48
菊池清一郎	2010	スペイン語・カタロニア語・ガリシア語における強勢による中母音交替について		13	71-74
Kim, Gyung-Ran	2008	Leveling in Verbal Paradigms in Casual Speech of Korean		11	111-114
Kim, Hyoung youb	2014	Reanalysis of Focus Assignment in English: Based on the Binary Perspectives Such as Modern Language and Protolanguage		17	95-99
Kim, Hyo-Young	2009	Duration of s-clusters Produced by Korean Learners and Native Speakers of English		12	73-78
Kim, Hyunsoon	2007	Feature-Driven Non-Native Perception in Loanword Adaptation between Japanese and Korean		10	77-88
Kim, Hyunsoon	2010	A Non-Native Perception of Japanese Pitch-Accents: A Case of Native Speakers of Seoul Korean		13	75-86
Kim, Jin-hyung	2009	Frequency Effects on Bracketing Paradoxes in English Derivation		12	79-86
Kim, No-Ju	2012	The Phonological Stem in Korean: An Abridged Version		15	105-115
Kim, No-Ju	2015	A Tonal and Metrical Approach to the English Primary Stress in Derived Words: An Abridged Version		18	137-148
Kitahara, Mafuyu	1999	Vowel Devoicing and the Loss of H* Tone in Tokyo Japanese		2	93-100
Kitahara, Mafuyu	2000	Rhythm in speech production and dynamical systems theory: a preliminary analysis		3	11-18
北原真冬	2003	日本語音韻論における機能負担量と韻律の関係		6	69-78
北原真冬	2009	音韻対立点の左側環境による検索範囲の縮小を考慮した機能負担量の指標		12	11-18
北原真冬、田嶋圭一	2009	知覚実験制御や最適性理論のランキングチェックに Praat を使う方法		12	87-94
Kojima, Chisato	2003	An Analysis of ru-kotoba and Its Theoretical Implications		6	21-30
Kojima, Chisato	2004	OCP in the Derived Environment		7	1-8
Komatsu, Masahiko	2008	Acoustic Constituents of Prosodic Typology		11	141-150
Kondo, Yuko and Yumiko Arai	1998	Prosodic Constraint on V-to-V Coarticulation in Japanese: A Case of Bimoraic Foot		1	75-82

窪薗晴夫	2003	日本語の頭文字語アクセントについて	6	31-38
窪薗晴夫	2013	原口庄輔先生を偲ぶ	16	121-122
Kubozono, Haruo and Yayoi Fujiura	2004	Morpheme-Dependent Nature of Compound Accent in Japanese: An Analysis of 'Short' Compounds	7	9-16
Kubozono, Haruo and Mikio Giriko	2005	Vowel Quality and Emotion in Japanese	8	33-40
Kumagai, Gakuji	2014	Suprasegmental Nativization of English Loanwords into Fijian	17	19-26
Kumagai, Gakuji	2015	Prosodic Prominence Conditions and Local Conjunction	18	27-34
Kumagai, Gakuji	2016	Vowel Epenthesis of English Loanwords in Fijian	19	27-34
Kumashiro, Fumiko	2004	Cognitive Phonology: A Usage-Based Model of Phonological Organization	7	57-64
久野志保	1998	米英語話者における日本語アクセントの生成	1	83-90
Kurisu, Kazutaka	1998	Root Fusion in Sino-Japanese	1	91-98
Kurisu, Kazutaka	2000	Multiple Nonconcatenative Allomorphs	3	53-60
Kurisu, Kazutaka	2001	Morphological Opacity and Chaha Impersonals	4	57-64
Kurisu, Kazutaka	2003	Subtractive Morphology in Hessian German	6	79-88
Kurisu, Kazutaka	2004	Overapplication via Self-Conjunction	7	17-24
Kurisu, Kazutaka	2005	Surface Optionality from Underlying Optionality	8	41-48
Kurisu, Kazutaka	2006	Phonological Derivedness in Yamato-Japanese Voicing Phonology	9	49-58
Kurisu, Kazutaka	2015	Japanese Hypocoristics in Defence of Parallelism	18	35-42
Kusters, Harold H. H. A.	2003	Positional Neutralization: The Markedness of Voiced Obstruents and the Blocking of Sequential Voicing	6	39-48
Kusters, Harold H. H. A.	2004	Vowel Alternation in Modern Japanese and Sonority	7	25-32
桑本裕二	1998	日本語における複合語略語の音韻構造	1	161-168
Kuwamoto, Yuji	2006	The Status of [nasal] in Syllable Endings: Evidence from Gender Alternations in French and Portuguese	9	59-66
桑本裕二、儀利古幹雄	2015	鳥取倉吉方言における苗字のアクセント—東京アクセントと異なるものの分布と変化—	18	43-50
權延姝	2008	英語からの韓国語外来語の音節末母音挿入	11	47-54
權延姝	2014	韓国語外来語の英語 schwa の借用	17	27-34
權延姝	2016	韓国語の濃音の促音としての知覚	19	35-42
Lee, Joo-Kyeong	2014	The Role of Prosody in the Perception of Foreign Accent: The Case of Prosody-Transplanted L1 and L2 English Speech	17	119-120
李文淑	2009	全羅道方言から見た韓国語のアクセント変化について	12	95-98
Legendre, Geraldine	2003	What Are Clitics? Evidence from Balkan Languages	6	89-96
Liu, Liquan and René Kager	2015	Understanding Phonological Acquisition through Phonetic Perception: The Influence of Exposure and Acoustic Salience	18	51-58
Liu, Sha	2014	The Low Front Vowel /æ/ and Subsidiary Stress Assignment in British English	17	35-42
Maddieson, Ian	2010	Correlating Syllable Complexity with Other Measures of Phonological Complexity	13	105-116
Maeda, Taeko	2004	Glides in KiMvita (Mombasa Swahili)	7	65-72
丸田孝治	2001	英語借用語における促音化：原語音節構造の保持と母語化	4	73-80
増田正彦	2011	漢語蘇州方言におけるパターン代入型トーン交替規則	14	11-18
増田正彦	2012	漢語蘇州方言におけるトーン結合	15	3-10
松井理直	1999	幼児の形態素使用にみられる default 音の影響	2	155-162

Matsumoto-Yokoe, Yuriko	2014	Perception of Plosive-lateral Clusters: A Summary of Experiments	17	43-50
松浦年男	2005	島原市方言における複合語音調の中和と外来語音調	8	49-56
Matsuura, Toshio	2006	Two Types of Compound Tone in Shimabara Japanese	9	67-74
松浦年男	2008	長崎方言における例外的複合語アクセントの生起条件	11	11-18
松浦年男	2010	長崎方言における語音調の対立	13	31-38
McCarthy, John J.	2007	Slouching Towards Optimality: Coda Reduction in OT-CC	10	89-104
Mimura, Tatsuyuki	2008	Prosodic Compounds and the Interpretation of Secondary Stress in Danish	11	55-62
三村竜之	2009	デンマーク語派生形態論における強勢移動	12	19-26
三村竜之	2011	ノルウェー語 Sandnes（サンネス）方言におけるアルファベット頭文字語の音韻論	14	19-26
Miyakoda, Haruko	2008	Feet, Word Shape and Markedness in Child Phonology	11	75-82
文昶允	2016	長音を含む複合語由来の短縮形について	19	43-50
Mori, Naoya	2015	Japanese Listeners' Compensation and the Use of Contextual Information at the Segmental Level	18	59-66
村岡論、松浦年男、坂本勉	2005	統語解析時の再分析における顕在的韻律情報の影響	8	57-64
村岡論、松浦年男、坂本勉	2006	日本語統語解析における顕在的韻律情報の影響	9	75-82
村岡論、松浦年男、坂本勉	2008	二種類の韻律情報が文の一時的曖昧性の解消に及ぼす影響	11	19-26
村田忠男	2005	調音可能性の度合いの抽出実験	8	65-72
Nagao, Kyoko	2011	Speech Perception of Age	14	109-118
永山雅大、北原真冬	2005	無意味語記憶課題における発話速度とリズムの影響	8	73-80
中本武志	2004	派生と制約階層：フランス語の語末音節外子音	7	33-40
Nakamura, Mitsuhiro	2000	Gestural Coordination and Timing in Japanese Palatalisation	3	29-36
Nakamura, Mitsuhiro	2002	The Articulation of the Japanese /r/ and Some Implications for Phonological Acquisition	5	55-62
Nakamura, Mitsuhiro	2003	The Articulation of Vowel Devoicing: A Preliminary Analysis	6	49-58
Nakamura, Mitsuhiro	2004	Coarticulatory Variability in [ɕ] and Feature Specification	7	73-80
南條健助	1998	音声的類推か音節境界の類推か	1	169-176
南條健助	2001	両音節性批判	4	65-72
南條健助、西原哲雄	1998	英語における子音脱落の調音的・聴覚的要因	1	99-106
那須昭夫	2006	日本語オノマトペの語形成と音韻構造	9	157-164
Nasukawa, Kuniya and Phillip Backley	2008	Affrication as a Performance Device	11	35-46
Nasukawa, Kuniya and Phillip Backley	2011	The Internal Structure of 'r' in Japanese	14	27-34
Nasukawa, Kuniya and Phillip Backley	2012	Prosody Controls Melody	15	11-18
Nasukawa, Kuniya and Phillip Backley	2015	Heads and Complements in Phonology: A Case of Role Reversal?	18	67-74
Nasukawa, Kuniya and Phillip Backley	2016	The Role of Elements in the Development of Japanese h	19	51-58
西原哲雄	2002	核心音節構造の普遍性について	5	63-70
西原哲雄	2011	音韻論と統語論・意味論・語用論とのインターフェイスについて	14	157-158
Nishimura, Kohei	2006	Lyman's Law in Loanwords	9	83-90
Nishimura, Kohei	2007	Rendaku and Morphological Correspondence	10	21-30

Nishimura, Kohei	2014	Rendaku Contrast and Word Faithfulness in Reduplication	17	51-58
西村康平	2016	日本語複合語の形態音韻論	19	125-130
Nogita, Akitsugu and Noriko Yamane	2015	Japanese Moraic Dorsalized Nasal Stop	18	75-84
小田稔大	2002	古英語の音節主音的子音の音韻過程とそのふるまい	5	71-78
Ogawa, Shinji	2004	Sino-Japanese Word Accent and Syllable Structure	7	41-48
小川晋史	2006	京都方言2字漢語のアクセント	9	91-98
小川晋史	2012	今帰仁方言のアクセント体系	15	125-126
Oh, Mira	2006	English Stop Adaptation as Output-to output Correspondence	9	165-172
太田聡	2003	混成語制約再考	6	59-68
太田真理	2015	音韻的・意味的要因が連濁に与える影響：連濁データベースとロジスティック回帰分析を利用した研究	18	85-92
岡崎正男	2000	文アクセント：意味論と音韻論の接点	3	113-120
Onuma, Hitomi	2012	The Velarization of *l* as a Case of Weakening	15	19-26
Onuma, Hitomi	2013	The Syllabification of Geminates in Japanese	16	45-52
Ota, Mitsuhiko	2002	Early Prosodic Phonology as Constraint Interaction	5	79-86
大竹孝司	2009	「空耳アワー」のメカニズムと語彙認識	12	27-34
大竹孝司	2011	日本語の掛詞の方略と語彙認識―段駄羅の分析による検証―	14	35-42
大竹孝司	2012	即時性の駄洒落におけるプロソディーの機能	15	27-34
大竹孝司	2013	日本語の埋め込み語に与える要因	16	53-60
大竹孝司	2016	モーラの時間的属性の再考	19	59-66
大竹孝司、今井良昌	2001	日本語を母語とする幼児の音節の下位構造の認識とその普遍性	4	81-88
大竹孝司、米山聖子	2000	心内辞書の音韻単位とその認識	3	21-28
大滝靖司	2012	借用語における母音挿入の音韻論的解釈―共時的および通時的観点から―	15	35-42
大山ちはる	2004	HLH、HHL 外来語にみられる頭高アクセント	7	49-56
Padgett, Jaye	2004	Russian Vowel Reduction and Dispersion Theory	7	81-96
パンチェワ・エレナ、田端敏幸	2002	日本語のA&B型オノマトペにおける母音配列について	5	87-90
Paradis, Carole and Jean-François Prunet	1998	Unpacking Nasal Vowels: A Cross-Linguistic Survey	1	211-218
Park, Jae-Ick	2012	The Typology of Minimal Word Effects	15	127-128
Park, Jae-Ick	2015	The Prevocalic Lenition of Korean Aspirated Consonants: Evidence from the Data of Three Dialects	18	149-160
Pintér, Gábor	2005	Vowel Coalescence in Middle Japanese	8	81-88
Pintér, Gábor	2006	Richness of the Base and Lexicon Optimization in Language Change	9	99-106
Pintér, Gábor	2008	Syntagmatic and Paradigmatic Conditions on Japanese Vowel Voicing	11	27-34
Pintér, Gábor, Shinobu Mizuguchi and Kazuhito Yamato	2014	Boundary and Prominence Perception by Japanese Learners of English: A Preliminary Study	17	59-66
Poppe, Clemens	2012	Accent and Domain Structure in Tokyo Japanese: Generalizing Across Lexical Classes	15	43-50
Poppe, Clemens	2014	The Status of Feet in Japanese Accentuation	17	67-74
Poppe, Clemens	2016	Verbal Accent in Japanese: The Roles of Prosodic and Morphological Structure	19	131-142

Prince, Alan	1999	Two Lectures on Optimality Theory	2	119
Prince, Alan	1999	Foundations of Optimality Theory	2	120-129
Prince, Alan	1999	Current Directions in Optimality Theory	2	130-138
Prunet, Jean-François	1998	When Vowels Function Like Consonants	1	219-226
Ratcliffe, Robert R.	2001	On the Phonology of Writing Systems: what Arabic and Kana have in common	4	89-96
Ringen, Catherine	2011	The Features [voice] and [spread glottis]	14	119-128
Sakamoto, Yoko	2005	Can Japanese Listeners Segment Spoken Words in Japanese with Phonemes?	8	89-96
Sakamoto, Yoko	2010	The Influence of Letter Knowledge and Phonological Awareness on Spoken Word Recognition by Japanese-Speaking Children	13	87-98
Salingre, Maëlys	2016	Correlation between Rendaku and Compound Accent in the Keihan Dialect: A Preliminary Study	19	67-72
Samuels, Bridget	2015	Biolinguistics in Phonology: A Prospectus	18	161-172
Sano, Shin-ichiro	2011	Cumulative Strengthening and Distribution of Velar Allophones in Japanese	14	43-50
Sano, Shin-ichiro	2014	The Roles of Internal and External Factors and the Mechanism of Analogical Leveling: Variationist and Probabilistic OT Approach to Ongoing Language Change in Japanese Voice System	17	101-110
佐藤久美子	2015	フォーカスの音声的な実現について—小林方言とトルコ語の対照	18	173-174
Sato, Kumiko	2016	Prosody of Sentences with Indeterminate Words in Nagasaki Japanese	19	73-80
Shen, Yingi and Takeuchi Yasunori	2011	Treatment of the Mandarin Unaspirated Consonants Adapted in Mandarin Loanwords in Yanbian Korean	14	51-62
柴田知薫子	1998	英語の強勢移動と縮約	1	17-24
清水克正	1998	閉鎖子音の発声タイプの音声的特徴	1	177-184
Shiraishi, Hidetoshi	2008	Topics in Nivkh Phonology	11	115-116
白勢彩子	2001	日本語におけるアクセントの獲得	4	97-102
白勢彩子、窪薗晴夫	1998	Nonfinality in Language Acquisition: A Case Study	1	107-114
シュロスブリー美樹	2013	女性東京方言話者の無声化抑制要因の研究—促音前と非促音前の無声化 環境の比較—	16	61-68
Silva, Thaïs Cristófaro, Marco Silva Fonseca and Maria Cantoni	2013	Conflict in Patterns of Lexical Diffusion in Diphthong Reduction in Brazilian Portuguese	16	3-10
Smolensky, Paul	2002	Optimality Theory: Frequently Asked 'Questions'	5	91-98
Smolensky, Paul	2002	Why OT Now?	5	127-134
Sohn, Hyang-Sook	2008	The Effect of Focus on Phonological Phrasing: WH-operators vs. Indefinite Pronominals in North Kyungsang Korean	11	117-122
孫範基	2009	現代日本語における母音連続の回避	12	35-42
Sugano, Aki and Toshiyuki Tabata	2001	Foot-Based Word Formation and Its Prosodic Structure in Japanese	4	103-110
菅沼健太郎	2012	トルコ語オノマトペにおける舌頂子音の配列に関する制約	15	59-66
菅沼健太郎	2013	トルコ語の頭文字語における K の読みの母音交替について	16	69-76
Sugiyama, Yukiko	2009	The Nature of Japanese Pitch Accent: An Experimental Study	12	99-108
Suh, Chang-Kook	2011	Phonetics and Phonology of Consonant Cluster Reduction in Korean	14	129-140
Suzuki, Keiichiro	1999	The Role of Sequence in Dissimilation	2	85-92

Author	Year	Title	Vol	Pages
Tabata, Toshiyuki	2005	Phonological Aspects of Initialisms in English	8	97-104
田端敏幸	2006	アクセント領域とアクセント位置―古典ギリシャ語とラテン語―	9	107-114
Tajima, Keiichi	2001	Speech rhythm of "stress-timed" and "syllable-timed" languages: Foot-level timing in English and Japanese	4	111-118
Tajima, Keiichi	2006	Onset-coda Asymmetry in the Perception of English Syllables by Native Japanese Listeners	9	115-122
Takahashi, Toyomi	2007	Syllabification in Lexical Representation	10	105-112
Takahashi, Toyomi	2008	Unique Path	11	3-10
Takano, Kyoko	2005	Epenthetic Vowels for Simple Codas in Maori Loanwords	8	105-112
高山知明	2015	16・17 世紀日本語音韻の動的諸相	18	175-176
竹村亜紀子	2013	方言習得における親の母方言の影響―形態音韻規則の習得に注目して―	16	99-108
竹安大	2007	閉鎖音・摩擦音の位置的有標性	10	31-38
竹安大	2009	摩擦音の促音知覚における摩擦周波数特性の影響	12	43-50
竹安大	2011	音韻的有標性とその音声学的基盤	14	141-142
竹安大	2012	促音の知覚に対する先行音節子音・母音の持続時間の影響	15	67-78
Takeyasu, Hajime and Kimi Akita	2009	Statistical Information in Phonological Acquisition: Correlations between Phoneme Distribution and Markedness	12	51-58
竹安大、儀利古幹雄	2010	母音の長短の判断における非対称性：隣接音節の母音持続時間の影響	13	13-20
Tamaoka, Katsuo and Tadao Murata	2001	OCP Effects on Japanese Phonological Processing	4	119-126
田中邦佳、田嶋圭一	2006	東京・関西方言でアクセント型の異なる2モーラ名詞の発話について―母語発話と非母語発話の音響分析から―	9	123-130
田中真一	1998	フット内部における「きこえ」の相対的関係とアクセントのゆれ―形態素境界に着目して―	1	115-122
田中真一	2008	音韻・形態構造とアクセント：語種と語形成に着目して	11	131-140
田中真一	2016	大阪方言複合語におけるアクセントの回避と位置算定	19	81-88
田中真一、上野誠司	2002	「新」・「旧」の意味論と音韻論	5	105-112
田中伸一	2002	OT から見た日本語アクセントとアクセント移動に関する統合モデル	5	99-104
田中伸一	2013	もう1人の父親	16	123-125
谷口未希	1999	韓国語母語話者の促音・非促音習得―単語・文レベルでの生成―	2	101-108
Tarui, Takeshi	2009	A Temporal Study of English Syllables as Produced by the Japanese	12	109-116
Tateishi, Koichi	1998	"Non-Repair" Strategies in Japanese Syllables	1	123-130
寺尾康、村田忠男	1999	2モーラ連続環境における調音可能性とその言語産出モデル研究への意味合い	2	109-116
Tokizaki, Hisao	2008	Symmetry and Asymmetry in the Syntax-Phonology Interface	11	123-130
Tokizaki, Hisao	2010	Syllable Structure, Stress Location and Head-Complement Order	13	135-136
植田尚樹	2014	モンゴル語におけるロシア語の母音/u/の借用	17	75-82
氏平明	1998	吃音の音声の移行と吃音者の声の特徴	1	131-138
氏平明	2001	発話の非流暢性に関する言語学的・音声学的研究概略	4	127-134
Utsugi, Akira	2007	The Accentual Phrase in Seoul Korean: A Reconsideration through Acoustic Analysis	10	113-118
van de Weijer, Jeroen	1999	Analogical Change in Optimality Theory	2	145-152
van de Weijer, Jeroen	2009	Optimality Theory and Exemplar Theory	12	117-124
van der Hulst, Harry	2010	Why Accent and Rhythm Must Be Separated	13	117-128

Vance, Timothy J.	2006	Right Branch or Head?	9	181-186
Vance, Timothy J.	2012	English Announcements on JR Commuter Trains in Tokyo: Is She a Native Speaker?	15	117-124
Watabe, Naoya	2015	Phonological Motivation for Polish Palatalization Effects	18	93-100
Watabe, Naoya	2016	Adaptation of English [æ] in Russian Loanwords	19	89-96
渡辺徹	1998	日本語の音調と情緒	1	139-144
Woolford, Ellen	2007	Introduction to OT Syntax	10	119-134
薛晋陽	2012	日本語における外来語語末長母音の短母音化	15	51-58
Yamada, Eiji	2011	A New Account of Subsidiary Stresses in English Words	14	143-154
山口京子	2011	日本語オノマトペにおける部分重複形について	14	63-70
山口京子	2016	日本語の動詞由来複合語におけるアクセントと連濁―名詞複合語との比較―	19	143-150
Yamamoto, Takashi	2005	An Extended Particle Analysis of the English Vowel System	8	157-164
Yamane, Noriko	2015	Placeless vs. Pharyngeal for Japanese /h/	18	177-188
Yamane-Tanaka, Noriko	2007	*K in Conflation Theory: When a Language has Transguttural Harmony	10	39-48
Yamane, Noriko and Shin-ichi Tanaka	2000	English Word-Final sC Clusters in Japanese Loanword Phonology	3	37-44
Yamane, Noriko and Shin-ichi Tanaka	2002	Gravitation and Reranking Algorithm: Toward a Theory of Diachronic Change in Grammar	5	135-140
Yamane, Noriko, Noriko Yoshimura and Atsushi Fujimori	2016	Prosodic Transfer from Japanese to English: Pitch in Focus Marking	19	97-104
Yokoyama, Olga T.	2013	Sentential Stress in Written Texts: Evidence from Literary and Dialectal Russian	16	109-115
Yoneyama, Kiyoko	2004	Similarity Judgments on Pitch Accent Patterns in Japanese	7	97-104
Yoneyama, Kiyoko and Keith Johnson	1999	An Instance-Based Model of Categorical Perception in Japanese by Native and Non-Native Listeners: A Case of Segmental Duration	2	11-18
吉波弘	2005	日本語における母音素性の有標性とアクセントシフト	8	113-120
吉田夏也	2006	日本語母音無声化の音声学的研究	9	173-180
吉田昌平	1998	Government Phonology における音韻的ライセンスとアクセント付与について：アラビア語カイロ方言の分析	1	185-192
吉田昌平	1999	コーラン朗詠学の音韻論	2	19-26
吉田優子	1998	日本語と北京中国語の統率認可からの漢字音考―和語における撥音の位置づけ―	1	145-150
吉田優子、三間英樹	2000	京都方言の句アクセントにおける音韻・形態論	3	71-72
三間英樹	1998	最適性理論における入力の問題について	1	151-158
Zamma, Hideki	1999	Affixation and Phonological Phenomena: From Lexical Phonology to Lexical Specification Theory	2	69-76
Zamma, Hideki	2007	Categorical and Non-categorical Variation in English Stress Assignment	10	49-56

現代音韻論の動向

日本音韻論学会 20 周年記念論文集

編集者　日本音韻論学会　　会長　田端敏幸
発行者　武村哲司

2016 年 9 月 10 日　第 1 版第 1 刷発行©

発行所　　株式会社　開拓社　　　113-0023　東京都文京区向丘 1-5-2
　　　　　　　　　　　　　　　　電話 (03) 5842-8900 (代表)
　　　　　　　　　　　　　　　　振替 00160-8-39587

印刷　日之出印刷株式会社　　　　　　　ISBN978-4-7589-2229-6　C3080